潤德堂叢書全編 ③

袁氏命譜

[清] 袁树珊◎撰
谢路军◎主编
郑同◎校

华龄出版社
HUALING PRESS

责任编辑：薛　治
责任印制：李未圻

图书在版编目（CIP）数据
润德堂丛书全编 . 3 /（清）袁树珊撰.
—北京：华龄出版社，2018. 8
ISBN 978-7-5169-1251-5

Ⅰ. ①润…　Ⅱ. ①袁…　Ⅲ. ①袁树珊一文集
Ⅳ. ①Z424. 9

中国版本图书馆 CIP 数据核字（2018）第 188709 号

书　　名：润德堂丛书全编 . 3
作　　者：（清）袁树珊 撰
出版发行：华龄出版社
印　　刷：三河市九洲财鑫印刷有限公司
版　　次：2019 年 1 月第 1 版　2019 年 1 月第 1 次印刷
开　　本：720×1020　1/16　　印　　张：27
字　　数：408 千字
定　　价：68. 00 元

地　　址：北京市西城区鼓楼西大街 41 号　　邮　　编：100009
电　　话：（010）84044445　　传　　真：84039173
网　　址：http://www. hualingpress. com

卷　首

王　序

余与袁君树珊，居同里闬，性颇相近。树珊早承父志，学究岐黄，潜研星命。夏秋之际，每尝旋里，劳精疲神，疗民疾苦。犹忆其厅右楹联有云："十亩栽桑，十亩种谷；半日诊病，半日读书。"其旨趣概可想见。余不敏，法效韩康，设松柏药肆于市廛，藉维生计。树珊忽走谓余曰："韩康卖药，从不二价，盖为避名。云清兄设药肆，货求其真，价求其廉；建业以来，遐迩信赖，吾未尝羡焉。独对于贫病积欠药资者，从不索偿，如此存仁，天必赐福。胜韩康之避名，不亦多乎？"余曰："些微琐事，敢谓存仁？盖彼力果能偿，自应早归；力不能偿，徒迫何益？"树珊闻余言，喜曰："君体贴若此，诚仁人也。"

树珊勤于著述，余独嗜其《命谱》一书。其间有圣贤仙释，帝后将相，亦有忠孝节义，书画卜医，不独神奸巨憝，皆探原立论；即乞儿寒畯，亦并蓄兼收，溯源竟委，旨在劝惩。而于余之**远祖宇泰先生**《六科准绳》，表彰尤为完备。具见其景行前贤之热忱，殊堪钦佩。今欲求《准绳》全书，固不易得；即《命谱》一书，亦难购到。而余忽忽虚生，年逾八秩，虽孙曾绕膝，人皆溢美，而余则片善莫名，深滋愧怍。爰命儿子荣之，节省祝寿筵资，觅得旧刊《命谱》，摄影印行，广为传播。如是，则**远祖**六科之医学，常存天壤；而袁君八卷之《命谱》，亦得以共垂不朽。俾世之希圣希贤，利国利民之君子，有所藉镜。或不致以老拙为阿好而责之，则幸甚幸甚！

岁次戊戌清明节

王云清拜序，时年八十有二

董　序

星命学为吾国哲学专科。唐宋以来，专家著作，如李虚中之《命书》，张果老之《星宗》，徐子平之注《珞琭》，释昙莹之言《消息》，耶律纯之《总括》，万民英之《大成》，以逮《三命溯源》、《寸金易鉴》，传播艺林，美矣备矣。然皆局于命学范围，而未昌明哲理。惟今世润州袁树珊先生，宏通命学，其所著述，皆秉哲理宗旨，以推行救世之道，久风行于大江流域，学者莫不珍视焉。近又著《命谱》一书，尤昭示命理哲学，讽世箴时，斯真推圣哲教世之深心，非仅为星命学之创作也。夫载籍所传，圣哲教世之训，博矣深矣。其尤深且博者，莫如“乐天知命”之微言。如《论语》以命为孔子罕言，然其勉人也，则谓“不知命无以为君子”；其论世事也，则谓“道之行废为命，得之不得为有命”。其他古训之类是者，四部所传，多不胜举。是孔子非特不罕言，而且以安命知命为教世之本，言非一端，实贯乎天人，该乎微显，以垂教万世也。明矣！或谓经典既昭“积善降祥，积不善降殃”之理，古籍且有“人定胜天”之说，道在人为，命非能限。然以此劝惩之义，折中于圣人言命，何能一以贯之？殊不知“安命知命”之教，盖为中人以上言之；“积善积不善”之教，盖为中人以下言之。从可知圣狂贤愚，志行万殊，皆可由圣人之教导，期自觉自勉之效能，此即哲理之所存也。

或又谓：“今世先进文明之国，凡政治教育，学术艺能，罔不力竞优胜，如皆守知命安命之教，奚能争存于物竞之世？”噫！斯言也，皮肤之见，而未尝即物以穷理也。彼文明国之人才，从事政争者，盖惟安于政党之本分，竭其智能，以谋优胜，决未有越出范围，藉强力以抗政府者，此安命于政争之道也。彼文明国之人才，从事于创物者，盖惟安于学竞之本分，竭其智能，以显成绩，决未有荒弃专长，专骛权利，以图显达者，此安命于学竞之道也。推此旨也，国人皆能安命以求进所业，国必昌；国人不能安命以求进所业，国必敝，关系亦深远哉！然则谓袁先生之作，非特为治生治事之镜，且大裨于世界进化之正理，亦无不可也。

余昔年从友人假观袁先生大著《命理探原》，心钦其发挥宏旨，为此学启迪坦途，而微言则未易窥也。今观《命谱》所载，取材于圣贤仙释，帝后将相，名人列女，更推及贤奸善恶，寿夭贵贱之分别，究四柱命理之所以然，人各立传，详其命式，附以评衡，并附录名人嘉言懿行、论略书牍，以广见闻，体裁宏括，较之《四库全书·谱录》一类，允推戛戛独造。窃谓是书果能流传区宇，使之人手一编，久必改进国风，消弭世变，同登于人类进化之盛运，然后见哲学之明效大验也。由此见先生著书深意，在乎觉世牖民，而岂徒以星命学之创作，寿名山而俟百世也哉！

岁次丙戌春正月

董伯骙拜稿时年七十有八

王 序

科学名词，吾国古所未有，由转辗迻译而来。解之者曰："凡为有系统之研究者，是之谓科学。"然则吾国专门技术，何一而非科学耶？润州袁树珊先生，以所辑《命谱》见示。余曰："是亦科学也。命之理微，孔子虽罕言而实知命。疏食饮水，富贵浮云，安命也；修德讲学，徙义改过，造命也。兼是二者，乃可以立人极。"兹谱所采，贤不肖皆有之，劝善惩恶之意寓焉。先生前有《述卜筮星相学》，推演而贯通之，科学之精义，昭然予世以共见。或疑为秘闻，陋已。

庚辰立春后二日王清穆叙时年八十有一

沈　序

吾尝谓至人以万古为年，如孔关文武二圣，与天地日月同寿，永哉命乎！其它立德、立功、立言之三不朽，根原一生之命者，皆其蹔耳。袁君《命谱》之作，所注重以立德为最。虽于世俗所谓富贵功名，亦非鄙弃不道，要为有功世教之名著无疑也。展阅一周，书此以摅所见。

岁次辛巳年八月

七十八叟沈恩孚

陈 序

润州袁君树珊，饱学能文，究心性命之学。尝仿班表古今人之意，撰录《命谱》一书，遭世鞠凶，荡其所有。比来喘息初定，乃就及门录副，删繁问世，而质之于予。予观其所录忠孝节义，神奸巨憝，事有典籍，旨在劝惩，倘非知命之君子，不能为也。命之为理，可以喻夫妇之愚；而穷其赜，则圣人或有所不能，君子所以贵修身以俟之也。孔子“得之不得曰有命”，此书之行，意者其亦有命存焉乎？

庚辰孟春之月陈陶遗识

冒　序

疚斋居士曰：予读袁氏《命谱》，而于诸葛亮、岳飞、张邦昌诸人，重有感也。其他人，则予略之矣。诸葛亮之于吴，主和者也。秭归蹉跌，先帝崩殂，此诚不共戴天之仇也。然而亮既领益州牧，乃遣使聘吴，因结和亲，遂为与国，世未尝以奸人目之者，以亮能以国家为重，人民土地为宝，将以校变通之道于将来也。岳飞之于金，主战者也。其手疏言金人所以立刘豫于江南，盖欲以中国攻中国，粘罕因得休兵观衅，其复仇报国之志，虽至于解枢柄，死诏狱，而可表此心于皇天后土。读《金陀粹编》者，盖无不为之呜咽流涕焉。且夫和之与战，所谓背道而驰者也。卖国非也，仇国亦非也。有亮之开诚心，布公道，则其和非卖国也，若夫成功则命也。有飞之不爱钱，不惜死，则其战非仇国也，若夫成功则亦命也。彼张邦昌者，尝举进士矣。其在徽庙时，亦尝专事游谯，党附权奸，蠹国乱政矣。一旦国破而资之以为利，君辱而攘之以为荣，北面拜舞，即位僭号，彼岂真权宜一时，以纾国难哉？为宫室之美，妻妾之奉，所识穷乏得我焉已耳。至于身死潭州，为天下僇，虽曰天命，不谓之“自作孽焉”不得也。是故邦昌者，行险侥幸者也；亮与飞者，居易俟命者也。读《命谱》者，夫亦可知所择矣。抑犹有进者，挽近以来，佻达学子，昌言废孔，非圣无法，彝伦攸斁，不待外侮，识微者已知其为戎矣。树珊此书，以孔子为楬橥，使人知孔子一日不废，中国一日不亡。此尤知天知人之道，质诸鬼神而无疑，百世以俟圣人而不惑者也。书凡八卷，得曰人。先出六十四造，征引群籍，至一百八十四种。知命君子，庶浏览焉。

疚斋居士撰

高 序

镇江袁君树珊，以医卜世其家，而尤精于五行术数之学，声誉满大江南北。意其为人，必昂然自负，不可一世者。今年秋，与余相遇于沪上，挹其貌，则谦和轩爽；聆其所论，则经经纬史，粹然一本于儒者，盖绝非术数家流也。既而读其所著《（述）卜筮星相学》等数种，皆宏博有理致，原原本本，覃见洽闻，益心钦异之。今又出其近著一书，上始东周，下迄清季，自孔子以下，圣贤仙释，帝后将相，以及神奸臣憝，乞儿寒畯，共得百造，各附略历、论断、及诗文简牍之类，名曰《命谱》，将印以行世，而属序于余。

夫命之理，微矣。《易》曰："穷理尽性，以至于命。"是则，理之未能穷，性之未能尽，而欲遽至于命，未易言也。《论语》以命为子所罕言，然而"死生有命"，"道之行废为命"，与"不知命为非君子"，孔子固屡自言者，盖皆由于穷理尽性而发者也。其与人罕言者，盖恐穷尽之不易至，而有误夫命者也。不然，吾生不有命在天，为纣之所以亡，此岂有异于"死生有命"之说哉！《左传》刘康公曰："民受天地之中，以生为命，是以有动作礼义威仪之节以定命。"我窃思之，所谓"民受天地之中以生"者，乃天命之性之当尽者也；所谓"有动作礼义威仪之节"者，乃率性之理之当穷者也。夫不以吉凶祸福之遇于外者为命，而以天地之中之受于生者为命，故曰"进以礼，退以义，得之不得，曰有命"；又曰"修身以俟之，所以立命"；又曰"莫非命也，顺受其正。知命者不立乎岩墙之下，而以尽其道而死者为正命"。此皆说命之精言，无可议者。惟我以为从古之言命者，皆为生之命，而尚未及夫死之命也。人之生也有尽，而性则无尽；身有生死，而性无生死。故我谓自今以后，人鬼之途大通，斯性命之学宜变。凡究心命理者，不但当详稽乎生前，并当力推夫死后。夫生死者，事之至渺小者也。故言命而仅以有生为限者，宜其贪生恶死。吉凶祸福之见，常憧扰于中，而人心遂日趋于下，而不可救也。以孔子之至圣，若推究其寿，而只及于区区七十三年者，真不足与言命也矣。观其谱曰：

"孔子之寿，直亿万斯年也，岂寻常寝疾而终哉!"我谓是理也。不特孔子为然，凡非常之人，苟其性不与生而俱尽者，皆当以此类推也。呜呼！知此意也，乃可以读袁氏之书矣。

己卯岁不尽五日

金山吹万居士高燮

序于沪寓之格簃

梁　序

梓乡袁子树珊，予之诗文老友也。少时读书好古，发为文章，颇有凌云之概。既以时当末造，知世运不昌，乃弃制艺下帷攻苦，探讨龟策日者及阴阳数理诸学，益以家世清贫，不得已以末艺资为糊口养亲之助，岂其志欤？此为知命之君子，不得志于时之苦衷也。以袁子之材之艺，遭际承平，以文章猎功名，飞黄腾达，亦不得谓之幸；奈何降格而为方技，亦可慨也已！此无他，时也命也！虽有特达之资，不容与时命争也。有心哉袁子也！身在草野，而心焉典籍，观其于嚣尘闹市之中，潜心著述，深探远索，藉命理之书，冀挽乱世人心于万一，沙门所谓“利己利他”，即此谛也。

丁丑春，予携家来沪，晤袁子，悉其卖卜谋生，而著书之志，仍未少懈，可心佩也。今年冬，袁子出所著《命谱》汇一册索题。予虽幼读《易》，而义多不解，至命理诸书，尤为天人奥旨，予何敢妄作解人？第观其所载命造，圣贤豪杰，将相乞儿，兼收并采，其志在慨言“古今之穷通，实有命在”。此袁子之志，袁子之苦心也。至其搜罗之富，推算之艰，引证之详，一一皆有根据，绝非向壁虚造之文可比，此袁子之学也。予以为邵子著《皇极经世》之书，创先天之论，已为千古之巨作，而《命谱》尤为前人所未有之著也。予既重其书，更重其人之志之学，不禁心喟而叹曰：“袁子之书，可以传，可以无传。盖古今中外，人类祸福之原，皆始于一念。换言之，即守分与不守分，安于命不安于命之别。夫举世之人，至人人不守分，不安于命，其祸可胜言哉！《命谱》之书，所以明往古圣凡通塞之有命在，警梦之钟，渡津之筏。其书传之于世，有益而无害。若夫海宇澄清，雍熙之世，家给人足，人人皆乐天知命，无所用其劝勉，绝无非分之行；命理诸书，不独可以无传已也。”质之达天命之君子，以为如何？

己卯冬十二月，同里梁稼畦，谨识于蝶屯借庐

潘　序

吾国命理，既言静态，又言动态，实具有自觉精进之效能，与人类有莫大关系，是以历久不磨，相沿勿替。今世之人，辄以不合科学目之，殊可哂也。然吾尝涉猎诸科学家言人之书矣，生物示吾人以细胞，化学示吾人以原素，生理示吾人以器官，心理示吾人以反应，悉皆就人之某一部作静态之研究，非言人之全貌也。即推而至于哲学、宗教、教育、社会诸书之涉及人类动态者，亦各有所偏。例如哲学偏于知，宗教偏于神，教育偏于学习，社会偏于团体，仍非言人之全貌也。全貌云者，非仅言人之形体所由成，必须涉及其生长与变迁，亦非仅言其认识环境之力，尤必须涉及其适应环境之道也。诸科学家之言人，语非不精审，第觉其偏于局部；亦非不详尽，第觉其过于繁琐耳。

夫人之入世也，目的不过求生。求生之形态，仅有四端：其一曰生；其二曰变；其三曰觉；其四曰精进。前二者属静态，人与草木禽兽之所同；后二者为动态，人之所独有也。人之所以异于禽兽草木者，即在其自觉与精进。二者相较，“觉”字尤重。因不觉则精进无由，不觉则虽生犹死也。吾尝闻诸教育家之言觉矣，其言曰：“学之为言觉也。”卒有遍读群书，而不能治生者；甚至觉人之辈，有死于不自觉者。岂不可悲！又尝闻诸宗教家之所谓觉矣，闭居一室，万事皆空，即谓为自觉，于世又何补也。他如哲学家之言觉，由疑而辩，由辩而疑，万绪千端，莫衷一是。社会政治家之言觉，千百年来，仅得四字之结论，曰“群众盲目”而已。噫！亦可哀也。吾今言此，非评论诸家之失，即其所谓自觉觉人之道，为真实不虚，亦不过仅能应用于小团体中。若求一上智下愚，人人适用之自觉之方，舍命理而莫由。

盖命理之基础为“生”，命理之推演为“变”。命理之真意，即在示人以自觉之方，俾得循规蹈矩而谋精进耳。人生之形态若是，命理亦莫非若是。生之形态不复杂，命之理论亦简明。人生之形态为实践的，而非虚玄的。命理亦仅就人之实践生活，寻绎其理也。人不离乎生，即不离乎命。命者，处世之方、生存之道也。道不可须臾离，惟待人以明之。古人言

“先觉觉后觉”，即斯意也。曩读命书，即心藏此意而未敢言。逮读树珊先生大著《命理探原》，至《星家十要》一节，掩卷三思，其中实有无限妙理。回思近三百年中，命书不乏精湛之作，然亦仅言其推演之术而已。至为星家辟一光明之道，为信命者示一自觉之方，舍《命理探原》外，吾未之见也。今年春，先生复以其大著《命谱》见示，中述命造凡六十四。其编辑方法，首述命造生与变之理，次辑其人之诗文若干篇，选择精详，搜罗宏富，俾读者于研究之外，得由著作想见其为人。先生之意，不仅在示人以推命之方，尤在示人以生活之道。其所写者为事实，所示于吾人者，则古人生活之精神。命书如此，叹观止矣！余不学，于命理未窥堂奥，兹就所及见者言之，未能形容此巨著于万一也。

己卯之春，泾县潘子端序于海上寄庐

赵　序

吾乡袁树珊先生，精通星卜，著述等身，久已噪当时矣。去岁以避地来沪，户限几穿。偶出自著《命谱》示余，余披读一过，不禁拍案叫绝。吾于是益知先生之所以造道湛深者，盖有由也。《易》有之曰："数往者顺，知来者逆。"盖数往即所以知来也。先生既于今人之命理，推其奥窔，原始要终，俾无所隐遁矣。乃于古人之命理，加以研求，稽古居今，功愈邃而道愈显，此所以名愈高也。《命谱》一书，历数古人之生死荣枯，如烛照数计，如掌上纹，数往即所以知来，著以为谱，可谓难矣。此书一出，吾知凡于命理有研究者，必将人手一编矣。读毕，爰书数语归之，即以为序。

同里赵宗抃

杨 序

粤以星命颛书，造端于鬼谷，定真玉照，接武者景纯。至李唐而大启渊源，于是李虚中之禄命有千秋，张果老之星宗垂大业。迨夫二徐继起，聿开命学光炎；东海西湖，创制明通元理。推之陶贞白《珞琭》之注，岳倦翁《指迷》之笺，虽皆假托以成名，要亦耆英之精诣也。追维往喆，景仰寿贤，缅叠山卖卜桥亭，企君平成都市上。称先则古，溯厥薪传，吾独不禁神往于司马季主也。斯文禾丧，来轸方殷。爰有树珊袁子，京江布衣，食汝南之旧德，博览群书；怀古镜以照人，精通命学。一廛设砚，竟日挥毫。列座倾听，风雨晦明无虚夕；片言剖析，吉凶悔吝有真诠。守吾儒父慈子孝之伦彝，发经训知命乐天之义蕴。斯人斯诣，吾无间然矣。乃者以新纂《袁氏命谱》八卷见示，并属为弁简之辞。其编目也，上起至圣以开宗，下逮先朝之逊国。其取材也，则有若圣贤仙释焉，有若帝后将相焉，有若乞儿寒畯焉，更有若元恶大憝焉。外此则曰忠，曰孝，曰节义；以及书也，画也，医与卜也，咸与列焉。一则表钦崇以昭向往，一则寓劝惩以儆方来。遐哉千古大文，敻矣名山盛业也。复也笔乏凌云，文惭制锦，得识仓山于海上，春申之江上潮生；眷怀请业于楼头，西子之湖头月朗。

岁在屠维单阏小春月龙德紫微朗照良辰
杭州丰华老人杨复见心氏拜叙于
西蒲石路之蒲石山房时年七十有四

张 序

夫今世言命理学者夥矣，以余所见，当推袁君树珊为祭酒。何则？余于吟讽簿书之余，辄涉猎此道，垂三十年，而足迹遍南朔，遇此中人，无不接谈，然非属诸肤浅，则涉于虚妄。总之，皆未能深切读书耳。惟袁君家学渊源，探赜索隐，以五行为经纬，定三命之困亨，谈言微中，雅俗共赏；况复本三纲五常之道，寓乎劝导启诱之间，殆合管辂、严遵为一人。是以垂帘四十余年，名满海内，几于妇孺皆知之焉。若夫汇其心得，笔之于书，出其绪余，著之于篇，经世者已有五种。今又有《命谱》之作，使君于此不凡，吾无间然矣。余以李君崇甫之介与袁君通音问者，凡五易寒暑，顾未谋面耳。今年冬仲，邂逅海上，相见恨晚，握手如平生欢，当出《命谱》全卷相示。余受而读之，所载古人之造，若数家珍；且能将四部精华，融会贯通，凡所论断，匠心独运，此岂寻常日者，所能望其项背哉！吾知是书风行，匪惟可阐儒者有命之理，抑足破墨子无命之说。然则袁君者，盖乃李虚中之功臣，而徐子平之传人也欤！

岁次己卯嘉平月

嘉应张应铭夷叔甫

撰于沪渎寄庐舜若多斋

李 序

树珊先生学有专长，为吾乡端士。所著《命理》、《六壬》、《选吉》及《述卜筮星相学》等书，久已纸贵洛阳，风行海内。近因桑梓多故，息影沪滨；又将旧稿《命谱》，重加整理，印行问世。其中所载圣贤仙释，帝后将相，富贵寿夭，忠奸贤愚等造，莫不引证详明，推阐透辟，洵为有益世道人心之鸿著，不仅为知命俟命之君子藉作参考已也。**锡纯**于丙寅岁，服务金陵，曾偕魏梅荪先生，走谒印光法师。法师喟然曰："性命之学，善恶为归。因果报应，毫发不爽。"**锡纯**历验以来，愈觉斯言有味。偶阅家藏昔贤吕新吾《闺范图说》、许止净《历史感应统纪》二书，认为言言金石，字字珠玑。倘能人手一编，身体力行，未尝不可挽回风俗，消弥劫运。惜坊难购觅，世少流传，因是不辞绵薄，重校印行，遍赠知交，读者莫不感化而欣赏之。树珊先生《命谱》，名虽详论生克，实则隐寓劝惩，其费力之勤，用心之苦，与印光法师所言，诚不谋而合；即证以吕、许二贤之学说，亦似异而实同也。兹承索序，爰将鄙怀所欲言者，略赘于简端，藉志钦佩云尔。

己卯年嘉平月

同里李锡纯耆卿甫

谨识于海上寄庐

苏 序

今之世界，一抢攘俶扰之世界。先圣昔贤所倡“安分守己，顺天知命”之学，厄于“生存竞争，优胜劣败”之新说，人骛为私，罔知公理，不知夫人事成败利钝，其中固自有天焉。申包胥曰：“人定者胜天，天定亦能胜人。”所贵安于义理，居易俟命。斯君子不失为君子，小人枉自为小人，往事如诏，史迹昭然，尝与吾友袁君树珊尚论及之。树珊今之有心人，世业儒，其尊人昌龄先生，精于医，余事卜筮，富著述。树珊饫聆庭训，设研[①]卖卜，垂四十余年。所著书说，风行当世，率皆树义正大，有裨于世道人心。其立论也，与其谈命之时，与子言孝，与臣言忠。凡经口讲指示者，莫不恍然开悟，弗迷所向之恉相表里，树珊诚有心人哉！顾树珊之用心犹未已，深慨夫世衰道微，命运之说，唾弃不谈，爰又有《命谱》之辑。上自仁圣贤人，忠臣义士；中及德行道艺，专门名家；下逮奸邪畔逆，巨猾大憝，罔不搜罗抉摘。考其身世，推其命造，以究其穷通得丧之由，以致其钦崇爱慕之诚，以极其悲伤痛惜之意。人各有传，命各有评，更以嘉言懿行殿之。其所本，率出之诸家年谱，或史传所载，可谓洋洋大观矣。树珊语余曰：“吾乏术以教吾子孙，此编所录先哲遗训，将以为吾子侄辈训也。”其用心如此，今令嗣福儒，果能本其家学，上绍昌龄先生祖德，而以医鸣；暇且讲学上庠，为中校长，收效之宏，有如此者。余知斯书一出，将以淑身者淑世，挽既倒之狂澜；更以知命者知天，作渡迷之宝筏。其有功于名教也，岂浅鲜哉！

岁在己卯，同里苏涧宽，撰于海上寓庐

① 当为“砚”。

《袁氏命谱》自序

《四库全书总目·子部·谱录类》，所载之谱甚夥，不独纸墨笔砚有谱，菊竹梅兰有谱，即微物如苔如菌，动物如蟹如蛇，亦各有谱。明顾容且著有《冠谱》，朱术珣且著有《巾谱》，虽曰鸿通博雅，细大不捐，然以明之刘念台先生所著《人谱》例之，究有霄壤之判。盖《人谱》一书，示人以超凡入圣之途，君子小人之别，其有裨于世道人心，非等闲也。树珊不揣沟瞀，谨遵先圣“君子居易俟命，小人行险侥幸”之旨，曾著《命谱》八卷，上自东周，下逮清季，采录百人命造，悉以所生时代分后先，不以名位高下别次序。其间有圣贤仙释，帝后将相；亦有忠孝节义，书画卜医。不独神奸巨憝，皆探原立论；即乞儿寒畯，亦并蓄兼收，语有根据，旨在劝惩，敢谓详究四柱五行，品评富贵贫贱也哉！其体例，一姓名，二略历，三生卒，四命式，五论断，六附录嘉言懿行，及其所著诗文。俾读者知所法戒，勉为君子，毋为小人，此则区区之愚忱也。讵意丁丑冬，猝遭国难，京江敝庐，书籍衣服，固荡然无存；即屋宇什物，亦付之劫灰。近闻此稿，互相展转，流至沪上牟利之徒，拟更名印售。树珊恐有失本真，特将及门所录副本，重加订正，慎选六十四造，印行于世，俾与海内同好，共商榷之。署曰《袁氏命谱》，盖本诸《刘氏菊谱》、《史氏菊谱》，略加识别，非好异鸣高也。或曰：命之一字，夫子罕言，子何哓哓为哉！曰：罕言者，盖深虑夫致远恐泥，非竟不言也。观于“不知命无以为君子”一言，可以知圣人之微意；而况“死生有命，富贵在天”，子夏尝闻诸夫子，岂虚言者哉！

夏历己卯雨水后七日

镇江袁树珊原名阜以字行自识于上海卧雪寄庐

题　辞[1]

一

贵阳**陈夔龙**庸叟

过江名士匪虚声，学易能兼理数精。
一自汝南逢许劭，更从蜀道识君平。[2]
山中甲子阅庚蜂，市上儿童知姓名。
寒夜翦灯看命谱，举头明月悟亏盈。

二

杭县**叶尔恺**柏皋

三命创自陶宏景，传至虚中术最精。
四余七曜相配合，神机妙旨自天成。
伊古庖牺定神策，识能穿牖数理明。
追乎铁冠传太极，周髀九宫咸相迎。
后来未能析六歨，补亏就盈法多失。
重表高下地既差，经纬圆方制咸溢。
惟君善会珞琭书，子平定真论最悉。
搜采遗逸都利经，务使冥蒙得疏豁。
儒家本有知命功，从此了悟获解脱。

三

如皋**冒广生**疚斋

世界当承平，群伦各安命。君相所无权，造化已先定。
小人昧居易，侥幸事奔竞。终焉无所得，身后留诟病。
袁君有家学，大隐隐扬润。百造罗古今，五行究衰盛。
彰往而察来，是谓人为镜。庶几利禄徒，知常顺受正。
百年只一念，请自择狂圣。

---

① 谨以奉到先后为序，倘有邮寄较迟者，容再续印。
② 因秋帆介绍识君。

四

吴兴**庞元济**虚斋

两仪四象肇羲经，相克相生判五行。
从古达人贵知命，研求不厌十分精。
天罡学术有真传，博引旁征手自编。
多少名人俱入彀，好将至理诏时贤。

五

嘉应**张应铭**夷叔

金焦卧雪见清神，气象依然儒者真。
识命理微如管辂，知几玄妙似严遵。
曷来劝世教闻道，老去居夷倘避秦。
八卷新书心血寄，藏山还复有传人。

六

江阴**朱凤嘉**

子曰不知命，无以为君子。可见古圣人，自昔参命理。
命理何由参，或即羲经旨。故当学易年，知命从此始。
胡乃罕言之，斯学中摧毁。秦汉迄六朝，无人会其指。
有唐李虚中，创用干支纪。厥后徐子平，立法更完美。
肇启八字称，遂成专门技。卓哉仓山翁，结发受文史。
余事究天人，钻研得精髓。垂帘效严遵，小隐隐廛市。
巨眼识穷通，声名振遐迩。笔墨饱生涯，著书竟原委。
一编付枣梨，价贵洛阳纸。后学逮津梁，殊途同方轨。
我来海上游，相识风尘里。立异以鸣高，只自五行喜。
撇却财官印，恐惊俗人耳。芜词题简端，敢以质知己。

七

丹阳**姜可生**慧禅[①]

惟君善言命，纵论古今人。齐相生当午，周黎叹不辰。

---

① 袁君树珊，曩莅笪江上故宅，予服官苏府日，偶一过谈，知为有心人也。比邂逅海上，出新著《命谱》属题，赋此奉政。

五行关世运，八卷数家珍。品隲精严处，还同旧史臣。

八

丹阳**林溯鸿**直清

天地一阴阳，万物资化育。生化至不齐，运行有迟速。
惟人性最灵，善恶分祸福。彭寿与齐殇，泰来否之伏。
嗟彼古圣贤，时防车脱辐。死生亦大矣，变化如转轴。
居易以俟命，晚食堪当肉。时人多不知，风尘事竞逐。
袁子精五行，诗书藏满腹。既解眼前荣，尤知身后禄。
上下数千年，兼收而并蓄。大哉救世心，吾为馨香祝。

九

同里**徐国安**静仁

我亦深知命理微，五行生克是耶非。
帝王格局须详究，仙佛支干寓化机。
据典引经资考证，超凡入圣识从违。
导师从此推袁子，后学商量得所依。

十

同里**吴蕴斋**

贾谊有云，古人圣人。不在朝廷，即在卜医。
医能疗疾，卜可决疑。此等学术，至为神奇。
如入堂奥，便是先知。树珊先生，医而兼卜。
卜凭蓍龟，命占星宿。历四十年，发为著录。
命谱其名，兼容并蓄。睹此鸿篇，拳拳膺服。

十一

同里**蔡蔚霞**云孙

富贵与荣辱，升沈率由命。乐天自啸傲，絜己世无竞。
同邑有袁子，衍易占凶庆。潜研为指迷，声誉日浸盛。
探原耽著书，风靡余子敬。更揭贤奸貌，命谱为人镜。
道丧振颓风，钦迟敢有咏。

十二

同里丁瑗蘧卿

吉凶贞悔烛几先，鉴往知来愈揭然。
寄语俟时明分士，好持诚敬拜帘前。
间史书名贺酒牛，日支苦费后人求。
时平倘见楹书返，再为鸿编助壤流。①

十三

同里袁樊安圃

荣枯知有定，洛下一篇崇。探赜穷今古，洞微判佞忠。
观人于史外，议命得环中。欲秉春秋笔，还酬济世功。

十四

同里鲍鼎

帝王卿相原无种，袁子言之便有凭。
倘使执鞭能致富，何为疏水曲吾肱。
数往知来探造化，旁搜博览又多能。
若云人谱皆余事，旨趣开明在劝惩。

十五

杭县王煦林

文字因缘儒释心，劝忠勖孝古君平。
谁云哲学广陵散，命谱居然集大成。
箴时讽世笔惊人，指点迷津片语珍。
引古证今诲不倦，应知季主是前身。
鼎鼎大名播海圻，人能弘道未全非。
先生抉尽元黄秘，天地古今入范围。
当年若果掇巍科，那有闲情著道书。
利锁名缰摆未脱，几人能博此声誉。

---

① 先修礼。公收集年谱约百。礼今存天津。

十六

江都**周钟骅**开衢

高名二十满江东，一睨能教万象空。
学富五车谙道味，儒林隐逸并称雄。
隐市君平常乐道，育才大地鼓春风。
纷纷举世成棋劫，不朽文章谁与同。

十七

同里**李正学**崇父

觥觥大集杀青时，且劝先生进一卮。
大义微言滴天髓，包今统古振坤维。
圣贤豪杰胥关命，忠孝奸邪各异资。
除却君平与司马，叠山而后见袁丝。

十八

婺源**江谦**易园[1]

一瓣心香归佛印，几经梦别喜重逢。
木师谈性公谈命，性命原来息息通。
木笔春生铁笔华，斑斑双管共生涯。
引将苦海飘流客，同诣弥陀七宝家。

十九

金坛**陈东生**

我与先生有夙缘，春风坐领意缠绵。
先谈人事后论数，顿使颛蒙好著鞭。
昔从书馆伴钞书，双翰齐飞汗不除。
命谱再刊固可宝，卜人传出更怀舒。

---

① 敬读树珊大德见示《命谱》及碧云大师赞语。

二十

闽侯**朱奇廉**亭生

久慕高名万里天，造庐请益数年前。
清谭哲理推知己，谬许樗材好尚贤。
星命探源书有谱，忠奸独断论无偏。
斯编大旨关风化，愿贡新笺印百千。

二十一

同里**吴鹤龄**子周

卜医星相学兼之，久羡君才更识时。
术擅岐黄同砥砺，风高康节朗襟期。
人生得失原无定，天命精微赖示知。
大地迷津多昧昧，群疑涣释仰名师。[①]

二十二

句容**孔昭森**炳宏

命谱开宗推圣人，畅言玄理笔通神。
大奸巨憝贬如芥，至孝精忠褒若珍。
福善祸淫固有数，流芳贻臭岂无因。
此编判晰明如镜，百读研求好润身。

二十三

受业**袁开甲**伯仙

知命为君子，吾师述圣言。五行辨生克，百造探根源。[②]
附录诗文富，详观笑语喧。一编堪寿世，安用乘高轩。

---

① 近读树珊姻兄新著《命谱》，感而赋此。

② 旧稿百造今仅发表六十有四。

《袁氏命谱》例言

一、宋苏易简撰文房四谱：《笔谱》二卷，《砚谱》、《墨谱》、《纸谱》各一卷，而《笔格》、《水滴》附焉。各述原委本末，及其故实，殿以词赋诗文，合为一书。本书略仿其例：一姓名，二略历，三生卒，四命式，五论断，六附录嘉言懿行，及诗文简牍。凡有裨于国计民生，地方风俗，以及书画卜医者，悉采录之。

一、本书所论六十四造，各具略历，取材不止一书，虽文字间有改易，而事实则无变更，但不能逐句载明出自某书。为此另列征引书目，以资参证。至于略历中涉及地名者，因时代不同，人难索解，故特依据专书，稍加注释，藉便浏览。

一、本书所载圣贤仙释、帝后将相，以及神奸巨慝，乞儿寒畯等造，其生卒年月等，或据国史，或据文集，或据年谱，均一一载明。间有阙疑，而就管窥蠡测者，亦详为声叙，俾同志正之。

一、推命之法，古今不同。《诗·小弁》云："我辰安在？"笺云："生所值之辰，谓六物之吉凶。"《左传·昭七年》，伯瑕云："六物，岁、时、日、月、星、辰。"按：岁，即太岁；时，即四时；日，即日主；月，即十二月；星，即木火土金水之五星；[①] 辰，即十二时。[②] 此古法也。汉魏晋人推命之法，只重生日胎元，所值星宿。唐人又有佛法、回回法，论北斗九星及十二宫、二十八宿者。至李虚中，始以人所生年月日，所值日辰，[③]支干五行，胜衰死生，互相斟酌，推人贵贱寿夭、利不利。五代徐居易子平，乃用年月日时胎，定人吉凶。宋时通用徐子平术，而减去胎。本书论命，以古法岁时日月星辰为体，以李虚中五行胜衰死生为用，减去胎元，则本诸宋人。重视宫限，则专凭树珊之四十余年经验也。其他汉魏晋唐，值宿九星等法，概置不论，免滋庞杂。

珊按：《旧唐书·吕才传》"叙禄命"，引汉武故事，谓帝"以乙酉之岁，七月七日平旦时生"，是年月日时并举，唐初已有其说矣。

---

① 《书》云"五行"。

② 《书》云"日月岁时"。

③ 辰，即时也，详见《阅微草堂笔记》。

一、《礼记·月令篇》云“其日甲乙，其日丙丁”，言天干也；“日在营室亥，日在奎戌”，言太阳，言地支也；“盛德在木，盛德在火”，言五行也；“先立春三日，先立夏三日”，言气也；“东风解冻，蛰虫始振，蝼蝈鸣，① 蚯蚓生”，言候也；“其数八，其数七”，言数也。至云“春夏秋冬、孟仲季”，所行之令，种种乖戾。按其意义，有盗泄者，有克伐者，有资生者。要不外太过固非，不及亦否，中和斯可贵耳。《中庸》有云：“中也者，天下之大本也；和也者，天下之达道也。”此二语，堪为论命之金科玉条。《易》云：“裒多益寡，称物平施。”盖亦求其中和也。如木盛而得土金，木衰而得水火；火盛而得金水，火衰而得木土，则木火之功用成矣，即中和也。反此，非太过，即不及。既失中和，能无乖戾？故本书论命，以日为主，先详气数，测其五行盛衰；继察刑冲破害，观其一生否泰；然后再以卑高刚柔，顺逆美恶，定其忠奸贤愚，贵贱寿夭。其他虚无缥缈，穿凿牵强之格调，一概屏除，以归简易。至于吉神与日主无情者，不以吉论；凶煞与日主有情者，不以凶言，此又当消息盈虚，神明变化，未可胶固也。

一、本书论命，专就木火土金水之五行发挥。盖水火二行有气，土木金三行有质，皆可目睹，与比食财官印之理想名词，仅可耳闻者不同。旧书每云“比肩要逢官杀制”，又云“日干无气，遇劫为强”，又云“用之食神不可夺，食神最喜劫财乡”，又云“伤官伤尽最为奇，伤官用印宜去财”，满纸名词，颠之倒之；按其形态，殊难表见。树珊曩著《命理探原》，对此名词，即感沉闷。虽曾不揣固陋，证以人事，将此名词，一一解释；然究不若畅谈五行物理，与鉴别利弊之为愈也。

一、本书品评各造，不独详论甲乙属木，丙丁属火之正五行，而尤注意甲己化土、己甲化土、乙庚化金、庚乙化金之化气五行。其他纳音五行、三合五行、六合五行，亦有重大关系，不可偏废，故兼筹并顾焉。

一、命宫干支二字，与人所生年月日时之八字，同时成立，终身决无变更。小限干支二字，虽从命宫开始，以次逆行，然犹一年一易。故命宫之吉凶，关系一生；小限之吉凶，则仅关系一年。本书于此，特致意焉。

一、本书命宫之干，从生年天干起；小限干支，悉从命宫起。如辛年生人，命宫在午，用五虎遁法，古歌云“丙辛必定寻庚起”，寅上起庚，

① 蝼蝈：小虫，生穴土中，好夜出，今人谓之“土狗”是也。

以次顺行，卯上值辛，辰上值壬，巳上值癸，午上值甲，即命宫甲午是也。命宫如为甲午，则一岁之小限，亦必为甲午。以次逆行，二岁癸巳，三岁壬辰，四岁辛卯，至十一岁甲申，二十一岁甲戌，三十一岁甲子，四十一岁甲寅，五十一岁甲辰，六十一岁又值甲午。如此推排，一年一易，则小限干支，循环无端矣。二十六年前，拙著《命理探原》，谓为"欲知某限之干，再以本流年之干遁之"，其法虽捷，犹有扞格。历试以来，始觉昨非。兹特改正，惟知音鉴之。

一、本书附录，所采嘉言懿行，及其人所著诗文，大之可利家国，小之可益身心，皆为树珊素所服膺。即在家庭督课时，亦恒三复言之，故不忍舍旃，特为选择如干，刊明出处，俾资考索，识者幸毋以繁重讥之。

一、本书旧稿所录，上自东周，下逮清季，计有百造，此篇仅选六十有四。其未列之三十六造，姓名生卒，仍载篇首，以备遗忘。海内鸿博，倘不吝珠玉，多方教正，或推而广之，再著续篇，尤为深幸。

征引书目[1]

《易经》	《史记》	《孟子》
《春秋繁露》	《圣祖御制文集》	《先圣生卒考》
《四书人物考》	《孔子年谱辑注》	《孔子家语》
《孔子编年》	《楹联丛话》	《后汉书》
《千百年眼》	《坚瓠集》	《汉天师世家》
《癸巳存稿》	《七修类稿》	《池北偶谈》
《虫鸣漫录》	《关帝全集》	《蜀志》
《诸葛忠武集》	《武侯年谱》	《通志略》
《名人生日表》	《忠武祠墓志》	《太玄经》
《吕氏春秋》	《渔洋精华录》	《晋书》
《全晋文》	《茅山志》	《梁书》
《全梁文》	《唐书》	《唐诗纪事》
《唐文粹》	《韩昌黎集》	《吕祖汇集》
《吕真仙文集注释》	《全唐文》	《仙史》
《神仙传》	《宋史》	《范文正集》
《范文正年谱》	《五朝名臣言行录》	《东轩笔录》
《避暑录话》	《蠡勺编》	《欧阳文忠集》
《欧阳文忠年谱》	《林下偶谭》	《伊川击壤集》
《小学集注》	《童蒙训》	《遁翁随笔》
《席上腐谈》	《朱子语类辑略》	《王临川集》
《王荆公年谱》	《焦氏笔乘续集》	《金山志》
《苏文忠集》	《苏文忠年谱》	《唐宋八家尺牍》
《林下清录》	《南漘楛语》	《黄山谷集》
《小学弦歌》	《瓮牖闲评》	《曲洧旧闻》
《三命通会》	《挥麈录》	《岳鄂王集》
《癸巳类稿》	《朱子文集》	《朱子年谱》
《历代名人生卒录》	《谢叠山集》	《真文忠集》
《真文忠年谱》	《三命指迷赋》	《文信国集》

① 略以征引先后为次。

《文文山年谱》
《元史》
《刘诚意集》
《新知录摘抄》
《明纪》
《蒹葭堂杂著摘抄》
《阳明年谱》
《椒山年谱》
《纪效新书》
《六科准绳》
《卢忠肃集》
《南雷诗历》
《白虎通》
《朱柏庐毋欺录》
《经世文编》
《琴堂五星》
《清皇室四谱》
《高宗御制诗集》
《纪文达集》
《江辉祖年谱》
《碑传集补》
《黄仲则年谱》
《研经室集》
《林文忠年谱》
《曾文正年谱》
《胡文忠年谱》
《续碑传集》
《马端敏年谱》
《命学新义》
《张文襄诗集》
《五续疑年录》
《康南海传》
《陆忠烈年谱》
《子平大全》
《郁离子》
《明史》
《明良记》
《明文在》
《舌华录》
《戚少保年谱》
《练兵实纪》
《画禅室随笔》
《黎洲年谱》
《黎州思旧录》
《扬子》
《张文贞年谱》
《茶余客话》
《圣谕广训》
《命理约言》
《清帝外纪》
《纪文达家书》
《学治臆说》
《洪北江年谱》
《两当轩诗集》
《鸥陂渔话》
《林文忠家书》
《孑楼随笔》
《左文襄年谱》
《彭刚直家书》
《李文忠家书》
《丁松生年谱》
《劝学篇》
《清史稿》
《南海诗文集》
《归田诗话》
《松雪斋集》
《庚已编》
《明纪事本末》
《簪云楼杂说》
《王阳明全书》
《杨椒山全集》
《人谱类记》
《郁冈斋笔麈》
《贰臣传》
《南雷文约》
《文子》
《庄子》
《江苏诗征》
《滴天髓》
《庭训格言》
《滴天髓阐微》
《碑传集》
《毕弇山年谱》
《病榻梦痕录》
《洪北江集》
《阮氏家谱》
《冷庐杂识》
《曾文正集》
《锄经书舍零墨》
《左文襄家书》
《彭刚直诗集》
《近人诗录》
《松梦寮诗稿》
《张文襄家书》
《清代名人传》
《太平御览》

《六砚斋二笔》
《古今事物考》
《林文忠诗抄》
《枣林杂俎》
《匏翁家藏集》
《清朝全史》
《袁中郎随笔》
《学易笔谈》
《枫山集》
《冶城遗集》
《明初礼贤录》

目　录

袁氏命谱卷一

至圣先师孔子　一

周，姓孔氏，名丘，字仲尼，鲁之陬人[①]。父叔梁纥，娶鲁之施氏，生九女，无子。其妾生孟皮，有足疾。乃求婚于颜氏。颜氏有三女，季曰征在，妻之。祷于尼丘，得孔子，生而首上圩顶，故名曰丘，字仲尼。三岁父丧，及长，虽贫贱而恭慎逾常。景王己巳，[②] 始为委吏，继为乘田。敬王庚子，[③] 为中都宰，进为司空司寇。丙午[④]至乙卯，[⑤] 忽而主卫适晋，

① 陬，音邹。《论语》作鄹，即今山东省曲阜县。
② 年二十。
③ 年五十一。
④ 年五十七。
⑤ 年六十六。

忽而之宋返鲁，忽而遇桓魋[①]之难，忽而困陈蔡之间。至敬王四十一年壬戌，夏四月己丑卒。寿享七十有三。要之，孔子为儒家之祖，初仕于鲁，摄行相事，其后不用，遂周流四方。归鲁，删《诗》、《书》，定《礼》、《乐》，赞《周易》，修《春秋》，以传先王之道。弟子三千人，身通六艺者，七十有二。唐开元二十七年己卯，追谥文宣王，赠弟子各公侯伯。宋大中祥符元年戊申，加谥至圣文宣王。元大德十年丙午，加号大成至圣文宣王。明嘉靖九年庚寅，改称至圣先师。从祀诸贤，故所封爵皆罢去。清顺治二年乙酉，定文庙，谥号为大成至圣文宣先师孔子。十四年丁酉，改称至圣先师孔子。

周灵王二十一年，鲁襄公二十二年，即庚戌之岁。**孔广牧《生卒考》云：周正冬十月庚子**，即夏历八月二十八日。**薛方山《四书人物考》云：**甲申时生。

周敬王四十一年，鲁哀公十六年，即壬戌**周正四月十一日己丑**，即夏历二月十一日。**《生卒考》云：或谓**午时卒。

庚戌	**命**	六岁 十六	丙戌 丁亥
乙酉	**宫**	二六 三六	戊子 己丑
庚子	**戌**	四六 五六	庚寅 辛卯
甲申	**子**	六六 七六	壬辰 癸巳

《春秋繁露》云："凡物必有合，合必有上，必有下；必有左，必有右；必有前，必有后；必有表，必有里。有美必有恶，有顺必有逆。"此数语，固为修己治人之要道，而尤为谈命学者所当详究也。

谨按：至圣先师之造，日主之庚为阳，在正五行本属金，月干之乙为阴，在正五行本属木，今庚乙并列，相近相亲，左右联合，水乳交融，不独庚字变为化气五行之阳金，即乙字亦变为化气五行之阴金矣。年干值庚，在正五行本属金，时干值甲，在正五行本属木，此其表也；庚能引乙，又变为化气之金，甲能引己，又变为化气之土，此其里也。时支申，月支酉，年支戌，会合一气，联为西方金局。虽曰地支居下，实与天干在

---

① 魋，徒回切，音颓。

上之庚乙化金，同气相求，同声相应，格局纯真，毫无疑义。[①] 虽日支之子居前，暗中藏癸；命宫戊子居后，暗中化火，亦不妨事。盖诞生之际，节过白露，化金得令，化火无权，小人道消，君子道长，有美无恶，有顺无逆，此诚明齐日月，量合乾坤之造也。惜运途蹇滞，叠经坎坷，当三岁之际，岁逢壬子，竟遭圣父叔梁公之丧；二十四岁，岁逢癸酉，圣母颜氏，又复弃养。此无他，乃子癸引戊，化火肆虐也。十九岁，迎娶夫人亓官氏；[②] 二十岁生子伯鱼。及初仕为委吏，继为乘田。此无他，乃丁运引壬，化木见功也。至于五十一岁为中都宰，五十二三岁为司空，进位司寇，摄行相事，与闻国政，三月鲁国大治。此皆庚寅二运，同为化金喜神，有以致之也。及至五十七至六十六岁，忽而主卫适晋，忽而之宋返鲁，忽而遇桓魋之难，忽而困陈蔡之间。此皆辛卯二运，同为化金之忌神，有以致之也。及至六十七岁，夫人亓官氏卒；六十九岁，子伯鱼卒。更觉岁逢丙辰，与生年庚戌抵触；岁逢戊午，与生日庚子抵触，有以致之也。七十三岁大运逢辰，既落空亡，又与太岁壬戌互相冲击，是以寝疾七日而终。鲁哀公诔之曰："天不遗耆老，莫相予位焉。呜呼！哀哉尼父。"[③] 降及前清，圣祖仁皇帝，犹御制赞言，其序有云："粤稽往绪，仰溯前征。尧舜禹汤文武，达而在上，兼君师之寄，行道之圣人也。孔子不得位，穷而在下，秉删述之权，明道之圣人也。行道者勋业炳于一朝，明道者教思周于百世。尧舜文武之后，不有孔子，则学术纷淆，仁义湮塞，斯道之失传也久矣。后之人而欲探二帝三王之心法，以为治国平天下之准，其奚所取衷焉。然则孔子之为万古一人也审矣。"观于此，孔子之寿，直亿万斯年也，岂寻常之寝疾而终者哉！

① 此名西方一气格，又名庚乙化金格。

② 亓官，一作上官，亓读若箕。

③ 按：此据《孔子编年》，与《史记》稍异。

附 录

圣父叔梁公，葬于防山，圣母颜氏，合葬于此。在兖州曲阜县东二十五里。①

委吏。孔子尝为委吏矣，曰：会计当而已矣。②

乘田。孔子尝为乘田矣，曰：牛羊茁壮长而已矣。③

孔子初仕为中都宰，制为养生送死之节，长幼异食，强弱异任，男女别涂，路无拾遗，器不雕伪，四寸之棺，五寸之椁，因丘陵为坟，不封不树。行之一年，而四方之诸侯则焉。④

鲁司寇，掌盗贼刑罚之职，向为臧氏官，权亚三卿。故孔子为之，三月大治。若使早任，则鲁早治矣。⑤

景公问政。孔子曰："君君臣臣，父父子子。"景公曰："善哉！信如君不君，臣不臣，父不父，子不子，虽有粟，吾岂得而食诸?"他日又复

① 《年谱辑注》。

② 《孟子》。

③ 《孟子》。

④ 《家语·相鲁解》。

⑤ 《编年》。

问。孔子曰：“政在节财。”景公说。

叶公问政。孔子曰：“政在来远附迩。”他日，叶公问孔子于子路，子路不对。孔子闻之，曰：“由，尔何不对曰，其为人也，学道不倦，诲人不厌，发愤忘食，乐以忘忧，不知老之将至云尔。”

孔子晚而喜《易》，序“彖”，系“象”。[①] 读《易》韦编三绝，曰：“假我数年，若是，我于《易》则彬彬矣。”[②]

商瞿年三十八无子。吾[③]母为吾更取室。夫子使吾之齐，母欲请留吾。夫子曰：“无忧也，瞿过四十，当有五丈夫。”今果然。[④]

孔子绝粮七日，外无所通，藜羹不充，从者皆病。孔子愈慷慨，讲诵弦歌不衰。子路作色曰：“昔者闻诸夫子，为善者天报之以福，为不善者天报之以祸。今夫子积德怀义，行之久矣，奚居之穷也？”子曰：“由未之识也，吾语汝。夫遇不遇者，时也；贤不肖者，才也。君子博学深谋而不遇时者，众矣，何独某哉！且芝兰生于深林，不以无人而不芳；君子修道立德，不为穷因而败节。为之者人也，生死者命也。”[⑤]

古者包牺氏之王天下也，仰则观象于天，俯则观法于地，观鸟兽之文，与地之宜，近取诸身，远取诸物，于是始作八卦，以通神明之德，以类万物之情。

昔者圣人之作《易》也，将以顺性命之理，是以立天之道，曰阴与阳，立地之道，曰柔与刚，立人之道，曰仁与义，兼三才而两之。故《易》六画而成卦，分阴分阳，迭用柔刚，故《易》六位而成章。

《易》有圣人之道四焉，以言者尚其辞；以动者尚其变；以制器者尚其象；以卜筮者尚其占。

天一，地二；天三，地四；天五，地六；天七，地八；天九，地十。[⑥]

天数五，地数五，五位相得而各有合。天数二十有五，地数三十，凡

① 《说卦》、《文言》。

② 以上《史记·孔子世家》。

③ 此“吾”指商瞿。以下仿此。

④ 《编年》。

⑤ 《家语·在厄解》。

⑥ 此言天地之数，阳奇阴偶，即河图也，一三五七九皆奇，故属天，二四六八十皆偶，故属地。

天地之数，五十有五。此所以成变化而行鬼神也。[①]

天尊地卑，乾坤定矣。卑高以陈，贵贱位矣。动静有常，刚柔断矣。方以类聚，物以群分，吉凶生矣。在天成象，在地成形，变化见矣。

《易》与天地准，故能弥纶天地之道。

与天地相似，故不违。知周乎万物，而道济天下，故不过。旁行而不流，乐天知命，故不忧。安土敦乎仁，故能爱。

子曰："《易》其至矣乎！夫《易》圣人所以崇德而广业也。知崇礼卑，崇效天，卑法地。"[②]

子曰："危者，安其位者也；亡者，保其存者也；乱者，有其治者也。是故君子安而不忘危，存而不忘亡，治而不忘乱，是以身安而国家可保也。《易》曰：'其亡其亡，系于苞桑。'"

子曰："德薄而位尊，知小而谋大，力小而任重，鲜不及矣。《易》曰：'鼎折足，覆公餗，[③] 其形渥，凶。'言不胜其任也。"

子曰："知几其神乎！君子上交不谄，下交不渎，其知几乎？几者动为微，吉之先见者也，君子见几而作，不俟终日。《易》曰：'介于石，不终日，贞吉。'介如石焉，宁用终日？断可识矣。君子知微知彰，知柔知刚，万夫之望。"[④]

子曰："作《易》者，其知盗乎？《易》曰：'负且乘，致寇至。'负也者，小人之事也；乘也者，君子之器也。小人而乘君子之器，盗思夺之矣。上慢下暴，盗思伐之矣。慢藏诲盗，冶容诲淫。《易》曰：'负且乘，致寇至。'盗之招也。"

"劳谦，君子有终，吉。"子曰："劳而不伐，有功而不德，厚之至也，语以其功下人者也。德言盛，礼言恭，谦也者，致恭以存其位者也。"[⑤]

"亢龙，有悔。"子曰："贵而无位，高而无民，贤人在下位而无辅，

---

① 一三五七九天数，奇也，二四六八十，地数，偶也。一与二、三与四，各以奇偶为类，而自相得。一与六，三与八，皆两相合。二十五者，五奇之积。三十者，五偶之积。变化，谓一变生水，六化成之，二化生火，七变成之，三变生木，八化成之，四化生金，九变成之，五变生土，十化成之。鬼神，谓凡奇偶生成之屈伸往来者。

② 穷理，则智崇如天而德崇；循理，则礼卑如地而业广。

③ 音速。

④ 石者至静无欲，至重不动者，君子介然如石，天下之无欲，何物能动之，其见几宁用终日，而后识之。

⑤ 劳谦，正言有劳有功而不伐。不德，一言德欲其盛，礼欲其恭。劳谦非为位计，然能致恭，则人道所好，位自存矣。

是以动而有悔也。”[①]

“鸣鹤在阴，其子和之。我有好爵，吾与尔靡之。”子曰：“君子居其室，出其言善，则千里之外应之，况其迩者乎？居其室，出其言不善，则千里之外违之，况其迩者乎？言出乎身，加乎民；行发乎迩，见乎远。言行，君子之枢机，枢机之发，荣辱之主也。言行，君子之所以动天地也，可不慎乎？”

“不出户庭，无咎。”子曰：“乱之所由生也，则言语以为阶。君不密则失臣，臣不密则失身，几事不密则害成，是以君子慎密而不出也。”[②]

善不积不足以成名，恶不积不足以灭身。小人以小善为无益，而弗为也，以小恶为无伤，而弗去也。故恶积而不可掩，罪大而不解。《易》曰：“何校灭耳，凶。”

将叛者其辞惭，中心疑者其辞枝，吉人之辞寡，躁人之辞多，诬善之人其辞游，失其守者其辞屈。

尺蠖[③]之屈，以求信也；龙蛇之蛰，以存身也。精义入神，以致用也；利用安身，以崇德也。[④]

天地之大德曰生，圣人之大宝曰位，何以守位曰仁，何以聚人曰财，理财正辞、禁民为非曰义。[⑤]

孔子著述

孔子生平，唯于《周易》有赞，《诗》、《书》则删之，《礼》、《乐》则定之，《春秋》则笔削之。笔但笔其旧闻，有削则不尽笔，定亦不添一笔，删则不笔者多矣，盖不贵增而贵减。文王、周公之《彖》、《象》多诡奇，而孔之传文极显浅；殷《盘》、周《诰》之书，词多涩舌，而鲁《论》之纪载，无聱牙。古文自古，今文自今，要以畅事理、觉后觉而止矣，盖不尚诡而尚平。呜呼！此圣人窃比之深意，非若后世争妍笔楮为也。[⑥]

---

① 处时之穷者，贵乎通变，而不可亢以取悔。

② 乱不虚生，自言语始，慎密其言而不轻出。

③ 音蠖，药韵。

④ 此以物理明学之屈伸，而广其义。尺蠖，虫名，不屈则行不能伸。龙蛇不蛰，则来岁之身不能奋，下学之事，精研其义，至于入神，屈之至也，所以为出而致用之本。利其施用，无适不安，伸之极也，然乃所以为入而崇德之资，内外交相养，互相发也。

⑤ 以上节《系辞上下传》。

⑥ 《千百年眼》。

孔林蓍草

昔者圣人之作《易》也，幽赞于神明而生蓍。至今蓍草所产之地，厥惟伏羲、文王、周公、孔子之墓，而他处无有。余尝采蓍于孔林，长者不满今尺三十寸。[①]

大成殿联

庙中楹联，宋元时绝无传句，大约起于明代，至本朝而始盛。文昌殿、关帝庙两处，撰者尤多，几于雅郑混杂。惟文庙则未之闻，良由著笔甚难，故无人不知藏拙。忆在京师，曾游国学，得恭阅圣制大成殿联云："气备四时，与天地日月鬼神合其德；教垂万世，继尧舜禹汤文武作之师。"惟圣人能言圣人，后有作者弗可及矣。[②]

---

① 《学易笔谈》。

② 《楹联丛话》。

汉世祖光武皇帝　二

后汉，姓刘氏，名秀，字文叔，南阳蔡阳人。[①] 高祖九世孙。年九岁而孤，养于叔父良。身长七尺三寸，美须眉，大口，隆准，日角，[②] 性勤于稼穑，而兄伯升，好侠养士，常非笑光武事田业，比之高祖兄仲。王莽天凤元年甲戌，[③] 乃之长安，受《尚书》，略通大义。莽末，天下连岁灾蝗，寇盗蜂起。地皇三年壬午，南阳荒饥，[④] 诸家宾客，多为小盗。光武避吏新野，[⑤] 因卖谷于宛，[⑥] 宛人李通等，以图谶[⑦]说光武云："刘氏复起，李氏为辅。"光武初不敢当，然独念兄伯升，素结轻客，必举大事，且王莽败亡已兆，天下方乱，遂与定谋，于是乃市兵弩。十月与李通从弟轶等，起于宛，时年二十八。十一月有星孛于张。[⑧] 光武遂将宾客还舂陵。[⑨] 时伯升已会众起兵。初，诸家子弟恐惧，皆亡逃自匿，曰："伯升杀我。"及见光武绛衣大冠，皆惊曰："谨厚者亦复为之！"乃稍自安。伯升于是招新市平林兵，与其帅王凤、陈收西击长聚。[⑩] 光武初骑牛，杀新野尉，乃得马。进屠唐子乡，[⑪] 又杀湖阳尉。[⑫] 军中分财物不均，众恚恨，欲反攻诸刘。光武

① 蔡阳，故城，在今湖北省枣阳县西南。
② 日角，谓中庭骨起，状如日。
③ 年二十。
④ 南阳，即今河南省南阳县治。
⑤ 故城在今河南省新野县南。
⑥ 宛县故城，即今河南省南阳县治。
⑦ 谶读如衬，沁韵，兆也。图谶等，皆言将来得失之兆也。
⑧ 孛星，光芒，短蓬然。张，南方宿也。
⑨ 乡名，在枣阳县东。
⑩ 小于乡曰聚。
⑪ 在湖阳县西南。
⑫ 县名，今河南泌源县南八十里，有湖阳店，即故县也。

敛宗人所得物，悉以与之，众乃悦，进拔棘阳。[①] 更始元年癸未，[②] 光武别与诸将大破莽兵，进围宛城。[③] 三月辛巳，立刘圣公为天子，改元更始，以伯升为大司徒，光武为太常偏将军。二月光武徇昆阳，[④] 定陵郾，[⑤] 多得牛马财物，谷数十万斛，转以馈宛。会伯升为更始所害，光武引过而已，言笑如常。更始于是惭，拜光武为破掳大将军，封武信侯。九月庚戌，三辅豪杰，共诛王莽，传首诣宛。[⑥] 更始二年甲申，[⑦] 立光武为萧王，自是始贰于更始。建武元年乙酉，[⑧] 马武等劝进，六月己未，光武遂即帝位于鄗南，[⑨] 定都洛阳，封更始为淮阳王。十二月丙戌，更始为赤眉所杀。于是平铜马诸贼，降赤眉，讨公孙述、隗嚣等，[⑩] 天下大定。又留心文学，重高节之士，内治亦盛。建武三十三年丁巳，二月初五日，崩于南宫前殿，年六十三。谥光武，庙号世祖。改元二，建武，建武中元。[⑪]

汉哀帝建平元年十二月初六日夜[⑫]时生。[⑬]

后汉建武中元二年二月初五日□时卒。

乙卯	**命**	三岁 十三	戊子 丁亥
己丑	**宫**	二三 三三	丙戌 乙酉
甲子	**戊**	四三 五三	甲申 癸未
丙寅	**寅**	六三 七三	壬午 辛巳

① 县名故城在今河南省新野县东北。
② 年二十九。
③ 在今湖北省荆门县南六十里。
④ 县名，在今治河南省，叶县治。
⑤ 今为河南省郾城县，京汉铁中经之，郾音堰，愿韵。
⑥ 诣，倪去声，霁韵，至也，往候也。
⑦ 年三十。
⑧ 年三十一。
⑨ 鎬音敲，鎬山名，在今河南省荥泽县境。
⑩ 隗，危上声，贿韵；又音危，灰韵。嚣音枵，箫韵。
⑪ 《后汉书》云：年六十二，注云是岁丁巳。以乙卯至丁巳按之，实为六十三也。
⑫ 作寅。
⑬ 生卒见《后汉书·本纪》。

《后汉书·本纪》云："皇考南顿君，初为济阳令，以建平元年十二月甲子夜，生光武于县舍，有赤光照室中。钦异焉，使卜者王长占之。长辟左右曰：'此兆吉不可言。'是岁县界有嘉禾生，一茎九穗，因名光武，曰秀。"

谨按：帝造，若泥于夜字，即作子时论，其八字当为乙卯、己丑、甲子、甲子。日干之甲与月干之己，同化为土，月支之丑、与日支之子，又联合为土。《通会》谓："为干合又得支合，互见两旬者，名曰夫妇聚会。"格局奇异，固胜寻常，再益以生年乙卯，岁干坐禄，生时甲子，时带将星，气象巍峨，显而易见。然珊犹窃疑之，盖光武帝诞生之候，适在大寒节前，其时昼短夜长，所谓夜者，未尝不是三四句钟之寅时也。若就丙寅时推测，较甲子时尤有过之。何则？生时丙寅，则命宫为戊寅，时干丙固为正五行之火，时支寅藏丙，又为正五行之火，命宫戊寅，干固化火，支亦藏火，证以赤光照室，不为无因。若是甲子时，非惟四柱缺火，即命宫庚辰，亦复无火，当此诞生之际，天寒气降，地冻水冰，果其无火以暄之，吾恐膏壤将变为石田，岂能万物资生，兆民有赖耶？[①] 观其九岁子运，岁值癸亥，会生月之丑，为北方一气，南顿君竟早逝，具见土畏水湿也。观其二十八岁丙运，岁值壬午，冬月，得宛人李通等协议，起兵舂陵，帝仅骑牛指挥，竟能杀新野尉而得马，继又进拔棘阳。二十九岁，岁值癸未，大破莽军，进围宛城，下昆阳，定陵郾，立刘圣公为天子，改元更始，称为破虏太将军，封武信侯。至九月，三辅豪杰，共诛王莽，居然传首诣宛。三十岁戊运，岁值甲申，立为萧王。三十一岁戊运，岁值乙酉，马武等劝进，六月己未，乃即大位。十二月，更始又为赤眉所杀。凡此种种，何莫非丙为阳火，戊寅合火，具有鼓荡寒土之功，有以致之耶！否则，自壬午冬月至乙酉六月，为时不满三年，岂能使王莽自溃，跨州据土，而带甲百万者哉！至于四十七岁甲运，废皇后郭氏为中山太后，立贵人阴氏为皇后；四十九岁申运，以皇太子强为东海王，立阳为皇太子，[②]世多疵议。此皆辛丑年小限庚寅之弊，不仅甲运妒合，申运冲寅也。五十八岁癸运，沛太后郭氏薨；六十三岁未运，帝崩于南宫，一为太岁壬子，一为太岁丁巳，皆与甲己化土之正格，极端反对者也。程子曰"命之理

① 此名真化土格，又名夫妇聚会格。
② 改名庄。

微”，盖谓其理精微，不可思议。然以帝命证之，似征实彰，岂人力也哉！

附　录

封更始为淮阳王诏[①]

更始破败，弃城逃走，妻子裸袒，流冗道路，朕甚悯之。今封更始为淮阳王，吏人敢有贼害者，罪同大逆。[②]

差录功臣诏[③]

人情得足，苦于放纵，快须臾之欲，忘慎罚之义。惟诸将业远功大，诚欲传于无穷，宜如临深渊，如履薄冰，战战栗栗，日慎一日。其显效未酬，名籍未立者，大鸿胪趣上，朕将差而录之。[④]

赦　诏[⑤]

惟酷吏残贼，用刑深刻，狱多冤人，朕甚悯之。孔子不云乎？“刑罚不中，则民无所措手足。”其诸中二千石诸大夫，议省刑罚。[⑥]

禁拘执诏[⑦]

民有嫁妻卖子，欲归父母者，悉听之。敢拘执，论如律。[⑧]

复宗室列候子孙诏[⑨]

惟列侯为王莽所废，先祖魂神，无所依归，朕甚悯之。列侯身废者，国如故；身死，若子孙见在，令继其先焉。[⑩]

遣周党诏[⑪]

自古尧有许由、巢父，周有伯夷、叔齐，自朕高祖，有南山四皓。自

---

① 建武元年九月辛未。
② 《后汉·光武纪》。
③ 二年正月庚辰。
④ 《后汉·光武纪》。
⑤ 二年三月乙酉。
⑥ 袁宏《后汉纪》四。
⑦ 二年五月癸未。
⑧ 《后汉·光武纪》。
⑨ 二年十二月戊午。
⑩ 袁宏《后汉纪》四。
⑪ 五年。

古圣王，皆有异士，非独今也。太原周党，不食朕禄，亦各有志焉。[①]

给廪诏[②]

往岁水旱蝗虫为灾，谷价腾跃，人用困乏。朕惟百姓无以自赡，恻然感之。其命郡国有谷者给廪，高年、鳏、寡、孤、独及笃癃无家属，贫不能自存者，如律。二千石勉加循抚，无令失职。[③]

薄葬诏[④]

世以厚葬为德，薄终为鄙，至于富者奢僭，贫者殚财，法令不能禁，礼义不能止，仓卒乃知其咎。其布告天下，令知忠臣、孝子、慈兄、悌弟薄葬送终之义。[⑤]

禁拘制奴婢下妻诏[⑥]

吏人遭饥乱，及为青、徐贼所略，为奴婢下妻，欲去留者，悉听之。敢拘制不还，以卖人法从事。[⑦]

营寿陵诏[⑧]

无为山陵陂池，裁令流水而已。迭兴之后，亦无丘垄，使合古法。今日月已逝，当豫自作，臣子奉承，不得有加。[⑨]

报臧宫、马武请灭匈奴诏[⑩]

《黄石公记》曰："柔能制刚，弱能制强。"柔者德也，刚者贼也。弱者仁之助也，强者怨之归也。故曰有德之君，以所乐乐人；无德之君，以所乐乐身。乐人者其乐长，乐身者不久而亡。舍近谋远者，劳而无功；舍远谋近者，逸而有终。逸政多忠臣，劳政多乱人。故曰务广地者荒，务广德者强；有其有者安，贪人有者残。残灭之政，虽成必败。今国无善政，灾变不息，百姓惊惶，人不自保，而复欲远事边外乎？孔子曰："吾恐季

---

① 袁宏《后汉纪》五。
② 六年正月辛酉。
③ 《后汉·光武纪》。
④ 七年正月。
⑤ 《后汉·光武纪》。
⑥ 七年五月。
⑦ 《后汉·光武纪》。
⑧ 二十六年四月。
⑨ 官辑本《东观汉记》：四月，始营陵地于临平亭南诏。
⑩ 二十七年。

孙之忧，不在巅臾。”且北狄尚强。而屯田警备传闻之事，恒多失实。诚能举天下之半以灭大寇，岂非至愿？苟非其时，不如息人。[①]

四科取士诏

方令选举贤佞，朱紫错用。丞相故事，四科取士：一曰德行高妙，志节清白；二曰学通行修，经中博士；三曰明达法令，足以决疑，能案章覆问，文中御史；四曰刚毅多略，遭事不惑，明足以决，才任三辅。令皆有孝、悌、廉、公之行，自今以后，审四科辟召，以刺史二千石察茂才尤异；孝廉之吏，务尽实核，选择英俊；贤行廉洁，平端于县邑，务授试以职。有非其人，临计过署，不便习官事，书疏不端正，不如诏书，有司奏罪名，并正举者。[②]

子陵不仕有深意

光武，中兴令主也，而废郭后及太子强，颇为后世口实。国朝方正学题《严子陵图》有云：“糟糠之妻尚如此，贫贱之交可知矣。羊裘老子早见几，故向桐江钓烟水。”宛转二十八字，可发千古之隐矣。[③]

光武故人

光武故人，人知有严光，而不知有牛牢。光武平时与故人夜话，及谶“刘秀做天子”，“安知非我？万一果然，各言尔志”，牢独默然。光武坚叩之。牢曰：“大丈夫立意，不与帝友。”众大笑，后光武即位，累征不至。刺史郡守，奉诏存问，牢每披发不答诏旨。严君平之故人，人知有富人罗冲，而不知有安鸿丘。鸿丘为君平作诔曰：“无营无欲，澹然渊清。”又林间翁孺，皆临印人，亦其友也。[④]

---

① 《后汉·臧宫传》。

② 《续汉百官志》一注，引《汉官仪·世祖诏》云云。

③ 《千百年眼》卷八。

④ 《坚瓠初集》卷四。

张道陵　三

后汉，姓张氏，名道陵，字辅汉，沛丰人。[①] 子房八世孙。身长九尺二寸，庞眉广颡，朱顶绿睛，隆准方颐，目三角，美髭髯，垂手过膝，龙踞虎步，望之俨然。光武建武庚子，甫七岁，读老子书，即了其义。于天文地理，图书谶纬之密，咸贯通焉。旁若《坟》、《典》群籍，亦尽浏览。从学者千余人，天目山南三十里，西北八十里，[②] 皆有讲诵之堂，临安神山观，[③] 余杭通仙观，[④] 即其地也。明帝永平己未，[⑤] 以直言极谏科中之，拜江州令。[⑥] 谢官，归洛阳北邙山[⑦] 修炼。和帝永和己丑，[⑧] 帝征为太傅，封冀侯，三诏不就。六十三岁丙申，入云锦山，炼九天神丹。丹成而龙虎见，山因以名。饵之益壮，一百零九岁。汉安壬午，得三五都功、诸品经箓，授三五斩蛇雌雄剑及玉印等。次年癸未，一百十岁，登青龙山。桓帝永寿丙申，一百二十有三岁，游渠亭山，奉太上玉册，敕命为六合无穷高明大帝，封道陵为天师。唐天宝七年，诏后汉天师张道陵册赠太师。宋徽宗称

---

① 丰邑，今为江苏省丰县。
② 天目山，在浙江省临安县西北五十里。
③ 临安在浙江省杭县北四十里。
④ 余杭古城在杭县西。
⑤ 年二十六。
⑥ 江州县名，今为四川省江北县。
⑦ 在河南省洛阳县东北。
⑧ 年五十六。

天师，元成宗、明世宗亦称天师。今其子孙，世袭真人，居于江西贵溪之龙虎山。[1]

后汉光武帝建武十年正月十五日子时生。[2]

后汉桓帝永寿二年正月初七日午时卒。

甲午	**命**	五岁 十五 二五	丁卯 戊辰 己巳
丙寅	**宫**	三五 四五 五五	庚午 辛未 壬申
壬戌	**丙**	六五 七五 八五	癸酉 甲戌 乙亥
庚子	**寅**	九五 百五 百十五	丙子 丁丑 戊寅

张天师造，甲午、丙寅、壬戌、庚子。[3]

谨按：壬戌日元，纳音五行为大海之水。庄子云“天下之水，莫大于海”，是也。夫水能润物，尽人皆知，然必须济之以火，俾阴阳和协乃佳，又必须水居于上，火居于下始妙。观夫久雨忽晴，其生物之效力，远不及旱逢甘雨之迅速，而火在釜上，其熟物之效力，亦远逊火在釜下之便利。尤可知《易》水在火上“既济”，水在火下“未济”之说，为不虚也。今观八字，壬戌日元纳音五行，固为大海之水，即就正五行论之，亦为百川之水。既为日元，即是主宰，水居上位，一望可知。年支之午，月支之寅，与日支之戌，联为火局，此乃火之基本，虽丙火游行于月干，其归宿仍在地支，谓为火居下位，谁曰不宜？今既水火既济，其人必聪明脱俗，思患预防。益以时支空亡，年支孤虚，是以视富贵直同浮云，慕神仙虔修道术，恰好五行完备，四柱纯阳，得太上之亲传，避人间之烦恼，故能除邪扶正，炼气成真，受历代之崇封，获千秋之荣誉。此岂狗苟蝇营，不知

① 在江西省，贵溪县西南八十里，象山西南，两峰对峙，如龙昂虎踞，道书以为第三十二福地，张道陵修炼于此，其子孙世居上清宫，在龙虎两山之间。

② 生卒见《天师世家》。

③ 《天师世家》载：汉建武十年正月十五夜，生于吴之天目山。

止足者所可望其项背耶？二十六岁己运，永平二年己未，以直言极谏科中之，拜江州令，谢官，归北邙修炼三年，有白虎衔符至座隅，足证己与甲合，未与午合，头头是道，非同寻常也。四十七岁辛运，建初五年庚辰，奉帝征不起，夫征而不起，诏而不就，此是何等胸襟，何等识见耶？五十六岁壬运，永和元年己丑，和帝征为太傅，三诏又不就，足证金水相生，犹有世俗浮名也。六十三岁申运，永和八年丙申，入云锦山，炼九天神丹成，饵之益壮，足证水得长生，冲寅合子，故先劳后获也。一百零九岁丁运，汉安元年壬午，得三五都功，诸品经箓，授三五斩蛇雌雄剑及玉印等。一百十岁丁运，汉安二年癸未，登青龙山，足证丁遥壬合，午与寅戌联合，均应得道多助也。一百二十三岁卯运，永寿二年丙申，游渠亭山，正月七日亭午，奉太上玉册，敕命道陵为六合无穷高明大帝，又曰天师，足证卯为天乙贵人，申为壬水长生，即丙火亦与午寅戌之火局，气求声应，故大功圆满，白日上升也。

附 录

洪武九年正月十五日，宋濂《序汉天师世家》有云："濂闻文成侯年少时，学《礼》淮扬，东谒苍海君，先儒学士以为海神是也。后又见异人下邳圯上，[①]则其未达之际，固已能交通于神明。至其晚年，名遂功成，乃欲辟谷，从赤松子游，实其初志，非曰托之以自逃也。故其九传至汉天师，感慕兴起，学轻举延年之术，祓除阴慝，一以善道化民，而嗣师系师继之，修其业而弗坠，惟恐有人横遭夭阏者。当汉之际，天下云扰，惟巴蜀之间，民生晏然，行者不裹粮，居者不捍关，官府类以成治。如此者垂三十年，其功之及物，可谓侈矣。宜其世有令人，出裨至化，奚翅古诸侯之国，天之报施，不亦彰明者哉！或者专归于名山神气之所秀结，故能演迤盛大如斯，其论亦浅矣。呜呼！文成侯子孙，南北在在有之，其以功烈显著者，小则光法从，大则至宰辅，非不光明俊伟也。曾未几何，降为皂隶者，有不免焉。其视玄裔相仍，历千二百有余岁，而未已者为何如？盖必有道矣。嗣是而兴者，尚其勖哉！尚其勖哉。"[②]

洪武二十四年，真人张宇奏以前代尝给正一玄坛箓之印，今授二品银印，

① 圯音诒，支韵，左从辰巳之巳，桥也。

② 《天师世家》。

只可施于表笺文移，而于符箓不便，乞更别授，遂与龙虎山正一玄坛之印，制用六品者也。昨会真人府知印云，府总四印，六品者铜铸，二品银印，则英宗朝，因使拜表制銮有验，铸金易之，其文乃正一嗣教大真人府之印。自道陵传下者，则玉印一枚，乃阳平治都功印云篆也。[①] 至弘治间，朝廷恐其随身有失，另碾一颗赐之。至于累朝所赐，或金，或银，或牙，皆图书也。[②]

隆庆中，江西守臣言张氏职名赐印，不载典制，宜永裁革。诏革去真人之号，以为上清观提点。万历初，复之。相沿至今，无厘正者，使与衍圣公，公然并列，何哉？[③]

张道陵，光武时人，[④] 善以符治病，百二十岁卒。唐天宝间，号正一靖应真君，而子孙未有赐号者。《通考》言宋太宗祥符九年，赐信州道士张正随号真静先生。[⑤] 徽宗崇宁二年，赐张继先号虚靖先生，然亦未有阶品。自元世祖至元十三年，赐宗演为灵应冲和真人，始给三品银印。明洪武元年，张正常入贺即位。太祖谕宰臣曰："元人不知义理称为天师。[⑥] 夫天岂有师？可改授正一嗣教真人，锡以银印，秩视二品。设寮佐，曰赞教，曰掌书。"隆庆间，并华真人，止称提点。万历初复之。[⑦] 康熙二十六年六月。张继宗具疏请恤。吏部提查，正一真人，从无赐恤致祭之例，应不准行；其恩诏诰命，应如所请。得旨，张继宗见号真人，即着照所袭衔，给与诰命。一切僧道，不可过于优崇，恐日后渐加纵肆，或致妄为也。圣祖睿见，可云迈越前古矣。[⑧]

张真人于嘉庆十年入觐。时值亢旱，命之求雨不验，镌级。先是，上意革除道教。因每岁端阳，大内各宫殿正梁，均有黄绮朱符，乃真人遣神将所悬；其尤异者，五月初一子正，各殿皆悬符，不知其从何而来，至初五日亥正，则俱杳矣，有此灵迹，遂贬而不革。祷雨不应，盖不敢违天也。[⑨]

---

① 阳平治，乃道陵起处。

② 《七修类稿》。

③ 《池北偶谈》。

④ 《邵氏见闻录》，谓顺帝时人。《续通考》，谓章帝和帝时人。

⑤ 邱文庄公谓，此张氏赐号之始。

⑥ 寇谦之尝言，继道陵为天师，故世欲称为天师，元时亦号真人耳。

⑦ 俗至称为三天扶教辅元大法师真君。

⑧ 《蠡勺编》。

⑨ 《虫鸣漫录》。

关 羽 四

蜀汉，姓关氏，名羽，本字长生，又字云长，河东解梁人。[①] 美须髯。好《左氏传》，讽诵上口。亡命，奔涿。[②] 先主为平原相，[③] 以羽与张飞为别部司马，分统部曲，恩若兄弟。初守下邳，[④] 先主为曹操所败，奔袁绍。时羽为操所执，拜偏将军，礼之甚厚。后羽斩绍将颜良，以报操德。操表封羽为汉寿亭侯。羽尽封所赐，拜书告辞，而奔先主。先主既收江南诸郡，以羽守襄阳。[⑤] 及西定益州，[⑥] 羽乃督荆州事，[⑦] 拜前将军，攻败曹仁，威震一时。孙权用吕蒙计，袭破荆州。建安己亥，十二月，羽与子平，皆于章乡蒙难，[⑧] 时年六十。后主追谥壮缪侯。宋徽宗、高宗、孝宗及元文宗，均封以王。明神宗，加封以帝。清世祖曾降谕旨，封为忠义神武关圣大帝。清高宗降旨，加“灵佑”二字。仁宗又加“仁勇”二字。民国三年甲寅，与岳飞合祀武庙，用示尊崇。

---

① 解梁城，在今山西省，晋县西南。
② 今为河北省涿县，涿音卓。
③ 平原县名，故治在山东省，平原县南二十里。
④ 故城在今江苏省，邳县东。
⑤ 治所，为今湖北省襄阳县。
⑥ 治所为今四川省广汉县。
⑦ 荆州，今为湖北省江陵县。
⑧ 在湖北省当阳县东北，亦作漳乡。

后汉桓帝延熹三年六月二十四日申时生。[①]

后汉献帝建安二十四年十二月□□日□时卒。

庚子	**命**	三岁 十三	乙酉 丙戌
甲申	**宫**	二三 三三	丁亥 戊子
戊午	**己**	四三 五三	己丑 庚寅
庚申	**丑**	六三 七三	辛卯 壬辰

《关圣帝君全集》，采辑康熙戊午秋，解梁州守，鄞山王朱旦所撰《圣帝祖墓碑记》，载明圣帝乃汉桓帝延熹三年六月二十四日诞生，汉献帝建安二十四年十二月遇害。

珊谨按：延熹三年，岁在庚子，六月节过立秋，月应甲申，二十四日，乃是戊午。其生时《碑记》虽未详载，然以圣帝之正大光明，夺北魏、东吴厉气，忠诚义通，开睢阳、武穆先声，种种经历推之，当为庚申。其他十一时，断难如是。盖月甲、日戊、时庚，三奇顺布，四柱纯阳，始有此至大至刚，乃文乃武之魄力，维持世教，翊赞皇猷之丰功。《鬼谷子》云："顺得三奇，全逢五事。"《采真歌》云："三奇应贵真奇阔。"此之谓也。年时二干，并列庚金，月时二支之申，又各藏庚金，证以《指迷赋》所谓"威武刚烈兮，乃是金多"，尤为吻合。不宁惟是，命宫己丑，干固可以助日主之精神，支又为庚甲戊庚之天乙，光昭日月，气贯云霄，岂偶然哉？善夫！唐王维《见龙生圣赞》曰："二龙五老，生孔圣兮，噫！五老二龙，产关帝兮，噫！三国之一人兮，噫！万年之二圣兮，噫！圣耶？人耶？五老耶？二龙耶？是一是二兮，噫！"二十五岁甲子，帝至涿郡，与张桓侯俱事先主，义合兄弟，共讨黄巾、董卓。从先主至徐州，[②] 守下邳，帝已三十八岁，岁值丁丑矣。按其经过之运，曰丁火，曰亥藏甲木，曰戊土，皆与戊土日元情致缠绵，是以日上蒸蒸也。三十九岁戊寅，下邳失陷，先主归曹，帝亦从之。四十岁己卯，先主随操还许，[③]

① 生卒均见《全集》。

② 今江苏省，旧徐州府及邳县。

③ 即今河南省许昌县。

表帝及桓侯为左中郎将。先主欲击袁术，杀徐州刺史车胄，使帝守下邳，行太守事。四十一岁庚辰，正月，帝与操战于下邳，败绩，操表帝为偏将军。四月，帝助操解白马围，操表帝为汉寿亭侯。七月，辞归先主。四十二岁辛巳，帝随先主归刘表。在荆州。四十三岁壬午，帝仍随先主在荆州。按此五年，适行子运，冲犯日支之午，是以风云变色，挫折频遭。然帝之大义参天地，精忠冠古今，实基于此。四十四岁癸未，至四十八岁丁亥，帝仍随先主在荆州。是年，诸葛武侯出山。按此五年，实行己运，合月干之甲，化土助力，是以蛰伏粗安；所妙者得一武候，赞襄有人矣。四十九岁戊子，九月，操入荆州，先主兵败当阳。[①] 帝乘船数百艘，迎先主于汉津，从破曹军于赤壁。先主与周瑜围曹仁于江陵，别遣帝绝北道。五十岁己丑，先主领荆州牧，驻公安[②]以帝为荡寇将军，襄阳太守。五十岁庚寅，先主使帝屯于江北。五十二岁辛卯，先主入益州，帝与诸葛武侯等据荆州。五十三岁壬辰，帝在荆州。是年，与操将乐进相拒于青泥。按此五年，适行丑运，为天干庚甲戊庚之天乙贵人，而又与年支之子遥合化土，与日干戊土声应气求，是以攻无不克，战无不取也。五十四岁癸巳，先主还军攻刘璋，惟留帝镇荆州，自此始专制一切。五十五岁甲午，夏，先主克成都，[③] 拜帝董督荆州事。五十六岁乙未，帝镇荆州，先主遣帝争三郡，移屯益阳，[④] 与鲁肃单刀会语，中分荆州，遂罢军。五十七岁丙申，帝镇荆州，先主自汉中还成都。五十八岁丁酉，帝镇荆州，先主征汉中，[⑤] 诸葛武侯居守。按此五年，适在庚运，因岁逢木火，是以单刀赴燕，片语解纷，坐镇荆州，指挥如意也。五十九岁戊戌，帝镇荆州，先主次阳平关。[⑥] 六十岁己亥，帝镇荆州，先主定汉中，为汉中王。八月，帝自江陵围曹仁于樊城，[⑦] 先主即军中拜帝为前将军，假节钺，掳魏将于禁，杀庞德，威震华夏。十月，操遣徐晃救樊城，[⑧] 久不拔，引军退还，权已破江

---

① 在今湖北省当阳县。
② 故城，在今湖北省公安县东北油江口。
③ 故治在今四川省成都华阳二县。
④ 故城，在今河南省益阳县西。
⑤ 在今陕西省南郑县东二里。
⑥ 在陕西省沔县西北。
⑦ 在今河北省襄阳县北。
⑧ 晃，户广切，韵，明也。

陵。[①] 十一月，帝西保麦城。[②] 十二月被害，卒于章乡。按此二年，均在寅运。一则岁在戊戌，三合会火，是以坐镇雍容；一则岁在己亥，合甲合寅，是以威震华夏。惜小限庚寅，突会寅运，月时二申，遥相冲击，以致圣帝升遐，魏吴窃篡，惜哉！吾宗宏道先生曾谒帝祠，题句有云："白衣岂至计，陆竖偶成功。天将移汉祚，先忌绝伦雄。"盖亦慨乎言之也。

珊按：旧书有谓圣帝生于汉桓帝延熹三年庚子五月十三日者，如是，则年为庚子，月为壬午，日为庚子，虽欲于十二时中，择一佳者以配之，亦难与圣帝名位相称。旧书又谓圣帝造为四戊午者，更谬。查戊午乃灵帝熹平七年，是年芒种后、小暑前，并无戊午日，安有戊午时耶？且《蜀书·先主传》有"灵帝末，黄巾起"二语，果如是，则圣帝此时犹未满十岁，岂能随先主共讨黄巾耶？圣帝《祖墓碑记》云："中平元年甲子，张角遍嗾天下，帝大发兵，遣卢植申讨。"果是戊午年生，此时帝才七岁耳。《蜀记》曰："帝初出军，梦猪啮其足。语子平曰：'吾今年衰矣，然不得还。'"帝果为戊午生，至己亥年，才四十有二，何得曰衰？《全集》云："帝寿六十，吴以王侯礼，葬于湖广当阳县西章乡。"果为戊午生，至己亥，安有寿六十之理耶？《祖墓碑记》又云："帝娶胡氏，于灵帝光和元年戊午五月十三日生子平。"按之年为戊午，月为戊午，日为甲午，若就平之经历，拟作时为庚午，天干三奇，地支一气，亦颇吻合。俗以五月十三日为圣诞，及四戊午为圣造，殆亦惑于此欤？

附　录

汉桓帝延熹三年庚子，六月二十四日，有乌龙见于村，旋绕道远公之居，遂生圣帝。异哉！犹之"二龙绕室，五老降庭"，生孔子也。[③]

关圣今尊崇已极，乾隆三十三年，改追封为谨封，敕封为敕奉。嘉庆二十五年七月十五日，定致祭用双抬写。先是，雍正三年，封三代光昭公、裕昌公、成忠公；十年，定关樾裔，世袭五经博士。案：《三国志》传言子平同死事，次子兴嗣封，兴子统及彝续封，其后无可征。今江陵关氏谱则是平后，言平妻赵氏闻麦城破，携八岁子樾，避于安乡民家，改姓

---

① 县名，即荆州，城在长江左岩，有新旧二城，东为新城，西为旧城。

② 在今湖北省当阳县东南五十里。

③ 《圣迹图志》。

门；至晋平吴，始携子出，复关姓。明万历二十四年，封关平竭忠王，关兴显忠王，将军周仓威灵忠勇公。今关裔以关氏谱言之，皆竭忠王平后也。[1]

关帝庙联

关帝庙联最多，世人皆习用《三国演义》语，殊不雅驯。有集《四书》句者云："知我者其惟春秋乎，乃所愿则学孔子也。"最著于时，语似正大，不知帝之好读《春秋》，正史亦无明文，惟裴松之引《江表传》云"公好《左氏传》，讽诵略皆上口"而已。"学孔子语"，亦泛而无当，不得谓之佳联。若"旧官宁改汉，遗恨失吞吴"，又"汉家宫阙来天上，武帝旌旗在眼中"，又"吴宫花草埋幽径，魏国山河半夕阳"，皆集句之浑成者。然先主閟宫，丞相祠堂，未尝不可移用。又不若"三分割据纡筹策，万国衣冠拜冕旒"二句，较为雅切。又记有一联云"先武穆而神，大汉千古，大宋千古；后文宣而圣，山东一人，山西一人，可包一切"，扫一切矣。吾乡龚海峰先生[2]有句云"赫厥声，濯厥灵。无师保，如临父母；天所覆，地所载，有血气，莫不尊亲"，亦尚非俗调也。

赵瓯北有关庙联云"乃圣乃神，乃武乃文，扶四百载承尧之运；自西自东，自南自北，如七十子服孔之心"。余于《联话前篇》偶遗之。[3]

关夫人庙联

有作关夫人庙联者云："生何氏，没何年，盖弗可考矣；夫尽忠，子尽孝，能不谓贤乎？"颇著于人口。按：此事羌无故实，不得不用活笔。然据冯山公[4]所记，则关夫人自有姓，作者亦未见冯记耳。今附录《筠廊偶笔》中一条，以广见闻云。偶得蒲州朱泉牧所撰关侯祖墓碑，事奇而文不雅驯，以示吾友冯山公。山公走笔作记一篇，庶足与侯并不朽矣。记曰：天之生圣贤也，必钟祥于世德之家，故大孝尊亲，咸思贻父母令名。予尝慨汉寿亭侯，生而忠真，没为明神。庙貌遍宇内。血食绵千古，而其祖若考名氏。独阙轶无考，侯在天之灵，必有衋然隐痛者，[5] 予每遇河东博闻之士，必周咨之，不可得。康熙十七年戊午，解州有常平士于昌者，

---

① 《癸已存稿》卷九。

② 景瀚。

③ 以上《楹丛联话》。

④ 景。

⑤ 衋，喜亿切，音阋，职韵，伤痛也。

读书塔庙。塔庙，侯故居也。昌昼梦侯授以“易碑”二大字，惊而寤，见濬井者，得巨砖，碎之，砖上有字，昌急合读，乃纪侯之祖考两世讳字，生卒甲子大略。循山而求，得墓道焉，遂奔告解州守王朱旦，作《关侯祖墓碑记》。记中载侯祖石磐公，讳审，字问之，和帝永元二年庚寅生，居解州常平村宝池里。公冲穆好道，以《易》、《春秋》训其子。卒于桓帝永寿三年丁酉，享年六十八。子讳毅，字道远，性至孝，父没，庐墓三年。既免丧，于桓帝延熹三年庚子六月二十四日生侯，侯长娶胡氏，于灵帝光和元年戊午五月十三日生子平。其大略如此。昔赵宋时，刘廷翰官贵，当追封三代，少孤，其大父以上，不皆逮事，忘其家讳。太宗为撰名，亲书赐之，载在《宋史》，以为美谈，亦以教孝也。而况侯之祖若考，皆有名氏载圹石，章章可考，顾忍轶之哉！①

---

① 《丛话》。

诸葛亮　五

蜀汉，姓诸葛氏，名亮，字孔明，琅琊阳都人。[①] 父珪，字君贡，汉末为太山郡丞。亮早孤，从父玄，为袁术所署豫章太守。[②] 玄将亮及亮弟均之官。会汉更选朱皓代玄，玄素与荆州牧刘表有旧，往依之。玄卒，亮躬耕陇亩，好为《梁父吟》。身长八尺。每自比于管仲、乐毅，时人莫之许也。惟博陵[③]崔州平、颍川[④]徐庶元直，与亮友善，谓为信然。建安丁亥，亮年二十七，刘先主适屯新野，徐庶见之，荐亮曰："诸葛孔明者，卧龙也。"先主诣亮，三顾乃见。后从先主，败曹操于赤壁，[⑤] 收江南。及成都平，策为丞相。先主崩，受遗诏，辅后主。建兴初，封武乡侯，领益州牧。志在攻魏，以复中原，乃东和孙权，南平孟获，而后出师北伐，六出祁山，[⑥] 与司马懿对阵渭南，分兵屯田，作久远之计。方期汉业可兴，而天不相蜀，亮卒于军，时建兴甲寅八月，年五十有四。及军退，司马懿案行其营垒处所，曰："天下奇才也。"谥为忠武侯。亮遗命葬汉中定军山，[⑦] 因山为坟，冢足容棺，敛以时服，不须

---

① 琅琊，郡名，在今山东省，临沂县北十五里，阳都县名，故城在今山东省沂水县南。

② 豫章，即今江西省南昌县。

③ 县名，故城在今河北省蠡县南。

④ 颍川郡秦置，今河南旧许州，陈州、汝宁、汝州诸府，以及禹县至阳武各县皆是，汉因之，治阳翟，故韩都，即今河南禹县治。

⑤ 在湖北省嘉鱼县东北江滨。

⑥ 在甘肃省西和县西北。

⑦ 在陕西省沔县东南。

器物。亮性长于巧思，损益连弩，做木牛流马，推演兵法，作八阵图，[①]咸得其要。于《诸葛武侯集》。景耀六年癸未春，诏为亮立庙于沔阳。[②]

珊按：宋儒郑夹漈先生。所编《通志·艺文略》卷二十，载有《诸葛武侯十六策》一卷，《将苑》一卷，《平朝阴府二十四机》一卷，《六军镜心诀》一卷，《八阵图》一卷，《兵机法》一卷，《六壬类苑》一卷，《相书》一卷，《相山诀》三卷，《大堂明鉴》一卷，惜今均罕见矣。

后汉灵帝光和四年七月二十三日巳时生。[③]
蜀汉后主建兴十二年八月二十八日□时卒。

辛酉	**命**	三岁 十三	乙未 甲午
丙申	**宫**	二三 三三	癸巳 壬辰
癸丑	**壬**	四三 五三	辛卯 庚寅
丁巳	**辰**	六三 七三	己丑 戊子

诸葛忠武侯，《蜀志》仅载卒之年月，《年谱》亦仅载汉灵帝光和四年辛酉生，建兴十二年八月卒，其生日卒日，均未详载。惟常熟孙雄所辑《名人生日表》，载武侯七月二十三日生；至卒之日期，惟虚白道人汇辑《忠武祠墓志》所载独详，谓侯卒于建兴十二年甲寅秋八月二十八日。[④] 珊虽椎鲁，幼读侯《出师表》及《诫子书》，景仰之心，油然而生，今既得侯生卒年月日期，又安可不究生时以足之。查光和四年辛酉，七月丙申，二十三日癸丑，按侯之一生经历，生时当为丁巳。盖日元癸水，诞生立秋节后，白帝司权，金正当令，水得金生，正气充足，再逢年干辛金，年支酉金，及月支申藏庚金，又藏壬水，日支丑藏辛金，又藏癸水，叠叠生之助之，其为金白水清，显然易见；仅恃月干单独丙火，不独不能制金，且亦不敷济水之用，况丙与辛合，同化为水，其火之成分，又复若有若无，

① 在陕西省，沔县东南。

② 县名，故城在今陕西省沔县。

③ 生卒均见《年谱》。

④ 原注云：载张文端公《忠武志》。

不有生时丁巳之二火，决不能制当令之旺金，济有余之相水。今既得此为正式之用神，其为雨旸时若，天地顺成可知。《太玄经》云“阳交于阴，阴交于阳，物登明堂，矞矞皇皇”，即此义也。[①] 因是，才卑管、乐，节比伊、周，子房而后，孰与为俦？惜大运金水连环，与用神之火背道而驰，虽曰鞠躬尽力，亦只事倍功半。杨铁镛云“诸葛公值衰运”，此但指国运言，孰知其命运亦衰耶！二十七岁丁亥，小限丙寅，刘昭烈屯新野，徐庶荐之，昭烈三往乃见。二十八岁戊子，小限乙丑，刘表卒，琮闻曹公来征，遣使请降。昭烈屯樊，闻之，率其众南行，侯与徐庶并从，继为曹公追破，至于夏口，[②] 侯曰：“事急矣，请奉命，求救于孙将军。”时孙权拥军柴桑，观望成败。侯说权于柴桑，权大悦，即遣周瑜、程普、鲁肃等，水军三万，与昭烈并力拒曹，进与操遇于赤壁，纵火烧其船舰，操军大败，死者强半，乃引军北还。十二月，昭烈徇荆州，江南诸郡降之，表刘琦为荆州刺史，以侯为军师中郎将，督诸郡赋税，以充军实。此二年，乃侯一生之名业关键，其妙在岁逢丁戊，限逢丙乙，非癸水运之效力也。二十九岁己丑，小限甲子，孙权表刘备为荆州牧，周瑜分南岸地以给备，备立营于油口，[③] 改名公安。备以所给地少，自诣孙权，求都督荆州。权以妹妻备。妹才捷刚敏，有诸兄风，侍婢百余人，皆执刀侍立，备每入，心常懔懔。周瑜上疏，请权留备，谓“必非久屈为人用者，不可割土地以资业之”，权不从。备还闻之，叹曰：“天下知谋之士，所见略同，前时孔明谏孤莫行，亦虑此也。”三十岁庚寅，小限癸亥，昭烈以庞统为治中从事，与侯并为军师中郎将。三十一岁辛卯，小限壬戌，冬，刘璋遣使迎昭烈，留侯与圣帝等守荆州。孙权闻照烈西上，遣船迎妹，而夫人欲将备子禅去，张飞、赵云勒兵截江，乃得禅还。二十二岁壬辰，小限辛酉，三十三岁癸巳，小限庚申，侯均在荆州。此五年，虽为侯之名业初步，关系至大，若无此数年特殊成绩，刘璋固不致遣使来迎昭烈，而孙权亦不能于卧榻之前容他人鼾睡。所以然者，适行巳运，中藏丙火，与生时之巳，固是同声相应，同气相求，而又与月干丙火，时干丁火，共同合作，是以得道多助，化难呈祥。珊之确定侯为丁巳时生，盖据此耳。[④] 三十四岁甲午，

① 水为阴，火为阳，水计有三，火亦计有三，数量相等，故曰交。

② 刘琦为江夏太守。

③ 今曰油河，在湖北省公安县东北。

④ 其他十一时，皆无此大规模也。

小限己未，昭烈进围雒城，[1] 庞统率众攻城，中流矢死。于是，侯留圣帝守荆州，与张飞、赵云将兵溯流[2]克巴东、破巴郡，获太守严颜，雒城溃。昭烈进围成都，侯与飞、云引兵来会。马超知张鲁不足与计事，亦来降。城中震怖，刘璋遂开城出降。迁璋公安。入城都，自领益州牧，以侯为军师将军，署左将军府事。是年克巴郡，取成都，侯之一生名业，其基础略奠于斯。所以然者，岁逢甲午，限逢己未，不独天干甲木可以生火，即地支午未，会生时之巳，联为南方一气，亦与有功焉，此岂壬运之力也哉！三十五岁乙未，至三十八岁戊戌，此四年，《年谱》并未详叙，但云丁酉年，吴鲁肃卒，侯为之发丧。殆因初得成都，仅坐镇整理而已，然亦足见壬运除甲午年外，并无其他发展也。三十九岁己亥，小限甲寅，圣帝在麦城遇害。四十岁庚子，小限癸丑，昭烈连年出兵汉中，[3] 渡沔水，定汉川，[4] 进为汉中王。侯常镇守成都，足食足兵。[5] 四十一岁辛丑，小限壬子，蜀中传言，汉帝遇害，昭烈遂即帝位，改元章武，以侯为丞相，假节，录尚书事。立太子禅为皇太子。秋，帝耻圣帝之没，自将伐吴，留侯辅太子，守成都。四十二岁壬寅，小限辛亥，二月，帝自秭归[6]率诸将进军至猇亭，[7] 为陆逊所败，由步道还鱼复，[8] 改名永安。[9] 六月，张飞为其左右所害，以侯领司棣校尉。十月，诏侯营南北郊于成都。[10] 四十三岁癸卯，小限庚戌，帝不豫；二月，侯自成都至永安；三月，帝病笃，托孤于丞相亮，尚书令李严为副；夏四月，帝崩于永安宫，年六十三。[11] 侯奉表还成都，留李严镇永安。五月梓宫至成都，谥曰昭烈皇帝，葬惠陵。太子

---

① 故城在今四川省广汉县北，名音洛。

② 溯音诉，逆流而上曰溯。

③ 在今陕西省治有郑县等。

④ 沔水即汉水。

⑤ 魏曹丕黄初元年。

⑥ 汉置，秭与姊同。秭归县，归子国也。袁崧曰：屈原有贤姊，闻原放逐，亦来归。喻令自宽全。乡人冀其见从，因名秭归。后魏改曰长宁。随又故曰秭归最即今湖北省秭归县治。

⑦ 在湖北省宜都县北三十里，大江北岩，一名兴善坊，今名虎脑背市。

⑧ 古县名。

⑨ 在今四川省奉节县东，即白帝城。

⑩ 吴黄武开元年。

⑪ 按：姚薹坞云：先帝生于延熹四年辛丑，至癸卯年薨，寿六十三。然珊不敢尽信，盖关帝生年庚子，昭烈则不应为辛丑年生，此“三”字，恐为“五”字之误。容再详考。

禅即位,[1] 改元建兴。封丞相武乡侯,[2] 开府治事。顷之,又领益州牧。政事无钜细,皆决于侯。此五年间,圣帝、桓侯,相继逝世,而昭烈帝又薨,具见辰运为水墓,岁限逢金水,故叠遭大故,命之有凭若是,虽有智者,亦未如之何也。四十四岁甲辰,小限己酉,侯务农殖谷,闭关息民。四十五岁乙巳,小限戊申,侯率众南征,悉收其俊杰孟获等,以为官属,终侯之世,夷不复反。四十六岁丙午,小限丁未,侯治兵讲武,以俟北征。四十七岁丁未,小限丙午,侯率诸军,出屯汉中,以图中原,临发上疏,即《前出师表》。[3] 是年,子瞻生。四十八岁戊申,小限乙巳,春,侯伐魏,扬声由斜谷道取郿,[4] 使将军赵云、邓芝为疑军,据箕谷,[5] 身率诸军攻祁山、南安、天水、安定三郡,[6] 皆应,关中响震。前军马谡违节度,败于街亭。[7] 侯乃拔西县千余家,还汉中,戮谡以谢众。赵云亦以箕谷兵败,坐贬。乃上疏请自贬三等,以督厥职。于是以侯为右将军,行丞相事,所总统如前。十二月,侯伐魏,复出散关,围陈仓不克,[8] 会粮尽引退,斩其将王双。出师之际,群臣多以为疑,乃上言于帝,即《后出师表》。[9] 此五年中,以戊申为最恶劣,盖大运在辛,而又岁值戊申,金多生水,是以满溢;其余四载,岁逢木火,故可裕如;丁未生子,亦火能济水之明证也。四十九岁己酉,小限甲辰,春,侯遣赵式攻武都[10]、阴平[11],遂克定二郡,诏复为丞相。冬,侯徙府营于南山下原,上筑汉、乐二城[12]。是岁,孙权称帝,与蜀约盟,共分天下。乃遣卫尉陈震庆权正号。五十岁庚戌,小限癸卯,秋七月,魏寇汉中,侯出次陈固[13]以待之,召李严为骠骑将军,将二万人,赴汉中,会天大雨三十余日,栈道断绝,魏师还。五

---

① 年十七。
② 十道记,武乡谷,在南郑县孔明受封之地。
③ 附录于后。
④ 斜谷,在陕西省眉县西南眉县故城,在今眉县东北。
⑤ 今陕西省褒城县西北。
⑥ 南安故城,在今陇西县渭水北,天水,即甘肃省秦州安定,在今甘肃省镇原县南五十里。
⑦ 在今甘肃省秦安县东北。
⑧ 陈仓故城在今陕西省宝鸡县东。
⑨ 附录于后。
⑩ 县名,属甘肃省。
⑪ 县名,故城在今甘肃省文县西北。
⑫ 汉城在今沔县,乐城在今城固,俱属陕西省。
⑬ 今属汉中。

十一岁辛亥，小限壬寅，侯复率诸军围祁山，始以木牛运，败司马于卤城。[①] 以粮尽退军，又斩其追将张郃。五十二岁壬子，小限辛丑，侯休士劝农于黄沙，[②] 做流马木牛毕，教兵讲武。五十三岁癸丑，小限庚子，冬，侯使诸军运米集于斜谷口，治斜谷邸阁。[③] 是岁，南夷刘胄反，将军马忠破平之。此五年，虽不安宁，无大出入，盖卯虽与生年遥冲，而卯运中藏乙木，不无裨益也。五十四岁甲寅，小限巳亥，春，侯率众十万，由斜谷伐魏，遣使约吴，同时大举进军渭南，屯五丈原。[④] 魏大将军司马懿，引兵拒守。乃分兵屯田，为久驻之计。耕者杂于渭滨居民之间，百姓安堵，军无私焉，要持百余日。其年八月癸酉，二十八日庚辰，侯疾病，卒于军。此固岁支之寅冲申，限支之亥冲巳之弊，然若无癸酉月、庚辰日，助纣为虐，尚不致如是之烈。推其究竟，侯之造，实则水、金、火三行为主，水清金白，只需火济，今忽岁干逢甲，限干逢己，化土克水，清变为浊，破格堪虞。《吕氏春秋》云："水之性清，土者扫之。"验之于此，而益信也。呜呼！"鞠躬尽力，死而后已"，此侯六年前之语，今实做到，真可谓言行一致者矣。魏际瑞《咏五丈原》有句云："汉业如灰已不然，忠臣孤掌拨寒烟。三分天下四川地，六出祁山五丈原。司马但能拚急走，卧龙到此竟长眠。至今原上秋风色，二月长如八月天。"可谓沉痛至矣。

附　录

隆中对

昭烈曰："汉室倾颓，奸臣窃命，主上蒙尘。孤不度德量力，欲信大义于天下，而智术浅短，遂用猖獗，至于今日。然志犹未已，君则计将安出?"亮答曰："自董卓已来，豪杰并起，跨州连郡者不可胜数。"曹操比于袁绍，则名微而众寡，然操遂能克绍，以弱为强者，非惟天时，抑亦人谋也。今操已拥百万之众，挟天子以令诸侯，此诚不可与争锋。孙权据有江东，已历三世，国险而民附，贤能为之用，此可与为援，而不可图也。荆州北据汉、沔，利尽南海，东连吴会，西通巴、蜀，此用武之地，而其

---

① 在今甘肃省天水伏羌县之间，卤音鲁。

② 城在陕西省沔县东北。

③ 邸，音底，荠韵。

④ 在陕西省眉县西南，与岐山县接界。

主不能守，此殆天所以资将军，将军岂有意乎？益州险塞，沃野千里，天府之国，高祖因之以成帝业。刘璋暗弱，张鲁在北，民殷国富，而不知存恤，知能之士思得明君。将军既帝室之胄，信义著于四海，总揽英雄，思贤如渴，若跨有荆、益，保其岩阻，西和诸戎，南抚夷越，外结好孙权，内修政理；天有下变，则命一上将，将荆州之军，以向宛洛，将军身率益州之众，以出秦川，百姓孰敢不箪食壶浆，以迎将军者乎？诚如是，则霸业可成，汉室可兴矣。①

前出师表

臣亮言：先帝创业未半而中道崩殂，今天下三分，益州疲弊，此正危急存亡之秋也。然侍卫之臣不懈于内，忠志之士忘身于外者，盖追先帝之殊遇，欲报之于陛下也。诚宜开张圣听，以光先帝之遗德，恢弘志士之气，不宜妄自菲薄，引喻失义，以塞忠谏之路也。宫中府中，俱为一体，陟罚臧否，不宜异同。若有作奸犯科，及为忠善者，宜付有司，论其刑赏，以昭陛下平明之理，不宜偏私，使内外异法也。侍中、侍郎郭攸之、费祎、董允等，此皆良实，志虑忠纯，是以先帝简拔，以遗陛下。愚以为宫中之事，事无大小，悉以咨之，然后施行，必能裨补阙漏，有所广益。将军向宠，性行淑均，晓畅军事，试用于昔日，先帝称之曰能，是以众议举宠为督。愚以为营中之事，悉以咨之，必能使行阵和睦，优劣得所。亲贤臣，远小人，此先汉所以兴隆也；亲小人，远贤臣，此后汉之所以倾颓也。先帝在时，每与臣论此事，未尝不叹息痛恨于桓、灵也。侍中、尚书、长史、参军，此悉贞良死节之臣，愿陛下亲之信之，则汉室之隆，可计日而待也。

臣本布衣，躬耕于南阳，② 苟全性命于乱世，不求闻达于诸侯。先帝不以臣卑鄙，猥自枉屈，三顾臣于草庐之中，咨臣以当世之事，由是感激，遂许先帝以驱驰。后值倾覆，受任于败军之际，奉命于危难之间，迩来二十有一年矣。③ 先帝知臣谨慎，故临崩寄臣以大事也。受命以来，夙

① 《蜀志》。

② 县名，今属河南省，县西南七里，有卧龙岗，诸葛草庐在焉。

③ 臣松之案：刘备以建安十三年，败，遣亮使吴，亮以建兴五年，抗表北伐，自倾覆至此，整二十年，然则备始与亮相遇，在败军之前一年时也。

夜忧叹，恐托付不效，以伤先帝之明，故五月渡泸，[①] 深入不毛。[②] 今南方已定，兵甲已足，当奖率三军，北定中原，庶竭驽钝，攘除奸凶，兴复汉室，还于旧都。此臣所以报先帝，而忠陛下之职分也。

至于斟酌损益，尽进忠言，则攸之、祎、允之任也。愿陛下托臣以讨贼兴复之效，不效则治臣之罪，以告先帝之灵。若无兴德之言，则责攸之、祎、王允等之慢，以彰其咎。陛下亦宜自谋，以咨诹善道，察纳雅言，深追先帝遗诏，臣不胜受恩感激。今当远离，临表涕零，不知所言。[③]

后出师表

先帝虑汉、贼不两立，王业不偏安，故托臣以讨贼也。以先帝之明，量臣之才，故知臣伐贼，才弱敌强也；然不伐贼，王业亦亡，惟坐而待亡，孰与伐之？是故托臣而弗疑也。臣受命之日，寝不安席，食不甘味，思惟北征，宜先入南，故五月渡泸，深入不毛，并日而食。臣非不自惜也，顾王业不可偏安于蜀都，故冒危难以奉先帝之遗意也，而议者谓为非计。今贼适疲于西，又务于东，兵法乘势，此进趋之时也。谨陈其事如左：

高帝明并日月，谋臣渊深，然涉险被创，危然后安。今陛下未及高帝，谋臣不及良、平，而欲以长计取胜，坐定天下，此臣之未解一也。刘繇、王朗，各据州郡，论安言计，动引圣人，群疑满腹，众难填胸，今岁不战，明年不征，使孙策坐大，遂并江东，此臣之未解二也。曹操智计，殊绝于人，其用兵也，仿佛孙吴，然困于南阳，险于乌巢，危于祁连，逼于黎阳，几败北山，殆死潼关，然后伪定一时耳，况臣才弱，而欲以不危而定之，此臣之未解三也。曹操五攻昌霸不下，四越巢湖不成，任用李服而李服图之，委任夏侯而夏侯败亡，先帝每称操为能，犹有此失，况臣驽下，何能必胜？此臣之未解四也。自臣到汉中，中间期年耳，然伤赵云、阳群、马玉、阎芝、丁立、白寿、刘郃、[④] 邓铜等，及曲长屯将七十余人，突将、无前、賨叟、青羌、散骑、武骑一千余人，此皆数十年之内，所纠合四方之精锐，非一州之所有，若复数年，则损三分之二也，当何以图敌？此臣之未解五也。今民穷兵疲，而事不可息，事不可息，则驻与行劳

① 泸水，即今之金沙江。
② 《汉书·地理志》曰：泸津水，出牂郡，句町县。
③ 《蜀志》。
④ 音台。

费正等，而不及早图之，欲以一州之地，与贼持久，此臣之未解六也。夫难平者，事也。昔先帝败军于楚，当此之时，曹操拊手，谓天下已定。然后先帝东连吴越，西取巴蜀，举兵北征，夏侯授首，此操之失计，而汉事将成也。然后吴更违盟。关羽毁败，秭归蹉跌，曹丕称帝。凡事如此，难可逆料。臣鞠躬尽力，死而后已，至于成败利钝，非臣之明，所能逆睹也。①

诫子书

夫君子之行，静以修身，俭以养德。非澹泊无以明志，非宁静无以致远。夫学欲静也，才欲学也；② 非学无以广才，非静无以成学。慆③慢则不能研④精，险躁则不能理性。⑤ 年与时驰，意与日⑥去，遂成枯落，多不接世，悲守⑦穷庐，将复何及？⑧

沔县谒诸葛忠武侯祠

天汉遥遥指剑关，逢人先问定军山。惠陵草木冰霜里，丞相祠堂桧柏间。

八阵风云通指顾，一江波浪急潺湲。遗民衢路还私祭，不独英雄血泪斑。⑨

武侯祠联

诸葛忠武侯庙，有集句一联云："可托六尺之孤，可寄百里之命，君子人与？君子人也；隐居以求其志，行义以达其道，吾闻其语，吾见其人。"一联云："自任以天下之重如此，是知其不可而为之与？"皆能恰称身分，胜读陈承祚《史评》矣。又有一联云："伊吕允堪俦，若定指挥，岂仅三分兴霸业；魏吴偏并峙，永怀匡复，犹余两表见臣心。"

陈东桥孝廉，述灵川县有诸葛祠联云："梁父吟成高士志，出师表见老臣心。"又云："成大事以小心，一生谨慎；仰流风于遗像，万古清高。"

---

① 《蜀志》。
② 御览二欲字皆作须。
③ 音滔。
④ 研，一作砺。
⑤ 理一作治。
⑥ 一作岁。
⑦ 一作叹。
⑧ 《北堂書钞》、《太平御览》。
⑨ 《精华录》。

忘却撰者姓名。

四川成都城外，有丞相祠堂，楹联林立。鄂润泉督部[①]联云："望重南阳，想当年羽扇纶巾，忠贞扶季汉；泽周西蜀，爱此地浣花濯锦，香火拥灵祠。"又蒋砺堂节相[②]联云："曰宫曰殿曰幸且曰奔，诗史留题，千古犹存正统；书吴书魏书汉不书蜀，儒臣特笔，三分岂是偏安。"

四川宁远府有丞相祠，戴羡门督部[③]联云："筹策以攻心，当年化洽宾幪，冠带百蛮归典属；安边曾叱驭，此日风清瓯脱，云霄万古仰宗臣。"闻是湖南湘乡令严丽生[④]代撰。严本才士，摇笔故自不同。[⑤]

蜀诸葛丞相祠联云："日月同悬出师表，风云常护定军山。兴亡天定三分局，今古人思五丈原。已知天定三分鼎，犹竭人谋六出师。"语皆可传。[⑥]

相传河南南阳府城楼，旧有楹联云："真人白水生文叔，名士青山卧武侯。"对仗浑成，尤称杰构。或疑诸葛应称忠武侯，但曰武侯，恐未尽善。然古人二字三字谥，后人只称其一字者甚多，如卫之叡圣武公只称武公，贞惠父子只称公叔父子，楚之顷襄王只称襄王，秦之昭襄王只称昭王，诸葛之称武侯，亦其例耳。[⑦]

---

① 鄂山。
② 攸铦。
③ 三锡。
④ 学淦。
⑤ 以上《楹联丛话》。
⑥ 《冷庐杂识》。
⑦ 《楹联丛话》。

石　崇　六

晋，姓石氏，苞第六子，名崇，字季伦，渤海南皮人。[①] 生于青州，[②] 故小名齐奴。少敏惠，除修武令。[③] 入为散骑郎，迁城阳太守，[④] 封安阳乡侯。元康二年癸丑，[⑤] 出为南中郎将，累迁荆州刺史。尝劫远使商客，致富不赀，于河阳[⑥]置金谷别馆，[⑦] 送者倾都，帐饮于此。寻拜卫尉，迁常侍。与潘岳谄事贾谧，谧与之亲善，号曰“二十四友”。又与贵戚王恺、羊琇之徒，奢靡相尚。及贾谧诛，崇以党与免官。时赵王伦专权，崇有妓女曰绿珠，美而艳，善吹笛，孙秀使人求之，崇不与，秀怒，乃劝伦矫诏杀之，一门皆被害，年五十二。时为惠帝永康元年庚申。有集六卷。

蜀汉后主延熙十二年七月初九日辰时生。[⑧]

晋惠帝永康元年□□月□□日□时卒。

---

① 南皮，县名，故城在今河北省南皮县东，津浦铁路，贯其西境。

② 故治即今山东省益都县。

③ 修武县名，今河南省获嘉县治。

④ 城阳故城，在今山东省濮县东南。

⑤ 年四十五。

⑥ 县名，故城在今河南省孟县西三十五里。

⑦ 在今河南省洛阳县西北。

⑧ 参《晋书通会》。

己巳	命	九岁 十九	庚午 己巳
辛未	宫	二九 三九	戊辰 丁卯
甲午	己	四九 五九	丙寅 乙丑
戊辰	巳	六九 七九	甲子 癸亥

曩读《晋书·[1]石苞传》，附载其子崇，字季伦，少每惠，勇而有谋。年二十余，为修武令，有能名。入为散骑郎，迁城阳太守。伐吴有功，封安阳乡侯。在郡虽有职务，好学不倦。顷之，拜黄门郎。元康初，杨骏辅政，大开封赏，多树党援。崇与散骑何攀，共奏惠帝，叙述封赏滥溢之弊。[2] 珊虽不敏，认为颇有见地，心窃仪之。及至出为南中郎将、荆州刺史，忽任侠，无行检，劫远使商客，致富不赀。顷拜太仆，出为征鲁将军，假节，监余州诸军事，镇下邳。崇有别馆，在河阳之金谷，一名梓泽，[3] 送者倾都，帐饮于此。至镇，与徐州刺史高诞，争酒相侮，为军司所奏，免官。复拜卫尉，谄事贾谧。广成君每出，[4] 崇降车路左，望尘而拜，卑佞如此，前后似属两人，心窃怪之。又载，崇财产丰积，室宇宏丽，后房百数，皆衣纨绣，珥金翠，丝竹尽当时之选，庖膳穷水陆之珍。与贵戚羊琇之徒，以奢靡相尚。恺以饴澳釜，崇以蜡代薪；恺作紫丝布步障四十里，崇作锦步障五十里以敌之；崇涂屋以椒，恺用赤脂。崇、恺争豪如此。武帝每助恺，尝以珊瑚树赐之，高三尺许，支柯扶疏，世所罕比。恺以示崇，崇便以铁如意击之，应手而碎。恺既惋惜，又以为嫉己之宝，声色方厉。崇曰："不足多恨，今还卿。"乃命左右，悉取珊瑚树，有高三四尺者六七株，条干绝俗，光彩耀目，如恺比者甚众。恺怳然自失。吾读至此，窃又讶之。时赵王伦专权，崇甥欧阳建与经有隙。崇有妓，曰

---

① 卷三十五。

② 原文附录于后。

③ 注均见前。

④ 广成君郭槐，乃贾充后娶之妇，性妬忌，初生子黎民，年三岁，乳母抱之当阁，黎民见充入，喜笑，充就拊之，槐望见，谓充私乳母，即鞭杀之，黎民恋念，发病而死，后又生男，过期，复为乳母所抱，充以手摩其头，郭疑乳母，又杀之，儿亦思慕而死，允遂无胤嗣，及逝，辄以外孙韩谧为黎民子，奉充后，名曰贾谧，字长深，贾后专恣，谧权过人主，历位侍中，与后谋，诬陷太子，及赵王伦废后，以诏召谧于殿前斩之。

绿珠，美而艳，善吹笛。孙秀使人求之。崇时在金谷别馆，方登凉台，临清流，妇人侍侧。使者以告，崇尽出其婢妾数十人以示之，皆蕴兰麝，被罗縠，曰：“任所择。”使者曰：“君侯服御，丰则丰矣，然本受命指索绿珠，不识孰是?”崇勃然曰：“绿珠吾所爱，不可得也。”使者曰：“君侯博通古今，察远照迩，愿加三思。”崇曰：“不然。”使者出而又返，崇竟不许。秀怒，乃劝伦诛崇、建，崇、建亦潜知其计，乃与黄门郎潘岳，阴劝淮南王允，齐王冏，以图伦、秀。秀觉之，遂矫诏收崇，及潘岳、欧阳建等。崇正宴于楼上，介士到门。崇谓绿珠曰：“我为尔得罪。”绿珠泣曰：“当效死于官前。”因自投于楼下而死。崇曰：“吾不过流徙交、广耳。”及车载至东市，崇乃叹曰：“奴辈利吾家财。”收者答曰：“知财之害，何不早散之?”崇不能答。崇母、兄、妻、子无少长，皆被害，死者十五人。崇时年五十二。吾读至此，吾固叹其悖出悖入，孽由自作，而益信圣人所谓“天道亏盈，地道变盈，鬼神害盈，人道恶盈”，为不虚也。史称“崇少敏惠，勇而不谋”，秀称崇“博通古今，察远照迩”，今竟如斯，殆亦有命存焉。岂敏惠勇谋，博通照察，所能幸免者哉！《三命通会》卷八载其八字，己卯、壬申、丙申、壬辰，原注云：“石崇富称敌国，死于非命。”

珊谨按之：知为甘露，四年七月初九日辰时生，然证以历代名人年谱所载，又知为不然。必须年遵《年谱》，月日时仍遵《通会》，年为己巳，月为辛未，日为甲午，时为戊辰，始可与《混元赋》所云“财库遇三合之乡，石崇作万金之主”，遥相印合。不宁惟是，即证以崇之经历，亦复丝丝入扣。查得日干之甲，以戊己为财星，以未辰为墓库。今干透戊己，支藏戊己，而辰巳午未又复一气呵成，不仅财库遇三合，直是财库连珠也，魄力之大，概可想见。[①] 而况诞临大暑节后，阴浓绿树，雄伟参天，再益以生年己巳，生时戊辰，纳音大林之木，左右辉映，其为气象万千，更属显然。惜四柱少水，光芒太露，高危满溢，岂无故哉！自二十五岁癸卯，封安阳乡侯，三十六岁甲辰，至四十三岁辛亥，拜黄门郎，四十四岁壬子，上书谏帝，二十年来，平铺直叙，心君泰然，其美不在巳戊辰丁之运，而在水木流年之情致缠绵也。四十五岁卯运，帝旺助力，此乃生平第一好运，是以出为荆州刺史，监徐州诸军事，拜太仆，拜卫尉，果能聚精会神，何难福民利国。乃计不出此，居然横征暴敛，劫客剥商，谄笑胁

① 珊论命，从不囿于“财、官”等名词，兹姑藉此形容之耳。

肩，穷奢极欲，岂不重可惜耶？及至五十二岁丙运，岁值庚申，小限庚寅，运克岁，岁克干，申冲寅，寅刑巳，卒至因财贾祸，为色杀身，悲夫！

附录

议奏封赏当依准旧事

陛下圣德光被，皇灵启祚，正位东宫二十余年，道化宣流，万国归心。今承洪基，此乃天授。至于班赏行爵，优于泰始革命之初，不安一也。吴会僭逆，几于百年，边境被其荼毒，朝廷为之旰食。[①] 先帝决独断之聪，奋神武之略，荡灭逋寇，易于摧枯。然谋臣猛将，犹有致忠竭力之效。而今恩泽之封，优于灭吴之功，不安二也。上天眷佑，实在大晋，卜世之数，未知其纪，今之开制，当垂于后。若尊卑无差，有爵必进，数世之后，莫非公侯，不安三也。臣等敢冒陈闻，窃谓泰始之初，及平吴论功，制度名牒，皆悉具存，纵不能远遵古典，尚当依准旧事。[②]

金谷诗序

余以元康六[③]年，从太仆卿出为使持节，监青、徐诸军事，征虏将军，有别庐在河南县界金谷涧中，去城十里，或高或下，有清茂泉林，众果竹柏，药草之属。金田十顷，羊二百口，鸡、猪、鹅、鸭之类，莫不毕备。又有水碓、鱼池、土窟，其为娱目欢心之物备矣。时征西大江军祭酒王诩，当还长安，余与众贤共送往涧中，昼夜游宴，屡迁其坐，或登高临下，或列坐水滨。时琴瑟笙筑，合载车中，道路并作。及住，令与鼓吹递奏，遂各赋诗，以叙中怀。或不能者，罚酒三斗。感性命之不永，惧凋落之无期，故具列时人官号、姓名、年纪，又写诗著后，后之好事者，其览之哉！凡三十人，吴王师议郎、关中侯始平武功苏绍，字世嗣，年五十，为首。[④]

---

① 旰音干，晚也。

② 《晋书·石崇传》：元康初，杨骏辅政，大开封赏，多树党援，崇与散骑郎蜀郡何攀，共立议，奏于惠帝云云，弗纳。

③ 《水经注》作七。

④ 以上《全晋文》卷三十三。

陶弘景　七

梁，姓陶氏，名弘景，字通明，江苏丹阳秣陵①西乡下里人。永光乙巳，甫十岁，得葛洪《神仙传》，昼夜研寻，便有养生之志。读书万余卷，善琴棋，工草隶。齐高帝建元壬戌，② 引为诸王侍读，虽在朱门，闭影不交外物，惟以披阅为务。永明壬申，③ 脱朝服，挂神武门，上表辞禄，隐居句曲山。④ 自号华阳隐居，晚号华阳真逸，又曰华阳真人。性好著述，尚奇异，顾惜光景，老而弥笃，尤明阴阳五行、风角星算、山川地理、方图产物、医术本草。又尝造⑤象，著《古今刀剑录》、《三命抄略》、《相经》、《真诰》等书。梁武帝蚤与之游，即位，征之不出。每有吉凶征讨大事，无不咨请，时人谓之山中宰相。大同丙辰三月癸丑，年八十一。⑥ 无病而逝，颜色不变，屈伸如常，香气累日，氤氲满山。赠中散大夫，谥贞白先生。或传其仙去云。

南北朝宋孝武帝孝建三年五月初一日丑时生。⑦

南北朝梁武帝大同二年三月十二日巳时卒。

---

① 在江宁县南五十里。

② 年二十七。

③ 年三十七。

④ 在江苏句容县东南周百五十里，南通天目诸山，黟山北脉之特起者也。昔汉有咸阳三茅君得道，来掌此山，故谓之茅山，山本名句曲，以形俟己字句曲有所容，故邑号句容，有三峰，曰大茅、中茅、小茅。

⑤ 浑天。

⑥ 《梁书》误为八十五，非是。

⑦ 生卒见《茅山志》。

丙申	命	五岁 十五	乙未 丙申
甲午	宫	二五 三五	丁酉 戊戌
乙卯	丁	四五 五五	己亥 庚子
丁丑	酉	六五 七五	辛丑 壬寅

笪蟾光审编《茅山志》，载贞白先生，生于南北朝宋孝建三年丙申岁，夏至之日，未晓时生。

珊谨按：夏至之间，昏刻亥初，旦刻丑正，日出于寅，日入于戌，贞白先生，生时未晓，其为丑时无疑，八字乃是丙申、甲午、乙卯、丁丑。《造微赋》云："天干连珠，朝廷擢用。"今月干值甲，日干值乙，年干值丙，时干值丁，其为连珠可知。世谓先生为山中宰相，此与朝廷擢用无殊也。《三车一览》云："学堂有气，惟利师儒。"今月支之午，适值学堂，时方夏至，火气正扬，是以先生顾惜光阴，爱好坟籍，既娴九章、历学之术，尤好太乙、遁甲之书，即素问之方，琴操之法，羿射荀棋，苏卜管筮，咸悉搜求，靡不精诣，"惟利师儒"，岂无故耶？徙以午乘孤虚，丑乘空亡，是以隐居求志，行义达道，以归空为美，以无形为贵也。总之，乙木日元，夏生多亢，金水二者，乃是喜神，若四柱缺金缺水，虽有智慧，亦未如之何也。今年支之申与时支之丑，各藏金水，而行运又得申酉亥庚、子辛丑壬之金水，与用神共表同情，是以献颂而得褒赞，居官而获清名；即谘禀道家符图经法，栖托茅山，而得杨许真迹，以及东行浙越，伏处华阳，竟能左右逢源，头头是道者，不尽人工，有天命在焉。至云享年八十有一，大运莅寅，岁届丙辰，具见冲申亢木，虽有道之士，亦不得不告一段落也。

附　录

解官表

臣闻尧风冲天，颖阳振饮河之谈；汉德括地，商阴峻餐芝之气。臣栖迟早日，簪带久年，仕岂留荣，学非待禄，恒思悬缨象阙，孤耕垄下，席月涧门，横琴云际。始奉中恩，得遂丘壑，今便灭影桂庭，神交松友，一出东关，故乡就望，眷然兴念，临波泻泪。臣舟棹已遄，无缘躬诣，不任攀恋之诚，谨奉表以闻。[①]

《本草》序

隐居先生，在于茅山岩岭之上，以吐纳余暇，颇游意方技，览《本草》药性，以为尽圣人之心，故撰而论之。旧说皆称《神农本经》，余以为信然。昔神农氏之王天下也，画八卦以通鬼神之情，造耕种以省杀生之弊，宣药疗疾，以拯夭伤之命。此三道者，历众圣而弥彰。文王、孔子，彖象系辞，幽赞人天；后稷、伊尹，播厥百谷，惠被群生；岐黄、彭扁，振扬辅导，恩流含气。并岁逾三千，民到于今赖之。但轩辕以前，文字未传，如六爻指垂，画象稼穑，即事成迹。至于药性所主，当以识识相因，不尔，何由得闻？至于桐雷，乃著在于《编简》，此书应与《素问》同类，但后多更修饰之尔。秦皇所焚，医方、卜术不预，故犹得全录。而遭汉献迁徙，晋怀奔迸，文籍焚靡，十不遗一，今之所存，有此四卷，是其本经所出。郡县乃后汉时制，疑仲景、元化等所记。又云有桐君《采药录》，说其花叶形色、《药对》四卷，论其佐使相须。魏晋以来，吴普、李当之等，更复损益，或五百九十五，或四百四十一，或三百一十九，或三品混糅，冷热舛错，草石不分，虫兽无辨，且所主治，互有得失，医家不能备见，则识智有浅深。今辄苞综诸经，研括烦省，以神农《本经》三品，合三百六十五为主，又进名医副品，亦三百六十五，合七百三十种，精粗皆取，无复遗落，分别例条，区畛物类。兼注名时用，土地所出，及仙经道术所须，并此序录，合为七卷，虽未足追踵前良，盖亦一家撰制。吾去世之后，可贻诸知音耳。[②]

《肘后百一方》序

太岁庚辰，隐居曰：余宅身幽岭，迄将十载，虽每植德施工，多止一时之设，可以传芳远裔者，莫过于撰述。见葛氏《肘后救卒方》，殊足申一隅之思。夫生民之所为大患，莫急乎疾疹；疾疹而弗治，犹救火而不以水也。今辇掖左右，师药易寻，郊郭之外，已自难值，况穷村迥陌，遥山绝浦，其间夭枉，焉可胜言？方术之书卷帙徒烦，拯济盖寡，就欲披览，回惑多端。抱朴此制，实为深益，然尚有阙露，未尽其善，辄更采集补阙，凡一百一十首，以朱书甄别，为《肘后百一方》，于杂病单治，略为周遍矣。昔应璩为《百一诗》，以箴规心行；今予撰此，盖欲卫辅我躬。

① 《本集》。

② 《道藏》尊字号《陶隐居集》。

且佛经云“人用四大成身”，一大辄有一百一病，是故身宜自想，上自通人，下逮众庶，莫不各加缮写而究括之。余又别撰《效验方》五卷，具论诸病证候，因药变通，而并是大治，非穷居所资，若华轩鼎室，亦宜修省耳。葛氏序云：“可以施于贫家野居，然亦不止如是。”今缙绅君子，若常处闲佚，乃可师药有方，脱从禄外邑，将命远途，或只直禁闱，晨宵闭隔，或羁束戎阵，城垒严阻，忽惊急仓卒，唯拱手相看，孰若便探之枕笥，则可庸竖成医。故备论节度，使晓然无滞，一披条领，无使过差也。①

与从兄书

仕宦期四十左右，做尚书郎，即抽簪高迈。今三十六，方作朝奉请。头颅可知，不如早去。②

与亲友书

畴昔之意，不愿处人间，年登四十，毕志山薮。今已三十六矣，时不我借，知几其神乎？毋为自若也。③

答谢中书书

山川之美，古来共谈。高峰入云，清流见底，两岸石壁，五色交辉，青林翠竹，四时俱备，晓雾将歇，猿鸟乱鸣，夕日俗颓，沉鳞竞跃，实是欲界之仙都。自康乐以来，未复有能与其奇者。④

隐居之父善书

隐隐居父贞宝，家贫以为经为业。书类肃思话羊欣，一纸价四十，以故隐居五六岁，即解书，而性好仙宗，遍索杨、许二真手迹而次第之，以成《真诰》。凡道术种种，世未有不源而波浪横溢者也。⑤

山中宰相

梁陶弘景隐居华阳，绝意仕宦，人称山中宰相。武帝往见，问之曰：“山中何所有?”弘景答曰：“山中何所有？岭上白云多，但可自怡悦，不堪持赠君。”后屡聘不出，惟画两牛于壁，一牛散于水草之间，一牛着金龙头，有人执鞭，以杖驱之。帝曰：“此人欲效曳尾之龟，岂可致之?”⑥

---

① 《道藏》尊字号《陶隐居集》，《艺文类聚》七十五，以上《全梁文》卷四十七。

② 《本集》。

③ 《本集》。

④ 《艺文类聚》，以上《全梁文》卷四十六。

⑤ 《六砚斋二笔》。

⑥ 《坚瓠六集》。

张巡八

唐，姓张氏，名巡，邓州南阳人。[①]博通群书，晓战阵法，气志高迈，略细节。开元末辛巳，[②]擢进士第，由太子通事舍人，出为清河令。[③]治绩最而负节义。或以困厄归者，倾资振获无吝。更调真源令。[④]土多豪猾，巡下车以法诛之，余党莫不迁善。政简约，民甚宜之。天宝十五载丙申，[⑤]安禄山反。巡起兵讨贼，每战辄克。拔众至睢阳，[⑥]与太守许远合。贼将尹子琦，合众十万来攻，巡厉士固守，日中二十战，气不衰。诏拜御史中丞。数败贼，固守数月，救兵不至。食尽，巡杀爱妾以飨士，至罗雀鼠，煮铠弩以食。乃使南霁云，冒围至临淮告急。贺兰进明，忌巡声威，不肯救。至德二年丁酉，十月癸丑，卒以兵少食尽，与许远等被执，大骂贼，不屈死，年四十有九。赠扬州大都督，享祀睢阳，号称双庙。

唐中宗景龙三年五月十八日卯时生。[⑦]
唐肃宗至德二年十月初九日□时卒。[⑧]

---

① 邓州随置，明、清皆属河南省南阳府，今改为邓县。
② 年三十三。
③ 清河，县名，明、清皆属直隶省，即今河北省。
④ 真源县名，明清皆属直隶省，今河北省。
⑤ 年四十八。
⑥ 县名，故城在今河南省商丘县南。
⑦ 参《唐书》及《名人生日表》。
⑧ 见《唐书》。

己酉	命	一岁	己巳
		十一	戊辰
庚午	宫	二一	丁卯
		三一	丙寅
癸酉	壬	四一	乙丑
		五一	甲子
乙卯	申	六一	癸亥
		七一	壬戌

《唐书·[①]忠义传》，载张巡至德二载十月癸丑遇害，年四十九。以此推之，知为景龙三年己酉生，然犹不知其所生之月日时也。及观常孰孙师郑原辑之《名人生日表》，[②]乃知睢阳公诞辰，为五月十八日。兹就《唐书》所载，及韩昌黎《张中丞传后序》所述，考其生一经历，当以卯时生为合格，其八字即己酉、庚午、癸酉、乙卯。

谨按：年干己属土，月干庚属金，日干癸属水，时干乙属木。今己庚癸乙，顺布天干，土金水木，毫无参差，递互相生，非常亲切。《巫咸撮要》云："四柱递互相生，多逢喜庆。"就此观之，固已直方纯粹，迈众超群，而况年月二支之酉，又复将星交拱，宜其"博通群书，晓战阵法"[③]。惟嫌时支值卯，学堂贵人，冲犯将星，虽曰纬武经文，必操胜算，其如粮尽援绝，不免牺牲。然图像凌烟，流芳青史，亦足以告慰在天之灵矣。总之，三金生水，水不弱矣。再益以命宫壬申，干支金水，遥相资助，水势有余，尤为确凿。所妙者年干明见己土，月支适逢午火，用神得力，不同寻常。观于三十三岁丙运辛巳，擢进士，登高科；三十四岁丙运壬午，由通事舍人，出为清河令，及调真源令，治绩既最，节义亦高，即可知丙火大运，与太岁之巳火午火，均与癸水日元，有密切之关系也。四十八岁丑运丙申，安禄山反，贼首张通晤陷宋、曹等州，谯郡太守[④]杨万石降贼，逼为长史；公率吏哭元皇帝祠，遂起兵讨贼，从者千余，即此更可见丙火济水，关系重大，丑运阴刃，不过稍助权威而已。四十九岁仍行丑运，岁

① 卷一百九十二。

② 武进张惟骧季易增刊。

③ 《唐书》语。

④ 宋州故治，在今河南商邱县。曹州在山东曹县西北七十里，即今菏泽县。谯郡，即今安徽亳州治。

值丁酉，临淮贼将杨朝宗，谋趋宁陵，绝公饷路。公外失巨依，拔众保宁陵，① 马裁三百，兵三千，至睢阳与太守许远、城父令姚訚等合。② 乃遣将雷万春、南霁云等领兵战宁陵，北斩贼将二十，杀万余人，投尸于水，水为不流。朝宗夜去，有诏拜公主客郎中，副河南节度使。禄山死，庆绪遣其下尹子琦等与朝宗合，凡十余万，攻睢阳。公励士固守，日中二十战，气不衰。远自以材不及公，请禀军事而居其下，公受不辞。远专治军粮战具。前此远将李滔救东平，遂叛入贼。大将田秀荣潜与通。或以告远曰："晨出战，以碧帽为识。"视之如言，尽覆其众还。辄曰："我诱之也，请以精骑往，易锦帽。"远以告公，公召登城，让之，斩首示贼。因出薄战，子琦败，获车马牛羊悉分士，秋毫无入其家。有诏拜公御史中丞。远侍御史，訚吏部郎中。公欲乘胜击陈留，子琦闻，复围城。公语其下曰："吾蒙上恩，贼若复来，正有死耳。诸君虽捐躯，而赏不值勋，以此痛恨。"闻者咸慨，乃椎牛大响。贼望兵少，大笑。公与远亲鼓之，贼溃，追北数十里。七月复围城，适睢阳食尽，士日食米一勺，啮木皮鬻纸而食，才千余，人皆癯劣，不能彀。贼知外援绝，内粮尽，围益急。众议东奔，公与远议，以睢阳江淮保障也，若弃之，贼乘胜鼓而南，江淮必亡；且师饥众行，必不达。十月癸丑，贼攻城，士病不能战。公西向拜曰："孤城备竭，不能全。臣生不报陛下，死为鬼以疠贼。"城遂陷，与远俱执。巡众见之，起且哭。公曰："安之勿怖，死，乃命也。"众不能仰视。子琦谓公曰："闻公督战大呼，辄眥裂血面，嚼齿皆碎，何至是?"答曰："吾欲气吞逆贼，顾力屈耳。"子琦怒，以刀抉其口齿，存者三四。公骂曰："我为君父死，尔附贼，乃犬彘也，安得久?"子琦服其节，将释之。或曰："彼守义者，乌肯为我用? 且得众心，不可留。"乃以刀刃胁降，公不屈。又降霁云，未应，公呼曰："南八，男儿死尔，不可为不义屈!"霁云笑曰："欲将有为也。公知我者，敢不死!"亦不肯降。乃与姚訚、雷万春等三十六人遇害。观此可知丑运阴刃助势之强硬，观此又可知日犯岁君、三酉犯刑之危险。公曰"死，乃命也"，诚然！文信国公《正气歌》有云："或为睢阳齿，或为常山舌。"当南宋之时，睢阳、常山，业经媲美，迄今又六七百年，而公之大名，更洋溢乎中国，彼禄山、子琦，今何在哉!

---

① 今县名，属河南。

② 訚音银。

附录

守睢阳

接战春来苦，孤城日渐危。合围侔月晕，分守若鱼丽。屡厌黄尘起，时将白羽挥。裹疮犹出阵，饮血更登陴。忠信应难敌，坚贞谅不移。无人报天子，心计欲何施？

夜闻笛

岧峣试一临，虏骑俯城阴。不辨风尘色，安知天地心？营开星月近，战苦阵云深。旦夜更楼上，遥闻横笛吟。

巡《谢金吾将军表》云："想峨眉之碧峰，豫游西蜀；追绿耳于玄圃，保寿南山。逆贼禄山，杀戮黎献，羶腥阙庭。臣被围四十七日，凡一千八百余战。主辱臣死，当臣效命之时；恶稔恶盈，是贼灭亡之日。"[①]

李翰进《张巡中丞传》表[②]

臣闻圣主褒死难之士，育死事之孤，或亲推輀车，或追建封邑，厚死有以慰生，抚存有以答亡，然后君臣之义，贯以生死，激劝之道，著于存亡。君所以不遗于臣，臣所以不背其君，君恩臣节，于是乎立。伏见故御史中丞，赠扬州大都督张巡，生于昌时，少习儒训，属逆胡构乱，凶虐滔天，挺身下位，忠勇奋发，率乌合之众，当渔阳之锋。贼时窃据洛阳，控引幽朔，驱其猛锐，吞噬河南。巡前守雍邱，溃其心腹，及鲁炅十万之师，[③] 弃甲于宛。叶哥舒以天下之众，败绩于潼关，两宫出居，万国波荡，贼遂僭盗神器，鸱峙两京，[④] 南临汉江，西逼岐雍。群师迁延而不进，列郡望风而出奔，而巡独守孤城，不为之却。贼乃绕出巡后，议图江淮。巡退军睢阳，扼其咽领，前后拒守，自春徂冬，大战数十，小战数百，以少击众，以弱制强，出奇无穷，制胜如神，杀其凶丑，凡九十余万。贼所以不敢越睢阳而取江淮，江淮所以保全者，巡之力也。城孤粮尽，外救不

---

① 《唐诗纪事》。

② 唐，李翰，赞皇人，天宝进士。尝为史官，迁翰林学士。安禄山之反，张巡守睢阳死节，翰表巡功状，肃宗始知之。

③ 炅音憬，光也或作耿。

④ 鸱音吃。

至，犹奋羸起病，摧锋陷坚，俾三军之士，啖肤而食，知死不叛。及城陷见执，终无挠词，顾叱凶徒，精贯白日，虽古之忠烈，何以加焉！伏以光天文武大圣孝皇帝陛下，聪明文思，睿哲神武，提一旅之众，复配天之业，赏功褒节，大赉群臣，遂赠扬州，官及其子，此诚陛下发德音之美也。而议者或罪巡以食人，愚巡以守死，臣窃痛之，今臣敢取十伦，以议巡过，以塞众口，惟圣聪鉴焉。臣闻人秉教以立身，刑原情而定罪，故事有亏教，则人道不列；刑有非罪，则王法不加。忠者臣之教，恕者法之情。今巡握节而死，非亏教也；析骸而爨，非本情也。《春秋》之义，以功覆过，咎繇之典，容过宥刑，故大《易》之戒，遏恶杨善，为国之体，录用弃瑕。今众议巡罪，是废君臣之教，绌忠义之节，不以功掩过，不以刑恕情，善遏恶扬，录瑕弃用，非所以奖人伦，明劝戒也。且逆胡背德，人鬼所仇。朝廷衣冠，沐恩累代，大臣将相，从逆比肩，而巡朝廷不登，坐宴不与，不阶一伍之众，不假一节之权，感肃义旅，奋身死节，此巡之忠大矣。贼势凭凌，连兵百万，巡以数千之众，横而制之。若无巡则无睢阳，无睢阳则无江淮。贼若因江淮之资，兵弥广，财弥积，根结盘据，西向以拒王师，虽终于歼夷，而旷日持久。国家以六师震其西，巡以坚垒扼其东，故陕鄏一战，而犬羊北走，王师因之而势胜，声势才接而城陷，此天意使巡保江淮，以待陛下之师，师至而巡死也，此巡之功大矣。古者列国诸侯，或相侵伐，犹有分灾救患之义，况诸将同受国恩，奉辞伐罪乎？巡所以固守者，非惟怀独克之志，亦以恃诸军之救。救不至而食尽，食既尽而及人，乖其本图，非其素志，则巡之情可求矣。设使巡守城之初，已有食人之计，损数百之众，以全天下，臣犹曰功过相掩，况非其素志乎？在《周典》之三宥，其一曰宥过失，故语巡之忠，则可以敦世教，议巡之功，则可以系中兴，原巡之情，则可以宥过失。昔夫子制《春秋》，明褒贬，齐桓将封禅略而不书，晋文公召王河阳，书而讳之，盖以匡戴之功大可以掩僭禅之过也。今巡苍黄之罪轻于僭禅，兴复之功重于匡戴。罪疑惟轻，功疑惟重，圣人之训，昭然可征，臣故谓巡者足可以为训矣。臣又闻罚不及嗣，赏延于世，此三代所以直道而行。今巡子亚夫，虽受一官，不免饥寒之患。江淮既巡所保，户口充完，臣谓宜封以百户，俾食其子。臣又闻强死为厉，游魂为变，有所归往，则不为灾。巡既身首支离，将士等骸骼不掩，臣谓宜于睢阳城北，择一高原，招魂葬送巡并将士，大作一墓而葬，使九泉之魂犹思效命，三军之众有以轻生，既感幽明，且无冤厉，亦国家志过旌善，垂诫百世之义也。臣少与巡游，巡之平生，臣所知悉，今巡死大难，不睹休明，惟期令名，是其荣禄，若不时纪录，日月寖悠，或掩而不传，或传而不实，而巡生死不遇，诚可悲焉。臣敢采所闻，得其亲睹，撰传一卷，昧死献上，伏惟陛下，大明在上，广运临下，仁遐之德，洽于艰难。有善必纪，无微不录，倘以臣所撰编列史官，虽退死丘壑，骨而不朽。臣翰诚惶诚恐，顿首顿首，死罪死罪。①

韩愈撰《张中丞传后序》

元和二年四月十三日夜，愈与吴郡张籍阅家中旧书，得李翰所为《张巡传》。翰以文章自名，为此传颇详密。然尚恨有缺者，不为许远立传，又不载雷万春事首尾。

远虽材若不及巡者，开门纳巡，位本在巡上，授之柄而处其下，无所疑忌，竟与巡俱守死，成功名。城陷而虏，与巡死先后异耳。两家子弟材智下，不能通知二父志，以为巡死而远就虏，疑畏死而辞服于贼。远诚畏死，何若守尺寸之地，食其所爱之肉，以与贼抗而不降乎？当其围守时，外无蚍蜉蚁子之援，所欲忠者，国与主耳，而贼语以国亡主灭。远见求援不至，而贼来益众，必以其言为信，外无待而犹死守，人相食且尽，虽愚人亦能数日而知死处矣，远之不畏死亦明矣。乌有城坏、其徒俱死，独蒙愧耻求活，虽至愚者不忍为。呜呼！而谓远之贤而为之耶？

说者又谓远与巡分城而守，城之陷，自远所分始，以此诟远。此又与儿童之见无异。人之将死，其脏腑必有先受其病者，引绳而绝之，其绝必有处。观者见其然，从而尤之，其亦不达于理矣。小人之好议论，不乐成人之美如是哉！如巡、远之所成就，如此卓卓，犹不得免，其他则又何说！

当二公之初守也，宁能知人之卒不救，弃城而逆遁？苟此不能守，虽避之他处何益？及其无救而且穷也，其创残饿羸之余，虽欲去，必不达。二公之贤，其讲之精矣。守一城，捍天下，以千百就尽之卒，战百万日滋之师，蔽遮江淮，沮遏其势，天下之不亡，其谁之功也？当是时，弃城而图存者，不可一二数；擅强兵坐而观者，相环也。不追议此，而责二公以死守，亦见其自比于逆乱，设淫辞而助之攻也。

愈尝从事于汴、徐二府，屡道于两府间，亲祭于其所谓双庙者。其老

---

① 《唐文粹》二十五卷。

人往往说巡、远时事，云：南霁云之乞救于贺兰也，贺兰嫉巡、远之声威功绩出己上，不肯出师救。爱霁云之勇且壮，不听其语，强留之，具食与乐，延霁云坐。霁云慷慨语曰："云来时，睢阳之人不食月余日矣！云虽欲独食，义不忍；虽食，且不下咽！"因拔所佩刀断一指，血淋漓，以示贺兰。一座大惊，皆感激为云泣下。云知贺兰终无为云出师意，即驰去。将出城，抽矢射佛寺浮图，矢著其上砖半箭，曰："吾归破贼，必灭贺兰，此矢所以志也。"愈贞元中过泗州，船上人犹指以相语。城陷，贼以刃胁降巡，巡不屈，即牵去，将斩之；又降霁云，云未应。巡呼云曰："南八，男儿死耳，不可为不义屈！"云笑曰："欲将以有为也；公有言，云敢不死！"即不屈。

张籍曰：有于嵩者，少依于巡。及巡起事，嵩常在围中。籍大历中于和州乌江县见嵩，嵩时年六十余矣。以巡，初尝得临涣县尉，好学，无所不读。籍时尚小，粗问巡、远事，不能细也。云巡长七尺余，须髯若神。尝见嵩读《汉书》，谓嵩曰："何为久读此？"嵩曰："未熟也。"巡曰："吾于书读不过三遍，终身不忘也。"因诵嵩所读书，尽卷不错一字。嵩惊，以为巡偶熟此卷，乱抽他帙以试，无不尽然。嵩又取架上诸书，试以问巡，巡应口诵无疑。嵩从巡久，亦不见巡常读书也。为文章，操纸笔立书，未尝起草。初守睢阳时，士卒仅万人，城中居人户亦且数万，巡因一见问姓名，其后无不识者。巡怒，须髯辄张。及城陷，贼缚巡等数十人，坐，且将戮。巡起旋，其众见巡起，或起或泣。巡曰："汝勿怖，死，命也。"众泣不能仰视。巡就戮时，颜色不乱，阳阳如平常。远宽厚长者，貌如其心；与巡同年生，月日后于巡，呼巡为兄，死时年四十九。嵩贞元初死于亳、宋间。或传嵩有田在亳、宋间，武人夺而有之，嵩将诣州讼理，为所杀。嵩无子。张籍云。①

张睢阳庙②

不识松滋路，中丞何代祠？椒兰纷玉座，风雪卷灵旗。

横笛声犹苦，神丝响易悲。同堂真庙食，南八③是男儿。④

① 《昌黎全集》。

② 宿松棠梨宫。

③ 编者注：南八，因南霁云排列第八，故称，以示亲切。

④ 《渔阳山人精华录》。

张睢阳庙联

台州巾子张睢阳庙，屡著灵应，郡奉祀甚虔。楹联云：“慷慨誓师，守睢阳蕞尔之区,[①] 孤城中人皆乐死；从容尽节，振河北英雄之气，千载后貌尚如生。”运意精湛。又云：“保障在江淮，业肇中兴，正史论功先郭、李；辉光齐日月，心明大义，孤城著节迈颜、卢。”语亦圆稳。[②]

徐�亭《菉堂节录》云：“张睢阳庙，余邑处处皆有之，所见柱联，切当者殊少，岂王之忠勇，难以名言乎？”惟前明进士李春熙一联云：“孤忠百战江山血，一死千秋天地魂。”庶几尽之。按：“余过京口日，闻都天庙会甚盛，庙即祀睢阳，因停櫂两日纵观，并入庙瞻仰。至邗上，为云台述及，师言甲辰年新修庙时，乡人请制楹联，因手书付之曰：‘颜许同名，唐代人伦维气类；李韩论定，熙朝庙貌屹江淮。’当时奸臣曾劝睢阳以天道，公骂曰：‘不识人伦，焉知天道！’此‘人伦’二字所本，语颇沉著，且‘人伦’、‘庙貌’，皆双声字也。”

湖州双忠祠祀张、许二公，联云：“国士无双双国士，忠臣不二二忠臣。”本色语，颠扑不破。张南山云：“粤中文谢二公祠中，亦悬此联。”[③]

① 蕞音最，小貌。

② 《冷庐杂识》。

③ 以上《楹联丛话》。

袁氏命谱卷二

吕岩九

唐，姓吕氏，名岩，① 字洞宾，别号纯阳子，又号回道人，称麻衣道者，世为河中府永乐县人。② 曾祖延之，仕唐，终于浙东节度使。祖渭，举进士，终礼部侍郎。父让，官至太子右庶子，颇有美才。自长庆以后，李德裕党盛，吕氏诸子，无至达官者。吕岩生有异表，鹤顶龟背，凤目疏眉。襁褓时，马祖见之曰："此儿骨相不凡，自是风尘外物，他日遇庐则居，见钟则扣。"及少长，敦重少语，不好嬉戏。禀性纯厚，仁孝聪明；日记万言，矢口成文。喜戴华阳巾，衣黄白襕衫，系大皂条，状类张子房。年二十不娶。唐会昌中，两举进士不第。③ 因游长安，④ 遇正阳仙师，⑤ 同憩酒肆中，仙师亲自执爨，炊黄粱饭。岩困倦，仙师授以如意枕，遂就之熟睡，梦中升沉万态，荣悴多端，恍然梦觉，炊尚未熟，不禁俯仰长叹。仙师笑，吟曰："黄粱犹未熟，一梦到华胥。"岩惊问，仙师曰："子适来之梦，五十年间直同一瞬，得不足喜，丧何足忧？必须大觉，而后知此为一

---

① 与严通，山岩也。俗作岩，一作岩客。

② 永乐城，在陕西省，米脂县西。

③ 《仙史》云：懿宗咸通中，举进士第，时年六十四，恐误。证以万历《御制序言》可知。

④ 古都城名，始于汉，在陕西省长安县，西北十三里。

⑤ 姓钟离，名权，字云房。珊按：所谓"遇钟则扣"也。

大梦也。”岩乃感悟，遂拜仙师，求授度世之术。仙师试之至再，乃携往鹤岭洞天，授以阴阳天地、日月交合之理，水火龙虎、铅汞抽天坐忘之法。继又云游庐山，[1] 遇火龙真人，授以天遁剑法。于是密隐华峰羽谷，晦迹四十余年。至唐末，人始知之。[2] 后登武昌黄鹤楼，[3] 化三级红楼，上升而去。为北宗第三祖，即俗传八仙之一，又称吕祖。所著有《心易仙统》、《三成法书》、《敲爻歌》、《八品仙经》，及诸口诀传世。

唐德宗贞元十四年四月十四日巳时生。[4]
卒年无考。

戊寅	**命**	十岁 二十	戊午 己未
丁巳	**宫**	三十 四十	庚申 辛酉
甲子	**己**	五十 六十	壬戌 癸亥
己巳	**未**	七十 八十	甲子 乙丑

《吕祖汇集》卷一载：吕祖，贞元十四年四月十四日巳时生，其八字当为戊寅、丁巳、甲子、己巳。

谨按：日元甲子，生时己巳，干透甲己会合化土，支藏癸戊，暗合化火，土得火生，正气固充，日为进神，时值文昌，秀气尤足。凡此数者，皆与岳鄂王之造相同。至其生年戊寅，生月丁巳，则与岳鄂王迥异矣。盖岳王之造，生年癸未，生月乙卯，贵人阳刃，会合有情；吕祖之造，年支带禄元，月支带文昌，似亦不差。然寅为驿马，巳值孤虚，心地虽光明，仕途多偃蹇。所妙者，命宫己未，阳贵当权，合甲助势，虽月干丁字，暗中化木，得年干戊字，暗中化火以调剂之，究无损于甲己化土之正格。[5] 是以运行辛字，化水润土，虽两赴春闱下第，竟遇钟离学仙。他不具论。

---

① 在江西星子县西北，九江县南，古名南障山，周时匡俗隐此，定王征之不见，使使者访之，即空庐存焉，故名庐山，一名匡山，总名匡庐。

② 珊按：上文所谓“遇庐则居”也。

③ 在湖北武昌县西，汉阳门内黄鹤山上。

④ 见《吕祖汇集》。

⑤ 此为进神化土格，因交拱孤虚，是以超然物外。

观于《宋史·隐逸·陈抟传》有云："关西逸人吕洞宾，有剑术，百余岁而童颜，步履轻疾，顷刻数百里，世以为神仙，数来抟斋中，人咸异之。"于此，足证洞宾为贞元戊寅生，毫无疑义。盖此时洞宾，才百四十五岁耳。至万历御制《吕真仙文集序言》有曰："吕公，唐咸通中，[1] 举乡进士未第，后遇云房翁，授以真诀，制炼冲举，为仙宗之领袖，以清净心，发大广愿，度尽群迷，推道德之玄旨，演得一之真传，莫不言言而明心见性，字字而入圣超凡。故其诗曰：'伏羲传道至于今，穷理尽性至于命；都来一味药，刚到数千般；三清圣位我亦有，本来只夺乾坤精。'充之一集，皆是义也，云云。"更可谓推崇备至矣。

附　录

勉　学

净几明窗不可虚，莫贪帏薄失居诸。但将经史三冬足，定教须眉一旦舒。笔彩岂缘枯坐授，砚田当用苦功锄。老人于子无他赠，五夜藜光数卷书。

寓　意

荏苒光阴瞬息过，何名何利尚婆娑。青山不用金钱买，白眼凭他紫绶多。野服芒鞋行处好，粗茶淡饭与身和。不然寻个幽闲地，构一茅庵是乐窝。

醒　世

名利驱人似火牛，几人平地把缰收。但思古昔英雄辈，那个功名直到头。一日清闲一日仙，何须世故太悬悬。黄庭熟读勤参悟，白昼飞腾上九天。[2]

戒　淫

二八佳人体似酥，[3] 腰间仗剑斩凡夫。虽然不见人头落，暗里教人骨髓枯。[4]

---

① 珊按：咸通乃会昌之误。

② 以上《吕祖全书》。

③ 一作体态。

④ 一作摧人，《全唐诗》。

长生不老法

昼动机也，万物皆静，而我亦动之；夜静机也，万物皆静，而我亦静之。一动一静，与物消长，此天地自然之气机，生生不息之道也。世人每多俾昼作夜，以夜继日，是违天地自然之气机，大悖乎生人之理，自绝乎化育之能矣。故昼而兴，夜而宁，固而精，养而神，与物无竞，寡欲清心，能知静摄，可冀长生。[①]

论四时

吕曰："天地日月之交合，年月日时，可得闻乎？"钟曰："凡时有四等，人寿百岁，一岁至三十，乃少壮之时；三十至六十，乃长大之时；六十至九十，乃老耄之时；九十至百岁，或至百二十岁，乃衰败之时。"此身中之时，一等也。若以十二辰为一日，五日为一候，三候为一气，三气为一节，二节为一时。时有春夏秋冬，时当春也，阴中阳半，其气变寒为温，乃春之时也；时当夏也，阳中有阳，其气变温为热，乃夏之时也；时当秋也，阳中阴半，其气变热为凉，乃秋之时也；时当冬也，阴中有阴，其气变凉为寒，乃冬之时也。此年中之时，二等也。若以律中起吕，吕中起律，凡一百三十日，三百六十辰，三千刻一十八万分。月旦至上弦，阴中阳半；自上弦至月望，阳中阳；自月望至下弦，阳中阴半；自下弦至晦朔，阴中阴。此月中之时，三等也。若以六十分为一刻，八刻二十分为一时，一时半为一卦，其言卦定八方，论其正分四位，自子至卯，阴中阳半，以太阴中起少阳；自卯至午，阳中有阳，纯少阳而起太阳；自午至酉，阳中阴半，以太阳中起少阴；自酉至子，阴中有阴，纯少阴而起太阴。此日中之时，四等也。难得而易失者，身中之时也；去速而来迟者，年中之月也；急于电光，速如石火者，日中之辰也。积日为月，积月为岁，岁月蹉跎，年光迅速，贪名求利而妄心未除，爱子怜孙而恩情又起，纵得回心向道，争奈年老气衰，如春雪秋花止有时间之景，夕阳晓月应无久远之光。奉道之士难得者，身中之时也。艳阳烟景，百卉芬芳，水榭危楼，清风快意，月夜闲谈，雪天对饮，恣纵无穷之乐，消磨有限之情，纵得回心向道，须是疾病缠身，如破舟未济，谁无求救之心？漏屋重完，忍绝再修之意。奉道之士虚过者，年中之时也。邻鸡未唱而出户嫌迟，街鼓

---

① 《吕祖全书》。

遍闻而归家恨早，贪痴争肯暂休，妄想惟忧不足。满堂金玉，病来著甚抵当？一眼儿孙，气断谁能替换？晓夜不停，世人莫悟。奉道之士可惜者，日中之时也。

吕曰："身中之时，年中之时，月中之时，日中之时，皆是时也。尊师独以身中之时为难得，又以日中之时为可惜者，何也？"钟曰："奉道者，难得少年；少年者，根元完固。凡事易于见功，止千日而可大成。奉道者，又难得中年。中年修持，先补益完备，次下手进功。始也返老还童，后即超凡入圣。若少年不悟，中年不省，或因灾难而留心清净，或因疾病而志在希夷。晚年修持，先论救护，次说补益，然后自小成法积功，以至中成，中成法积功，至于返老还童，炼形住世，而五气不能朝元，三阳难为聚顶，脱质升仙，无缘得成，是难得者，身中之时也。"

论五行

吕曰："谓五藏之气，曰金木水火土。所谓五行之位，曰东南西北中。如何得相生相成，而交合有时乎？采取有时乎？愿闻其说。"钟曰："大道既判而生天地，天地既分而列五帝。东曰青帝，行春令，于阴中起阳，使万物生。南曰赤帝，行夏令，于阳中升阳，使万物长。西曰白帝，行秋令，于阳中起阴，使万物成。北曰黑帝，行冬令，于阴中进阴，使万物死。四时各九十日，每时下十八日，黄帝主之。若于春时，助成青帝而发生。若于夏时，接序赤帝而长育。若于秋时，资益白帝而结立。若于冬时，制摄黑帝而严示。五帝分治，各主七十二日，合三百六十日而为一岁，辅弼天地以行道。青帝生子曰甲乙，甲乙东方木。赤帝生子曰丙丁，丙丁南方火。黄帝生子曰戊己，戊己中央土。白帝生子曰庚辛，庚辛西方金。黑帝生子曰壬癸，壬癸北方水。见于时而为象者，木为青龙，火为朱雀，土为勾陈，金为白虎，水为玄武。见于时而生物者，乙与庚合，春则有榆青而白，不失金木之色。辛与丙合，秋则有枣白而赤，不失金火之色。己与甲合，夏末秋初，有瓜青而黄，不失土木之色。丁与壬合，夏则有椹赤而黑，不失水火之色。癸与戊合，冬则有橘黑而黄，不失水土之色。以类推求，五帝相交，而见于时，生在物者，不可胜数。"

吕曰："五行在时若此，在人如何？"钟曰："惟人也，头圆足方，有天地之机。"肾为水，心为火，肝为木，肺为金，脾为土。若以五行相生，则水生木，木生火，火生土，土生金，金生水。生者为母，受生者为子。若以五行相克，则水克火，火克金，金克木，木克土，土克水。克者为夫，受克者为妻。以子母言之，肾气生肝气，肝气生心气，心气生脾气，脾气生肺气，肺气生肾气。以夫妻言之，肾气克心气，心气克肺气，肺气克肝气，肝气克脾气，脾气克肾气。肾者心之夫，肝之母，脾之妻，肺之子。肝者脾之夫，心之母，肺之妻，肾之子。心者肺之夫，脾之母，肾之妻，肝之子。肺者肝之夫，肾之母，心之妻，脾之子。脾者肾之夫，肺之母，肝之妻，心之子。心之见于内者为脉，见于外者为色。以舌为门户，受肾之制伏，而驱用于肺，盖夫妇之理如此。得肝则盛，见脾则减，盖子母之理如此。肾之见于内者为骨，见于外者为发，以耳为门户，受脾之制伏，而驱用于心，盖夫妇之理如此。得肺则盛，见肝则减，盖子母之理如此。肝之见于内者为筋，见于外者为爪，以目为门户，受肺之制伏，而驱用于脾，盖夫妇之理如此。见肾则盛，见心则减，盖子母之理如此。肺之见于内者为肤，见于外者为毛，以鼻为门户，受心之制伏，而驱用于肝，盖夫妇之理如此。得脾则盛，见肾则减，盖子母之理如此。脾之见于内者为藏，均养心肾肝肺，见于外者为肉，以唇口为门户，呼吸定往来，受肝之制伏，而驱用于肾，盖夫妇之理如此。得心则盛，见肺则减，盖子母之理如此。此是人之五行生克，而夫妇子母，传气衰旺，见于此矣。[①]

吕洞宾识相知命

吕洞宾先生，多游人间。丁晋公通判饶州日，洞宾往见之，语公曰："君状貌颇似李德裕，他日富贵皆如之。"公咸平初，与杨文公言其事，今已执政。张洎家居，忽外有一隐士通谒，乃洞宾名姓。洎倒屣迎见之。洞宾自言吕渭之后，四子温、恭、俭、让。让终海州刺史，洞宾系出海州房，所任官《唐史》不载。[②] 索笔八分书七言四韵，留与洎，颇言将佐鼎席之意。末句云："成功当在破瓜年。"俗以"破瓜"字为二八，洎年六十四卒，乃其谶也。滕宗谅守巴陵，回道士上谒滕，口占曰："华州回道士，来到岳阳城。别我留何处，秋空一剑横。"回大笑而去。吕有诗在人间极多："三入岳阳人不识，郎吟飞过洞庭湖"；又"饮海龟儿人不识，烧山符子鬼难看"；又"一粒粟中藏世界，二升锅内煮山川"。并见《杨公谈苑》。又"卖墨年年到鼎州，无端知府问踪由。家居北斗魁星下，剑挂南窗月角头。"《东坡诗话》云："熙宁元年，八月十九日，有道士过沈东老饮酒，

① 以上《钟吕传道集》。

② 《唐书·吕渭传》：四子温、恭、俭、让，让官太子右庶子，与此稍异。

用石榴皮写绝句壁上，自称回道人；出门至石桥上，先度桥数十步，不知所在。”或曰此吕洞宾也。诗曰：“西邻已富忧不足，东老虽贫乐有余。白酒酿来缘好客，黄金散尽为收书。”此东坡倅钱塘之日。今在石村沈家画壁，犹存所画之像，藤蔓交蔽其体，惟面貌独出。余往来苕霅，屡见之。其他如磨铁镜，舞画鹤，设僧供于长沙，隐姓名于谷客，其异迹固多有之。惟渡江以来，近在辛卯岁，尝游毗陵，系青结巾，黄道服，皂修草履，手特稷笠，自题曰“知命先生”，自呼于市。荆门守胡公俦，闻其声颇异，延之问命。先生曰：“公有寿，且得见次，不在清明五日，即在清明后七日。”至期，忽得报云：“第二政已改受他郡。”七日后，又得报云：“见政有召命。”胡始知其异人，乃悟“知命”，字皆从口，必是吕洞宾无疑，深恨不款延之，日夜追想其状貌，欲使画工图之不可得。及至荆门半载，忽一日，公厅肃客，有急足声喏云：“某知州府有书信，今且往某州下书，回途却请回书。”客退，开书，通寒暄外无他语，有一轴信，开视，乃是南京石本吕公画像，与在毗陵日所见衣巾状貌无少异，公益叹慕。胡后守滁州，为刻石以志其事。余乙亥岁，为滁教，讵辛卯岁五十余年矣，以此知先生，未尝不游人间，但世人少有仙风道骨，遇之者鲜矣。①

吕翁梦

吕翁祠在邯郸县北二十里黄粱店。李长沙诗云：“举世空中梦一场，功名无地不黄粱。凭君莫向痴人说，说与痴人梦转长。”端溪王崇善诗云：“曾闻世有卢生梦，只恐人传梦未真。一笑乾坤终有歇，吕翁亦是梦中人。”家苍书叔亦有诗云：“白石清池仙观重，当年化度见遗踪。巾瓢散作云霞气，鸡犬曾为富贵容。磁枕暂休行客倦，黄粱未许宦情浓。人间大梦知多少，谁为浮生薄鼎钟。”又题卢生石像云：“梦里公侯醒后仙，卢生乐事独千年。从来公案谁翻却，到此雄心自惘然。一片香台留悟石，几家茅店起炊烟。风尘依旧邯郸道，那有云房更作缘。”吕相国宫和苍叔诗有“抚石睡酣呼不起，停车炊熟梦无从”之句，惜全首不能记忆。②

吕仙祠联

邯郸黄粱店，有吕公祠，百文敏公联云：“万井烟浓，人间正熟黄粱梦；四山云起，天上应开百奈花。”

---

① 《西塘集·耆旧续闻》。剌史之剌与剌异，剌音赐，剌音辣。

② 《坚瓠五集》。

余屡过邯郸，谒吕仙祠，记得有黄粱梦亭中悬旧联云："睡至二三更时，凡功名都成幻境；想到一百年后，无少长俱是古人。"亦警世语也。

汲县白云阁上，奉吕祖像，陶云汀宫保联云："杯前三尺青蛇，仙会恍游蓬岛路；笛外一声黄鹤，我来犹记洞庭秋。"又联云："卅二色神仙宝光，也似佛，也似儒，出世还入世；五千言道德真嗣，亦称师，亦称祖，可名非常名。"按：宫保素不喜道家言，而撰联乃谛当如此。

黄鹤楼中，奉纯阳吕祖，百文敏公[①]联云："教孝教忠，何殊十七世士夫，显示化身扶正道；为谿为谷，直把五千言文字，参同妙契指迷津。"或疑以纯阳比文昌为过，然同为道教宗主，何必强为分别？嘉庆年间，敕各直省建立赞化宫，奉祀纯阳，仪节与文昌等，则相提并论，岂为过乎？又黄文炳联云："遇有缘人，不枉我望穿眼孔；得无上道，只要汝立定脚跟。"

林少穆督部，题苏州吕祖祠，时为开河祈晴酬谢，云："仙踪曾现宰官身，济世度人，水利农田蒙惠泽；道力能回元始劫，通灵赞化，和风甘雨锡康年。"[②]

---

① 百龄。

② 以上《楹联丛话》。

范仲淹　十

宋，姓范氏，名仲淹，字希文，江苏吴县人。淳化辛卯，甫二岁而孤，随母谢氏，改适长山朱氏，冒姓朱，名说。大中祥符乙卯，年二十七，举进士，改本姓。谢启云："志在投秦，入境遂称为张禄；名非霸越，乘舟乃效于陶朱。"时人服其亲切。初居长白山僧舍，习读，日煮粟米二升，作一器，刀画为四块，早晚以断虀数茎啖之，其清苦如此。初举进士，《试金在镕赋》云："如令区别妍媸，愿为金槛；若使削平祸乱，请就干将。"将相器业，于此可见矣。晏殊荐为秘阁校理。仁宗朝，迁吏部员外郎，权开封府事；忤吕夷简，罢知饶州，[①] 徙润州、[②] 越州。[③] 元昊反，以龙图阁直学士，副夏竦经略陕西，守边数年，号令严明，爱抚士卒，羌人呼为龙图老子。夏人相戒，亦不敢犯其境，又曰："小范老子，胸中自有数万甲兵。"旋拜枢密副使，进参知政事。仲淹锐意天下，尝曰："士当先天下之忧而忧，后天下之乐而乐。"取班簿，视不才监司，一笔勾之。富公曰："一笔勾去，一家哭矣。"仲淹曰："一家哭，何如一路哭耶？"仲淹轻财好施，尤厚族人，于姑苏买良田数千亩为义庄，以养族之贫者；嫁娶丧葬，皆有赡给。继又出为河东陕西宣抚使，知邠州，[④] 以疾请邓州，徙杭州。[⑤] 迁户部侍郎，徙青州；会病，请颍州，未至，卒，时皇祐壬辰，五月甲子，年六十四。谥文正，追封楚国公。有诗文集。

---

① 即今江西省鄱阳县。
② 即今江苏省镇江县。
③ 即今浙江省绍兴县治。
④ 即今陕西省彬县，彬音宾。
⑤ 为浙江省治，今为杭县。

宋太宗端拱二年八月初二日丑时生。[1]

宋仁宗皇佑四年五月二十日□时卒。

己丑	**命**	一岁 十一	壬申 辛未
癸酉	**宫**	二一 三一	庚午 己巳
庚戌	**辛**	四一 五一	戊辰 丁卯
丁丑	**未**	六一 七一	丙寅 乙丑

《巫咸撮要》云："阳刃倘同生气，阃外操权。"《指迷赋》云："威武刚烈兮，乃是金多。"

谨按：范文正公造，己丑、癸酉、庚戌、丁丑，[2] 日主之庚，以酉为阳刃，诞生白露节后，秋金当令，阳刃得生气矣。观其守边数年，羌人呼公为"龙图老子"，谓非阃外操权，能如是乎？月支之酉，中藏辛金，日支之戌，又藏辛金，年时二支之丑，又各藏辛金，连同日主庚金，金计有五，金多若此，宜其威武刚烈也。观其对来使辄焚元昊答书，[3] 及"与其一路哭，何如一家哭"之一笔勾，即可见其天性矣。《碧渊赋》云："火炼秋金，铸出剑锋之刃。"于此又可见秋金必需火炼也。然火之根本在木，若但见火而不见木，亦不过浮游之火而已，岂足以炼至坚至刚之金哉！恰好时干明见丁火，日支之戌，中藏丁火，命宫辛未，干虽属金，支却藏火藏木，具见火得木生，金得火炼，大器堪成，高名克就，故能先忧后乐，振古铄今，盖火主文明，金应武功，相须为用也。二岁壬运庚寅，丧父；三十三岁己运辛酉，丧母，足证刚金需火，再见庚辛之金，即满损也。四十八岁辰运丙子，小限庚申，上书言事，致忤吕夷简，故坐贬饶州。五十六岁丁运甲申，小限壬子，因焚元昊之书，宋庠请斩仲淹，帝不听，降本曹员外郎，知耀州，[4] 足证刚金需火，见申子辰之水，多不安定也。以上四则，最为拂逆，至于得意之事，亦层见叠出。如二十七岁午运乙卯，登进士第，为广德军司理参军。二十八岁午运丙辰，迎其母归养。二十九

---

① 生卒见《历代名人年谱》。

② 《历代名人年谱》载，公己丑八月二日丑时生。

③ 昊音皓，凡称天曰昊天言元气博大也。

④ 即今陕西省耀县。

岁午运丁巳，改集庆军节度推官，还姓更名。足证刚金需火，运岁逢火逢木，即昂首青云也。自三十一岁己未，至六十三岁辛卯，监泰州盐税，迁大理寺丞，安抚江淮，出知睦州，[①] 迁苏州，徙明州，[②] 拜吏部员外郎，权知开封府，[③] 及知永兴军，改陕西都转运使，进龙图阁直学士，迁户部员外郎，兼知延州，[④] 进枢密直学士，复除参知政事，为资政殿学士，陕西四路宣抚使，知邠州，寻徙杭州，又徙青州。凡此种种，更足证刚金需火。盖三十余年，经过之己巳、戊辰、丁卯、丙等运，有制水者，有助火者，亦有生火者，是以剖符锡爵，呈瑞分疆也。至六十四岁丙运壬辰，五月二十日，公卒于徐州者，此乃壬丙宣战、辰戌相冲之故，丙运不任咎也。

珊按：《文正公年谱》云："端拱二年己丑，八月癸酉，二日丁丑，以辛丑时生，必误。盖是年八月己酉朔，二日乃是庚戌，并非丁丑，至云辛丑时，更不足信也。"

附　录

欧伯起相访

海涯牢落若为怀，惟子相过未忍回。劲草不随风偃去，孤桐何意凤飞来。

樽藏金醴迟迟进，匣锁云和特特开。万古功名有天命，浩然携手上春台。

赠都下隐者

梅福隐市门，严平居卜肆。乃知神仙徒，非必烟霞地。异哉西山人，逍遥京洛尘。门多长者车，察脉如有神。轩皇万余载，此术了然在。精意洞五行，飞名落四海。结舍拟沧洲，东池接御沟。兰芳披幽经，琴樽在小舟。清夜泛月华，宛是江湖游。他日日上去，兹为黄鹤楼。

京口即事

突兀立孤城，诗中别有情。地深江底过，日大海心生。甘露楼台古，

① 即今浙江省建德县。
② 在今贵州省思南县南。
③ 即今河南省开封县。
④ 即今陕西省肤施县。

金山气象清。六朝人薄命，不见此升平。[①]

公为人外和内刚，乐善泛爱。丧其母时，尚贫，终身非宾客食不重肉。临财好施，意豁如也。及退而视其私，妻子仅给衣食。其为政所至，民多立祠画像。其行己临事，自山林处士，里闾田野之人，外至夷狄，莫不知其名字，而乐道其事者甚众。[②]

公丁母忧，寓居南都，晏丞相殊，请掌府学，公常宿学中，训督有法度，勤劳恭谨，以身先之。夜课诸生读书，寝食皆立时刻，往往潜至斋舍诇之，见有先寝者诘之，其人绐云："适疲倦，暂就枕耳。"问未寝之时，观何书，其人妄对，则取书问之，不能对，罚之。出题使诸生作赋，必先自为之，欲知其难易，及所当用意，亦使学者准以为法。由是四方从学者辐辏，宋人以文学有声名于场屋朝廷者，多其所教也。[③]

公在淄州长白山僧舍[④]读书，一夕见白鼠入穴中，探之，乃银一瓮，遂密掩覆。后公贵显，寺僧修造，遣人欲求于公，但以空书复之。初僧怏然，失所望，及开缄，使于某处取此藏。僧如公言，果得白银一瓮。今人往往谈此事。

公以朱氏长育有恩，常思厚报之。及贵，用南郊所加恩，乞赠朱氏父。太常博士，暨朱氏诸兄弟，皆公为葬之，岁别为飨祭。朱氏子弟，以公荫得补官者三人。

公子纯仁，娶妇将归，或传妇以罗为帷幔，公闻之不悦，曰："罗绮岂帷幔之物耶？吾家素清俭，安得乱吾家法，敢持归吾家？当火于庭。"

公遣子尧夫，到姑苏搬麦五百斛。尧夫时尚少，既还，舟次丹阳，见石曼卿，问寄此久何如。曼卿曰："两月矣，三丧在浅土，欲葬之而北归，无可谋者。"尧夫以所载舟麦付之，单骑自长芦捷径而归。到家拜起，侍立久之。文正曰："东吴见故旧乎？"曰："曼卿为三丧未举，留滞丹阳，时无郭元振，莫可告者。"文正曰："何不以麦舟与之？"尧夫曰："已付之矣。"

公以晏元献荐入馆，终身以门生事之，后虽名位相亚，亦不敢少变。庆历末，晏公守宛丘，文正过南阳，道过，特留欢饮数日。其书题门状。犹称门生。将别，投诗云"曾入黄扉陪国论，却来绛帐受师资"之句，闻者皆叹服。

---

① 以上《文正公集》。

② 《五朝名臣言行录》。

③ 诇，音迴，迴韵，又去声敬韵，义同，刺探也。

④ 今醴泉寺。

公言："幕府宾客，可为己师者乃辟之，虽朋友亦不可辟。盖为我敬之为师，则心怀尊奉，每事取法，于我有益耳。"

公守越，户曹孙居中卒，子幼家贫，公助之俸钱百缗。治巨舟，差老衙校送归，作一绝句，戒其吏曰："关津但以吾诗示之。"诗云："十口相将泛巨川，来时暖热去凄然。关津若要知名姓，此是孤儿寡妇船。"

公守饶州日，有书生甚贫，自言平生未尝一饱。时盛行欧阳率更书《荐福寺碑》，墨本值千钱，为具纸墨打千本，使售于京师。纸墨已具，一夕雷击碎其碑，时语曰："有客打碑来荐福，无人骑鹤上扬州。"东坡作《穷措大诗》曰："一夕雷轰荐福碑。"向使不击碎，书生享用，其有穷乎？于此益知吉庆避者，非吉庆避之，其福德浅薄，自不能与吉庆会也。赞曰："淑慝以类，吉凶在人。"譬如仪凤，不棲棘荆，[①] 虺蜴之窟，[②] 岂产珠珍？冰雪凝沍，[③] 寒谷不春，一气所感，当识其因。韩魏公客有郭注者，行年五十，未有室家，公以侍儿与之，未及门而注死。[④]

公轻财好施，尤厚于族人。既贵，于姑苏近郭，买良田数千亩为义庄，以养群从之贫者。择族人长而贤者一人，主其出纳，人日食米一升，岁衣缣一匹，嫁娶丧葬，皆有赡给。聚族人仅百口，公殁逾四十年，子孙贤令，至今奉公之法，不敢废弛。

公在杭州，子弟以公有退志，乘间请治第洛阳，树园圃，以为逸老之地。公曰："人苟有道义之乐，形骸可外，况居室哉！吾今年逾六十，生且无几，乃谋树第治圃，顾何待而居乎？吾之所患在位高而艰退，不患退而无居也。且西都士大夫，园林相望，为主人者，莫得常游，而谁独障吾游者？岂必有诸己而后为乐耶？俸赐之余，宜以赒宗族，若曹遵吾言，毋以为虑。"[⑤]

范文正公在睢阳掌学，有孙秀才者索游，上谒文正，赠钱一千。明年，孙生复道睢阳谒文正，又赠一千。因问何为汲汲于道路，孙秀才戚然动色曰："老母无以养，若日得百钱，则甘旨足矣。"文正曰："吾观子辞气，非乞客也。二年仆仆，所得几何，而废学多矣。吾今补子为学职，月可得三千以供养，子能安于为学乎？"孙生再拜，大喜，于是授以《春秋》。而孙生笃学，不舍昼

---

① 棘音击。

② 虺音卉，蜴音亦。

③ 音护，遇韵。

④ 以上《言行拾遗事录》。

⑤ 以上《五朝名臣言行录》。

夜，行复修谨，文正甚爱之。明年，文正去睢阳，孙生亦辞归。后十年，闻泰山下，有孙明复先生，以《春秋》教授学者，道德高迈，朝廷召至太学，乃昔日索游孙秀才也。文正公叹曰："贫之为累亦大矣。倘因循索米至老，则虽人才如孙明复者，犹将汩没而不见也。"①

徐复，所谓冲晦处士者，建州人，初亦举进士。京房《易》，世久无通其术者，复尝遇隐士得之，而杂以六壬、遁甲。自筮终身无禄，遂罢举。范文正公，知苏州，尝疑夷狄当有变，便复占之。复为言西方用师，起某年月，盛某年月，天下当骚然，故文正益论边事。及元昊叛，无一不验。仁宗闻而召见，问以兵事，曰："今岁直小过，刚失位而不中，惟强君德，乃可济尔。"命以大理评事，不就，赐号而归。杭州万松岭，其故庐也。时林和靖尚无恙，杭州称二处士，而和靖卒，乃得谥。与复同时者，又有郭京，亦通术数，好言兵，而任侠不伦，故不显。②

《鹤林玉露》郭仲晦云："用兵以持重为贵，盖知彼知己，先为不可胜，以待敌之可胜，此百战百胜之术也。"昔韩、范二公在五路，韩公力于战，范公则不然，曰："吾惟知练兵选将，积谷丰财而已。"余观《东轩笔录》，载韩公欲五路进兵，以袭平夏，范公不可。韩公遣尹师鲁至庆州，约进兵。范公曰："我师新败，士卒气沮，但当谨守，以观其变，岂可轻兵深入？"师鲁叹曰："公于此乃不及韩公也。韩公尝云'大凡用兵，当先置胜负于度外'，公何区区过慎如此？"范公曰："大军一动，万命所悬，乃可置于度外乎？"师鲁不能强而还。韩公遂举兵次好水川。元昊设伏，我师陷没，大将任福死之。韩公遂还，至半途，亡者之父兄妻子数千人，号于马首，持故衣纸钱招魂而哭曰："汝昔从招讨出征，今招讨归而汝死矣，汝之魂识，亦能从招讨以归乎？"哀恸之声震天地，韩公掩泣，驻马不能进。范公闻之，叹曰："当是时，难置胜负于度外也。"③

范文正公祠联

宋漫堂题范文正公祠联云："兵甲富于胸中，一代功名高宋室；忧乐关乎天下，千秋俎豆重苏台。"④

---

① 《东轩笔录》。

② 《避暑录话》。

③ 《蠡勺编》。

④ 《楹联丛话》。

欧阳修　十一

宋，姓欧阳氏，观子，名修，字永叔，庐陵人。[①] 祥符庚戌，甫四岁而父卒，母郑氏，年方二十九，有女节，家贫无资，以荻画地，教修书字。稍长，从邻里借书读，或手抄之，抄未竟而成诵。天圣庚午，[②] 举进士甲科，有声，补西京留守推官。仁宗时，韩琦、范仲淹相继罢去，修上疏极谏，出知滁州，[③] 徙扬州，[④] 还为翰林院学士，拜参知政事，尽心匡辅，与韩琦策立英宗。修以风节自持，既数被污蔑，时年六十，即连乞谢事，帝辄优诏弗许。及徙青州，又以请止散青苗钱，为安石所诋，故求归愈切。熙宁四年辛亥，乃以太子少师致仕。次年壬子，闰七月庚午卒，年六十有六。赠兖国公，谥文忠。修天资刚劲，见义勇为，平生与人尽言无隐，奖掖后进，如恐不及，赏识之下，率为闻人。及在政府，士大夫有所干请，辄面谕可否，虽台谏论事，亦必以是非诘之，怨谤益众。自五代以来，文体卑微，

① 庐陵，县名，故城在今江西省吉安县南。考修《自序谱》云：祖居沙溪，分属永丰。谱虽著庐陵，实为吉州永丰人，今永丰县境有沙溪，表石俱存。又韩魏公欧阳文忠墓碑，亦称修永丰人，惟修文自称庐陵欧阳修，后之称修者，亦通称庐陵也。

② 年二十四。

③ 即今安徽省滁县。

④ 即今江苏省江都县。

修游随州，[1]得唐韩愈遗稿，读而心慕焉，苦志探赜，[2]至忘寝食，遂以文章名冠天下，学者翕然师之。终老颍之西湖。[3]修始在滁州，自号醉翁，晚年更号六一居士，曰："吾集古录一千卷，藏书一万卷，有琴一张，有棋一局，而常置酒一壶，吾老于其间，是为六一。"著有《新唐书》、《新五代史》、《毛诗本义》、《文忠全集》。

宋真宗景德四年六月二十一日寅时生。[4]
宋神宗熙宁五年闰七月二十三日□时卒。[5]

丁未	**命**	一岁 十一	丁未 丙午
戊申	**宫**	二一 三一	乙巳 甲辰
乙卯	**丁**	四一 五一	癸卯 壬寅
戊寅	**未**	六一 七一	辛丑 庚子

欧阳文忠《泷冈阡表》云：[6]"太夫人告之曰：'汝父为吏，尝夜烛治官书，屡废而叹。'吾问之，则曰：'此死狱也，我求其生不得尔。'吾曰：'生可求乎？'曰：'求其生而不得，则死者与我，皆无恨也。矧求而有得耶？以其有得，则知不求而死者有恨也。夫常求其生，犹失之死，而世常求其死也。'回顾乳者，抱汝而立于旁，因指而叹曰：'术者谓我岁行在戌将死，使其言然，吾不及见儿之立也，后当以我语告之。'"珊幼读此篇，不禁叹服文忠公之封翁，存心恺恻，又不禁感觉刑官之不易为。惟证以"生四岁而孤"一语，乃知术者之言果验。于是读经之暇，辄喜博览星命诸书，今老矣，然犹乐此不疲，或亦贤于博弈者乎？

谨按：文忠公之造，丁未、戊申、乙卯、戊寅，日元之乙属木，诞生

---

① 即今湖北省随县。

② 音责，幽深也。

③ 在安徽省阜阳县西北三里，颍河合诸水汇流处也。唐许浑从事颍州，有"西湖清晏"之句，宋晏殊、欧阳修、苏轼相继为守，皆尝晏赏于此。

④ 见《年谱》。

⑤ 见《行状》。

⑥ 泷冈，在江西省永丰县南一百六十里凤凰山，文忠公葬父之处，厥后奉母合葬。

六月，甫过立秋，炎风未退，暑气犹存，年干明见丁火，年支中藏丁火，时支又藏丙火。命宫丁未，干固属火，支又藏火，火炎若此，木亢可知。月时交拱戊土，年支未与命宫未，又各藏己土，月时二支申寅，又各藏戊土，土多若此，地阔可知。所幸生年丁未，命宫丁未，纳音同为天河之水，生日乙卯，纳音又为大溪之水，时支之寅，中藏甲木，日支之卯，与年支之未、命宫之未，又各藏乙木，得水制火，得木疏土，裒多益寡，酌盈剂虚，非惟春发其华，尤应秋结其实。[①] 况又日坐禄元，时逢帝旺，月值天乙，气象万千。吾宗远祖天纲有云："干为禄本，定卜职位高迁；寿极年长，盖为禄临旺地。"证以文忠此造，信不诬也。四岁庚戌，郑国公观终于泰州军事判官。[②] 二十七岁癸酉，元配胥夫人卒。二十九岁乙亥，继配杨夫人，亦卒。三十岁丙子，为切责高若纳，降为峡州夷陵县令。[③] 三十二岁戊寅，胥夫人之子夭。三十九岁乙酉，因孤甥犯法，谏官及公，下开封讞治，降知徐州。四十六岁壬辰，郑太夫人弃养。凡此种种，皆丁运属火，巳运藏火，癸运化火，及经过流年之冲刑克害，有以致之。二十二岁乙运甫交，公携文谒胥学士于汉阳，[④] 胥公大奇之，留置门下，携公如京师。次年在京师，试国子监第一；秋解试，又第一；次年正月，试礼部，又第一；御史试，第十四名，五月授将仕郎。其所以能青云直上者，皆乙木大运，气求声应之效也。及至三十三岁，由县令而复旧官，充馆阁校勘，修《崇文总目》，知扬州、颍州、[⑤] 开封府等，[⑥] 转兵部尚书，改知蔡州，[⑦] 卒至以观文殿学士、太子少师致仕。凡此种种，皆由甲辰、癸卯、壬寅等水木资助之运，有以致之。寿享六十有六，捐馆于闰七月二十三日者，盖为辛运之金，戕贼乙木，而壬子年，己酉月，庚午日，会生日乙卯，又为四仲齐冲也。子夏曰："死生有命。"信然。

---

① 其妙在用神得力。

② 泰州，即今江苏省泰县。

③ 宋置峡州夷陵郡，今湖北省宜昌县西北。

④ 即今湖北省汉阳县。

⑤ 即西湖。

⑥ 注均见前。

⑦ 即今河南省汝南县治。

附　录

赠潘景温叟

秦卢不世出，俗子相矜夸。治疾不如[①]源，横死纷如麻。番阳奇男子，衣冠本儒家。

学本得心诀，照底穷根崖。冷然凿五藏，曾靡毫厘差。公卿扫榻迎，黄金载盈车。

语言无羽翰，飞入万齿牙。相逢京洛下，使我惊且嗟。七年慈母病，庸工口咿哑。

恨不早见君，以乞壶中砂。通宵耳高论，饮恨知何涯。瞥然别我来，征途指烟霞。

孤云不可留，泪线风中斜。

夫子罕言利命仁论

论曰：昔明王不兴而宗周衰，斯文未丧而仲尼出，修败起废而变于道，扶衰救弊而反于正，至如探造化之本，赜几深之虑，以穷乎天下之至精，立道德之防，张礼乐之致，以达乎人情之大窦。故《易》言天地之变，吾得以辞而系；《诗》厚风化乏本，吾得以择而删；《礼》、《乐》备三代之英，吾得以定而王；《春秋》立一王之法，吾得以约而修。其为教也，所以该明帝王之大猷，推见天人之至隐，道有机而不得秘，神有密而不得藏，晓乎人伦，明乎耳目，如此而详备也。然独以利命仁而罕言其旨，何哉？请试言之。

夫利命仁之为道也，渊深而难明，广博而难详，若乃诱生民以至教，周万物而不遗。草木贲殖而无知，所以遂其生；趾喙行息而不知，所以达其乐。物性莫不欲茂，则薰之以太和；人情莫不欲寿，则济之以不夭。滞者导之使达，蒙者开之使明，衣被群生，赡足万类，此上之利，下及于物，圣人达之，以和于义也，则利之为道，岂不大哉！函五行之秀气，兼二仪之肖貌，禀尔至命，得之自天。厥生而静谓之性，触物而动感其欲，派而为贤愚，诱而为善恶，贤愚所以异贵贱，善恶所以定吉凶。贫富穷

---

① 一作求。

达，死生夭寿，赋分而有定，循环而无端，圣人达之，内照乎神明，小人逆之，外灭于天理，则命之为义，岂不达哉！又若兼百行以全美，居五常而称首，爱人而及物，力行而能近，守而行之，一日由乎复礼，推而引之，天下称乎达道，则仁之为理，岂不盛哉！

噫！三者之说，诚皆圣人之深达，非难言之也。《易》曰："乾以美利利乎天下。"又曰："利者义之和。"《中庸》曰："天命之谓性。"又曰："君子居易以俟命。"《系辞》曰："乐天知命故不忧。"《礼记》曰："仁者天下之表。"又曰："仁者右也，道者左也。"酌是而论之，则非不言也。然罕言及者，得非以利命仁之为德，微而奥，博而远，贤者诚而明之，不假言之道也；愚者鲜能及之，虽言之，弗可晓也。故曰中人已上，可以语上；中人已下，不可以语上。又曰："仁则吾不知者，举一可知也。"子贡以谓夫子之言性与天道，不可得而闻者，诚在是乎？然则利命仁之罕言，由此而见矣。谨论。

学书静中之乐说

有暇即学书，非以求艺之精，直胜劳心为他事尔。以此知不寓心于物者，真所谓至人也；寓于有益者，君子也；寓于伐性汩情而为害者，愚惑之人也。学书不能不劳，独不害情性耳，要得静中之乐者，惟此耳。

用笔之法

苏子美尝言用笔之法，此乃柳公权之法也。亦尝较之，斜正之间，便分工拙，能知此及虚腕，则羲、献之书，可以意得也。因知万事皆有法，杨子云："断木为棋，刓革为鞠，[①] 亦皆有法"，岂正得此也！

作诗须多诵古今诗

作诗须多诵古今人诗。不独诗尔，其他[②]文字皆[③]然。

辨甘菊说

《本草》所载菊花者，世所谓甘菊，俗又谓之家菊，其苗泽美，味甘香可食。今市人所卖菊苗，其味苦烈，乃是野菊，其实蒿艾之类，强名为菊尔。家菊性凉，野菊性热，食者宜辨之。余近来求得家菊，植于西斋之

---

① 刓，五丸切，寒韵，削也。削去廉隅也。

② 一作余。

③ 一作尽。

前，遂作诗云："明年食菊知谁在，自向栏边种数丛?"余有思去之心久矣，不觉发于斯。[①]

欧公文林

欧公凡遇后进投卷，可采者悉录之为一册，名曰"文林"。公为一世文宗，于后进片言只字，乃珍重如此，今人可以鉴矣。[②]

翡翠屑金人气粉犀

凡物有相感者，出于自然，非人智虑所及，皆因其旧俗而习知之。今唐、邓间多大柿，其初生涩，坚实如石，凡百十柿，以一榠[③]樝[④]置其中[⑤]则红，熟烂如泥而可食。士人谓之烘柿者，非用火，乃用此尔。淮南人藏盐酒蟹，凡一器数十蟹，以皁荚半挺置其中则可藏，经岁不沙。[⑥] 至于薄荷醉猫，死猫引竹之类，皆世俗常知，而翡翠屑金、人气粉犀，此二物，则世人未知者。余家有一玉罂，形制甚古而精巧，始得之梅圣俞，以为碧玉。在颍州时，尝以示僚属，坐有兵马钤辖邓保吉者，真宗朝老内臣也，识之，曰："此宝器也，谓之翡翠。"云禁中宝物皆藏宜圣库，库中有翡翠盏一只，所以识也。其后，予偶以金环于罂腹，信手磨之，金屑纷纷而落，如砚中磨墨，始知翡翠之能屑金也。诸药中，犀最难捣，必先镑屑，乃入众药中捣之，众药筛罗已尽，而犀屑独存。[⑦] 余偶见一医僧元达者，解犀为小块子，方一寸半许，[⑧] 以极薄纸裹置于[⑨]怀中，[⑩] 近肉，以人气蒸之，候气薰蒸浃洽，乘热投臼中，急捣，应手如粉，因知人气之能粉犀也。然今医工，皆莫有知者。[⑪]

---

① 以上《文忠公集》。
② 《林下偶谭》。
③ 音冥。
④ 音查。
⑤ 榅桲亦可。榅音缊，桲音勃。
⑥ 一作损。
⑦ 四字一作犀独在。
⑧ 三字一作半寸许。
⑨ 一无此字。
⑩ 一有使字。
⑪ 《归田录》。

邵 雍 十二

宋，姓邵氏，名雍，字尧夫，其先范阳人。[1] 父古，徙衡漳[2]，又徙共城[3]雍葬其亲伊水上，遂为河南洛阳人。读书苏门山百源上。北海李之才，摄共城令，授以图书、先天象数之学，妙悟神契，多所自得。富弼、司马光、吕公著退居洛中，恒相从游，为市园宅。

雍岁时耕稼，仅给衣食，名其居曰“安乐窝”，自号安乐先生。嘉祐中，诏求遗逸，留守王拱辰荐之，授将作监主簿，不赴。熙宁中，举逸士，补颍州团练推官，[4] 亦不之任。十年丁巳，七月初五日卒，谥康节。有《观物篇解》、《渔樵问对》、《河洛真数起例》、《伊川击壤集》、《先天图》、《抽卦换象法》、《易卦释义》、《皇极经世》、《分宅分房定式》等书。

宋真宗祥符四年十二月二十五日戌时生。[5]
宋神宗熙宁十年七月初五日丑时卒。

辛亥	**命**	七岁 十七	庚子 己亥
辛丑	**宫**	二七 三七	戊戌 丁酉
甲子	**癸**	四七 五七	丙申 乙未
甲戌	**巳**	六七 七七	甲午 癸巳

① 范阳，县名，故城在今河北省定兴县西北二十七里。
② 其地在今河北省曲周、肥乡二县之间。
③ 今河南省辉县。
④ 注见前。
⑤ 生卒见《击壤集》。

康节先生之造，甲木两排，辛金亦两排，形式整齐，格成两干不杂，就表面观之，乃富贵中人也。惜诞生于大寒节后，雪积冰凝，枝残叶脱，虽曰甲木两排，亦不胜两位辛金之克制，而况亥子丑会为北方一气之水，又有湿木之嫌耶？所幸时支值戌，中藏丁火，命宫逢巳，中藏丙火，藉此二火以制金，藉此二火以暄木，一举两得，而甲木之生意，仍可含蓄无穷。[1] 再益以日值天赦，月带贵人，故能为学刻苦，立品清纯，岂独窥天地之运化，探阴阳之消长已哉！观其初运庚子己亥，一派水金，何等偃蹇，寒不炉，暑不扇，不就席者数年，岂无故哉！及至戊运戌运，得厚土制水，得藏火暄木，是以讲学于家，就问者日众，然蓬荜环堵，不蔽风雨，躬爨养亲[2]，仍如故也。自三十八岁交入丁运，始卜居洛阳，富弼、司马光、吕公著诸贤，退居洛中，恒相从游，乃为市园宅。先生岁时耕稼，仅给衣食，名其居曰“安乐窝”，因自号安乐先生。四十五岁乙未，长子伯温生。四十七岁丁酉，次子仲良生。是年诏举遗逸，留守王拱辰以先生应诏，授将做监主簿。五十八岁乙运，熙宁之初，复求逸士，御史丞吕公诲、龙图阁直学士祖公无择与丞相吴公充，又以先生为言，补颍州团练推官，皆固辞，不之官。凡此种种，足证丁火、丙火与乙木，皆为甲木日元之喜神，虽经过酉申二运，得丙丁盖头，金受火制，亦不为害。六十七岁未运，岁值丁巳，小限丁亥，既会丑戌为三刑，复见巳亥为六冲，是以考终正寝，赠秘书省著作郎，加赙粟帛。[3] 当先生疾病时，司马光、张载、程颢、程颐晨夕候之。既葬，颢为铭墓，称先生之道，“纯一不杂”，就其所至，可谓安且成矣。元祐中，韩献肃公守洛，又为之请谥于朝，奏下太常，赐谥康节。盖自本朝有天下四百年间，隐逸处士，名行始卒完具无玷缺，而朝廷旌命，及存殁赙恤、赠谥，无一或阙，愈久而愈光者，先生一人而已。

附 录

乾坤吟

用九见群龙，首能出庶物。用六利永贞，因乾以为利。四象以九成，

① 此名两干不杂格，又曰寒木得火。
② 爨音窜，以火炊物曰爨。
③ 赙音附，以财助丧仪也。

遂为三十六。四象以六成，遂成二十四。如何九与六，能尽人间事。

皇极经世一元吟

天地如盖轸，覆载何高极。日月如磨蚁，往来无休息。上下之岁年，其数难窥测。且以一元言，其理尚可识。一十有二万，九千余六百。中间三千年，迄今之陈迹。治乱与废兴，著见于方策。吾能一贯之，皆如身所历。

阴阳吟

阳行一，阴行二。一主天，二主地。天行六，地行四。四主形，六主气。

观物吟

水雨霖，火雨露，土雨蒙，石雨雹。水风凉，火风热，土风和，石风冽。

水云黑，火云赤，土云黄，石云白。水雷霎，火雷虩，土雷连，石雷霹。

水火吟

水火得其御，交而成既济。水火失其御，焚溺可立至。

不止水与火，万事尽如此。只知用水火，不知水火义。

火能胜水，火不胜水，其火遂灭。水能从火，水不从火，其水不热。

夫能制妻，夫不制妻，其夫遂绝。妻能从夫，妻不从夫，其妻必孽。

天能生而不能养，地能养而不能生。火能烹而不能沃，水能沃而不能烹。

天地尚且无全功，水火何由有全能。得用二者交相养，反为二者交相陵。

万物吟

成败须归命，兴衰各有时。小人纵多欲，真宰岂容私。

只此浪喜欢，便成空惨悽。请观春去后，游者更为谁。

四可吟

可勉者行，可信者言。可委者命，可托者天。

有时吟

龙不冬跃，萤能夜飞。小人君子，均各有时。

多多吟

天下居常，害多于利，乱多于治，忧多于喜。
奈何人生，不能免此。奈何予生，皆为外事。

不知吟

不知阴阳，不知天地。不知人情，不知物理。强为人师，宁不自愧？

小道吟

艺虽小道，事亦系人。苟不造微，焉能入神？

安分吟

安分身无辱，知几心自闲。虽居人世上，却是出人间。

男子吟

欲做一男子，须了四般事：财能使人贪，色能使人嗜。
名能使人矜，势能使人倚。四患既都去，岂在尘埃里？

金帛吟

金帛一种物，所用固不常。聘则谓之币，赆则谓之将。
贸则谓之货，积则谓之藏。赂则谓之贿，窃则有之脏。

恩义吟

恩深者亲，义重者君。恩义两得，始谓之人。

恩怨吟

人之常情，无重于死。恩感人心，死犹有喜。
怨结人心，死犹未已。恩怨之深，使人如此。

名实吟

内无是实，外有是名。小人故矜，外无是名。内有是实，君子何失？

能寐吟

大惊不寐，大忧不寐。大伤不寐，大病不寐。大喜不寐，大安能寐。何故不寐？湛于有累。何故能寐？行于无事。

人生一世吟

前有亿万年，后有亿万世。中间一百年，做得几何事？
又况人之寿，几人能百岁？如何不喜欢，强自生憔悴？

文武吟

既为文士，必有武备。文武之道，皆吾家事。

治乱吟三首

乱多于治，害多于利。悲多于喜，恶多于美。一阴一阳，奈何如此。

中原一片闲田地，曾示三皇与五帝。三皇五帝子孙多，或贱或贫或富贵。

财利为先，笔舌用事。饥馑相仍，盗贼蜂起。

孝悌为先，日月长久。时和岁丰，延年益寿。

争让吟

有让岂无争，无沿安有革。争让起于心，沿革生手迹。

羲轩让以道，尧舜让以德。汤武争以功，桓文争以力。

中原吟

中原之师，仁义为主。仁义既无，四夷来侮。

宽猛吟

宽则民慢，猛则民残。宽猛相济，其民自安。

太平吟

老者得其养，幼者得其仰。劳者得其饷，死者得其葬。

君子饮酒吟

父慈子孝，兄友弟恭。家给人足，时和岁丰。

筋骸康健，里闬乐从。君子饮酒，其乐无穷。

安乐窝中自贻

物如善得终为美，事到巧图安有公？不作风波于世上，自无冰炭到胸中。

灾殃秋叶霜前坠，富贵春华雨后红。造化分明人莫会，花荣消得几何功。

闲中吟

闲中气味长，长处是仙乡。富有林泉乐，清无市井忙。

烂游千圣奥，醉拥万花香。莫做伤心事，伤心易断肠。

击壤吟

击壤三千首，行窝二十家。乐天为事业，养志是生涯。

出入将如意，过从用小车。人能如此乐，何必待纷华。[①]

戒子孙书

康节曰：上品之人，不教而善；中品之人，教而后善；下品之人，教亦不善。不教而善，非圣而何？教而后善，非贤而何？教亦不善，非愚而何？是知善也者，吉之谓也；不善也者，凶之谓也。吉也者，目不观非礼之色，耳不听非礼之声，口不道非礼之言，足不践非礼之地。人非善不交，物非义不取。亲贤若就芝兰，避恶如畏蛇蝎。或曰：不谓之吉人，则吾不信也。[②]凶也者，语言诡谲，动止阴险，好利饰非，贪淫乐祸，疾良善如仇隙，犯刑宪如饮食，小则陨身灭性，大则覆宗绝嗣。或曰：不谓之凶人，则吾不信也。[③]《传》有之曰："吉人为善，惟日不足；凶人为不善，亦惟日不足。"汝等欲为吉人乎？欲为凶人乎？[④]

孟子精易

陈正端诚说：邵尧夫先生说《孟子》，虽不说《易》，然精于《易》者也。且云能说可以仕则仕，可以止则止。及禹、稷、颜子，易地则皆然。非精于《易》者，岂能及此乎？

康节论花

邵康节居卫州之共城，后居洛阳，有商州太守赵郎中者，康节与之有旧，尝往从之。时章淳子厚，作令商州，赵厚遇之。一日，赵请康节与章同会，章豪俊自许，议论纵横，不知敬康节也。语次因及洛中牡丹之盛，赵守因谓章曰："先生洛人也，知花为甚详。"康节因言："洛人以见根拨[⑤]，而知花之高下者，知花之上也；见枝叶而知高下者，知花之次也；见蓓蕾[⑥]而知高下者，知花之下也。如长官所说，乃知花之下也。"章默然惭服。赵因谓章。"先生学问渊源，世之师表，公不惜从之学，则日有进

① 以上《击壤集》。

② 蝎音歇。

③ 诡音癸，谲音厥，仇音酬，隙乞朔切，陨音允。

④ 《小学集注》引《皇极经世书》。

⑤ 音泼，芟草也，与发同，又音钵，治也。

⑥ 蓓音倍，蕾音雷，上声，贿韵花绽而未开之貌。

益矣。”章因从先生游，欲传数学。先生谓章，“须十年不仕宦乃可学”，盖不之许也。

康节学有师承

邵尧夫先生受学于李挺之之才，李之才受学于穆修伯长，穆伯长受学于陈抟希夷。其所传先天之学，具见于《易图》与《皇极经世》。故程伯淳作尧夫墓志云：“推其源流，远有端绪，震东方也，巽南方也，离南方之卦之类，此入用之位，如天地定位乾南而坤北，山泽雷风水火相对，即先天之位，先生既没，其学不传，人能知其名，而不知其用也。”

康节名字

邵康节以十二万四千五百年为一会，自开辟至尧时，正当十二万年之中数，故先生名雍字尧夫。名雍，取黎民于变时雍也。其居洛阳，亦取天地之中。字尧夫，取当尧时中数也。四千五百年数未详。[①]

康节深知数不妨道

邵康节云：“孔子定《书》，以《秦誓》缀周、鲁之后，知周之后必为秦也。”康节素通数学，又深知数之不妨于道，故为此的实之论也。儒之固而腐者。乃云：“数非圣贤所重，而不与康节之论”，曰：“特取其悔过云尔，非预谶其继周也。”试诘之曰：“悔而不再做者，方谓之悔过。今彭衙、令狐、汾曲之师，贪而且忿，皆在作誓之后，果能悔过否乎？既非真能悔过，孔子奚取焉？且数百年之中，数百国之君，岂无一言之几道，可缀周、鲁之末者，乃独取一夷狄君长之誓，岂理也哉！大抵圣至孔子，已集大成，凡六合内外，十世古今，皆如镜照物，特多有不欲明言者，亦存重道不重数之意耳，岂道之至者而有不知数者哉！道为其大无外之道，岂数独在道外哉！故当以康节之论为的。”[②]

康节博物

邵康节曰：“动物自首生，植物自根生。自首生，命在首；自根生，命在根。”又曰：“飞者栖木食木，鹰鹯之毛犹木也；走者栖草食草，虎豹之毛犹草也。飞之类喜风，而敏于飞上；走之类喜土，而利于走下，在水者不瞑，在风在地者瞑。走之类上睫接下，飞之类，下睫接上，类使之然

① 以上宋吕本中《童蒙训》。

② 《遁翁随笔》。

也。水类出水即死，风类入水即死。然有出入之类者，龟蟹鹅凫之类是也。”又曰：“牛顺物，乘顺风而行则顺；马健物，溯逆风而行则健。”①

邵子之书

问：近日学者，有厌拘检，乐舒放，恶精详，喜简便者，皆欲慕邵尧夫之为人。曰：邵子这道理，岂易及哉！他腹里有这个学，能包括宇宙，终始古今，如何不做得大，放得下？今人却恃个甚，后敢如此？因诵其诗曰：“日月星辰高照耀，皇王帝伯大铺张。”可谓人豪矣。②

问：康节学到不惑处否？曰：康节又别是一般。圣人知天命以理，他只是以术。然到术之精处，亦非术之所能尽。然其初只是术耳③。

康节甚喜张子房，以为子房善藏其用，以老子为得《易》之体，以《孟子》为得《易》之用，合二者而用之，想见善处事④。

先生诵康节诗曰：“施为欲似千钧弩，磨砺当如百炼金。”或问：“千金弩如何?”曰：“只是不妄发，如子房之在汉，谩说一句，当时承当者，便须百炼。”⑤

《皇极经世》乃一元统十二会，一会统三十运，一运统十二世，一世统三十年，一年统十二月，一月统三十日，一日统十二辰，是十二与三十，迭为用也。⑥

《易》是卜筮之书，《皇极经世》是推岁之书。经世以十二辟卦，管十二会，绷定时节，却就中推吉凶消长，尧时正是乾卦九五，其书与《易》自不相干。⑦

三十六宫都是春，《易》中二十八卦翻覆成五十六卦，惟有乾、坤、坎、离、大过、颐、小过、中孚八卦，反覆只是本卦，以二十八卦凑此八卦，故言三十六也。⑧

---

① 《席上腐谈》。
② 《大雅》。
③ 璘。
④ 僩。
⑤ 道夫。
⑥ 植。
⑦ 方子。
⑧ 寓。以上《朱子语类辑略》。

王安石　十三

宋，姓王氏，名安石，字介甫，号半山，江西临川人。[①] 父益，历官州县有声。安石生有异质，及长，博览强记，善辩不屈，为文渊源，出于典诰，兼工书画。庆历壬午，[②] 赐进士及第，历度支判官。嘉祐庚子，[③] 上万言书，慨然有矫世变俗之志，俄直集贤院，知制诰。神宗时熙宁元年戊申[④]至六年癸丑，[⑤] 始则至京师受翰林学士之命，继则平章政事，除太子中允，崇文殿说书，帝深倚之，谋改革政治，兴青苗、水利、均输、保甲、免役、市易、保马、方田诸法，物议沸腾，时名臣皆被斥，而新法卒无效。七年甲寅[⑥]去位，知江宁府事。[⑦] 元丰中，复拜左仆射，封荆国公。哲宗立，加司空。元祐丙寅四月癸酉，卒于金陵，[⑧] 年六十六。著有《周官新议》、《临川集》、《百家诗选》。

---

① 故城，在今江西省临川县西。
② 年二十二。
③ 年四十。
④ 年四十八。
⑤ 年五十三。
⑥ 年五十四。
⑦ 江宁，即今首都市。
⑧ 即今江苏省江宁县。

宋真宗天禧五年十一月十二日辰时生。[①]

宋哲宗元祐元年四月初六日□时卒。[②]

辛酉	命	五岁 十五	己亥 戊戌
庚子	宫	二五 三五	丁酉 丙申
癸未	庚	四五 五五	乙未 甲午
丙辰	子	六五 七五	癸巳 壬辰

王荆公造，辛酉、庚子、癸未、丙辰。[③]

谨按：年干之辛与时干丙合，时支之辰与年支酉合，《通会》名之曰“天地德合格”，多主大贵。此概论也。《采真歌》云：“为官多是天地合，遇破空亡多驳杂。”此则稍有区别矣。然仍以为官许之，即是空亡，亦不过多驳杂而已。为官效力，依然存在，究未可以平凡视之。查得日元癸未，属甲戌旬，年支之酉，适值空亡，其为多驳杂可知矣。然此仍是泛论，至于地位高下，得失重轻，还当于五行生克中，详加探讨，始可得其底蕴，否则似是而非，犹有雾里看花之诮。查得日元之癸，在五行属水，月支子、时支辰中各藏癸，在五行又俱属水。年干辛属金、月干庚与年支酉，又俱属金。再益以命宫庚子，干金支水，合计之，水有四，金亦有四。当此诞生之际，又值大雪节后，黑帝司权，水归冬旺，不独水清，而金亦白也。假使无木生火，无火济水，虽有金白水清之美名，亦不得以贵显云。今时干之丙属火，与日干癸水，并肩而立，日支之未藏火，与日干癸水，又复唇齿相依，此诚阴阳和协，万物资生之象，即不言天地德合，亦当为清庙重器，巨川良材，岂专务词章，空谈性理者，所可同日而语耶？十九岁戊运己卯，损之公弃养，此金白水清，忌土之明证，逢卯冲酉，故愈烈也。二十二岁戊运壬午，赐进士及第出身，签书淮南判官，此午戌会火之特征，壬水不足取也。二十三岁癸未，至四十岁庚戌，自任淮

① 见《历代名人年谱》。

② 见《宋史》。

③ 《历代名人年谱》载，公辛酉十一月十二日辰时生。

南判官，[①] 迄至提点江东刑狱，召入为三司判官，及上万言书，慨然矫世变俗，此皆戌丁丙运，火能济水之明证，虽酉运属金，得丁火盖头，亦复不忌。四十一岁辛丑，至四十五岁乙巳，自任三司度支判官，直集贤院，迁工部郎中，迄至吴太夫人逝世。四十三岁癸卯，金陵守制，此皆申运会子辰为水之弊。四十六岁丙午，仍在金陵。四十七岁丁未，公子雱，登进士第，授旌德尉；[②] 公起原官，知江宁府。四十八岁戊申，召为翰林学士，上《本朝百年无事劄》。四十九岁己酉，任右谏议大夫，参知政事，讲求新法，上《戒禁疏》。五十岁庚戌，参知政事，加同平章事，召诸路散青苗钱、禁抑配、立保甲、行募役法，此乙庚遥合，而又不失资生丙火之本真，是以蒸蒸日上，为所欲为也。五十一岁辛亥，任平章政事，鬻广惠仓田，更定科举法，罢诗赋及明经诸科，专以经义论策试进士。五十二岁壬子，任平章政事，行市易法，上《五事劄子》。五十三岁癸丑，任平章政事，王韶破走木，征取岷、岩、洮、叠四城，帝御殿受贺，解所服御带赐公。五十四岁甲寅四月，公去位，以观文殿大学士，知江宁府，荐韩绛同平章事、吕惠卿参知政事。五十五岁乙卯，春二月，复起公，同平章事，兼修国史，冬十月，吕惠卿出知滁州，此未运藏木藏火，裨益癸水之故，是以发抒抱负，大展经纶，因中有藏土，与水为仇，驳杂不纯，小人为害，以致兵连祸结，功败垂成也。五十六岁丙辰，任平章政事，春二月，以郭逵为安南招讨使，[③] 秋七月，公子雱卒，冬十月公去位，以使相判江宁府领经局。自是绝口不言朝事。五十七岁丁巳，判江宁府事，上怜安石之贫，赐金五十两，安石即以金施之僧舍。五十八岁戊午，罢使相，为惠灵观使，居蒋山。[④] 五十九岁己未，六十岁庚申，均居蒋山，加公为特进尚书左仆射，改封荆国公。六十一岁辛酉，至六十五岁乙丑，如常居蒋山。推原其故，盖甲运属木，资生丙火，是以赐金封爵，惜辰辰犯刑，子午犯冲，致有交趾入寇、丧子、罢相之恼，午运整个遥冲子月，是以株守蒋山，得以无大风波者，赖有日支之未合午耳。六十六岁，元祐元年丙寅，四月癸巳，初六日癸巳，卒于金陵者，[⑤] 盖大运逢癸，月日亦逢癸，

① 二十四岁甲申，公子雱生。
② 即今安徽省旌德县。
③ 时交趾入寇，陷钦、廉州。
④ 即钟山，在江苏省江宁县东北。
⑤ 无子，《宋史·哲宗本纪》，癸巳仍四月六日。

乃水归冬旺之命年最忌，虽岁逢火木，亦难胜之，以多暴寡，莫可如何也。

珊按：《名人生日表》载，荆公十一月十二日生，《历代名人年谱》同。《生卒录》引《能改斋漫录》云：王介甫辛酉十一月十三日辰时生。李璧亦言生于天禧五年辛酉。自天禧至元祐元年丙寅，实六十六，《宋史》作六十八，误。珊谓《漫录》所云“三”字，亦必为“二”字之误。锡山顾栋高所辑《荆公年谱》，沿用《宋史》，亦作六十八，天禧三年己未生，且引公庆历八年戊子，别鄞女诗“行年三十已衰翁”为证，又安知三十不为约数耶？至云《苏颖滨集》中谓公与冯京皆生于辛酉，疑误。此语尤难置信，盖颖滨与荆公为同时人，当知荆公之确实年龄，与《宋史》之作于后朝者不同也。

又按：《临川集》[①] 荆公《生日次韵南郭子》诗有云：“残骸已若鸡年梦，犹是骚人几度来。”读此，益信公为辛酉年生无疑。盖地支生肖酉为鸡也。

附　录

送陈景初[②]

惨淡淮山水墨秋，行人不饮奈离愁。药囊直入长安市，谁识柴车载伯休。

命　解

先王之俗壤，天下相率而为利，则强者得行无道，弱者不得行道，贵者得行无礼，贱者不得行礼。孔子修身洁行，言必由绳墨，蔡大夫恶其议己，率众而围之，此乃所谓“不得行道”也。公行有子之丧，右师往吊，入门有进而与右师言者，有出位而与右师言者。孟子不与右师言，右师不说，孟子曰：“我欲为礼也。”方是时，不独右师不说，凡与右师言者，盖皆不说也。此乃所谓“不得行礼”也。然孔子不以弱而离道，孟子不以贱而失礼，故立乎千世之上，而为学者师。右师，陈蔡之大夫，卒亦不得伤焉，以其有命也。今不知命之人，刚则不以道御之，而曰：“有命焉，彼

---

① 卷三十一。

② 陈善医。

安能困我?”“由此则死乎岩墙之下者，犹正命也；柔则不以礼节之，而曰不出惧及祸焉。”由此则是贫贱可以智去也。夫柔而不以礼节之，刚而不以道御之，其难免一也。故《易》旅之初六与上九同患，悲夫！离道以合世，去礼以从俗，苟命之穷矣，孰能恃此以免者乎?

本朝百年无事劄子

臣前蒙陛下，问及本朝所以享国百年，天下无事之故，臣以浅陋，误承圣问，迫于日晷，不敢久留，语不及悉，遂辞而退。窃惟念圣问及此，天下之福，而臣遂无一言之献，非近臣所以事君之义，故敢冒昧而粗有所陈。伏惟太祖，躬上智独见之明，而周知人物之情伪，指挥付托，必尽共材，变置施设，必当其务，故能驾驭将帅，训齐士卒，外以捍夷狄，内以平中国。于是除苛赋，止虐刑，废强横之藩镇，诛贪残之官吏，躬以简俭，为天下先，其于出政发令之间，一以安利元元为事。太宗承之以聪武，真宗守之以谦仁，以至仁宗、英宗，无有逸德。此所以享国百年，而天下无事也。仁宗在位，历年最久，臣于时实备从官，施为本末，臣所亲见。尝试为陛下陈其一二，而陛下详择其可，亦足以申鉴于方今。伏惟仁宗之为君也，仰畏天，俯畏人，宽仁恭俭，出于自然，而忠恕诚悫，终始如一。未尝妄兴一役，未尝妄杀一人。断狱务在生之，而特恶吏之残扰。宁屈己弃财于夷狄，而终不忍加兵。刑平而公，赏重而信。纳用谏官御史，公听并观，而不蔽于偏至之谗。因任众人耳目，拔举疏远，而随之以相坐之法，盖监司之吏，以至州县，无敢暴虐残酷，擅有调发，以伤百姓。自夏人顺服，蛮夷遂无大变，边人父子夫妇，得免于兵死，而中国之人，安逸蕃息，以至今日者，未尝妄兴一役，未尝妄杀一人，断狱务在生之，而特恶吏之残扰，宁屈己弃财于夷狄，而不忍加兵之效也。大臣贵戚，左右近习，莫敢强横犯法，其自重慎，或甚于闾巷之人，此刑平而公之效也。募天下骁雄横猾以为兵，几至百万，非有良将以御之，而谋变者辄败；聚天下财物，虽有文籍，委之府史，非有能吏以钩考，而断盗者辄发；凶年饥岁，流者填道，死者相枕，而寇攘者辄得，此赏重而信之效也。大臣贵戚，左右近习，莫能大擅威福，广私货赂，一有奸慝，随辄上闻；贪邪横猾，虽间或见用，未尝得久，此纳用谏官御史，公听并观，而不蔽于偏至之谗之效也。自县令京官，以至监司台阁，升擢之任，虽不皆得人，然一时之所谓才士，亦罕蔽塞，而不见收举者，此因任众人之耳目，拔举疏远，而随之以相坐之法之效也。升遐之日，天下号恸，如丧考妣，此宽仁恭俭，出于自然，忠恕诚悫，终始如一之效也。然本朝累世因循末俗之弊，而无亲友群臣之议，人君朝夕与处，不过宦官、女子，出而视事，又不过有司之细故，未尝如古大有为之君，与学士大夫讨论先王之法，以措之天下也。一切因任自然之理势，而精神之运，有所不加；名实之间，有所不察。君子非不见贵，然小人亦得厕其间；正论非不见容，然邪说亦有时而用。以诗赋记诵，求天下之士，而无学校养成之法；以科名资历叙朝廷之位，而无官司课试之方。监司无检察之人，守将非选择之吏。转徙之亟，既难于考绩；而游谈之众，因得以乱真。交私养望者，多得显官；独立营职者，或见排沮。故上下偷惰取容而已，虽有能者在职，亦无以异于庸人。农民坏于徭役，而未尝特见救恤，又不为之设官，以修其水土之利。兵士杂于疲老，而未尝申敕训练，又不为之择将，而久其疆场之权。宿卫则聚卒伍无赖之人，而未有以变五代姑息羁縻之俗。宗室则无教训选举之实，而未有以合先王亲疏隆杀之宜。其于理财，大抵无法，故虽俭约而民不富，虽忧勤而国不强。赖非夷狄昌炽之时，又无尧、汤水旱之变，故天下无事，过于百年，虽曰人事，亦天助也。盖累圣相继，仰畏天，俯畏人，宽仁恭俭，忠恕诚悫，此其所以获天助也。伏惟陛下，躬上圣之质，承无穷之绪，知天助之不可常恃，知人事之不可怠终，则大有为之时，正在今日。臣不敢辄废将明之义，而苟逃讳忌之诛。伏惟陛下，幸赦而留神，则天下之福也。

上五事劄子

陛下即位五年，更张改造者数千百事，而为书具为法，立而为利者，何其多也？就其多而求其法最大，其效最晚，其议论最多者，五事也：一曰和戎，二曰青苗，三曰免役，四曰保甲，五曰市易。今青唐洮河幅员三千余里，举戎羌之众二十万，献其地，因为熟户，则和戎之策已效矣。昔之贫者，举息之于豪民。今之贫者，举息之于官，官薄其息，而民救其乏，则青苗之令已行矣。惟免役也，保甲也，市易也，此三者有大利害焉。得其人而行之则为大利，非其人而行之则为大害；缓而图之则为大利，急而成之则为大害。《传》曰："事不师古，以克永世，匪说攸闻。"若三法者可谓师古矣。然而知古之道，然后能行古之法，此臣所谓大利害者也。盖免役之法，出于《周官》，所谓府史胥徒王制，所谓庶人在官者也。然而九州之民，贫富不均，风俗不齐，版籍之高下不足据。今一旦变之，则使之家至户到，均平如一，举天下之役，人人用募，释天下之农，归于畎亩，苟不得其人而行，则五等必不平，而募役必不均矣。保甲之法，起于三代，丘甲、管仲用之齐，子产用之郑，商君用之秦，仲长统言之汉，而非今日之立异也。然而天下之人，凫居雁聚，[1] 散而之四方，而无禁也者，数千百年矣。今一旦变之，使行什伍相维，邻里相属，察奸而显诸仁，宿兵而藏诸用，苟不得其人而行之，则搔之以追呼，骇之以调发，而民心摇矣。市易之法，起于周之司市，汉之平准。今以百万缗之钱，权物价之轻重，以通商而贳之，[2] 令民以岁入数万缗息。然甚知天下之货贿，未甚行，窃恐希功幸赏之人，速求成效于年岁之间，则吾法隳矣。臣故曰三法者，得其人缓而谋之则为大利，非其人急而成之则为大害。故免役之法成，则农时不夺，而民力均矣；保甲之法成，则寇乱息，而威势强矣；市易之法成，则货贿通流，而国用饶矣。[3]

荆公潇洒

王荆公再罢政，以使相判金陵，到任即纳节让同平章事，恳请赐允改左仆射。未几，又求宫观，累表得会灵观使，筑地于南门外七里。去蒋山亦七里，平白乘一驴，从数僮，游诸山寺；欲入城则乘小舫，泛潮沟以行，盖未尝乘马与肩舆也。所居之地，四无人家，其宅仅蔽风雨，又不设垣墙，望之若逆旅之舍。有劝筑垣墙，辄不答。元丰末，荆公被疾，奏舍此宅为寺，有旨赐名报宁。既而荆疾愈，税城中屋以居，竟不复造宅。[4]

荆公志在天下后世

王荆公修身洁行，过于韩、范、富、欧，其志在天下后世。必欲一身一时任其事，但不得人人似荆公耳，乃不谅其心，万古交讪，岂不冤哉！荆公自信无媿，不以人言为意，误天下矣。[5]

寻半山堂遗址

舒王归卧后，卜筑蒋山边。骑驴衣扫塔，来往定林前。
空山无旧业，敧涧但怀烟。太息元丰事，江城闻杜鹃。[6]

---

① 凫音扶，虞韵，水鸟也。欲谓野鸭。
② 贳音世，霁韵，贷也，赊也。
③ 以上《临川集》。
④ 《东轩笔录》。
⑤ 海盐郑淡泉《古言》。
⑥ 渔洋山人《精华录》。

释了元　十四

宋，释，名了元，字觉老，赐号佛印，生饶州[①]浮梁[②]林氏，世业儒，父祖皆不仕。元生有夙慧，早岁出家。苏轼久与之游。时元住持润州金山寺，[③]轼赴杭过润，为留数月。一日值元师挂牌，与弟子入室，轼便服入方丈见之。元曰："内翰何来？此间无坐处。"轼戏云："暂借和尚四大，用做禅床。"元曰："山僧有一问，若答得，即便请坐；答不得，即输腰间玉带。"轼欣然曰："便请。"元曰："山僧四大本空，五蕴非有，居士向甚处坐？"轼不能答，遂留玉带，永镇山门。元却赠以云山衲衣。轼乃赋二绝云："此带阅人如传舍，传流到我亦悠哉。锦袍错落真相称，乞与徉狂老万回。"又"病骨难堪玉带围，钝根仍落箭锋机。欲教乞食歌姬院，故与云山旧衲衣。"详见《山志》。

宋仁宗天圣十年五月十九日丑时生。[④]

宋哲宗绍圣五年正月初四日□时卒。

---

① 故治即今江西省鄱阳县。

② 县名，属江西省。

③ 在江苏省镇江县西北七里。

④ 生卒参考《高僧生卒表》及《金山志》、《通会》等书。

壬申	命	一岁 十一	丁未 戊申
丙午	宫	二一 三一	己酉 庚戌
己丑	己	四一 五一	辛亥 壬子
乙丑	酉	六一 七一	癸丑 甲寅

福清刘名芳纂修之《金山志》云："[①]释佛印，名了元，生饶州浮梁林氏，世业儒，父祖皆不仕。元生二岁，琅琅诵《论语》，五岁诵诸家诗三千首，既长，从师授《五经》，略通大义。因读《首楞严经》于竹林寺，爱之，尽捐旧学，白父母，求出家。礼宝积寺，试经受具。游庐山，谒开先暹。暹颇自负，高蹈海上，俯视后进，元与问答，乃称赏，时年二十九。又谒圆通讷。讷曰：'骨格已似雪窦，后来之俊也。'时书记怀琏，方应诏，以元继其职。江州承天虚席，[②] 又以元当选。或谓其少，讷曰：'元齿少而德壮，虽万耆衲，不可折也。'已为暹嗣法，时年二十有八。自承天迁淮之斗方，庐山之开先归宗，润之金山焦山，江西之大仰及云居，诸名胜地，凡四十年。德化缁素，缙绅之贤者，多与之游。东坡谪黄州，[③]庐山对岸，元居归宗，相与酬酢无虚日。及在金山，东坡释还东吴，复相往来。尝谓众曰：'昔云门说法如云雨，绝不喜人记录其语，见必骂逐。今室中《对机录》，皆香林明教，以纸为衣，随所闻即书之，后世学者，渔猎文字语言，正如吹纲欲满，非愚即狂也，时高丽僧统义天。弃王位出家，航海至明州，[④] 上疏乞遍历丛林，问法受道。有诏朝奉郎杨杰次公馆伴，所经吴中诸刹，皆饯如王臣礼。至金山，元床坐，纳其大展。次公惊问故，元曰：'义天亦异国僧耳，僧至丛林，规绳如是，不可易也。众姓出家，同名释子，自非买崔卢门阀相高，安问贵种。'次公曰：'卑之，少徇时宜，求异诸方，亦岂觉老心哉？'元曰：'不然。屈道随俗，诸方先失一只眼，何以示华夏师法乎？'朝廷闻之，以元知大体。李伯时为元写照，

① 卷四。
② 江州，今江西省南昌县治。
③ 即今湖北黄冈县。
④ 在今浙江省鄞县东。

元曰：‘必为我做笑状。’后绍圣五年正月初四日，听客语，有会于心，轩渠一笑而化，其令画笑状，非苟然也。”

珊曩读此传，不独钦佩佛印禅师之早具夙慧，弃俗出家，且艳羡其嗣法名师，住持胜地；不独钦佩其坐对义天，不失大体，尤艳羡其轩渠一笑，撒手西归。然此犹无关宏旨，最足以令人折服者，其惟“以纸为衣，随所闻即书之”之二语耳。珊于钦佩艳羡之余，尝欲考其命造究竟，及观《通会》所载[①]乙巳、壬午、己丑、乙丑，注有“佛印禅师”四字，不禁狂喜。及细按之，既与景德二年乙巳不合，又与治平二年乙巳不合，其为舛误可知。及阅《高僧生卒表》，乃知佛印禅师，宋仁宗天圣十年壬申生。[②]绍圣五年戊寅卒，寿六十有七，遂就壬申年、丙午月，求己丑日、乙丑时，果系学堂、词馆带空亡，孤虚值华盖，其为高僧之造，无可疑义。再按诸日元已土，诞临五月，土得火生，正气充足，益以壬水之润泽，乙木之疏通，其为生机活泼，更可想见。所以心如明镜，口吐莲花，惟其不染一尘，始可直达上方，此岂长安道中名利客，所可相与比京者哉！十九岁申运，游庐山，得开先暹赞赏。二十八岁酉运，得圆通讷垂青，承天虚席被选。三十八岁戌运，神宗赐以高丽磨衲金钵，藉旌师德。六十一岁子运，禅师犹有为坡公买田之说，具见坡公之于禅师，息息相通，匪伊朝夕。凡此种种，皆大运金水，有以致之。至六十七岁丑运，墓库固差，太岁戊寅，与生年壬申宣战，尤否，然而一笑归去，亦生有自来也。

附　录

李伯时为予写照作笑自赞

李公天上石麒麟，传得云居道者真。不为拈花明大事，等闲开口笑何人。泥牛漫向风前嗅，枯木无端雪里春。现对堂堂俱不识，太平时代自由身。

---

① 卷九第三页。

② 哲宗。

答子由

空手持来放下难，三贤十圣聚头看。这般供养能歆享，木马泥牛亦喜欢。

答子瞻

元丰末，子瞻得请归耕阳羡，舟次瓜步，以书抵金山了元曰："不必出山，当如赵州上等接人。"元得书径来，东坡笑问之，元以偈答曰："赵州当日当谦光，不出山门接赵王。争似金山无量相，大千都作一禅床。"坡抵掌称善。[①]

① 以上《金山志》。

苏 轼 十五

宋，姓苏氏，洵子，名轼，字子瞻，一字和仲，世又称长公，或谓大苏，眉山人。[①] 生于纱縠行私第。比长，修髯朗眉，背有黑子，若星斗状。嘉祐丙申，[②] 举进士。丁酉试礼部，欧阳修置第二，复以《春秋》对义居第一，殿试中乙科。后以书见修，修语梅圣俞曰："吾当避此人出一头地。"对策入三等，签书凤翔府判官，召直史馆。熙宁辛亥，[③] 王安石创行新法，轼上书论其不便，安石怒，使御史谢景温论奏其过，穷治无所得，轼遂请外任，通判杭州。元丰己未，[④] 再徙知湖州。[⑤] 言者，摭其诗语，以为讪谤，逮赴台狱，欲置之死。锻练久，不决，以黄州[⑥]团练副使安置。轼筑室于东坡，自号东坡居士。移汝州。[⑦] 元祐丙寅，[⑧] 屡官翰林学士，兼侍读。己巳，[⑨] 除龙图阁学士，知杭州。辛未，[⑩] 召为翰林承旨，复出领汝阴。[⑪] 癸酉，[⑫] 历端明殿、翰林侍读两学

---

① 眉山，今县名，属四川省。
② 年二十一。
③ 年三十六。
④ 年四十四。
⑤ 今浙江省吴兴县。
⑥ 今湖北黄冈县。
⑦ 今河南省临汝县。
⑧ 年五十一。
⑨ 年五十四。
⑩ 年五十六。
⑪ 县名，即今安徽省合肥县治。
⑫ 年五十八。

士，出知定州。[1] 绍圣甲戌，[2] 累贬惠州、琼州、儋州。[3] 庚辰，[4] 赦还，提举玉局观，复朝奉郎。建中靖国辛巳，七月丁亥，卒于常州。[5] 年六十六，谥文忠。轼师父洵为文，既而得之于天，尝自谓作文，如行云流水，初无定质，其体涵浑光芒，雄视百代。有《易书传》、《论语说》、《仇池笔记》、《东坡志林》、《东坡全集》、《东坡词》等，凡数百卷。又善书，兼工绘事云。

宋仁宗景祐三年十二月十九日卯时生。[6]
宋徽宗建中靖国元年七月二十八日□时卒。

丙子	**命**	四岁 十四	壬寅 癸卯
辛丑	**宫**	二四 三四	甲辰 乙巳
癸亥	**庚**	四四 五四	丙午 丁未
乙卯	**子**	六四 七四	戊申 己酉

《东坡先生年谱》，[7] 载公八字，为丙子年，辛丑月，癸亥日，乙卯时，议者谓丙子癸亥，水向东流，故才气汗漫而澄清，子卯相刑，晚年多难。寥寥数语，颇为精审。兹再详绎，与同好商榷之。

谨按：公造年支子、日支丑、月支亥，固会为北方一气，而日元癸亥，纳音又为大海之水，继之以年干丙火，五色丽天，直是水火既济；然不逢卯时，犹未可以朝日浴海言，今既诞生卯时，气象东朝，光辉发越，格局完善，蔑以加矣。惜年月子丑，俱值空亡，虽早擢词科，荣膺士第，入掌书命，出典方州，卒遭异己挤排，未能大展怀抱。公谓“退之以磨蝎为身宫，而仆以磨蝎为命宫，平生多得谤誉，殆是同病”，公亦可谓知命

---

① 故治，在今四川省珙县西南。
② 年五十九。
③ 惠州故治，在今惠阳县西，琼州即今琼山县，儋州即今儋县。均属广东省。
④ 年六十五。
⑤ 郎，今江苏省武进县。
⑥ 生卒均见《年谱》。
⑦ 五羊王宗稷编。

者矣。总之，公之造，结晶在丙火卯木，尤妙者四柱不逢戊己，故汗漫澄清，稍一见土，即破正格。[1] 观于二十一岁卯运丙申，举进士，二十五岁甲运庚子，至二十九岁甲辰，自授河南福昌县主簿，[2] 至任大理评事，凤翔府佥判，[3] 皆值木运，甚至火年，即可知其结晶在丙火卯木，为不虚也。二十二岁丁酉，程太夫人见背；三十岁辰运乙巳，王夫人卒；三十一岁辰运丙午，老苏弃养。具见丁酉、乙巳、丙午等年，忽冲忽比，莫不有妨正格，幸运行卯辰，合木藏木，仅有忧丧而已。三十五岁庚戌，至三十九岁甲寅，自监官告院，至外任通判杭州，海涵春育，流水行云，此乃乙木生火之效力，岂有他哉？四十岁乙卯，到密州任；[4] 四十一岁丙辰，四十二岁丁巳，均在密州；四十三岁戊午，改知徐州，适值春旱，徐州城东二十里，有石潭，置虎头其中，可致雷雨，作起伏龙行；二月有旨，赐钱二千四百一十万，起夫四千二十三人，及发常平钱米，改筑徐州外小城，创木岸四，并在城之东门为大楼，垩以黄土，[5] 名之曰“黄楼”，以土实胜水故也。[6] 以《奖谕敕记》[7]，特刻诸石。四十四岁己未，三月戊辰，移知湖州。四月己巳，到湖州任，言事者以《湖州到任谢表》以为谤，中使皇甫，遵道湖州[8]追摄。公《上文潞公书》云：“某始就逮赴狱，有一子稍长，徒步相随，其余守舍皆妇女幼稚。至宿州，御史符下，就家取书，州郡望风遣吏发卒，围船搜取，长幼几怖死。既去，妇女恚骂曰：‘是好著书，书成何所得，而怖我如此！’悉取焚之。”已而狱具，十二月责授黄州团练副使，本州安置。此五年，祸福不同，要亦有故。大运莅巳，诚癸水日元之贵人。其如与日支亥冲何？至乙卯、丙辰、丁巳三年，皆逢木火，是以裕如。戊午干土支火，故亦无恙。己未干支皆土，是以祸作矣。四十五岁庚申，至四十九岁甲子，公虽谪黄州，有时尚为通判，且有量移汝州之命，虽经过流年极否，究竟运行丙火，不无裨益，否则殆矣。五十岁乙丑，及

---

① 此名北方一气格。

② 福昌故城，在河南省宜阳县西六十里，今为福昌集。

③ 即今陕西省凤翔县。

④ 密州，即今山东省诸城县。

⑤ 垩音恶，色土也。

⑥ 珊按：公亦信云龙风虎，及五行胜生之说耶。

⑦ 勅音敕，诫也。本作敕或作饬。

⑧ 即今浙江省吴兴县。

至南京，有放归阳羡之命，遂居常，五月内复朝奉郎，知登州五日，[①] 以礼部郎召，到省半月，除起居舍人。五十一岁丙寅，以七品服入侍延和，改赐银绯，寻除中书舍人，复迁翰林学士，知制诰。五十二岁丁卯，为翰林学士，复除侍读。五十三岁戊辰，任翰林学士，知贡举。五十四岁已巳，任翰林学士，三月除龙图阁学士，知杭州。此五年，运行午火，独能化难呈祥，稍舒抑郁者，盖丑与子合，不复冲午，君子道长，小人道消也。五十五岁庚午，在杭州任。五十六岁辛未，奉召除翰林承旨，复知汝阴。汝阴久雪人饥。公以义仓之积谷数千石支散，以救下民。炭数万秤，柴数十万秤，依原价卖之，以济中民。奏放积欠赈济，又奏乞罢黄河夫万人，开本州沟渎，从之。五十七岁壬申，改知扬州，已而以兵部尚书召，复兼侍读。五十八岁癸酉，任端明、侍读二学士，出知定州，继室王夫人卒于京师。五十九岁甲戌，知定州，就任，落两职，追一官，知英州。[②] 行至南康军，[③] 再贬宁远军[④]节度副使，惠州安置。[⑤] 丁运属火甚佳，是以发政施仁，惠民福国，讵料岁值癸酉，小限癸卯，岁值甲戌，小限壬寅，助日元之癸水，克大运之丁火，竟有丧妻，贬职之虞耶。六十岁乙亥，至六十四岁已卯，自惠州而琼州而儋州，虽曰病痔呻吟，狼狈万状，而公胸中仍自有翛然之处。[⑥] 此无他，未运冲丑，得子合之故也。六十五岁庚辰，公在儋州食芋饮水，适逢大赦，量移廉州，[⑦] 又移永州。[⑧] 行至英州，复朝奉郎提举，成都府玉局观，任便居住。六十六岁度岭北归，五月行至真州，[⑨] 瘴毒大作，病暴下，止于常州；六月上表请老，以本官致仕；七月丁亥，卒于常州，实七月二十八日也。观此益信汗漫澄清之水，最忌逢土。岁值庚辰，得逢大赦，任便居住者，无冲克也。岁值辛巳，卒于常州者，二辛妒丙，巳遥冲亥也。呜呼！公之文章，为百世之师；公之忠义，为天下大闲，乃竟困厄如斯，未能大用，岂非命乎！

---

① 即今山东省蓬莱县。
② 故治，在广东省，英德县东。
③ 即今江西省星子县。
④ 即今广东省容县。
⑤ 过虔州，有记真君签说。
⑥ 修音酉，疾貌。
⑦ 即今广东省合浦县。
⑧ 即今湖南省零陵县。
⑨ 即今江苏省仪征县。

附　录

西蜀杨耆，二十年前见之，甚贫，今见之亦贫。所异于昔者，苍颜华发耳。“女无美恶富者妍，士无贤不肖贫者鄙”，使其逢时遇合，岂减当世之士哉？顷宿长安驿舍，闻泣者甚怨，问之，乃昔富而今贫者，乃作一诗，今以赠杨君。

孤村渐雨逐秋凉，逆旅愁人怨夜长。不寐相看唯枥马，愁吟互答有寒蛩。天寒滞穗犹横亩，岁晚空机尚倚墙。劝尔一杯联复睡，人间贫富海茫茫。①

上神宗皇帝书

臣之所欲言者，三言而已，愿陛下结人心，厚风俗，存纪纲。人主之所恃者，人心而已，如本之有根，灯之有膏，鱼之有水，农夫之有田，商贾之有财，失之则亡，此理之必然也。自古及今，未有和易同众而不安，刚果自用而不危者，陛下亦知人心之不悦矣。祖宗以来，治财用者不过三司，今陛下不以财用付三司，无故又创制三司条例一司，使六七少年，日夜讲求于内，使者四十余辈，分行营干于外。夫制置三司条例司，求利之名也；六七少年与使者四十余辈，求利之器也。造端宏大，民实惊疑；创法新奇，吏皆惶惑。以万乘之主而言利，以天子之宰而治财，论说百端，喧传万口，徒曰：“我无其事，何恤于人言？”操罔罟而入江湖，语人曰“我非渔也”，不如捐罔罟而人自信。驱鹰犬而赴林薮，语人曰“我非猎也”，不如放鹰犬而兽自驯。故臣以为欲消谗慝而召和气，则莫若罢条例司。今君臣宵旰，几一年矣，而富国之功，茫如捕风，徒闻内帑出数百万缗，祠部度五千余人耳。以此为术，其谁不能？而所行之事，道路皆知其难。汴水浊流，自生民以来，不以种稻，今欲陂而清之，万顷之稻，必用千顷之陂，一岁一淤，三岁而满矣。陛下遂信其说，即使相视地形所在，凿空访寻水利，妄庸轻剽，率意争言，官司虽知其疏，不敢便行抑退，追集老少，相视可否。若非灼然难行，必须且为兴役。官史苟且顺从，真谓陛下有意兴作，上靡帑廪，下夺农时，提防一开，水失故道，虽食议者之肉，何补于民？臣不知朝廷何苦而为此哉！自古役人必用乡户，今者徒闻

---

① 《东坡全集》。

江、浙之间，数郡雇役，而欲措之天下。单丁、女户，盖天民之穷者也，而陛下首欲役之，富有四海，忍不加恤！自杨炎为两税，租调与庸既兼之矣，奈何复欲取庸？万一后世不幸有聚敛之臣，庸钱不除，差役仍旧，推所从来，则必有任其咎者矣。青苗放钱，自昔有禁，今陛下始立成法，每岁常行，虽云不许抑配，而数世之后，暴君污吏，陛下能保之与？计愿请之户，必皆孤贫不济之人，鞭挞已急，则继之逃亡，不还则均及邻保，势有必至，异日天下恨之，国史记之，曰“青苗钱自陛下始”，岂不惜哉！且常平之法，可谓至矣。今欲变为青苗，坏彼成法，所丧逾多，亏官害民，虽悔何及？昔汉武帝以财力匮竭，用贾人桑宏羊之说，买贱卖贵，谓之均输。于时商贾不行，盗贼滋炽，几至于乱。孝昭既立，霍光顺民所欲而予之，天下归心，遂以无事。不意今日此论复兴，立法之初，其费已厚，纵使薄有所获，而征商之额，所损必多。譬之有人为其主畜牧，以一牛易五羊，一牛之失，则隐而不言，五羊之获，则指为劳绩。今坏常平而言青苗之功，亏商税而取均输之利，何以异此？臣窃以为过矣。议者必谓“民可与乐成，虽与虑始”，故陛下坚执不顾，期于必行。此乃战国贪功之人，行险侥幸之说，未及乐成而怨已起矣。臣之所愿陛下结人心者，此也。

国家之所以存亡者，在道德之浅深，不在乎强与弱；历数之所以长短者，在风俗之薄厚，不在乎富与贫。人主知此，则知所轻重矣。故臣愿陛下务从道德而厚风俗，不愿陛下急于有功，而贪富强。爱惜风俗，如护元气。圣人非不知深刻之法，可以齐众，勇悍之夫，可以集事，忠厚近于迂阔，老成初若迟钝，然终不肯以彼易此者，知其所得小，而所丧大也。仁祖持法至宽，用人有叙，专务掩覆过失，未尝轻改旧章。考其成功，则曰未至。以言乎用兵，则十出而九败，以言乎府库，则仅足而无余，徒以德泽在人，风俗知义，故升遐之日，天下归仁焉。议者见其末年吏多因循，事不振举，乃欲矫之以苛察，齐之以智能，招来新进勇锐之人，以图一切速成之效，未享其利，浇风已成。多开骤进之门，使有意处之得，公卿侍从，跬步可图，俾常调之人，举生非望，欲望风俗之厚，岂可得哉！近岁朴拙之人愈少，巧进之士益多。惟陛下哀之救之，以简易为法，以清净为心，而民德归厚。臣之所愿陛下厚风俗者，此也。

祖宗委任台谏，未尝罪一言者，纵有薄责，旋即超升，许以风闻，而无官长。言及乘舆，则天改容；事关廊庙，则宰相待罪。台谏固未必皆贤，所言亦未必皆是。然须养其锐气，而借之重权者，岂徒然哉！将以折奸臣之萌也。今法令严密，朝廷清明，所谓奸臣，万无此理。然养猫以去鼠，不可以无鼠而养不捕之猫；畜狗以防盗，不可以无盗而畜不吠之狗。陛下得不上念祖宗设此官之意，下为子孙万世之防？臣闻长老之谈，皆为台谏所言，常随天下公议。公议所与，台谏亦与之；公议所击，台谏亦击之。今者物论沸腾，怨讟交至，公议所在，亦知之矣。臣恐自兹以往，习惯成风，尽为执政私人，以致人主孤立，纪纲一废，何事不生！臣之所愿陛下存纪纲者，此也。①

公在金山，尝作诗戏佛印云："远公沽酒饮陶潜，佛印烧猪待子瞻。采得百花成蜜后，不知辛苦为谁甜。"盖轼性喜烧猪，佛印住山，每制以待其来，一日为人窃去，故有是作。②

浮玉老师元公，欲为吾买田京口，要与浮玉之田相近者，此意殆不可忘。吾昔有诗云："江山如此不归山，山神见怪惊我顽。我谢江神岂得已，有田不归如江水。"今有田矣，不归，无乃食言于神也耶。

建中靖国中，坡公自儋北归，卜居阳羡，阳羡士大夫犹畏而不敢与游，独士人邵民瞻从学于坡，坡公亦喜其人，时时相与杖策过长桥，访山水为乐。邵为坡买一宅，为缗五百，坡倾囊仅能偿之。卜吉入居，既得日矣，夜与邵步月，偶至村落，闻妇人哭声极哀，坡徙倚听之，曰："异哉！何其悲也。岂有大难割之爱，触于其心欤？吾将问之。"遂与邵推扉而入，则一老妪，见坡，泣自若。坡公问妪："何为哀伤至是?"妪曰："吾有一居，相传百年，保守不动，以至于此。吾子不肖，举以售人，吾今日迁徙至是。以百年旧居，一旦诀别，此吾所以泣也。"坡亦为之怆然。问其故居所在，即坡以五百缗所得者也。因再三慰抚曰："妪之故居，乃吾所售也，不必深悲，当以是居还妪。"即命取屋券对妪焚之。呼其子，命翌日迎母还旧居，不索其直。坡自是遂还毗陵，不复买宅，借顾塘桥孙氏居暂住焉。是岁七月，坡竟殁于借居。

退之诗云："我生之辰，月宿值斗。"乃知退之磨蝎为身宫，而仆乃以磨蝎为命，平生多得谤誉，殆是同病也。

东坡初入荆溪，有乐死之语，继而抱疾稍革。径山老惟琳来候，坡

---

① 节录《宋史》卷三百三十八。

② 《金山志》。

曰："万里岭海不死，而归宿田里，有不起之忧，非命也耶？然生死亦细故耳。"后二日将属纩，闻根先离，琳叩耳大声曰："端明忽忘西方。"坡言"西方不无，但个里着力不得"，语毕而终。①

欧阳文忠公，尝语少时有僧相我，耳白于面，名满天下，唇不着齿，无事得谤，其言颇验。耳白于面，则众所共见；唇不着齿，予亦不敢问公，不知其何故也。东坡曰："无事静坐，便觉一日似两日，若能处置此生，常似今日，得年至七十，便是百四十岁，人世间何药能有此效？既无反恶，又省药钱，此方人人收得，但苦无好汤，使多咽不下。胡苕溪云：'余连蹇迁调四十年，在官之日少，投闲之日多，因能知静坐之味矣。'第向平婚嫁之志未毕，退之啼号之患方剧，正所谓无好汤，使多咽不下也。"

东坡送安惇落第诗云："故书不厌百回读，熟读深思子自知。"仆常以此语铭坐右而书诸绅也。②

顷岁孙莘老识欧阳文忠公，尝乘间以文字问之，云："无他术，唯勤读书而多为之自工。世人患作文字少，又懒读书，每一篇出，即求过人，如此少有至者。疵病不必待人指擿，③ 多作自能见之。"此公以其尝试者告人，故尤有味。

昨日太守杨君采、通判张公规，邀予出游安国寺，坐中论调气养生之事，予云："皆不足道，难在去欲。"张云："苏子卿啮雪啖毡，蹈背出血，无一语少屈，可谓了生死之际矣。然不免为胡妇生子，穷居海上，而况洞房绮疏之下乎？④ 乃知此事不易消除。"众客皆大笑。予爱其语有理，故为记之。

张君持此纸求仆书，且欲发药，君当以何品。吾闻战国中有一方，吾服之有效，故以奉传。其药四味而已：一曰无事以当贵，二曰早寝以当富，三曰安步以当车，四曰晚食以当肉。夫已饥而食，蔬食有过于八珍；而既饱之余，虽刍豢满前，惟恐其不持去也。若此可谓善处穷者矣。然而于道则未也，安步自佚，晚食为美，安以⑤当车与肉为哉！车与肉犹存于胸中，是以有此言也。男子之生也覆，女子生也仰，其死于水也亦然。男

① 以上《全集·外纪下》。
② 《栾城遗书》。
③ 直只切，陌韵，与掷同，又丁历切，音的，挑也，取也。
④ 绮遣以切，纸韵，文绘也，缯音增，帛之总名，绮疏，文窗也。即缕为绮文之谓。
⑤ 疑惩字。

子内阳而外阴，女子反是，故《易》曰“坤至柔而动也刚”，《书》曰“沉潜刚克”，世之达者，盖如此也。秦医和曰：“天有六气，淫为六疾。阳淫热疾，阴淫寒疾，风淫末疾，雨淫腹疾，晦淫惑疾，明淫心疾。夫女阳物而晦时故淫，则为内热蛊惑之疾。女为蛊惑，世之知者众，其为阳物而内热，虽良医未之言也，五劳七伤，皆热中而蒸晦，淫者不为蛊则中风，皆热之所生也。”医和之语，吾当表而出之，续左氏书此。

子尝梦杜子美云：“世人误会《八阵图》”诗云“江流石不转，遗恨失吞吴”，以为先主、武侯，欲与关羽复仇，故恨不灭吴，非也。我意本为吴、蜀唇齿之国，不当相图，晋能取蜀者，以蜀有吞吴之意，此为恨耳。

端居静念，思五脏皆止一，而肾独二。盖万物之所终始，生之所出，死之所入故也。太玄罔直蒙酋冥，罔为冬，直为春，蒙为夏，酋为秋，冥复为冬，则此理也。人之四肢、九窍凡两者，皆水属也。两肾，两足，两外肾，两手，两目，两鼻，皆水之升降出入也。手足外肾，旧说固与肾相表里，而鼻与目，皆古未之言也。岂亦有之？而仆观书少不见耶。以理推之，此两者其液皆咸，非水而何？仆以为不得此理，则内丹不成，此又未易以笔墨究也。古人作明目方，皆先养肾水，而以心火暖之，以脾固之，脾气盛则水不下泄，心气下则水上行，水不下泄而上行，目安得不明哉！孙思邈用磁石为主，而以朱砂神曲佐之，岂此理也夫？安常博极群书，而善穷物理，当为仆思之。是否一报？某书。①

《与章质夫书》云：药方付徐令去，惟细辨覆盆子，若不真，即无效。前日路旁摘者，此土人谓之插秧，每三四月花，五六月熟，其子酸甜可食，当阴干其子用之。今药人卖者，乃是花鸦苗，九月熟，与《本草》所说不同，不可妄用。②

舒州医人李惟熙善论物理，云：菱芡皆水物，菱寒而芡暖者，菱花开背日，芡花开向日故也。又曰：桃杏双仁，辄杀人者。其花本五出，六出必双。草木花皆五出，惟雪花六出，此殆阴阳之理。今桃杏六出双仁，皆杀人者，失常故也。

《与黄鲁直书》云：某数日来苦痔疾，百药不效，遂断肉菜五味，日食淡面两碗，胡麻茯苓麨数栖。某戒又严于鲁直，虽未能自作誓文，且日

---

① 以上《东坡全集》。

② 《唐宋八家尺牍》。

戒一日，庶几能修之，非特愈痔，所得多矣。

《本草》云：熟地黄、麦门冬、车前子相杂，治内障眼有效，屡试信然。其法：细捣罗密丸，如桐子大。三药皆难捣。罗和合异常甘香，真奇药也。露蜂房，蛇退皮，乱发，各烧灰存性，取钱匕酒服，治疮久不合。①

《与章子厚书》云：仆居东坡，作陂②种稻，有田五十亩，身耕妻蚕，聊以卒岁。昨日一牛病几死，牛医不识其状，而老妻识之，曰："此牛发痘斑疮也，法当以青蒿粥啖之。"用其言而效。勿谓仆谪居之后，一向便作村舍翁，老妻犹解接黑牡丹也。言此，发公千里一笑。③

《本草》菖蒲，味辛温无毒，开心补五脏，通九窍，明耳目，久服轻身不忘，延年，益心智，高志不老。注云：生石碛上，概节者良。生下湿地大根者，乃是昌阳，不可服。韩退之《进学解》云："訾医师以昌阳引年，欲进其稀苓。"不知退之即以昌阳为菖蒲耶？抑谓其似是而非，不可以引年也。凡草木之生石上者，必须微土以附其根，如石韦石斛之类，虽不待土，然去其本处辄槁死。惟石菖蒲并石取之，濯去泥土，渍以清水，置盆中，可数十年不枯，虽不甚茂，而节叶坚瘦，根须连络，苍然于几案间，久而益可喜也。其轻身延年之功，既非昌阳所能及。至于忍寒苦，安澹泊，与清泉、白石为伍，不待泥土而生者，亦岂昌阳之所能仿佛哉！余游慈湖山中，得数本，以石盆养之，置舟中，间以文石，石英璀璨芬郁，意甚爱焉。顾陆行不能致也，乃以遗九江道士胡洞微，使善视之。余复过此，将问其安否。赞曰：

清且泚，惟石与水，托于一器，养非其地，瘠而不死。夫孰知其理不如此，何以辅五脏而坚发齿？

或谓余言草木之长，常在昧明间，早起伺之，乃见其拔起数寸，竹笋尤甚。夏秋之交，稻方含秀，黄昏月出，露珠起于其根，累累然忽自腾上，若推之者，或缀于茎心，或缀于叶端，稻乃秀实，验之信然。此二事与子由养生之说契，故以此为寄。

竹有雌雄者多笋，故种竹当种雌雄。自根以上至梢，一节发者为雄，二节发者为雌。物无逃于阴阳，信哉！④

---

① 以上《东坡全集》。

② 音碑，泽障也。蓄水曰陂。

③ 《唐宋八家尺牍》。

④ 以上《东坡全集》。

苏东坡云：故人史生为余言，中秋有月，则是岁珠多而圆，贾人常以此候之。苏东坡帖云：予少嗜甘，日食蜜五合，尝谓以蜜煎糖而食之可也。又曰：吾好食姜蜜汤，甘芳滑辣，使人意快而神清。其好食甜可知。至别子由诗云："我欲自汝阴，径上潼江章。想见冰盘中，石蜜与糖霜。嗜甘之生性，至老而不衰。"其见于篇章者如此。①

子瞻到黄，廪食即绝，痛自节俭，日用不得过百五十文。每月朔，取四千五百钱，断为三十块，挂屋梁上，平旦取一块，给一日之用。余则别贮，以给宾客。②

东坡亦读相人书

东坡诗："坐阅诸公半廊庙，时看黄色起天庭。"注不甚详。按王朴《太清神鉴·黄色吉凶歌》云："黄色天中列土分，圆光重大拜公卿。"坡盖用《太清神鉴》语耳。③

东坡赠相者程杰诗

东坡自谪海南归，人有问迁谪之苦者，坡云："此是骨相所招。少时入京师，相者云：'一双学士眼，半个配军头，异日文章显，当知名，然有迁谪不测之祸。'"坡又赠善相者程杰诗云："火色上腾虽有数，急流勇退岂无人。"亦似相其不寿，而欲以早休当之。故又曰："我似乐天君记取，华颠赏遍洛阳春。"然坡公生平居官，起而复踬，未得遂急流勇退之愿，而卒于毗陵，年仅六十有六，未尝一日享林下之乐，相者之言悉验。④

东坡楹联

闻广东省城真武庙，有苏文忠公手书一联云："逞披发仗剑威风，仙佛焉耳矣；有降龙伏虎手段，龟蛇云乎哉！"语意岸异，非凡手所能，而是否苏笔，尚须向粤东人考之。⑤

东坡在黄州，一日逼岁除。访王文甫见其家方治桃符。公戏书一联于其上云。门大要容千骑入，堂深不觉百男灌。⑥

---

① 以上《瓮牖闲评》。

② 武林沈仕《林下清录》。

③ 南济楛语〇漘音唇。真韵，水涯也。楛音户庆韵，木名，似荆而赤，茎似蓍，可为矢干。

④ 《坚瓠八集》。

⑤ 《楹联丛话》。

⑥ 《业话》引《墨庄漫录》。

苏黄二公用心过人

苏东坡及官可荫补，以伯父之孙彭，见墓志。黄太史遇郊当任子，舍其子而官其兄之子，见《豫章先生传》，观二公用心如此，其中非有大过人者，孰能尔耶？未论其文章也。

东坡退居之志未遂

苏东坡诗云：“我大似乐天，但无素与蛮。挂冠及未艾，当获一纪闲。”意亦欲如乐天，退居之后，安贫乐道，优游以卒岁耳。乃晚岁窜逐海上，滞留七年，后虽复官以归，而奔驰数月，竟殁于中途，良可叹也。[①]

苏文忠公祠联

眉州三苏祠中，楹联林立，殊少佳构，惟大门有张鹏翔一联云：“一门父子三词客，千古文章四大家。”最为大雅。又乾隆中州牧蔡宗建一联云：“是父生是子，家学一门，自昔声名弥宇宙；难兄更难弟，象贤两世，至今俎豆重乡邦。”又刘锡嘏集句一联云：“江山故宅空文藻，父子高名重古今。”亦佳。

西湖向无苏公专祠，秦小岘观察始创建之，落成后，阮芸台先生书楹帖云：“欲共水仙荐秋菊，长留学士住西湖。”注云：宋时杭人呼公为学士，不称姓，今犹然。华秋槎[②]又集公诗为联云：“泥上偶然留指爪，故乡无此好湖山。”先生又摹公手书“读书楼”三字为额。[③]

① 以上《瓮牖闲评》。

② 瑞璜。

③ 《楹联丛话》。

黄庭坚　十六

宋，姓黄氏，名庭坚，字鲁直，号涪翁，[①] 又号山谷道人，生于分宁县修水故居。[②] 幼警悟，七岁已能作诗。治平丙午，[③] 乡举膺首选。丁未[④]春，赴礼部试，登进士第，除汝州叶县尉。[⑤] 熙宁壬子，[⑥] 试中学官，除北京国子监教授。元丰庚申，[⑦] 入京改官，授知太和县，[⑧] 以平易为治。哲宗元祐元年丙寅，[⑨] 召为校书郎，除神宗实录院检讨官，迁著作佐郎，实录成，擢起居舍人。绍圣元年甲戌，[⑩] 除知宣州，[⑪] 又除知鄂州。[⑫] 章惇、蔡忭恶之，贬涪州别驾，黔州安置。元符元年戊寅，[⑬] 徙戎州。[⑭] 徽宗建中靖国元年辛巳，[⑮] 权知舒州。崇宁元年壬午，[⑯] 六月初九日，领太平州事，[⑰] 九日而罢。二年癸未，[⑱] 复谪宜州。[⑲] 四年乙酉九月三十日甲子，卒于宜州，年六十一。著有《山谷内外集》、《别集》、《简尺》、《年谱》。大观三年己丑，苏伯固、蒋伟护其丧归，葬于

① 涪音浮，水名，今日涪江。
② 即今江西省修水县。
③ 年二十二。
④ 年二十三。
⑤ 叶县故城，在今叶县南三十里。
⑥ 年二十八。
⑦ 年三十六。
⑧ 故城，在今安徽省太和县北。
⑨ 年四十二。
⑩ 年五十。
⑪ 即今安徽省宣城县。
⑫ 即今湖北省武昌县。
⑬ 年五十四。
⑭ 涪州，即今涪陵县，黔州，即今彭水县戎州，即今南溪县，均属四川省。
⑮ 年五十七。
⑯ 年五十八。
⑰ 舒州。即今潜山县。太平州，即今当涂县，均属安徽县。
⑱ 年五十九。
⑲ 即今广西省宜山县。

双井祖茔之西。绍兴元年辛亥，高宗中兴，特赠公龙图阁学士，加太师，谥文节。

宋仁宗庆历五年六月十二日辰时生。[①]

宋崇宁四年九月三十日□时卒。

乙酉	**命**	九岁 十九	壬午 辛巳
癸未	**宫**	二九 三九	庚辰 己卯
丙寅	**辛**	四九 五九	戊寅 丁丑
壬辰	**巳**	六九 七九	丙子 乙亥

黄文节公之造，日干之丙属火，日支之寅藏丙，亦属火，月支之未藏丁，又属火，合计之，火有三矣。一火曰火，二火曰炎，今命占三火，其为火炎可知，经云："火炎需水济，否则旱魃为灾，何足取哉!"今月干透癸水，时干见壬水，时支又藏癸水，合计之，水亦有三矣。以此三水，济彼三火，坎、离调燮，万物资生，是以人品高超，襟怀恬淡。观公年甫七岁，作《牧童》诗，有云："骑牛远远[②]过前村，吹[③]笛风斜[④]隔岸[⑤]闻。多少长安名利客，机关用尽不如君。"读此可以见其浩浩陶陶之天性矣。惟细按之，日支之寅，中藏甲木，年干之乙，与月支之未、时支之辰中各藏乙，又俱属木，木多生火，木多泄水，固已火盛水衰，再益以命宫之巳中藏丙火，助丙火日元之势，更觉火炎水灼，名虽命占三水，仍有不敷济火之弊，名虽万物资生，其收获数量，究不及雨旸时若之丰稔也。因此，文章道德，虽冠绝当时，而挫折频遭，竟飘蓬靡定，惜哉！总之，木火有余之造，运岁如逢金水，补偏救弊，仍应雄飞；若再见木火，助纣为虐，未有不大受影响者。观公二十二岁乡举首选，二十三岁礼部登第，除汝州叶县尉，吾固知其为辛金化水之功。自二十四岁至三十九岁，忽除北京国子

① 主卒见《年谱》。
② 一作冉冉。
③ 一作短。
④ 一作吹。
⑤ 一作陇。

监教授，忽改官太和，或为秘书检讨，得以从容应付者，皆庚为纯金，巳辰合金，有以致之。四十至四十九岁，己运土能泄火，按部就班，尚可除集贤校理，卯运冲酉，李太夫人仙游，岂无故哉！五十至六十岁，戊运寅运，化火生火，亢龙有悔，宵小为殃，是以有涪、黔、戎、宜之贬，公虽处之泰然，究不免形神憔瘁也。六十一岁丁运属火，岁值乙酉，干属木，支刑酉，偶尔违和，竟致不起，能不归咎于命乎？

附　录

赠赵言①

饶阳赵方士，眼如九秋鹰。学书不成不学剑，必术妙解通神明。医如俯身拾地芥，相如仰面观天星。自言方术杂鬼怪，万种一贯皆天成。大梁卜肆倾宾客，二十余年声籍籍。得钱满屋不经营，散与世人还寄食。北门尘土满衣襟，广文直舍官槐阴。白云劝酒终日醉，红烛围棋清夜深。大车驷马不回首，强项老翁来见寻。向人忠信去表襮，可喜政在无机心。轻谈祸福邀重糈，所在多于竹苇林。翁言此辈无足听，见叶知根论才性。飞腾九天沉九泉，自种自收皆在行。先期出语骇传闻，事至十九中时病。轮囷离奇惜老大，成器本可千万乘。自叹轻霜白发新，又去惊动都城人。都城达官老于事，嫌翁出言不妩媚。有手莫炙权门火，有口莫辨荆山玉。吴宫火起燕焚巢，当时卞和斲两足。千里辞家却入门，三春荣木会归根。我有江南黄蔑舫，与翁长入白鸥群。②

四休居士诗③

太医孙君昉，字景初，为士大夫发药，多不受谢，自号四休居士。山谷问其说，四休笑曰："粗茶淡饭饱即休，补破遮寒暖即休，三平二满过即休，不贪不妒老即休。"山谷曰："此安乐法也。夫少欲者，不伐之家也；知足者，极乐之国也。"四休家有三亩园，花木郁郁，客来煮茗传酒，

---

① 元丰三年北京作。

② 《山谷全书外集》。

③ 并序。崇宁二年道赴宜州作。

谈上都贵游，人间可喜事，或茗寒酒冷，宾主皆忘。[1] 其居与予相望，暇则步草径相寻，故作小诗遗家僮歌之，以侑酒茗，其诗曰：

富贵何时泣髑髅，[2] 守钱奴与拘官囚。太医诊得人间病，安乐延年万事休。无求不著看人面，有酒可以留人嬉。欲知四休安乐法，听取山谷老人诗。一病能恼安乐性，四病长作一生愁。借问四休何所好，不令一点上眉头。[3]

我肉众生肉，名殊体不殊。原同一种性，只是别形躯。苦恼从他受，肥甘为我须。莫教阎老断，自揣应何如。[4]

庞安常《伤寒论》后序

庞安常，自少时善医方，为人治病，处其生死多验，名倾江淮诸医。然为气任侠，斗鸡走狗，蹴鞠击球，少年豪纵事，无所不为。博弈音技，一工所难，而兼能之。家富，多后房，不出户而所欲得。人之以医聘之也，皆多陈其所好，以顺适其意。其来也病家如市，其疾已也，君脱然不受谢而去之。中年乃屏绝戏弄。闭户读书，自《神农黄帝经方》、《扁鹊八十一难》、《灵枢》、《甲乙》、《葛洪所综缉》百家之言，无不贯穿。其简策纷错，黄素朽蠹，先师或失其读，学术浅陋，私智穿凿，曲士或窜其文，安常悉能辨论发挥。每用以视病，如是而生，如是而不治，几乎十全矣。然人以病造，不择贵贱贫富，便斋曲房，调护以寒暑之宜，珍膳美饘，时节其饥饱之度，爱其老而慈其幼，如痛在己也。未尝轻用人之疾，尝试其所不知之方，盖其轻财如粪土而乐义，耐事如慈母而有常，似秦汉间游侠而不害人，似战国四公子而不争利，所以能动而得意，起人之疾，不可缕数。它日过之，未尝有德色也。其所论著《伤寒论》，多得古人不言之意。其所师用，而得意于病家之阴阳虚实，今世所谓良医，十不得其五也。余始欲掇其大要，论其精微，使士大夫稍知之，适有心腹之疾，未能卒业。然未尝游其庭者，虽得吾说而不解，诚加意读书，书则过半矣。故特著其行事，以为后序云。其前序海上道人诺为之，故虚右以待。[5]

---

① 一本有倦字。
② 髑音独，髑髅，死人首也。
③ 《山谷全书正集》。
④ 《小学弦歌》。
⑤ 《山谷全书正集》。

与荣州薛史君书

贵州士人，惟周彦，衣冠之领袖也。其人深中笃厚，虽中州不易得也。其兄庄叔，老于世事，亦不可得。紫衣僧祖元，亦周彦之族兄，抱琴种竹，有潇洒之趣，以星历推休咎，常得十之七八，试问之可知也。

答晦夫衡州使君书

望之去后，想令弟必将沂国入城。[①] 其人亦肯调伏成家否？诸子弟有从学之所否？人生须辍生事之半，养一佳士教弟子。为十年之计，乃有可望。求得佳士，既资其衣食温饱，又当尊敬之，久而不倦，乃可以尽君子之心，而享其功。每见士大夫家，养门客略与仆使同耳。如此，何缘得佳士？艺麻必不能为粟也。向见令嗣，眉目明秀，但患未得师友耳。厉之人夜半而生子，求火甚急，唯恐其似己也，况长者乎？无缘会面，聊寄一笑。

与郑彦能帖

病中闻苦下痢，甚忧，甚忧！昨日见颜色，知向安矣。但少服攻击之剂，调饮食之味，日可痊矣。赤石脂末二钱，细白面二两半，切三刀子，软煑，调和羊清汁食之。胡给事云："虚劳人，不过两服，即成藏府矣。"河鱼丸：用大芎二两，神曲二两，炒为末，汤浸蒸饼，为丸梧桐子大，每服二十丸，姜汤下。桃红丸：赤石脂二两，细研，炮制干姜末二钱，和匀，汤浸蒸饼，丸如梧桐子大，每服百粒，浓粥饮下，日三服可也。[②]

书赠日者柳彦辅

柳彦辅是耆卿之孙，决王公贵人生死祸福，尝面道郓州[③]刘相国蕲春之厩未已，[④] 必且播迁岭表，已而皆然。为余言二三贵人事，在一岁间，亦难言哉！又许余官职云云，大体见于六十二，故书遗之。丙戌年，当一

---

① 沂音宜，水名，源出山东蒙阴县北。

② 以上《山谷全书别集》。

③ 郓音运，在今山东省东平县西北。

④ 蕲音其。

笑也。崇宁元年闰六月甲戌，修水黄某书。[①]

珊按：读此书，不禁叹服柳先生之学术，且叹服其辞令婉转，有余味也。盖文节公病逝宜州之时，即奉手诏颁赦，并叙复令吏部与监庙差遣，而公皆不及拜命。及至绍兴元年，运入亥水，岁逢辛亥，高宗中兴，特赠公直龙图阁学士，加太师，谥曰文节，官子孙各一人，“许余官职云云”。至此悉验。《滴天髓》云：“造化生生不息机，贞元往复运谁知。有人识得其中数，贞下开元是处宜。”刘文诚公注云：“三元皆有贞元，如以八字论，则年为元，月为亨，日为利，时为贞，年月吉者前半世吉，日时吉者后半世吉。以大运论，初十五年为元，次十五年为亨，中十五年为利，后十五年为贞，元亨运吉者前半世吉，利贞运吉者后半世吉。至于人寿既终之后，运之所行，果所喜者，则世世昌盛。此贞下起元之妙，生生不息之机，所以验弈世之兆，而运数之一定不易者也。”柳先生殆亦深明此旨乎？

又按：《瓮牖闲评》云：“黄太史乙酉生，是时有柳彦辅者，乃耆卿之孙，善阴阳，能决人生死，谓太史向后灾难，大抵见于六十以下。太史六十一贬宜州以卒，则彦辅之言，信矣。观于此，可见柳先生不仅许太史之官职，即向后灾难亦曾经预言也。”

赵正夫与黄鲁直戏剧衔怨切骨

陆务观云：“赵正夫丞相，元祐中，与黄太史鲁直俱有馆阁。鲁直以其鲁人，意尝轻之，每庖吏来问食次，正夫必曰：‘来日吃蒸饼。’一日聚饭行令，鲁直云：‘欲五字从首至尾各一字，复合成一字。’正夫沉吟久之，曰：‘禾女委鬼魏。’鲁直应声曰：‘来力敕正整。’叶正夫之音。阖坐大笑。正夫又尝曰：‘乡中最重润笔，每一志文成，则太平车中载以赠之。’鲁直曰：‘想俱是萝葡与瓜虀尔。’正夫衔之切骨。其后排挤不遗余力，卒致宜州之贬。一时戏剧，贻祸如此，可不戒哉！”[②]

黄太史之名字出处

《嬾真子录》载，黄太史名庭坚，字鲁直，其义不可解。或曰“慕季文子之逐莒仆，故字鲁直”，恐未必然也。庭坚乃八恺之名。本朝仁宗，

① 《山谷全书》。
② 《挥麈后录》。

重鲁宗道之为人，尝书曰："鲁直岂太史"，慕二公之坚直，字而名之。意或在是耶。[1]

黄文节公熟观唐史藁

古语云："大匠不示人以璞。"盖恐人见其斧凿痕迹也。黄鲁直于相国寺，得宋子京《唐史藁》一册，归而熟观之，自是文章日进。此无他也，见其窜易句字，与初造意不同，而识其用意故也。[2]

① 《瓮牖闲评》。

② 《曲洧旧闻》。

袁氏命谱卷三

张邦昌　十七

宋，姓张氏，名邦昌，字子能，永静军、东光人也。[①] 举进士，累官大司成，以训导失职，贬提举崇福宫，知光、汝二州。[②] 政和末戊戌，[③] 由知洪州，[④] 改礼部侍郎。宣和元年己亥，[⑤] 除尚书右丞，转左丞，迁中书侍郎。钦宗即位，靖康元年丙午，[⑥] 拜少宰。金人犯汴京，[⑦] 执二帝北去，册定邦昌为楚帝，诸臣不附，乃迫迎元祐皇后，垂帘听政，以俟复辟。高宗即位，建炎元年丁未，贬邦昌于潭州，[⑧] 赐死，年四十七。

宋神宗元丰四年七月十六日亥时生。[⑨]

宋高宗建炎元年□月□日□时卒。

辛酉	**命**	八岁 十八	乙未 甲午
丙申	**宫**	二八 三八	癸巳 壬辰
辛丑	**丁**	四八 五八	辛卯 庚寅
己亥	**酉**	六八 七八	己丑 戊子

① 东光县名，清属直隶省，即今河北省。
② 光州，即今潢川县，汝州，即今临汝县，均属河南省。
③ 年三十八。
④ 即今江西省南昌县。
⑤ 年三十九。
⑥ 年四十六。
⑦ 汴梁为北宋之都，故称汴京，今河南省开封县治。
⑧ 即今湖南省长沙县治。
⑨ 生卒见《通会》及《名人生卒录》。

《宋史·叛臣传》首载张邦昌，其序有云：“宋失其政，金人乘之，俘其人民，迁其宝器，效辽故事，立其臣为君，冠履易位，莫甚斯时。”珊读至此，不禁太息。

谨按：邦昌造，辛酉年、丙申月、辛丑日、己亥时，日主之辛，与月干之丙，相近相亲，双方联合，而又诞生申月，其为化水得令，概可想见。再益以年支将星，时支驿马，其为气象堂皇，声闻遐迩，更属显然。惜月带亡神，时值孤虚，金玉其外，败絮其中，更兼命宫丁酉，天干之丁，暗中化木，盗泄日主之水气，地支之酉，遥犯自刑，危害年支之将星，福兮祸伏，蜜内砒藏，端基于此。① 三十七岁前，举进士，知光、汝二州等，《宋史》未载时年，以理测之，不外癸、巳二运。盖癸能引戊，化火济水，巳会酉丑，化金生水也。证以三十八岁仍行巳运，岁值戊戌，由知洪州而改礼部侍郎，更觉巳能化金，戊能化火，戌会酉申，为西方一气，均为辛丙化水之喜神也。三十九岁，大运莅壬，岁值己亥，虽迁中书侍郎，仍不免愈加困难，此无他，壬能化木，盗泄水气也。四十六岁大运莅辰，岁值丙午，钦宗即位，忽拜少宰，忽为河北路割地使，忽黜为观文殿大学士、中太一宫使，忽又罢割地议。② 升沉靡定，此皆辰运午年会生年之酉、生时之亥，有以致之也。四十七岁仍行辰运，岁值丁未，金人竟以邦昌治国事。邦昌始欲引决，或曰：“相公不前死城外，今欲涂炭一城耶?”适金人奉册宝至，邦昌北向受册，即伪位，僭号大楚，拟都金陵。③ 及至金人退师，两帝北迁，邦昌遂遣蒋师愈赍书康王，④ 自陈：“所以勉循金人推戴者，欲权宜一时，以纾国难也，敢有他乎?”康王询知所由，乃即皇帝位，相李纲，徙邦昌太保，封同安郡王。纲上书极论邦昌久典机政，擢冠宰司，⑤ 国破而资之以为利，君辱而攘之以为荣，异姓建邦，四十余日。逮金人之既退，方降赦以收恩。是宜肆诸市朝，以为乱臣贼子之戒。高宗乃降御批曰：“邦昌僭逆，理合诛夷。原其初心，出于迫胁，可特与免贷责。授昭化军节度使，潭州安置。”继因李氏私事，诏数邦昌罪，赐死潭州。凡此种种，一

---

① 此名真化水格，惜带恶煞。

② 是年闰十一月，金人陷京师，粘没喝屯于青城，二帝来降，并其后妃宗室，自南青城俘之北去。青城有二，皆在河南开封县治，一在南薰门外，谓之南青城，一在封丘门外，谓之北青城。

③ 今之南京。

④ 赍音跻，齐韵，持以与人也。

⑤ 擢，音浊，觉韵，引也。拔也。

言以蔽之，曰：太岁丁未与日主辛丑，天克地冲故也。

附 录

邦昌即伪位，僭号大楚，拟都金陵，遂升文德殿，设位御床西受贺，遣閤门传令勿拜。王时雍率百官遽拜，邦昌但东面拱立。邦昌又令百官称“予”，手诏曰“手书”。独时雍每言事邦昌前，辄称“臣启陛下”，邦昌斥之。邦昌以嗣位之初，宜推恩四方，以道阻先赦京城，选郎官为四方密谕使。

金人将退师，邦昌诣金营祖别，服柘袍，张红盖，所过设香案，起居悉如常仪，时雍、秉哲、开傳[①]皆从行，士庶观者，无不感怆。二帝北迁，邦昌率百官，遥辞于南薰门，众恸哭，有仆绝者。金师既还，邦昌降手书，赦天下。吕好问谓邦昌曰：“人情归公者，劫于金人之威耳，金人既去，能复有今日乎？康王居外久，众所归心，曷不推戴之？”又谓曰：“为今计者，当迎元祐皇后，请康王早正大位，庶获保全。”马伸亦请奉迎康王，邦昌从之。王时雍曰：“夫骑虎者势不得下，所宜熟虑。他日噬脐，悔无及已。”徐秉哲从旁赞之。邦昌弗听，乃册元祐皇后曰宋太后，入御延福宫。遣蒋师愈赍于康王，自陈：“所以勉循金人推戴者，欲权宜一时，以纾国难也，敢有他乎？”王询师愈等，具知所由，乃报书邦昌。邦昌寻遣谢克家，献大宋受命宝，复降手书，请元祐皇后垂帘听政，以俟复辟。书既下，中外大说。太后始御内东门小殿，垂帘听政。邦昌以太宰退处内东门资善堂。寻遣使奉乘舆服御物至东京。既而邦昌亦至，伏地恸哭，请死，王抚慰之。王即皇帝位，相李纲，徙邦昌太保、奉国军节度使，封同安郡王。纲上书，极论邦昌：“既已僭逆，岂可留之朝廷，使道路目为故天子哉！”高宗御批，特与免贷责，受昭化军节度使，潭州安置。

初，邦昌僭居内庭，华国靖公，[②] 李氏数以果实奉邦昌，邦昌亦厚答之。一夕邦昌被酒，李氏拥之曰：“大家事已至此，尚何言？”因以赭色半臂加邦昌身，掖入福宁殿，夜饰养女陈氏以进。及邦昌还东府，李氏私送之，语斥乘舆。帝闻，下李氏狱，词服。[③] 诏数邦昌罪，赐死潭州。李氏杖脊配军营务。时雍、秉哲、开傳等先已远窜，至是并诛时雍。[④]

① 开音坚，先韵，平也。又姓。

② 夫人。

③ 珊按：此与《挥麈后录》所载稍异。

④ 以上《宋史》卷四百七十五。

金人立张邦昌伪诏

维天会五年，岁次丁未，二月辛酉朔，二十一日辛巳，皇帝若曰："先皇帝肇造区夏，务安元元。"肆朕纂承，不敢荒怠，夙夜兢兢，思与方国，措于治平。粤惟有宋，爰乃通邻，贡岁币以交欢，驰星轺而讲好，斯于万世，永保无穷。盖我大造于宋也。① 今者，国既乏主，民宜混同。然念厥功，诚非贪土，遂致帅府与众推贤，佥曰太宰张邦昌，天毓疏通，神咨睿哲，在位著忠良之誉，居家闻孝友之名，实天命之有归，乃人情之所徯，择其贤者，非子其谁？是用遣使诸部署尚书、左仆射权签书枢密事韩昉，持节备仪，以玺绶册，命尔为皇帝，以授斯民。国号大楚，都于金陵。自黄河以外，除西夏，对新疆场，仍世辅王室，永做藩臣。贡礼时修，汝勿疲于述职；聘问岁致，汝无缓于忱诚。于戏！天生蒸民，不能自治，故立君而临之，君不能独理，故树官以教之。乃知民非后不治，非贤不守，其于有位，可不慎欤！予懋乃德，嘉乃丕休；日慎一日，虽休勿休。钦哉！其听朕命。

张邦昌谢牍

天会五年三月日，大楚皇帝邦昌，谨致书于国相元帅、皇子元帅。今月初七日，依奉圣旨，特降枢臣，俯加封册。退省庸陋之资，何堪对扬之赐？寻因还使，附致感悰，愿亟拜于光仪，庶少伸于谢礼。未闻台令，殊震危衷。遂遣从官，具敷诚恳。重蒙敦谕，仰戴眷存。然而掩目未前，抚躬无措，恐浸成于稽缓，实深积于兢惶。伏望恩慈，早容趍诣，俟取报示，径伏军门。拳拳之诚，并留面叙不宣。谨白。

赐死张邦昌诏

建炎元年诏云：九月二十五日，三省同奉圣旨。张邦昌初闻以权宜摄国事，嘉其用心，宠以高位，虽知建号肆赦，度越常格，支优赏赐钱数百万缗，犹以迫于金人之势，其示外者，或不得已。比因鞫治他狱，始知在内中衣赭衣，履黄裀，宿福宁殿，使宫人侍寝。心迹如此，甚负国家，遂将盗有神器。虽欲容贷，惧祖宗在天之灵；尚加恻隐，不忍显肆市朝。今遣奉议郎、试殿中侍御史马伸问状，止令自裁，全其家属，仍令潭州，日给口券，常切拘管。②

---

① 指斥不录。

② 以上宋汝阴王明清《挥麈后录》卷三。

秦　桧　十八

宋，姓秦氏，名桧，字会之，江苏江宁县人。[①] 政和五年乙未，[②] 登进士第，补密州教授。继中词学兼茂科，历太学学正。靖康元年丙午，[③] 金兵攻汴京，遣使求三镇。桧上兵机四事，不报。未几，除御史中丞。闰十一月，汴京失守，二帝幸金营。二年丁未，[④] 金人取桧诣军前。三月，金人立邦昌为伪楚，邦昌遗金书，请还孙傅、张叔夜及桧，不许。初，二帝北迁，桧与傅、叔夜、司马朴，从至燕山，又徙韩州。[⑤] 上皇闻康王即位，作书贻黏罕，与约和议，俾桧润色之。桧以厚赂达黏罕。会金主吴乞买，以桧赐其弟挞懒为任用，挞懒攻山阳。高宗建炎四年庚戌，[⑥] 十月甲辰，桧与妻王氏及婢仆一家，自军中取涟水军水砦，[⑦] 航海归行在。丙午入见，丁未拜礼部尚书，赐以金帛。桧之归也，自言杀金人监己者，夺舟而来。朝士多谓桧与傅、朴同拘，而桧独归，又自燕至楚，逾河越海，岂无讥诃之者，安得杀尽而南？就令从军挞懒，金人纵之，必质妻属，安得与王氏偕？惟宰相范宗尹、同知枢密院李回与桧善，尽破群疑，力荐其忠。未对前一日，

① 故城，在今江苏省江宁县西南六十里，随移于冶城，即今首都市。
② 年二十六。
③ 年三十七。
④ 年三十八。
⑤ 即今辽宁昌图县，金徙宋徽、钦二帝于此。
⑥ 年四十一。
⑦ 砦音寨，藩落也。山居木栅为砦。

帝命先见宰执，桧首言"如欲天下无事，南自南，北自北"，及首奏所草即与挞懒求和书。帝曰："桧，朴忠过人，朕得之喜而不寐。盖闻二帝、母后消息，又得一佳士也。"始，朝庭虽数遣使，但且守且和，而专与金人解仇议和，实自桧始。盖桧在金庭，首倡和议，故挞懒纵之使归也。自绍兴元年辛亥，[①] 至二十四年甲戌，[②] 官至左仆射、平章事兼枢密事，封秦、魏两国公，故能力持和议，阻止恢复，杀岳飞，窜张浚、赵鼎，一时忠臣良将，诛锄略尽，和议遂成。桧为相十九年，偶落职，寻复相，易执政二十八人，皆世无一誉，柔佞易制者，且性阴险，如崖阱深阻，察事之卒，布满京城。晚年，残忍尤甚。二十五年乙亥十月丙申卒，年六十六。赠申王，谥忠献。宁宗时，追夺王爵，改谥缪丑。

宋哲宗元祐五年十二月二十五日午时生。[③]
南宋高宗绍兴二十五年十月二十二日□时卒。[④]

庚午	**命**	三岁 十三	庚寅 辛卯
己丑	**宫**	二三 三三	壬辰 癸巳
乙卯	**乙**	四三 五三	甲午 乙未
壬午	**酉**	六三 七三	丙申 丁酉

《通会》卷五载宋秦桧造，庚午、己丑、乙卯、壬午，谓为"食神同窠"。卷八又载此八字，仅注"秦桧老贼"四字，均未说明原理。曩读《子平大全》卷之五载有五行俱足格，甲子年金，戊辰月木，丁巳日土，丁未时水。注云："此格不论官杀，只取五行俱全。"[⑤] 自有生生不绝之义，化化无穷之理，是亦罕有矣。

珊尝就其八字按之，只有金木土水四行，并无五行，遂以胎元己未纳

① 年四十二。
② 年六十五。
③ 见《通会》。
④ 见《宋史》。
⑤ 古人论命，亦有不拘官杀之说者。

音火合之。五行乃足。[1] 今观秦桧之造，庚午年纳音土，己丑月纳音火，乙卯日纳音水，壬午时纳音木，胎元庚辰纳音金，合之，亦为五行俱足。《大全》谓为罕有，诚哉言也。否则，岂能登科拜相，煊赫一时耶？然其大名列入《宋史·奸臣传》中，其赋命亦必有特殊之处。珊不惮辞费，请详言之。查得日元之乙，在正五行属木，生届暮冬，雪积枝残，年干再见庚金，不啻摧枯拉朽。其所以能文章，登高第者，赖有日支卯木值临官，为词馆耳。其所以举棋不定，倡和误国，劫制君父，忘仇斁[2]伦者，丑值空亡，午值孤虚，而丑午相害，午午自刑也。其所以心劳力拙，谋杀忠良，竟博得列传遗臭者，此又命宫乙酉，合庚化金，冲卯破禄之故。胎元凑合。五行俱足，竟至绝嗣，生生不绝，化化无穷，岂足恃哉？或曰：命诚如斯，运有说乎？曰：二十六岁壬运乙未，登政和五年第，补密州教授；继中词学，历太学学正。三十七岁，癸运丙午，金兵攻汴京，遣使求三镇。桧上兵机四事：一言金人要请无厌，乞止许燕山一路；二言金人徂诈，守御不可缓；三乞集百官详议，择其当者，载之誓书；四乞馆金使于外，不可令入门及引上殿。不报，除职方员外郎。闰十一月汴京失守，二帝幸金营，桧与王氏，亦入金营，以上三则，乃桧生平得意之事。然亦水木火三行资助之效也。及至四十一岁庚戌，桧与妻王氏及婢仆一家，航海归行在，旋拜礼部尚书，继而除参知政事，拜右仆射平章，兼枢密院事，思想顿变，祸伏于斯。四十九岁戊午，和议告成，桧代受国书。五十一岁庚申，金人败盟，分四道入侵。岳飞克郾城，[3] 几获兀术。九月矫召岳飞还行在。五十二岁藏辛酉，兀术再举，桧封冀国公，术又和，许之。十月，兴岳飞之狱。十二月，杀岳飞。凡此种种，皆巳运会丑为金，午运会午自刑，及庚戌、辛亥、庚申、辛酉，太岁戕伐日元乙木之故也。五十四岁后，乙运化金，未运冲丑，忽而封公赐宅，忽而妻妇、子孙加恩，[4] 不过徒增罪恶而已。六十一岁庚午，桧趋朝，殿司小校施全，刺桧不中，磔于市。[5] 此又庚金克木，午遥刑午之明证。因在未运，是以幸免于死。六十六岁，一病丧身者，大运在丙，与年干庚战，太岁乙亥，小限庚辰，会

---

① 珊论命不重胎元，而重命宫，盖胎元之期，盈缩不一，命宫自有生以来，即确定不移也。
② 斁音妒，败坏也。
③ 清属河南省许州，京汉铁路经之。
④ 桧无子，以妻侄王熺为子。
⑤ 磔音摘，陌韵，裂也。分裂肢体谓之磔，古刑法之残酷者。

命宫乙酉，生时壬午自刑备至，故无可逃避也。

附 录

秦桧之陈议状

靖康丙午，真戎乱华。次岁之春，京城不守，恣其号舞，妄有易置。时秦桧之为御史中丞，陈议状云：桧切缘自父祖以来，七世事宋。身为禁从，职当台谏，荷国厚恩，甚愧无报。今大金重拥甲兵，临已拔之城，操生杀之柄，威制官吏军民等，必欲灭宋易姓，桧忘身尽死，以辩非理，非特忠其主也，欲明圣朝之利害尔。赵氏自祖宗以至嗣君，一百七十余年，功德基业，比隆汉、唐，实异两晋。顷缘奸臣叛盟，结怨邻国，谋臣失计，误主丧师，遂致生灵被祸，京都失守，嗣君皇帝，致躬出郊坰，求和于军前，两元帅并议，已布闻于中外矣。且空竭帑藏、居民之所积，追取銮舆、服御之所用，割两河之地。共为臣子，今乃变异前议，自败斯盟，致二主衔怨，庙社将倾，为臣之义，安得忍死而不论哉？自宋之于中国，号令一统，绵地数万里，覆载之内，疆场为大，子孙蕃衍，充牣四海，德泽在外，百姓安业，前古未有。兴亡之命，虽在天有数，焉可以一城而决废立哉！新室篡夺，东汉中兴于白水；东汉绝于曹氏，刘备王蜀；唐为朱温窃取，李克用父子犹推其世序而继之。盖继志之德泽，在人者浅深。根基坚固，虽陵迟之甚，然四海英雄，必畏天之威，而不改窥其位，古所谓“基广则难倾，根深则难拔”之谓也。西晋武帝，因宣景之权，以窥魏之神器，德泽在人者浅。加以惠帝昏乱，五王争柄，自相残戮，故刘渊、石勒以据中原，犹赖王导、温峤辈，辅翼元皇，江左之任，逾于西京。石勒欺天罔上，交结外邦以篡其主，晋于天下也，得之以契丹。少主失德，任用非人，而忘大恩，曾无德泽，下及黎庶，特以中国藩篱之地，以瞻戎人，天下其何思之哉！此契丹所以能灭晋也。宋之有天下，九世宥德，比隆汉、唐，实异两晋。切观今日计议之士，多前日大辽亡国之臣，画策定计，所以必灭宋者，非忠于大金也。假灭大宋以报其怨尔，曾不知灭大辽者，大金、大宋，共为之也。大宋既灭，大金得不防闲其人乎？顷者，上皇误听奸臣李良嗣父兄之怨，灭契丹盟好之国，乃有今日之难。然则因人之怨，以灭人之国者，其祸不可胜言。缪为计者，必又曰：“灭宋之国，在绝两河，怀旧之恩，除邻国复仇之志而已。”又曰：“大金兵威，无敌天下，中国之民，可指挥而定。”若大金果能灭宋，两河怀旧之恩，亦不能忘；果不能灭宋，徒使宋人之宗属贤德之士，倡义天下，竭国力以北向，则两河之民，虽异日抚定之后，亦将去大金而归宋矣。且天生南北之方域，志异也。晋为契丹所灭，周世宗复定三关，是为晋祚报恨。然则今日之灭赵氏，岂必赵氏然后复仇哉！虽中原英雄，亦将复报中国之恨矣。桧今竭肝胆，捐躯命，为元帅言废立之义，以明两朝之利害。伏望元帅不恤群议，深思国计，以辩之于朝。若或有谗佞之言，以矜己功，能伤敌国之义，适贻患于异日矣。又况祸莫大于灭人之国。昔秦灭六国，而六国灭之；符坚灭燕，而燕灭之。顷，童贯、蔡攸，贪土地以奉主，欲营私而忘国计，屯兵境上，欲灭大辽，以取燕云之地。方是时也，契丹之使，交驰接境，祈请于前，为贯、攸之计，宜伪许而从其请，乃欲邀功以兼人之地，遂贻患于主，而宗庙危，今虽焚尸戮族，又何益哉，今元帅威震中原，功高在昔，乃欲用仇间之论，矜一己之功，其于国计，亦云失矣。贯、攸之为，可不鉴哉！自古兵之强者，固有不足恃。刘聪、石勒，威足以制愍、怀，而剉于李矩数千之众，符坚以百万之师，衄于淝水之孤旅，是兵强而不足恃也。大金自去岁问罪中国，入境征伐，已逾岁矣。然所攻必克者，无他，以大金久习兵革，中国承平百年，士卒弛练，将佐不得其人而然也。且英雄世不乏材，使士卒异日精练，若唐藩镇之兵，将相得人，若唐肃、代之臣，大金之于中国，能必其胜负哉！且世之兴亡，必以有德代无德，以有道而易无道，然后皇天佑之，四海归之。若张邦昌者，在上皇时，专事燕游，不务规谏，附会权倖之臣，共为蠹国之政。今日社稷倾危，生民涂炭，虽非一人所致，亦邦昌之力也。天下之人，方疾之若仇，若付以土地，使主人民，四方英豪必共起而诛之，非特不足以代宋，亦不足以为大金之屏翰矣。大金必欲灭宋，而立邦昌者，则京师之民可服，而天下之民不可服；京师之宗子可灭，而天下之宗子不可灭。桧不顾斧钺之诛，戮族之患，为元帅言两朝之利害，伏望元帅，稽考古今，深鉴斯言，复君之位，以安四方之民，非特大宋蒙福，实大金万世之利。不胜皇恐恳告之至。

第二状云：桧已具状申大元帅府，外有不尽之意，不敢自隐，今更忍死沥血，上干台听。伏念前主皇帝，违犯盟约，既已屈服，而今日存亡继绝，惟在元帅。不然，则有监国皇太子，自前主恭命出郊以来，镇抚居民，上下帖然，或许就立，以从民望。若不容桧等伸臣子之情，则望赐矜念赵氏祖宗，并无失德。内外亲贤，皆可择立。若必择异姓，天下之人，必不服从，四方英雄，必致云扰，生灵涂炭，卒未得甦。桧等自知此言，罪在不赦，然念有宋自祖宗以来，德泽在人，于今九世，天下之人，虽匹夫匹妇，未忍忘之。又况桧等世食君禄，方今主辱臣忧之时，上为宗社，下为生灵，苟有可言，不敢逃死。伏望台慈，更赐矜察。无任哀恳痛切、皇恐陨越之至。此书得之于丹阳苏著廷藻云，顷为秦之孙埙客，因传其本，词意忠厚，文亦甚奇。使会之诚有此，而无绍兴再相，擅国罔上，专杀尚威，则谓非贤，可乎？昔人有诗云："周公恐惧流言后，王莽谦恭未篡时。若使当时身便死，一生真伪有谁知。"[①]

王明清云：秦桧之靖康末议状全篇，比见表侄常保孙言。尝闻之于游定夫之孙九言云，乃马伸先觉之文也。初，桧之为御史中丞，虏人议立张邦昌，以主中国，先觉为监察御史，抗言于稠人广坐中曰："吾曹职为争臣，岂可坐视缄默不吐一词？当共入议状，乞存赵氏。"桧之不答。少焉属藁，遂就呼台史连名书之。桧之既为台长，则当列于首，以呈桧之，桧之犹豫，先觉率同僚合辞力请，桧之不得已，始肯书名。先觉遣人急驰以达掳酋，所以秦氏所藏本，犹云桧等也。[②]

王庆曾畏秦桧之不为显仁偿掳使金会之卒喜

绍兴壬戌夏，显仁皇后自掳中南归，诏遣参知政事王庆曾次翁，与后弟违渊，迓于境上。时掳主亦遣其近臣与内侍，凡五辈，护后行。既次燕山，掳人惮于暑行，后察其意，虞有他变，称疾，请于虏，少须秋凉进发，虏许之。因称贷于虏之副使，得黄金三百星，且约至对境，倍息以还。后既得金，营辨佛事之余，尽以犒从者，悉皆欢然。途中无间言，由此力也。既将抵境上，虏必欲先得所负，然后以后归我。后遣人喻指于韦渊，渊词曰："朝廷遣大臣在焉，可征索之。"遂询于王。初，王之行也。事之纤粟，悉受颐指于秦丞相，独此偶出不料。虏人趣金甚急，王虽所赍甚厚，然心惧秦，疑其私相结纳，归欲攘其位，必贻秦怒，坚执不肯偿，相持界上者凡三日。九重初不知曲折，但与先报后渡淮之日既愆期。张俊为枢密使，请备边。忧虑百出，人情汹汹，谓虏已背盟中变矣。秦适以疾在告，朝廷遂为备边计，中外大恐。时王瞍以江东转运副使，为奉迎提举，

---

① 《挥麈第三录》卷二。

② 《挥麈录余话》卷二。

一行事务从王，知事急，力为王言之，不从，唤乃自裒其随行所有，仅及其数以与之。虏人喜，后即日南度。疑惧释然，而王不预也。王归白秦，以谓所以然者，以未始禀命，故不敢专。秦以王为畏已，果大喜。已而，后泣诉于上，王某大臣，不顾国家利害如此，万一虏生他计，于数日间，则使我母子不相见矣。上震怒，欲暴其罪而诛之。初，楼炤仲辉，自枢府以母忧去位，终制起，帅浙东，储之欲命谢于虏廷。至是，秦为王营救回护，谓宜遣柄臣往谢之。于是辍仲辉之行，以为报谢使，以避上怒。逮归，上怒稍霁，然终恶之。秦喻使辞位，遂以职名奉祠。已而引年，安居于四明。秦终怜之，馈问不绝。秦之擅国，凡居政府者，莫不以微过忤其指，例以罪行，独王以此情好不替。王卒，特为开陈，赠恤加厚，诸子与婿亲戚族人，添差浙东者又数人，以便其私。议者谓秦居政府二十年间，终始不贰者，独见王一人而已。[①]

秦桧之使冯济川探高宗意

绍兴庚申秋，虏人败约，复取河南故地，秦桧之在相位，踪迹颇危。时冯济川檝为贰卿，一日相见，告之云："金人背盟，我之去就未可卜，如前此元老大臣，皆不足虑，独君乡究。未测渊衷如何，公其为我探之。"翌日，济川求对，启上云："金寇长驱犯淮，势须兴师。如张某者，当且以戎机付之。"高宗正色曰："宁至覆国，不用此人。"济川亟以告秦，秦且喜且感。济川云："适观天意，檝必被逐，愿乞泸川，以为书绣。"至晚批出，冯檝令与外任。遂以檝为待制，帅泸南，在任凡十二年。[②]

荣茂世不受岳飞父子不轨之诉

荣茂世嶷，为湖北漕置司鄂州，有都统司统制官王俊，以其旧主帅岳飞父子不世状，诣茂世陈首。茂云："我职掌漕计，他无所预。"却之，俊遂从总领汪叔詹陈其事，汪即日上闻。秦桧之得之，藉以兴罗织之狱，杀岳父子。知茂世不受理，深怨之。而高宗于茂世有霸府之旧，秦屡加害而不从。秦死，荣竟登从班。汪讦岳之后，狱方竟而殂，岂非命欤？[③]

范择善迁葬

范择善同，宣和中登第，得江西教官。自当涂奉双亲之官，其父至上

① 《挥麈后录》卷十一。

② 张文老云。

③ 荣次新云。

骁而殂，寓于道旁之萧寺中，进退彷徨。主僧怜之，云："寺后山半，适有一穴，不若就葬之，不但免般挈之劳，而老僧平日留心风水，此地朝揖绝胜，诚为吉壤。"择善从之，即其地而殡之，其后择善骤贵，登政府，乃谋归祔于其祖兆，请朝假以往，改卜。时老僧尚在，力劝不从。才徙之后，择善以飞语得罪于秦桧之，未还阙。言者希指攻之，云同以迁葬为名，谒告于外，搔扰州县。迁谪而死。[①]

秦桧之谓道弼莫胡思乱量

魏道弼[②]与秦桧之有乡曲共学之旧，秦既得志，引登禁路。道弼恃其久要，一日启于秦曰："某昨夕不寐，偶思量得一事。非晚郊祀，如迁客之久在遐方者，可因赦内徙，以召和气。"秦曰："足下今做何官？"道弼云："备员吏部侍郎。"秦复曰："且管了铨曹职事，不须胡思乱量。"翌日降旨，魏良臣与郡出守池州，已而罢去。世言秦有度量，恐未必然也。

秦桧之答季汉老启

季汉老与秦桧之贺进维垣启云："推赤心于腹中，君既同于光武，有大勋于天下，相自比于姬公。"秦答之云："君既同于光武，仰归美报上之诚，相自比于姬公，其敢犯贪天之戒。"汉老得之，惶恐累月。[③]

铁像楹联

西湖岳坟前，有铁铸秦桧夫妇，及万俟卨、张俊四像，镌姓名于胸次，跪于门外。有松江徐氏女，题楹柱云："青山有幸埋忠骨，白铁无辜铸佞臣。"闻丹阳陈少阳墓，亦铸铁人，肖汪伯彦、黄潜善。嘉靖间，南安郑普过之，题楹柱云："丹陛披肝，千古纲常可托；荒庭屈膝，两人富贵何为？"二像应笔而仆。[④]

---

① 赵宣明云。

② 良臣。

③ 以上《挥麈后录》卷十一。

④ 《楹联丛话》。

岳　飞　十九

宋，姓岳氏，名飞，字鹏举，河南汤阴县人。世力农，父和，能节食以济饥者，不责偿。飞生时，有大禽若鹄，飞鸣室上，因以为名。未弥月，河决，内黄水暴至，母姚，抱飞坐瓮中，冲涛及岸得免，人异之。少负气节，沉厚寡言。家贫力学，尤好《左氏春秋》、《孙吴兵法》。生有神力，未冠，挽弓三百斤，弩八石。学射于周同，尽其术，能左右射。同死，朔望设祭于其家。父喜之曰："汝为时用，其殉国死义乎?"宣和辛丑，[1] 飞以敢战士应募，为十队长，补承信郎。靖康丙午，[2] 补进义副尉，隶留守宗泽。绍兴辛亥，[3] 张浚请飞同讨李成，飞请为先锋，大破成军。江淮平，累授武安军承宣使。高宗亲书"精忠岳飞"四字，制旗以赐之。历授少保、河南北路招讨使，讨平群寇，屡破金兵。既败兀术于郾城，遂进兵朱仙镇，[4] 欲指日渡河。时秦桧力主和议，欲尽弃淮北地以与金，一日降十二金牌召飞还。既至，授枢密副使。桧复讽万俟卨[5]劾飞，遣使捕飞父子。坐系两月，狱不成。桧手书小纸付狱，遂报飞死，年三十九，乃绍兴十一年辛酉十二月癸巳日。家属尽流岭外，朝野冤之。孝宗时诏复飞官，谥武穆，后改谥忠武。嘉定中，追封鄂王。有《岳武穆集》。

---

① 年二十。
② 年二十四。
③ 年二十九。
④ 在河南省开封县西南四十五里。
⑤ 字典卜部，读窃。

宋徽宗崇宁二年二月十五日巳时生。[①]

南宋高宗绍兴十一年十二月二十九日□时卒。

癸未	**命**	八岁	甲寅
		十八	癸丑
乙卯	**宫**	二八	壬子
		三八	辛亥
甲子	**庚**	四八	庚戌
		五八	己酉
己巳	**申**	六八	戊甲
		七八	丁未

《元理赋》云："不从不化，淹留仕路之人；得从得化，显达名场之客。"

谨按：岳鄂王造，日干之甲与时干之己，阴阳联合，同化为土，此为得化，非不化也。日支之子藏癸，时支之巳藏戊，暗中联合，又复化火，为甲己化土之生气，虽诞生春分节后，黄帝并未司权，即此日时旺气，格局亦远胜寻常；况日元甲子，乃是进神，生届仲春，又值月德。《巫咸经》云："进神执权，至精至当。"良有以也。不宁惟是，益以命宫庚申，又格成四柱互贵，盖年支之未为甲庚之贵，月时卯巳为癸年之贵，日支之子为乙己之贵，前引后从，左右逢源，[②] 即不言文昌会刃，亦当运用一心，决胜千里，善夫！《宋史》列传论曰："西汉而下，若韩、彭、绛、灌之为将，代不乏人，求其文武全器，仁智并施，如宋岳飞者，一代岂多见哉！"观其尚未弥月，黄水暴至，母氏抱坐瓮中，任其漂泊，竟乃获免，具见岁值癸未，干能化火，支值贵人，为甲己化土格之植根也。自十九岁癸运，从周同学射，二十岁从军为十队长，迄至三十八岁子运，授开府仪同三司，复加少保兼河南府路招讨使，疏请建储，胜朱仙，克郾城，大破宗弼，几获兀术，军声大振，中外响应。及诏王班师，一日奉金牌十二，此固王之文武全器，仁智并施，亦癸丑壬子四运，裨益化土，有以致之也。三十九岁忽行辛运，岁值辛酉，与生月乙卯干克支冲，阳刃飞刃互相攻击，固非吉兆；再逢辛丑月，癸巳日，三合为金，盗泄甲己化土之元气，故不免为秦桧所害。然纯忠伟烈，碧血丹心，照耀千古，彼以"莫须有"

① 生卒见《年谱》。

② 此名进神化土格，又名四柱互贵格。

三字谋杀人者，今何如哉！

珊按：王二十岁癸运，岁值壬寅，小限辛丑，父隋国公薨；三十四岁子运，岁值丙辰，小限丁亥，母姚太夫人薨，此非癸运子运之弊，乃岁限适逢冲破之故也。

附　录

驻兵新淦题伏魔寺壁①

胆气堂堂贯斗牛，誓将直节报君仇。斩除元恶还车驾，不问登坛万户侯。②

送紫岩张先生北伐③

号令风霆迅，先声动北陬。长驱渡河洛，直捣向燕幽。

马蹀阏氏血，④旗枭可汗头。归来报明主，恢复旧神州。

奏乞出师疏

臣自国家变故以来，起于白屋，从陛下于戎伍，实有致身报国、复仇雪耻之心。幸凭社稷威灵，前后粗立薄效，陛下录臣微劳，擢自布衣，曾未十年，官至太尉，品秩比三公，恩救视二府，又增重使名，宣抚诸路。臣一介贱微，宠荣超躐，有逾涯分。今者又蒙益臣军马，使济恢图，臣实何能，误荷神圣之知如此，敢不昼度夜思，以图报称？臣窃揣敌情，所以立刘豫于河南，而付之齐、秦之地，盖欲荼毒中原，以中国而攻中国，黏罕因得休兵养马，观衅乘隙，包藏不浅。臣谓不以此时禀陛下睿算妙略，以伐其谋，使刘豫父子隔绝，五路叛将还归，两河故地渐复，则金人之诡计日生，浸益难图。然臣愚欲望陛下，假臣日月，勿拘其淹速，使敌莫测臣之举措，万一复便可入，则提兵直趋京、洛，据河阳、陕府、潼关，以号召五路之叛将。叛将既还，王师前进，彼必舍汴都而走，河北、京畿、陕右可以尽复。至于京东诸郡，陛下付之韩世忠、张俊，亦可便下。臣然后分兵浚、滑，经略两河。如此，则刘豫父子，断必成擒，大辽有可立之

① 寺旧在江边，今移建山中，改名新修，石刻现存。

② 胆，一本作正直，一本作真。

③ 王手书，摹刻汤阴庙中。

④ 蹀，音牒，叶韵，重足履地也。瘀，巴莲切，音烟，匈奴王后号。

形，金人有破灭之理。为陛下社稷长久无穷之计，实在此举。假令汝、颍、陈、蔡，坚壁清野，商、於、虢、洛，分屯要害，进或无粮可因，攻或难于馈运。臣须敛兵还保上流，贼必追袭而南。臣俟其来，当率诸将，或挫其锐，或待其疲。贼利速战，不得所欲，势必复还，臣当设伏，邀其归路，小入则小胜，大入则大胜，然后徐图再举。设若贼见上流进兵，并力于侵淮上，或分兵犯四川，臣即长驱捣其巢穴。贼困于奔命，势穷力殚，纵今年未终平殄，来岁必得所欲。陛下还归旧京，或进都襄阳、关中，唯陛下所择也。臣闻兴师十万，日费千金，内外骚动，七十万家，此岂细事？然古者命将出师，民不再役，粮不再籍，盖虑周而用足也。今臣部曲，远在上流，去朝廷数千里，平时每有粮食不足之忧。是以去秋臣兵深入陕、洛，而在寨卒伍有饥饿而死者，故亟迁。前功不遂，致使战地陷伪，忠义之人，旋被屠杀，皆臣之罪。今日唯赖陛下，戒敕有司，广为储备，俾臣得一意静虑，不以兵食乱其方寸，则谋定计审，方能济此大事。异时迎还太上皇帝、宁德皇后梓宫，幸邀天眷，以归故国，使宗庙咸安，万姓同欢，陛下高枕无北顾之忧，臣之志愿毕矣。然后乞身归田里，此臣夙夜所自许者。臣不胜拳拳孤忠，昧死一言。

谢讲和赦表

臣岳飞上表言：今月十二日，准进奏院，递到赦书一通，臣已即恭率统制统领将佐官属等，望阙宣读讫。观时制变，仰圣哲之宏规；善胜不争，实帝王之妙算。念此艰难之久，姑从和好之宜，睿泽诞敷，舆情胥悦，臣飞诚欢诚忭，顿首顿首。窃以娄敬献言于汉帝，魏绛发策于晋公，皆盟墨未干，顾口血犹在，俄驱南牧之马，旋兴北伐之师。盖夷虏不情，而犬羊无信。莫守金石之约，难充谿壑之求。图暂安而解倒垂，犹之可也；顾长虑而尊中国，岂其然乎？恭惟皇帝陛下，大德有容，神武兼备，体乾之健，行巽之权，务和众以安民，乃讲信而修睦，已渐还于境土，想喜见于威仪。臣幸遇明时，获观盛事。身居将阃，功无补于涓涘；口诵诏书，面有惭于军旅。尚作聪明而过虑，徒怀犹豫而致疑，谓无事而请和者谋，恐卑辞而益币者进。臣愿定谋于全胜，期收地于两河。唾手燕云，终欲复仇而报国；誓心天地，当令稽颡以称藩。臣无任瞻天望圣，激切屏营之至，谨奉表称贺以闻。臣诚欢诚忭，顿首顿首，谨言。

奏乞罢和议疏略

夷狄不可信，和好不可恃。相臣谋国不臧，恐贻后世讥。

奏乞止班师疏略

契勘金人重兵，尽聚东京，屡经败衄。[①] 锐气沮丧，内外震骇。闻之谍者，敌欲弃其辎重，疾走渡河。况今豪杰向风，士卒用命，天时人事，强弱已见，功及垂成，时不再来，机难轻失。臣日夜料之熟矣，惟陛下图之。[②]

岳王尊贤礼士

家传云：王尊贤礼士，食客所至常满，一时名人杰士多归之。每出则戎服弁首治理军务，入则褒衣缓带讨论经史，恂恂若书生。雅歌投壶，俱极精致。参政席益，尝贺其幕中得名士。每军行驻处士人争献诗文，或陈利害，王并采纳而厚礼之，受其矜全者甚众。每与儒生商榷古今，夜分乃罢。笃爱善类，培植士类每如此。

岳王家无姬侍

史传云：吴玠素服王，愿与交欢。饰名姝遗之。王曰："主上宵旰，岂大将安乐时耶?"却不受。玠益敬服。

岳王名言

史传云：或问："天下何时太平?"王曰："文臣不爱钱，武臣不惜死，天下太平矣。"每辞官，必曰："将士效力，某何功之有?"然忠愤激烈，议论持正，不挫于人，当路权要不肯强颜阿附，卒以此贾祸。[③]

岳武穆军律

《宋史·岳飞传》云："少豪饮，帝戒之曰：'卿异时到河朔，乃可饮。'遂绝不饮。卒有取民麻一缕以束刍者，立斩以徇。卒夜宿，民开门愿纳，无敢入者。军号'冻死不拆屋，饿死不掳掠'"。检章颖《岳飞传》亦有之，然云："建炎四年，飞屯宜兴，夜饮士卒，以酒激厉而用之，至承州大捷。"又云："尊酒必均及其下，酒少则投之以水，人各一啜焉。"又《杨再兴传》有云："绍兴二年，岳飞入莫邪关，第五将韩顺夫，解鞍脱甲，以所虏妇人佐酒，再兴率众入其营，杀顺夫，又杀飞弟翻。然则岳武穆军律之严整，在绍兴二年以后。初，盖以运用一心，而不喜言兵法，

① 女六切，音忸，挫也。血鼻出血也，俗作衄。
② 以上《岳鄂王文集》。
③ 以上《岳鄂王年谱》。

不可以事证不同，致疑古名臣也。”[①]

岳侯与王枢密葬地一同

绍兴庚申岁，明清侍亲居山阴，方总角。有学者张尧叟唐老，自九江来从先人，适闻岳侯父子伏诛，尧叟云：“仆去岁在羌庐，正睹岳侯葬母，仪卫甚盛，观者填塞，山间如市。解后一僧为仆言：‘岳葬地虽佳，但与王枢密之先茔坐向既同，龙虎无异，掩圹之后，子孙须有非命者。’然经数十年，再当昌盛，其识之，今乃果然，未知他日如何耳。王枢密乃襄敏，本江州人，葬其母于乡里。有十子。辅道既罹横逆，而有名字者，为开封幕，过桥堕马死。名端者待漏禁门，檐瓴冰柱折坠，穿顶而没。后数十所，辅道之子，炎弼、彦融以勋德之裔，朝廷录用以官，把麾持节，升直内阁。炎弼二子万全、万枢，今皆正郎，而诸位登进士第者接踵。岳非辜之后，凡三十年，满洗冤诬，诸子若孙，骤从缧绁，进躐清华。昔日之言，犹在耳也。”[②]

岳　庙

宋岳武穆王祠天下有五：在鄂者乃王开国之地，在杭者王墓之地，在汤阴者父母之乡，赣者立功之地，朱仙镇者，功之极而愤之所不能忘，皆著祀典，报王亦宜。今其录，乃吾友汪仲苏子卿所编，心亦劳矣。[③]

岳王庙联

彭文勤公联云：“旧事总惊心，阶前桧贼；感时应溅泪，庙侧花神。”是题西湖之岳庙。吴云樵侍郎[④]联云：“千秋冤狱莫须有，百战忠魂归云来。”是题汤阴之岳庙。对语各切其地，不可移易。

岳王祠联云：“百战妙一心运用，两言决千古太平。”又云：“子孝臣忠，决战早成三字狱；君猜相忌，偏安还赖十年功。”又钱伯瑜中丞联云：“万里坏长城，叹息北征将士；中原撑半壁，伤心南渡君臣。”又王之裔孙镇南，为浙江运使时，修葺祠宇，题联云：“天章褒臣节，想当年竭力致身，忠孝兼全，万古精诚光日月；祖训愆家传，愿奕叶承先启后，烝尝勿替，千秋俎豆炳湖山。”皆警策。[⑤]

---

① 《癸巳类稿》。

② 《挥麈第三录》。

③ 《七修类稿》。

④ 芳培。

⑤ 上《楹联丛话》。

朱 熹 二十

南宋，姓朱氏，名熹，字元晦，一字仲晦，徽州婺源县人。[①] 世居县之永平乡松岩里。父松，为政和县尉，[②] 因侨寓建州。[③] 绍兴十七年丁卯，[④] 举建州乡贡。十八年戊辰，[⑤] 登进士第一。历高、孝、光、宁四朝，累官转运副使、焕章阁待制、秘阁修撰兼侍讲，赐封婺源县开国男。庆元二年丙辰，[⑥] 沈继祖为监察御史，诬熹十罪，诏落职罢祠，门人蔡元定亦送道州编管。[⑦] 四年戊午，[⑧] 熹以年近七十，申乞致仕；五年己未，依所请。六年庚申，三月甲子日午时卒，年七十一，葬于建阳县[⑨]唐石里之六林谷，赠宝谟阁学士，谥曰文。绍定时追封徽国公，淳祐时从祀孔庙。清康熙中，升位于十哲之次，故称朱子，或称朱文公。始居崇安，[⑩] 牓厅事曰"紫阳书堂"，故称紫阳。又创草堂于建阳之云谷，牓曰"晦庵"，自称云谷老人，亦曰晦翁。晚卜筑于建阳之寿亭，作沧州精舍，自号沧州病叟，又更号遁翁。考亭为讲学之所，故人称考亭学派。其论治以正君恤民为宗，为学则以居敬穷理为主，宋之理学，至熹而集其大成矣。所著书有《易本义启蒙》、《蓍卦考误》、《诗集传》、《大学·中庸章句或问》、《论语·孟子集注》、《太极图通书西铭解》、

---

① 故城在今安徽省，婺源县北二十五里，即清化镇，后移治弦高，即今城县也。
② 政和县，属福建省。
③ 即今福建省建瓯县。
④ 年十八。
⑤ 年十九。
⑥ 年六十七。
⑦ 即今湖南省道县。
⑧ 年六十九。
⑨ 属福建省。
⑩ 县名，属福建省。

《楚辞集注辨证》、《韩文考异》、《文集》等。所编次有《论孟集注》、《孟子指要》、《中庸辑略》、《孝经刊误》、《小学书》、《通鉴纲目》、《宋名臣言行录》、《家礼》、《近思录》、《河南程氏遗书》、《伊洛渊源录》，共数百卷，皆行于世。

南宋高宗建炎四年九月十五日午时生。[①]
南宋宁宗庆元六年三月初九日午时卒。

庚戌	**命**	四岁 十四	丁亥 戊子
丙戌	**宫**	二四 三四	己丑 庚寅
甲寅	**戊**	四四 五四	辛卯 壬辰
庚午	**子**	六四 七四	癸巳 甲午

朱文公造，日元之甲在五行属木，生届寒露节后，白帝犹司权，与三春之青帝司权迥异。年时二干，交拱庚金，年月二支，戌藏辛金，此皆戕贼甲木之神，万不能取用。只有月干丙火，及年月日时戌戌寅午之火局，与日元甲木，有母子相生之关系，堪为我之护符。不过火占多数，木占少数，必须辞尊居卑，舍木从火，始可木火齐辉，文明昭著。尤妙者四柱之中，干无壬癸，支无亥子，格局清高，毫无瑕疵。或谓：命宫之子中藏癸水，奈何？曰：子藏之癸，非惟无损，且可获益。盖子上乘戊，合癸化火，与戌戌寅午之火局，同明相照，同气相求，声价弥增也。[②] 以故乐孔志伊，省身味道，登第五十年，仕于外者仅九考，立朝亦不过四十日而已，卒能竭其精力，阐明圣学，此岂寻常公侯将相，所能企及者哉！十四岁亥运癸亥，小限乙亥，韦斋公弃养。四十岁寅运己丑，小限己酉，祝太夫人又弃养。四十七岁辛运丙申，小限壬寅，刘夫人逝世。六十二岁辰运辛亥，小限丁亥，长子塾亦卒。六十七岁癸运丙辰，小限壬午，罢职归里。凡此种种，足证木火齐辉格，最忌金水伤之也。至于十八岁戊运丁

① 生卒见《年谱》。
② 此名木火通明格，又名从儿格。

卯，举建州乡贡，十九岁戊运戊辰，登进士第，以及除武学博士待次、枢密院编修、秘阁修撰、焕章阁待制，其运、岁、限三者，大都非木即火，非火即土，与木火齐辉格，皆同类也。最明显者，公寿享七旬有一，适在巳运，庚申年，庚辰月，甲子日，庚午时，恬然而逝，具见日元一甲不胜三庚之克，寅午戌之火不胜申子辰之水冲也。然而绍道统，立人极，为万世宗师，木火齐辉，岂有既极耶？

附　录

德兴县叶恺家题

葱汤麦饭两相宜，葱暖丹田麦疗饥。莫道儒家风味薄，隔邻犹有断炊时。[①]

赠徐端叔命序

世以人生年月日时所值，支干纳音，推知其人吉凶、寿夭、穷达者，其术虽若浅近，然学之者亦往往不能造其精微。盖天地所以生物之机，不越乎阴阳五行而已，其屈伸消息，错综变化，固已不可胜穷，而物之所赋，贤愚、贵贱之不同，特昏明、厚薄、毫厘之差耳，而可易知其说哉！徐君尝为儒，则尝知是说矣。其用志之密微，而言之多中也固宜。世之君子，傥一过而问焉，岂惟足以信徐君之术而振业之？亦足以知夫得于有生之初者，其赋与分量，固已如是，富贵荣显固非贪慕所得致，而贫贱祸患固非巧力所可辞也。直道而行，致命遂志，一变末俗，以复古人忠厚、廉耻之余风，则或徐君之助也。虽然，与人子言依于孝，与人臣言依于忠，夭寿固不贰矣，必修身以俟之，乃可以立命。徐君其亦谨其所以言者哉！绍兴壬午十月九日，新安仲晦朱熹书。

书《近思录》后

淳熙乙未之夏，东莱吕伯恭来自东阳，过予寒泉精舍，留止旬日，相与读周子、程子、张子之书，叹其广大闳博，若无津涯，而惧夫初学者不知所入也，因是掇取其关于大体而切于日用者，以为此编，总六百一十二条，分十四卷。盖凡学者所以求端用力、处己治人之要，与夫辨异端、观

① 《小学弦歌》。

圣贤之大略，皆粗见其梗概，以为穷乡晚进，有志于学，而无明师良友以先后之者，得此说而玩心焉，亦足以得其门而入矣。如此，然后求诸四君子之全书，沉潜反复，优柔餍饫，以致其博而反诸约焉，则其宗庙之美，百官之富，庶乎其有以尽得之。若惮烦劳，安简便，以为取足于此而可，则非今日所以纂集此书之意也。

题《小学》

古者小学，教人以洒扫应对进退之节，爱亲敬长、隆师亲友之道，皆所以为修身、齐家、治国、平天下之本，而必使其讲而习之，于幼稚之时，欲其习与知长，化与心成，而无扞格不胜之患也。今其全书虽不可见，而杂出于传记者亦多，读者往往直以古今异宜，而莫之行，殊不知其无古今之异者，固未始不可行也。今颇搜辑以为此书，受之童蒙，资其讲习，庶几有补于风化之万一云尔。

跋《通鉴纪事本末》

古史之体可见者，《春秋》而已。《春秋》编年通纪，以见事之先后；《书》则每事别记，以具事之首尾。意者当时史官，既以编年纪事，至于事之大者，则又采合而别记之。若二典所记，上下百有余年，而《武成》、《金縢》诸篇，其所记载，或更数月，或历数年，其间岂无异事？盖必已具于编年之史，而今不复见矣。故左氏于《春秋》，既依经以作传，复为《国语》二十余篇。国别事殊，或越数十年而遂其事，盖亦近《书》体以相错综云尔。然自汉以来，为史者，一用太史公纪传之法，此意因不复讲。至司马温公，受诏纂述《资治通鉴》，然后千三百六十二年之事，编年系日，如指诸掌，虽托始于年三晋之侯，而追本其原，起于智伯，上系左氏之卒章，实相授受，伟哉书乎！自汉以来，未始有也。然一事之首尾，或散出于数十百年之间，不相缀属，读者病之。今建安袁君机仲，乃以暇日作为此书，以便学者。其部居门目，始终离合之间，又皆曲有微意，于以错综温公之书，其亦《国语》之流矣。或乃病其于古无初，而区别之外，无发明者，顾第弗深考耳。机仲以摹本见寄，熹始得而读之，为之抚卷太息，因记其后如此，以晓观者。淳熙二年秋七月甲寅，新安朱熹，书于云谷之晦庵云。

康节先生像赞

天挺人豪，英迈盖世。驾风鞭霆，历览无际。手探月窟，足蹑天根。

闲中今古，静里乾坤。

书画像自警

从容乎礼法之场，沉潜乎仁义之府，是予盖将有意焉，而力莫能与也。佩先师之格言，奉前烈之余矩，惟暗然而自修，或庶几乎斯语。①

朱子论阴阳五行

问：自开辟以来，至今未万年，不知已前如何？曰：已前亦须如此一番明白来。又问：天地会坏否？曰：不会坏，只是相将人无道极了，便一齐打合，混沌一番，人物都尽，又重新起。问：生第一个人时如何？曰：以气化二五之精，合而成形，释家谓之化生。如今物之化生甚多，如虱然。②

数只是算气之节候，大率只是一个气。阴阳播而为五行，五行中各有阴阳。甲乙木、丙丁火。春属木，夏属火。年月日时，无有非五行之气。甲乙丙丁，又属阴属阳，只是二五之气，人之生适遇其气。有得清者，有得浊者，贵、贱、寿、夭皆然，故有参错不齐如此。圣贤在上，则其气中和，不然则其气偏行，故有得其气清，聪明而无福禄者，亦有得其气浊，有福禄而无知者，皆其气数使然。尧、舜、禹、皋、文、武、周、召得其正，孔、孟、夷、齐得其偏者也。至如极乱之后，五代之时，又却生许多圣贤，如祖宗诸臣者，是极而复者也。如大睡一觉，及醒时却有精神。

阴阳是气，五行是质。③ 有这质，所以做得物事出来。五行虽是质，他又有五行之气，做这物事方得，然却是阴阳二气截做这五个，不是阴阳外别有五行。如十干甲乙，甲便是阳，乙便是阴。④ 五行相为阴阳，又各自为阴阳。⑤

气之精英者为神，金、木、水、火、土非神，所以为金、木、水、火、土者为神。在人则为理，所以为仁、义、礼、智、信者是也。⑥

金、木、水、火、土，虽曰五行，各一其性，然一物又各具五行之

---

① 以上《朱子文集》。
② 扬。
③ 堋按：五行中金、木、土质中有气，水、火气中有质。
④ 高。
⑤ 端蒙。
⑥ 植。

理，不可不知。康节却细推出来，[①] 木、火清，金、水浊，土又浊。[②]

论阴阳五行，曰："康节说得法密，横渠说得理透。"邵伯温载伊川言曰："向惟见周茂叔语及此，然不及先生之有条理也。"[③]

阳以阳为质，阳以阴为质。水内明而外暗，火内暗而外明。横渠曰："阴阳之精，互藏其宅。"正此意也。[④]

朱子论命

问：天命谓性之命，与死生有命之命不同，何也？曰：死生有命之命，是带气言之，气候有禀得多少、厚薄之不同。天命谓性之命，是纯乎理言之。然天之所命，毕竟皆不离乎气。但《中庸》此句，乃是以理言之。孟子谓性也，有命焉，此性是兼气禀食色言之。命也，有性焉，此命是带气言之。性善，又是超出气说。[⑤] 问：子罕言命，若仁、义、礼、智、信五常，皆是天所命。如贵贱、死生、寿夭之命，有不同，如何？曰：都是天所命。禀得精英之气，便为圣为贤，便是得理之全，得理之正。禀得清明者便英爽，禀得敦厚者便温和，禀得清高者便贵，禀得丰厚者便富，禀得久长者便寿，禀得衰颓薄浊者便为愚不肖、为贫、为贱、为夭。天有那气，生一个出来，便有许多物随他来。又曰：天之所命，固是均一，到气禀处，便有不齐，看其禀得来如何。[⑥]

问：颜渊不幸短命。伯牛死，曰命矣夫。孔子得之不得曰有命。如此之命，与天命谓性之命，无分别否？曰：命之正者出于理，命之变者出于气质。要之，皆天所付予。孟子曰："莫之致而至者，命也。"但当自尽其道，则所植之命，皆正命也。[⑦]

朱子楹联

朱子于绍熙五年，筑沧洲精舍，时年六十有五矣，自书一联云："佩韦遵考训，晦木谨师传。"谨按：朱子之父韦斋先生，尝自谓卞急害道，因取古人佩韦之义为号。又，朱子受业于刘屏山先生。先生有字朱元晦。

---

① 僩。

② 可学。

③ 方子。

④ 道夫。以上《朱子语类辑略》。

⑤ 淯。

⑥ 寓。

⑦ 木之。以上《朱子语类辑略》。

祝词云：交朋尚焉，请祝以字。字以元晦，表名之义。木晦于根，春荣华敷，人晦于身，精明内腴，此朱子联语所由出也。沧洲精舍，即竹林精舍，据《年谱》，时为韩侂胄中伤，以内批罢归，除江陵府，不拜。又乞追还新旧职名，则已无意出山。又惩于赵汝愚之贬，及群小之攻伪学，故有感而为佩韦晦木之思焉。

沧洲精舍中，尚有两联。一云："道迷前圣统，朋误远方来。"一云："爱君希道泰，忧国愿年丰。"又，《朱子全集》卷后，所附联语尚多，谨摘录如左，以见南宋时楹帖盛行，虽大贤亦复措意于此矣。赠人联云："水云长日神仙府，禾黍丰年富贵家。"又，广信南岩寺朱子读书处联云："一窍有泉通地脉，四时无雨滴天浆。"又，建宁府学明伦堂联云："师师庶僚，居安宅而立正位；济济多士，由义路而入礼门。"世有刻为木榜，悬诸堂楹人所习见者，如："读圣贤书，行仁义事。存忠孝心，立修齐志。日月两轮天地眼，诗书万卷圣贤心。"此类尚多，安得有心人，为之一一搜辑乎？

朱文公祠联

朱子生于延平之尤溪，故小字沋郎。沋，水名，即尤溪县亦因此得名也。后人皆误以朱子字沋郎耳。其地有公山、文山，朱子诞生之日，两山俱发火光，现出"文公"二字，今就其地建文公祠。周力堂学使[①]撰联云："前公山，后文山，一气蜿蜒，知天地精华所粹；始小学，终大学，真源脉络，统圣贤体用之全。"

大兴朱文正师，撰杭州西湖朱文公祠联云："由孔孟而来，二千年卫道传经，独振斯文统绪；当光宁之世，五十日格非陈善，允宜此地烝尝。"[②]

① 学健。

② 以上《楹联丛话》。

真德秀　二十一

南宋，姓真氏，名德秀，字景元，后更景为希，生于建之浦城县长乐里仙阳镇。[1] 伯仲有四，德秀其次也。早孤，母吴氏，劬劳教育。德秀幼而颖悟。时建郡进士杨圭，见德秀貌，三犀贯顶，曰："此异人也。"使归居建郡瓯地，同诸子学，以女妻之。淳熙己酉，年十二，入党庠。宁宗庆元乙卯，年十八，举于乡。己未，年二十二，登进士，特授南剑军判官。开禧乙丑，年二十八，中博学宏词科，奉旨建宏博坊于仙阳镇安庙前。丙寅，年二十九，奉命入闽帅幕，召为太学正，累官参知政事，世称西山先生。端平乙未，五月壬寅卒，年五十八，谥文忠，从祀孔子庙庭。德秀立朝有直声，游宦所至，惠政深洽。其学以朱熹为宗。自韩侂胄[2]立伪学之名，以锢善类，其后正学得以复明者，德秀之力也。著有《大学衍义》、《四书集编》、《唐书考异》、《三礼考》、《读书记》、《心经》、《政经》、《西山甲乙稿》、《文章正宗》、《西山文集》等。

---

① 浦城，今县名，属福建省仙阳镇，在县城西北三十里，本名迁阳。

② 侂，任本字，寄也。韩侂胄，宋人名。

南宋孝宗淳熙五年九月十五日卯时生。[1]

南宋理宗端平二年五月初十日午时卒。

戊戌	**命**	一岁 十一	癸亥 甲子
壬戌	**宫**	二一 三一	乙丑 丙寅
乙亥	**乙**	四一 五一	丁卯 戊辰
己卯	**卯**	六一 七一	己巳 庚午

真文忠公之造，日元乙木，秋生凋零，八字土多，尤虞身弱。恰好生时命宫同占日禄，一可合亥化木，一可合戌化火，藉木益木，藉火制金，枝叶虽凋零，根本颇充实。且四柱无庚，不犯官星，其为得道多助，大名远扬，从可知矣。《古歌》云："日禄归时格，拏云折桂枝。若无官破气，名誉四方知。"《指迷赋》云："合中带禄，定可封侯。"此不过言其大较耳。其实文忠公十二岁，即入党庠，十八岁即举于乡，二十二岁即登进士第，特授南剑军判官，二十八岁又中博学宏词，奉旨建宏博坊于仙阳镇，此岂止折桂枝哉？自二十九岁入闽帅幕，召为太学正，以至领江东计度转运副使，除参知政事，授资政殿大学士兼侍读，又有泉州听讼，[2] 图圄皆空，海贼荡平，万民祠祀等政绩，以视侥幸封侯，旅进旅退，无补时艰者，不有云泥之判乎？此无他，盖公一路行运，大半木火齐辉，是以早登巍科，广行德政，不独所著《大学衍义》，堪为人君求治之南针已也。或曰：公十五岁甲运壬子，小限辛丑，父嵩公谢世；四十三岁卯运乙酉，小限戊辰，四木三凶，劾公所言，遂落职；五十八岁辰运乙未，小限戊午，竟考终，此何故耶？曰：此皆冲刑破害为患，不仅土金肆虐也。

---

① 生卒见《年谱》。

② 泉州，故治，即今福建省晋江县。

附　录

会长沙十二县宰①

从来守令与斯民，都②是同胞一体亲。岂有③脂膏供尔禄，不思④痛痒切吾身。

此邦只似唐时古，⑤ 我辈当如汉吏循。今夕湘春⑥一卮⑦酒，直⑧烦散作十分春。

赠叶子仁

上饶叶子仁，为人推算簭占，⑨ 往往如破的。岁乙酉，予方在从班，子仁以书来，劝补外甚力。未几，果去国，进退得丧，豫定如此。子仁之术，亦奇矣哉！兹来过予衡茅，为赋小诗三绝，因以自释云。

易象推占妙入神，劝人忠孝更谆谆。只今谁似君平术，唯有南阳卖卜人。⑩

花正纷红俄骇绿，月才挂壁又沉钩。世间万事都如此，莫遣双眉浪自愁。

知天焉用尤臧氏，有命何须主瘠环，若向此中能照破，许君已透利名关。

送张元显序

“我生不有命在天”，“得之不得曰有命”，其为委之命均尔，然一为独夫之言，一为圣人之言，何哉！盖命一也。恃焉而弗修，贼乎天者也。安焉而弗求，乐乎天者也。其言虽似，而其指不同，此圣、狂之所以异也。

---

① 一本题曰湘江亭晏潦属。

② 一作本。

③ 一作既以。

④ 一作当知。

⑤ 一作素号唐风古。

⑥ 一作湘亭。

⑦ 一作樽。

⑧ 一作更。

⑨ 簭音誓，与筮同，以蓍占休咎也，或作簭误。

⑩ 子仁每推论五行，辄以善道勉人，如孝悌忠信，清心寡欲等语，未尝不恳切言之，故予以为有君平之风。

今五行家者流，其工于推算者众矣，然其于人也有益焉？有损焉？死生福祻，系之于天，非苟求之可得，苟避之可免。吾惟尽吾所当为，以听其自至，其顺乎天孰大焉？非益乎？以回之仁，亡救于贫且夭；以跖之不仁，亡害其富且寿。惠迪未必吉，而从逆未必凶，苟焉以自恣可也，其悖乎天孰甚焉？非损乎？由前之说，圣人之道，可以勉而至；由后之说，则虽为独夫，不难也。然则以命语人，亦岂易乎？括苍张君元显，五行家之巨擘者也。予欲其勉人以毋命之恃，而惟命之安，故为之说如此，张君其亦谨所以言也哉！西山翁书。

送张宗昌序

大道隐而百家之学兴，人各以其所长，争骛于世。太史谈、刘歆所叙，至与儒者并列，夫儒道之大，犹天地也。百家众技之流，则穹壤间一物尔，可侪而论之邪？谈、歆所叙，盖失之矣。而后之学者，遂谓吾所知者道，它非吾屑也。不知阴阳卜筮，皆易之支流余裔，微而百工之事，亦圣人宝为之。一能一艺，莫非世用所急，而一切薄陋之，可乎？括苍张宗昌曜之，幼尝涉猎书传，以贫不得尽力，而于《洞林》之要指，《锦囊》之秘决，秦扁治疗之法，甘石、巫咸之占，皆究心焉，甚哉！其富于技也，以吾道律之，固不免致远恐泥之讥，而就其所长，亦有不可废者。绍定三年冬，招捕使陈公，提师出剑汀间，曜之实从，用其推占之术，曰某日出师，某日破贼，其应若响答然。他如相地，如治疾，又皆予尝试而验者。然则曜之所能，其可以小道废之乎？虽然，以曜之之敏悟，使获毕力于学，其所就讵止于此？良可惜也！然曜之虽贫，能遣其子负笈从师，文辞日赡以蔚，是将变方技为儒者之门，又可喜也。因其行，序以勉之。

送吴正叟序

《诗》云："卜云其吉，终然允臧。"此择地之说也。又曰："天之生我，我辰安在?"此论命之说也。然则二者，盖谓有之矣。括苍吴正叟兼此二技，见称士林间，或云：命不可以力而移，地可以求而得。是不然，天下万事其孰非命？求地而获吉，与求而弗获，皆命也。人力乌乎与哉！谓命不可移是矣，谓地为可求，是不知命也。世间自有可移者存，而人莫之移，自有可求者存，而人莫之求，此圣贤之所以叹息也。正叟将为江湖间游，求一言以别，于是乎书。

赠顾泾序

予读诸史方技传，见其以艺名者，必颛于一而后工。若夫推步以知天，形相以观地，又术之难者也。上下数千年间，能兼而通者，唯管公明、郭景纯、李淳风、僧一行，数人而已，岂不艰者？庐陵顾君泾，邃于阴阳五行之学，以之占天则神，以之相地则不苟，凡今之以术名，未有能过之者也。予乙酉趋朝，遇之于衢，顾君见谓曰："公之此行，不满百日当归。"继而果然。盖其验如此，非神而能知乎？后四年，谒予粤山之下，相与论考卜冈阜之法，终日洒洒不穷。又知其非苟于求售者也。予老矣，方将从君求藏骨之地，属其有东淛之役，故书此遗之，且坚其再至之约云。

赠五行任君[①]

以理论气者，濂溪先生之学也；以理论数者，安乐先生之学也。鄮山，[②] 任兄炳，推演五行，必本于理，其殆有闻于二先生之学乎？识者毋以阴阳者流例目之。绍定四年，某月某日，西山野叟真某赠。[③]

楹　联

浦城真西山先生尝读书邑之粤山，名其斋曰"学易"，即今南浦书院地也。有春联云："坐看吴越两山色，默契羲文千古心。"见《三才图会》。余尝主南浦讲席，拟为敬录此联悬之楹柱，而因循未果，附记于此。[④]

---

① 炳。

② 鄮，音茂，县名，今浙江省慈溪奉化，鄮故地也。

③ 以上《真文忠公文集》。

④ 《楹联丛话》。

谢枋得　二十二

南宋，姓谢氏，名枋得，字君直，号叠山，弋阳人。[①]为人豪爽，每观书五行俱下，一览终身不忘。性好直言，与人论古今治乱国家事，每掀髯抵几，跳跃自奋，以忠信自任。宝祐丙辰，[②]举进士，除抚州司户参军，[③]即弃去。明年复出试教官，中兼经科，除教授建宁府，未上。开庆己未，[④]应吴潜辟，团结民兵万余人，以捍饶、信，暨兵退，朝廷核诸军费，几至不免。景定甲子，[⑤]考试建康，[⑥]语侵贾似道，乃诬以居乡不法，谪居兴国军。咸淳丁卯，[⑦]赦归。德祐乙亥，[⑧]除江东提刑，知信州，[⑨]累迁江西招谕使。元兵东下，信州不守，乃变姓名入建宁唐石山，[⑩]转蔡坂。寓逆旅中，日麻衣躡履，东乡哭。已而设卜肆于建阳驿桥，榜曰“依斋易卜”。久之，小儿贱卒，莫不知为谢侍

---

① 弋阳，县名，属江西省。
② 年三十一。
③ 抚州，即今江西临川县。
④ 年三十四。
⑤ 年三十九。
⑥ 故城在今江苏省江宁县南。
⑦ 年四十二。
⑧ 年五十。
⑨ 故治在江西省上饶县西北。
⑩ 在福建省建阳县西北。

郎。宋亡，遂居闽中。元，至元丙戌，[①] 留梦炎荐之，不起。遗书有曰："吾年六十余，所欠一死耳，岂有它哉!"戊子，[②] 召宋故臣，福建参政魏天祐，强之而北。己丑四月至京师，遂不食死，年六十四。门人私谥文节，世称叠山先生。有《批点檀弓解》、《诗传注疏》、《选唐诗》、《文章轨范》、《叠山集》。

南宋理宗宝庆二年二月二十四日亥时生。[③]
元世祖至元二十六年四月初五日□时卒。

丙戌	**命**	初二 十二	壬辰 癸巳
辛卯	**宫**	二二 三二	甲午 乙未
己酉	**庚**	四三 五二	丙申 丁酉
乙亥	**寅**	六二 七二	戊戌 己亥

《历代名人生卒录》云："谢文节公宝庆二年二月二十四日亥时生，其八字当为丙戌、辛卯、己酉、乙亥，天干木火土金四行俱备，与下列明商文毅公之造，木火土金四行俱备相同。"巫咸经云："四柱递互相亲，多生喜庆。"规模宏大，概可想见。

惟细按：文节之造，天干丙辛己乙，乃是火金土木，虽可相生，究嫌隔阂；文毅天干甲丁己辛，木火土金，顺布连环，毫无障碍；文节之造，地支戌卯酉亥，文昌长生，先合后冲，中多破绽。文毅地支午卯巳未，禄元帝旺，声应气求，互相团结，所以一为两榜侍郎，一为三元宰辅，故少异也。所妙者，文节年干丙火，可以制金，月干辛金，可以制木，虽月干辛金，日支酉金，与夫戌藏辛金，命宫庚金，纷纷泄土，时干乙木、月支卯木，及时支之亥、命宫之寅，各藏甲木，叠叠克土，而日主之己土，仍可资生万物，大地人民，仍得食息于斯。由是观之，文节之造，紧要用神，特殊秀气，全赖年干丙火，其他年支戌藏丁火，命宫寅藏丙火，不过

① 年六十一。
② 年六十三。
③ 见《名人生卒录》。

遥为声援而已。因此，入仕二十一年，居官仅八月。然而宋亡身隐，耻作贰臣，绝食成仁，芬遗百世，如此操守，较之文毅，又有过之。至于卖卜建阳，惟取米履，忠义之气，更薄云霄。周岳谓自商夷、齐，汉龚胜，至文节，不食异姓之粟而死者，仅四人。珊谓自汉之司马季主、严君平，及魏之管公明，卖卜而得盛名者，至文节亦仅四人耳。① 观于文节三十一岁午运，岁值丙辰，举进士，明年丁巳，除教授建宁府，即可知午为日禄，合戌会火，而丙辰丁巳、干支火土，又裨益用神，故若是也。三十四岁乙运，岁值己未，应吴潜辟，团民兵万余人，以捍饶、信，暨兵退，朝廷核诸军费，文节几至不免。三十九岁未运，岁值甲子，文节考试建康，语侵贾似道，乃诬以居乡不法，谪居兴国军。四十二岁丁卯，赦归闲居。五十岁申运，岁值乙亥，除江东提刑，累迁江西招谕使，及信州不守，乃弃家入闽，旋卖卜建阳市。证以以上四事，益信乙未申三运，木能克土，金能泄土，而己未丁卯会亥为木，甲子丁丑刑卯会金，皆足以助纣为虐也。至六十三岁戊运，岁值戊子，小限甲子，既丧老母，复为魏天祐强执北行。六十四岁，岁值己丑，小限癸亥，文节矢志绝食，四月初五日，卒于燕京闵忠寺，② 此虽金水木之为害，而戊己之土，亦与有功焉，否则节义勋庸，岂能彪炳史籍，与日月而常新哉！

附 录

思亲五首③

九十萱亲天下稀，十年甘旨误庭闱。临行有恳慈心喜，再睹衣冠儿便归。
九十萱亲天下稀，吾王何在子何之？倚闾旦暮无他念，一片好心天得知。
九十萱亲天下稀，人无容力荷天慈。衣冠礼乐江东聚，此是痴儿奉母时。
九十萱亲天下稀，平生教子欲何为？楚王肯立韩公子，良也归韩亦有辞。
九十萱亲天下稀，教儿只诵白华诗。溪冰山玉人无愧，百拜慈闱喜可知。

示儿二首

门户兴衰不自由，乐天知命我无忧。大儿安得孔文举，生子何如孙仲

---

① 文节自丙子至戊子，十三年间，皆卖卜于建阳市中。
② 燕京，即今之北平。
③ 壬午九月寄书老母。

谋。天上麒麟元有数，人间豚犬不须愁。养男不教父之过，莫视诗书如寇仇。

千古兴亡我尽知，一家消息又何疑。古来圣哲少才子，世乱英雄多义儿。靖节少陵能自解，孔明王猛使人悲。只虞错改金根字，焉用城南劝学诗？

和毛静可韵

孟韩相慕久悬悬，恨不论诗早十年。吾道不行知有命，斯文将丧更由天。此生何恨为龚胜，[①] 来世谁能知少连。不信无人扶宇宙，是邦豪杰已林然。

初到建宁赋诗一首

魏参政执拘投北，行有期，死有日，诗别妻子良友良朋。

雪中松柏愈青青，扶植刚常在此行。天下久无龚胜洁，人间何独伯夷清？义高便觉生堪舍，礼重方知死甚轻。南八男儿终不屈，皇天上帝眼分明。[②]

辞洞斋华父二刘兄惠寒衣

离罗内阱，何损麒麟，反君事仇，忍为狗彘。凡劝吾入燕，吐胸中不平而后死者，皆非忠于谋人者也。“南八男儿死尔，不可为不义屈”，岂敢曰“将以有为乎？”平生学问，到此时要见分明。辱惠寒衣，义不当受。大颠果聪明，识道理，胸中无滞碍，何必受昌黎先生衣服为别耶？小诗写心，谩发一笑。

平生爱读龚胜传，进退存亡断得明。范叔绨袍虽见意，大颠衣服莫留行。此时要看英雄样，好汉应无儿女情。只愿诸贤扶世教，饿夫含笑死犹生。

赠儒医陈西岩

猪苓桔梗不为奇，药笼书囊用有时。莫把眼前穷达论，要知良相即良医。

古诗赠相士吴楚峰

世乱异人出，高者为神仙。方术皆救世，可知愚与贤。喜君风鉴别，

---

① 汉彭城人，三举孝廉，哀帝时，征为谏议大夫。王莽秉政，归隐乡里，莽遣使奉印绶，安车驷马征之，拜上卿，胜语门人高晖等曰：谊岂一身事二姓乎？遂不食死。

② 上帝，一本作后土。

妙处不可传。着眼看福人，要识太平年。

赠卜者魏易斋

伯阳曾著易参同，夺尽阴阳造化功。白玉五城人可到，黄金一鼎道无穷。先生救世心良苦，后派多才命必通。魏本大名名易显，子明且为筮江东。

赠地理杨南川序

杨君南川，挟风水之术，游富贵家，老而不倦。诵杨救贫所著《三龙经》极熟，听者欣然，想其术之精也。富贵家用其术，不能去其贫，杨君不色怨，冲炎风，濡梅雨，杖筇竹，行数百里，鸣于人曰："吾术能使贫者富，贱者贵，忧患者逸乐。"及遇富贵人家，又不合而去，何也？合不合，无益损于杨君，心勤而身困，艺精而道穷，世变使之然耶，杨君之命，固当然耶，嗟乎！古有负超世绝伦之才，怀回天入神之技，不为当时所尚，徒有来世之名者多矣，独杨君乎哉！吾闻南唐范太史，游浙东，三年不遇，露香请命于穹旻，愿救贫民积善者十家。至今两浙名公卿，数百年松楸郁郁，有佳气者，皆范公所卜也。杨君亦能有范公之心乎？人不知之，天必知之，何忧乎不遇。[1]

① 以上《叠山集》。

文天祥　二十三

南宋，姓文氏，名天祥，字宋瑞，又字履善，号文山，吉水人。①体貌丰伟，美皙如玉，秀眉而长目，顾盼烨然。②自为童子时，见学宫所祠乡先生欧阳修、杨邦义、胡铨像，皆谥忠节，欣然慕之，曰："没不俎豆其间，非丈夫也。"宝祐丙辰，年二十一，举进士，对策集英殿。时理宗在位久，政理浸怠，天祥以"法天不息"为对，其言万余，不为稿，一挥而成，帝亲擢为第一。考官王应麟奏曰："是卷古谊若龟鉴，忠肝如铁石，臣敢为得人贺！"历仕湖南提刑，改知赣州。③德祐元年乙亥，年四十，元兵入寇，天祥应诏勤王，拜右丞相。丙子，年四十一，奉旨诣元军请和，被拘，至镇江，夜亡入真州，泛海至温州。④闻益王未立，上表劝进，召至福州，进左丞相。景炎丁丑，年四十二，任都督，出江西，与元兵战于空坑，大溃，收残兵，奔循州，⑤

---

① 吉水县名，属江西省。

② 烨音煜，火光貌。

③ 即今江西省赣县。

④ 即浙江省永嘉县。

⑤ 故治在广东省惠阳县东北。

驻南岭。[①] 戊寅，年四十三，加少保，封信国公，进屯潮阳，移屯海丰。[②] 十二月二十日，元将张弘范掩至，被执，拘燕四年。元世祖知其终不屈，乃杀之。天祥临刑作《正气歌》以见志，从容谓吏卒曰："吾事毕矣。"南向拜而死。元主叹为真男子。时壬午十二月初九日，年四十七。有《文山集》二十卷。

南宋理宗端平三年五月初二日子时生。[③]
元世祖至元十九年十二月初九日□时卒。

丙申	**命**	七岁 十七	乙未 丙申
甲午	**宫**	二七 三七	丁酉 戊戌
丁巳	**己**	四七 五七	己亥 庚子
庚子	**亥**	六七 七七	辛丑 壬寅

《三命指迷赋》云："文章明敏兮，定须火盛；威武刚烈兮，乃是金多。"

谨按：文信国公造，日主之丁属火，月支之午藏丁亦属火，年干之丙属火，日支之巳藏丙亦属火，合之，火有四矣。时干之庚属金，年支之申与日支之巳，中各藏庚，俱属金，合之，金有三矣。火多则盛，金多则刚，《指迷赋》谓为"文章明敏，威武刚烈"，良有以也。夫金刚火盛，金固成器，火亦见功，可谓善之至矣。然诞生之际，适在芒种节后，赤帝司权，与三秋之白帝司权，迥乎不同，此时火正得令，金犹藏形，火旺金衰，究未妥协，必须藉水制火，使火气稍降，金质稍升，始可归于和平，而免偏倚之弊。恰好年支之申，时支之子。[④] 命宫之亥，各具藏水，用神得所，膺福殊多，故能鞠躬尽瘁，取义成仁，岂寻常状元丞相，所可相提并论耶！二十八岁丙运，小限丁酉，二月朔，礼部开榜，中正奏名，弟璧

① 在广东省紫金县南九十里，周百余里，四面皆高，其中平衍，惟一路可通，天祥收散卒于此。

② 潮阳、海丰，两县名，皆属广东省。

③ 生卒见《年谱》。

④ 时支逢子，不以建禄格论，所以子水亥水均作喜神言也。

与公同登。及大廷试策，理宗皇帝，亲擢公为第一，临轩唱名，盖五月二十四日也。时革斋先生，卧病客邸。二十八日，革斋先生弃世，天府治丧，榜下士资送，路费粗给，兄弟即日扶护还里。一喜一忧，相悬天壤，盖火旺金衰之命，只宜辰酉，最忌丙丁也。自二十五岁旨差，主管建昌军、仙都观，至三十六岁，除湖南运判，皆申酉金运之关系，虽经过丁火，而岁见水金，故循序渐进，尚不差池。及至三十八岁，除湖南提刑，四十一岁除右丞相，兼枢密使，都督诸路军马。四十二岁攻赣吉兵败。凡此数年，皆在戊土运中，与用神之水，极端反对，是以于戈鼎沸，挫折频遭。四十三岁戊运，岁值戊寅，九月曾太夫人薨；十二月十五日，移屯趋海丰；二十日，为虏骑追及于道，军溃被执，服脑子不死，见北帅张弘范，抗节不屈，张待以客礼，后乃囚之。至四十七岁，仍在戌运，岁值壬午，十二月初九日就义，盖戌午合火，壬丁化木，午午刑刃也。是岁春，公自作赞，拟终时书之衣带间。叙云："吾位居将相，不能救社稷，正天下，军败国辱，为囚虏，其当死久矣。顷被执以来，欲引决而无间，今天与之机，谨南向百拜以死。其赞曰：'孔曰成仁，孟曰取义，惟其义尽，所以仁至。读圣贤书，所学何事？而今而后，庶几无愧。'宋丞相文天祥绝笔。"

附　录

正气歌

予囚北庭，坐一土室，广八尺，深可四寻，单扉低小，白间短窄，污下而幽暗。当此夏日，诸气萃然，雨潦四集，浮动床几，时则为水气。涂泥半朝，蒸沤历澜，时则为土气。乍晴暴热，风道四塞，时则为日气。檐阴薪爨，助长炎虐，时则为火气。仓腐寄顿，陈陈逼人，时则为米气。骈肩杂遝，腥臊污垢，时则为人气。或圊溷，或毁尸，或腐鼠，恶气杂出，时则为秽气。叠是数气，当之者鲜不为厉，而予以孱弱，俯仰其间，于兹二年矣。[①] 是殆有养致然，然尔亦安知所养何哉？孟子曰："吾善养吾浩然

① 幸而无恙。

之气。”彼气有七，吾气有一，以一敌七，吾何患焉！况浩然者，乃天地之正气也。作《正气歌》一首。

天地有正气，杂然赋流行。下则为河岳，上则为日星。于人曰浩然，沛乎塞苍冥。皇路当清夷，含和吐明庭。时穷节乃见，一一垂丹青。在齐太史简，在晋董狐笔。在秦张良椎，在汉苏武节。为严将军头，为稽侍中血。为张睢阳齿，为颜常山舌。或为辽东帽，清操厉冰雪。或为出师表，鬼神泣壮烈。或为渡江楫，慷慨吞胡羯。或为击贼笏，逆竖头破裂。是随所旁薄，凛烈万古存。当其贯日月，生死安足论！地维赖以立，天柱赖以尊。三纲实系命，道义为之根。嗟予遘阳九，隶也实不力。楚因缨其冠，传车送穷北。鼎镬甘如饴，求之不可得。阴房阒鬼火，春院閟天黑。牛骥同一皂，鸡栖凤凰食。一朝濛雾露，分作沟中瘠。如此再寒暑，百沴自辟易。嗟哉沮洳场，为我安乐国。岂有他缪巧，阴阳不能贼。顾此耿耿在，仰视浮云白。悠悠我心悲，苍天曷有极！哲人日已远，典型在夙昔。风檐展书读，古道照颜色。

赠萧巽斋

未有大挠书，先有伏羲易。古人尚卜筮，今人信命术。
八卦与五行，皆自河图出。易中元有命，道一万事毕。
卦义六十四，萧君得其一。江湖旅琐琐，谈命以巽入。
人情爱委曲，喉舌嫌棘棘。言言依忠孝，君平意未失。
我生独肮脏，动取无妄疾。是有命流行，虽陨复谁诎。
安能从儿女，朝夕谈昵昵。若卦有人买，不妨君卖直。

赠谈命朱斗南序

天下命书多矣。五星勿论，若三命之说，予大概病其泛，而可以意推出入，祸福特未可知也。惟《太乙统纪》，钩索深远，以论世之贵人，鲜有不合。然闾阎贱微，有时而适相似者，仓卒不可辨。予尝谓安得一书为之旁证，以窥见造化之庶几哉！最后得朱斗南出白顾山人《秘传》一卷，以十干、十二支、五行、二十七字，旁施午竖，错综交互之中，论其屈伸。刑冲六害，察其变动。生旺官印空，而为衰败死绝；衰败死绝破，而为生旺官印。禄马不害为贫贱，孤劫未尝不富贵。盈虚消息，观其所归，和平者为福，反是为祸。其言亲切而有证，予切爱之。独其所著之文，可以意得，不可以辞解。乃循其本文，变其旧读，概之以其凡，表之以其例，其不可臆见者阙疑焉。统纪十干，干各一诗，其辞虽若专指一干而云，而十干取用，无不相通。故诗虽以百数，其大指数十而已。亦复如白顾之例，别为之篇，以附见其后，使二书贯穿于一人之手，彼此以补其所不及。年月日时，虽相去一字之差，而于铢两轻重，为不可诬矣。斗南吉水人，拔起田间，谈命皆自得之妙。予谓初事《统纪》，失之者十之二三也。继得白顾书，失之者百之二三也。予观斗南用二书奇中，所不在论。偶然而不中，则反求之吾书。书未尝失，顾用书者或未尽耳。予又恨白顾书有阙疑也。天命之至矣，出于人之所俄度者，不可一言而尽也。吾所见斗南论命，就其一家，真白眉哉！是为序。

金匮歌序

《金匮歌》者，乡前辈王君良叔之秘医方也。初，良叔以儒者涉猎医书，不欲以一家名。一日遇病数十辈，同一证，医者曰："此证阴也，其用某药无疑。"数人者骈死，医者犹不变。良叔曰："是证其必他有以合，少更之。"遂服阳证药，自是皆更生焉。良叔冤前者之死也，遂发念取诸医书，研精探索，如其为学然。久之，无不通贯，辩证察脉，造神入妙，如庖丁解牛，伛偻承蜩。因自撰为方剂，括为歌诗，草纸蝇字，连帙累牍，以遗其后人，曰："吾平生精神，尽在此矣。"其子季浩以是为名医。其子庭举，早刻志文学，中年始取其所藏读之，今医遂多奇中。一日出是编，予然后知庭举父子之有名于人，其源委盖有所自来矣。天下岂有无本之学哉！世道不淑，清淳之时少，乘戾之时多。人有形气之私，不能免于疾。世无和扁，寄命于尝试之医。斯人无辜，同于岩墙桎梏之归者，何可胜数！齐高彊曰："三折肱知为良医。"楚辞曰："九折臂而成医。"言屡尝而后知也。《曲礼》曰："医不三世，不服其药。"言尝之久，而后可信也。人命非细事，言医者类致谨如此。然则良叔齐、楚人，所云医也，岩庭举承三世之泽，其得不谓之善医矣乎？予因谓庭举曰："凡物之精，造物者秘之，幸而得之者，不敢轻。然其久，未有不发。周公金縢之匮，兄弟之秘情也，至成王时而发；艺祖金匮之誓，母子之秘言也，至大宗时而发。君所谓《金匮歌》者，虽一家小道，然祖宗之藏本，以为家传世守之宝，其为秘一也。子之发之也，以其时考之则可矣。"庭举曰："大哉斯言！予祖之泽，百世可以及人，予为子孙，不能彰悼先志，恐久逐沉泯，上贻先人羞，敢不承教以广之于人。”予嘉庭举之用心，因为序其本末如此。良叔讳朝弼，季浩讳渊，庭举名槐云。[①]

宋荦筠廊《偶笔》：宋宝祐四年《登科录》，第一甲一名文公天祥，第二甲第一人谢公枋得，第二甲第二十七人陆公秀夫。忠节萃于一榜，洵为千古美谈。

姜南风《月堂杂识》：留梦炎淳祐四年状元。文天祥宝祐四年状元，陈文龙咸淳四年状元。及宋亡，文、陈二公，皆死节显著，不负大魁之名。梦炎以苟活图富贵，有玷科名，其视文、陈二公，不啻麒麟之于犬羊，凤凰之于燕雀，岂可以同日语哉！

吴兴许浩基案，陈文龙字德刚，兴化人。景炎时为丞相，元兵进攻，文龙被执，逼其降，不屈，众皆义之。乃执以如燕，行至临安而卒。见《宋史·忠义传》。

吴宽谒文信公祠

当时正气亘乾坤，忠义谁将宋史论。[②] 柴市宜为南向象，崖山应有北归魂。已酬乡里晞贤志，能报朝廷养士恩。一读六歌人便哭，天教遗墨毁无存。[③]

章懋谒文丞相祠

元宋兴亡迹已陈，忠臣祠宇尚如新。夕阳古树烟犹瞑，夜雨荒阶草自春。慷慨大歌空洒泪，间关百战竟捐身。穆陵地下应含笑，不负传胪第一人。[④]

文丞相祠联

文丞相祠，在北京教忠坊府学胡同，即元之柴市也。明洪武九年，北

---

① 以上《文信国公集》。

② 《宋史》，公与陈宜中同传，不预忠义之列。

③ 海虞钱氏，藏公《六歌》墨迹，近毁于火，明吴宽，字原博长洲人，成化中，会试廷试皆第一，有《匏翁家藏集》。

④ 明章懋，字德懋，兰溪人，成任进士第一，有《枫山集》。

平按察副使刘嵩建，永乐六年，始有春秋之祭，于有司岁以顺天府尹行事。宣德四年，府尹李庸至，顾瞻祠宇敝陋，遂葺而新之。景泰间赐谥忠烈，殿三楹，联曰："南朝状元宰相，西江孝子忠臣。"牍扉大书《正气歌》全文，正中一额曰："有宋存焉。"又有朝鲜人祭文揭楣梁，遗风振四夷，可知也。[①]

① 《文文山年谱》。

陆秀夫　二十四

南宋，姓陆氏，名秀夫，字君实，江苏盐城县人。明谥忠烈。[①]嘉熙庚子，生三岁，其父徙家镇江。稍长，从其乡人孟先生学，孟之徒恒百余，独指秀夫曰："此非凡儿也。"宝祐丙辰，[②]登进士第。景定庚申，[③]李庭芝镇淮南，辟至幕中，每宴集，坐尊俎间，矜庄终日，未尝少有希合。帝昰德祐乙亥，[④]边事急，诸僚属多亡者，惟秀夫数人不去。庭芝上其名，除司农寺丞，累擢至宗正少卿，兼权起居舍人。丙子正月，[⑤]以礼部侍郎使军前请和，不就而反。二王走温州，秀夫追从之。益[⑥]立于福州，[⑦]迁端明殿学士，签书枢密院事。时君臣播越海滨，庶事疏略，秀夫俨然正笏，立如治朝。王以惊疾殂，群臣皆欲散去。秀夫曰："度宗皇帝，一子尚在，将焉置之？古人有以一旅一成中兴者，今百官有司皆具，士卒数万，天若未欲绝宋，此岂不可为国耶？"乃与众共立卫。[⑧]以秀夫为左丞相，与张世杰共秉政。时世杰兵厓山。[⑨]秀

---

① 万历四十七年，始谥忠烈，盖上去宋之亡已三百四十载矣。
② 年十九。
③ 年二十三。
④ 年三十八。
⑤ 年三十九。
⑥ 王昰。
⑦ 即今福建省闽县。
⑧ 王昺。
⑨ 在广东省新会县南，大海中，山延袤八十余里，与汤瓶嘴对峙，如两岸然，亦曰崖门山。宋绍兴中，置寨，以控扼乌猪太洋之险。

夫外筹军旅，内调工役，凡有述作，又尽出其手，虽匆遽流离中，犹日书《大学章句》以劝讲。帝昺祥兴二年己卯，二月癸未，崖山陷。秀夫度不可脱，驱妻子先入海中，寻负王赴海而死，宋亡。方秀夫在海上时，记二王事甚悉，以授邓光荐，光荐死，其书存亡无从知，故海上之事，世莫得其详。[①]

南宋理宗嘉熙二年十月初八日寅时生。[②]

南宋帝昺祥兴二年二月初六日□时卒。

戊戌	**命**	五岁 十五	甲子 乙丑
癸亥	**宫**	二五 三五	丙寅 丁卯
己酉	**丙**	四五 五五	戊辰 己巳
丙寅	**辰**	六五 七五	庚午 辛未

《陆忠烈公年谱》，蒋逸雪著，载明公宋理宗嘉熙二年十月初八日寅时生。

珊谨按：其八字，为戊戌、癸亥、己酉、丙寅，查得日干之己属土，年干之戊亦属土，年支之戌、时支之寅，与命宫之辰中各藏戊，又俱属土，土计有五矣。时干之丙属火，命宫之丙亦属火，年支之戌藏丁，时支之寅藏丙，又俱属火，火计有四矣。土多则厚，非木不足以疏通之，火多则炎，非水不足以交济之，恰好命宫之辰中藏水木，与月支所藏水木，同声相应，同气相求，再益以月干癸水、时支寅木，从中协助，一面疏土，一面济火，其为用神有赖，气象堂皇，更属显然。因是，正国忘家，捐躯竭命，岂止文章英迈。器识超群已哉！十五岁子运，岁值壬子，应乡举得贡，补太学牒，火需水济，此明证也。十八岁乙运，岁值乙卯，乡试第一，十九岁仍行乙运，岁值丙辰，成进士，与文天祥同榜，土赖木疏，此明证也。二十三岁庚申至三十五岁壬申，公皆随李庭芝参赞军机，宾主交欢，尚称安适，盖经过丑丙寅三运，既非纯水，又非纯木，故只随遇而安

---

① 袤音茂，广袤也。东西曰广，南北曰袤。

② 生卒见《年谱》。

也。三十六岁癸酉，李庭芝投闲，公乃出幕。三十七岁甲戌，元丞相伯颜，大举入寇。七月帝崩，子嘉国公显即位，封兄昰为吉王，弟昺为信王，[1] 庭芝为淮东制使，公为参议官。三十八岁乙亥，宋帝显，德祐元年，公除司农寺丞，累擢至宗正少卿，兼权起居舍人。三月，伯颜入临安，[2] 以帝及皇太后全氏北去，益王、广王同走温州。三十九岁丙子，公至温州，奉益[3]为都元帅，五月，即位福州，改元景炎，公为直学院。六月，公罢直学院，谪居于潮。七月，扬州陷，李庭芝死之。十一月，张世杰奉帝航海至泉州，又走潮州，复次惠州。四十岁丁丑，公致陈文龙书，文龙不食死。九月，帝迁潮州之浅湾，公由潮还，同签书枢密院事。四十一岁戊寅，二月，元兵陷潮州，[4] 三月帝迁淘州，[5] 四月帝崩，公立卫王为帝，时卫王昺年八岁六月。帝迁崖山，公为左丞相，政余日书《大学章句》劝讲。文天祥兵败，上表自劾，朝廷下诏勉谕之。闰十一月，文天祥被执。十二月，公著《三帝信录》。四十二岁己卯，二月六日癸未，厓山陷，公负帝赴海死，宋亡。凡此七年，颠沛流离，日无宁晷，固由丁火燥土，卯木冲酉所致，实则国运倾圮，[6] 无从挽救，然公之孤忠大节，亦可与日月争光矣。

附　录

宝祐元年癸丑，公十六岁，读书鹤林寺，有诗云："岁月未可尽，朝昏屡不眠。山前多古木，床下半残编。放犊饮溪水，助僧耕稻田。寺门久断扫，分食愧农贤。"[7]

文文山吊公序云："陆枢密秀夫，字君实。自维扬幕入朝，京师陷，永嘉推戴有力。及驻厓山，兼宰相，凡朝廷事皆秀夫润色纲纪之。厓山

---

① 显，音顯，著也，先也。昰，即古夏字，音暇。四时，二曰夏。昺，音丙，亮也。

② 即今浙江省杭县。

③ 王昰。

④ 潮州，即今潮安县，泉州，即今晋江县，皆属广东省。

⑤ 即大溪山，在广东省吴川县南，屹立海中，今作淘洲。在广州湾口外。淘音匈，冬韵。

⑥ 圮，意丕，纸韵，左从戊己之己，毁也。

⑦ 《年谱》。

陷，与全家赴水死，哀哉！诗曰：‘文彩珊瑚钩，[①] 淑气含公鼎。[②] 炯炯一心在，[③] 天水相与永。’”[④]

石田林景熙题陆秀夫殉国图

紫宸黄阁共楼船，海气昏昏日月偏。平地已无行在所，丹心犹数中兴年。生藏鱼腹不见水，死抱龙髯直上天。板荡纯臣有如此，流芳千古更无前。[⑤]

明李东阳吊陆公祠

国亡不废君臣义，莫道祥兴是靖康。奔走耻随燕道路，死生惟著宋冠裳。天南星斗空沦落，水底鱼龙欲奋扬。此恨到今犹未极，厓山东下海茫茫。

汴城杭国总邱墟，三百年来此卜居。海外河山非汉有，岭南人物是周余。行宫草草慈元殿，讲幄勤勤大学书。辛苦相臣经国念，有才无命欲何如。

北风吹浪覆龙舟，溺尽江南二百州。东海未填精卫死，西川无路杜鹃愁。君臣宠辱三朝共，宗社兴亡万古仇。若遣素王生此世，也须重纪宋春秋。[⑥]

---

① 奉同，郭给事灵湫作。

② 张九龄。

③ 严武。

④ 汉陕西南台。《文山全集》。

⑤ 明瞿祐《归田诗话》。

⑥ 《年谱》。

袁氏命谱卷四

赵孟頫　二十五

元，姓赵氏，名孟頫，字子昂，号松雪道人。宋太祖十一世孙。因赐第湖州，故为浙江湖州人。[①] 幼聪敏，读书过目辄成诵，为文操笔立就。宋咸淳丁卯，[②] 用父荫补官。辛未，[③] 试中国子监，调真州司户参军。宋亡，家居益力于学。元世祖至元丁亥，[④] 程钜夫奉诏搜访遗逸，以孟頫入见。才气英迈，如神仙中人，世祖顾之喜，使坐右丞叶李上，授兵部郎中，出佐济南府。[⑤] 累官翰林学士承旨。至治壬戌，六月辛巳卒，年六十九，追封魏国公，谥文敏。著有《尚书注》、《琴原》、《乐原》，得律吕不传之妙。又著《松雪斋集》。诗文清邃奇逸，读之使人有飘飘出尘之想。篆籀分隶、真行草书，无不冠绝古今，遂以书名天下。其画山水木石、花竹人马，尤精致。前史官杨载，称孟頫之才，颇为书画所掩，知其书画者不知其文章，知其文章者不知其经济之学，人以为知言云。

南宋宝祐二年九月初十日巳时生。[⑥]

元英宗至治二年六月十五日□时卒。

---

① 湖州，即今浙江省吴兴县治。

② 年十四。

③ 年十八。

④ 年三十四。

⑤ 济南，即今山东省历城县治。

⑥ 生卒见《松雪斋集》。

甲寅	命	三岁	乙亥
		十三	丙子
甲戌	宫	二三	丁丑
		三三	戊寅
己酉	丁	四三	己卯
		五三	庚辰
己巳	丑	六三	辛巳
		七三	壬午

《子平大全》云："凡看八字，先明从化，从化不成，方论其他。"又云："天干化合者，秀气也；地支合局者，福德也。"

珊谨按：赵文敏公之造，甲寅、甲戌、己酉、己巳，日干之己与月干之甲，阴阳联合，时干之己与年干之甲，又阴阳联合，不独日时二干之己，不能作正五行土言，即年月二干之甲，亦不能作正五行木言。盖二己二甲，同化为土矣。既化为土，辨吉凶，论休咎，皆当以化气五行之土为标准，若再泥正五行之土木言，直是沽酱而索豆值，失之远矣。此化土于霜降节后，黄帝固已司权，土王亦复用事，再得寅戌化火以生土，酉巳化金以泄土，而寅巳各具藏丙，戌酉各具藏辛，比邻而居，相亲相近，又复同化为水，此诚秀气充足，福德饶余之造。虽命宫丁字，暗中引壬，化木克土，得丑字喜神，从中斡旋，小疵大醇，何足为病？仁宗帝间与左右论公，谓有人所不及者数事：帝王苗裔，一也；状貌昳丽，二也；[①] 博学多闻知，三也；操履紸正，[②] 四也；文词高古，五也；书画绝伦，六也；旁通佛老之旨，造诣玄微，七也。珊谓七事虽美，犹不足为公多，惟大兵以后，十室九空，桑哥暴敛，民不聊生，公独能力劝奉御彻里公，密奏朝廷，蠲除钱粮，诛戮桑哥。及至出为同知济南，公独署府事，凡有民事，随时决遣，轻则谕解。且以振兴学校为先务，夜出巡逻，闻读书声，辄削其柱以记之，翌日馈酒以劳其勤，能为辞章者，必加褒勉，与之声誉，或授以法度，使慕高古。凡此种种，较之以上七美，有过之无不及。故当时有民歌子产，人咏召公者，然果推其本原，实因八字四合，有以致之，否则不过留梦炎之流。在宋虽状元及第，位至丞相，何尝些须为国计民生哉！十二岁亥运，岁值乙丑，丧父，此亥遥冲巳，丑遥刑戌之故。十八岁丙运，岁值辛未，试中国子监，调真州司户参军，此

① 昳音丽，屑韵日昃也。

② 紸音注，紸绩曰注。

丙辛化水润土之故，未戌相刑，尚无大害。三十四岁丁亥，十一月，程公钜夫，奉诏搜访江南遗佚二十余人，[1] 公居首选，世祖皇帝，一见称之，以为神仙中人，使坐于右丞叶公之上，自布衣擢奉训大夫。三十六岁戊子，至六十八岁辛酉，自兵部郎中，拜集贤直学士，进朝列大夫，出为同知济南路总管府事，进拜翰林学士承旨，知制诰，兼修国史，至谒告致仕。如此三十余年，家齐国治，顺理成章，此皆戊寅、己卯、庚辰等运，与甲己化土格，不相背谬，有以致之，不尽关于人力也。六十九岁巳运，岁值壬戌，溘然逝世者，此乃合丁化木破土之故，岂止巳寅戌丑，伤格损贵已哉！[2]

附　录

自　警

齿豁头童六十三，一生事事总堪惭。唯余笔砚情犹在，留与人间作咲谈。

赠张德玉

张君说易万人夸，幽赞神明断不差。动静六爻虽有象，吉凶万变本无涯。河图妙在纵横用，皇极曾传一倍加。自叹已无疑可卜，有疑来问尔西家。

叶氏《经疑序》

大凡读书不能无疑。读书而无所疑，是盖于心无所得故也。无所得则无所思，不思矣，何疑之有？此读书之大患也。善读书者，必极其心思，一字不通，弗舍之而求一句；一句不通，弗舍之而求一章；一章不通，弗舍之而求一篇。夫如是则思之深，思之深则必有疑，因其疑而极其心思，则其有得也。凡书皆然，经为甚，何者？六经其来最古，传之久，而讹谬生焉，以今人而臆度古人，吾见其不能矣，则夫疑之多也何怪？通川叶君，白首于六经，凡有疑，皆萃而为一编。其疑之浅深，固未易遽释，而其所以疑者，有以见叶君之用心于经书，而非泛泛口耳之学，所可同年而语矣。叶君以仆尝从事于斯，不远千里，来求叙引，故叙其所以疑者，览者其详诸？[3]

---

① 佚质韵，与逸通。

② 别本载公九月九日生，非是。

③ 以上《松雪斋文集》。

帝尝问："叶李、留梦炎优劣？"孟頫对曰："梦炎臣之父执，其人重厚，笃于自信，好谋而能断，有大臣器。叶李所读之书，臣皆读之，其所知所能，臣皆知之能之。"帝曰："汝以梦炎贤于李耶？梦炎在宋为状元，位至丞相，当贾似道误国罔上，梦炎依附取容，李布衣乃伏阙上书，是贤于梦炎也。汝以梦炎父友，不敢斥言其非，可赋诗讥之。"孟頫赋诗云："状元曾受宋家恩，国困臣强不尽言。[1] 往事已非那可说，且将忠直报皇元。"帝叹赏焉。孟頫退谓奉御彻里曰："帝论贾似道误国，责留孟炎不言，桑哥罪甚于似道，而我等不言，他日何以辞其责？然我疏远之臣，言必不听，侍臣中读书知义理，慷慨有大节，又为上所亲信，无逾公者。夫捐一旦之命，为万姓除残贼，仁者之事也，公必勉之。"既而，彻里至帝前，数桑哥罪恶。帝怒，命卫士批其颊，血涌口鼻，委顿地上。少间，复呼而问之，对如初。时大臣亦有继言者，帝遂按诛桑哥，罢尚书省，大臣多以罪去。[2] 他日，彻里公与孟頫论及此事，叹曰："使我有万世之名，公之力也。"[3]

楹　联

元世祖初闻赵子昂之名，即召见之。子昂丰姿如玉，照映左右，世祖心异之，以为非人臣之相，使脱冠，见其头尖锐，乃曰："不过一俊书生耳！"遂命书殿上春联。子昂题曰："九天阊阖开宫殿，万国衣冠拜冕旒。"又命书厅门春联，题曰："日月光天德，山河壮帝居。"按：日月十字，今率用为新岁桃符，几遍闾巷，而不知始自松雪翁，且非臣工所宜用也。又按：今人家门联，率用"天恩春浩荡，文治日光华"十字，不知此乃雍正年间御赐桐城张文和[4]桃符句。张氏岁岁悬之，后京官度岁强半书此作大门春联。近日，则外省亦比户皆然矣。

又引《坚瓠集》云：赵子昂过扬州迎月楼赵家，其主求作春联，子昂题曰："春风阆苑三千客，明月扬州第一楼。"主人大喜，以紫金壶奉酬。

灵隐寺山门，有赵松雪一联云："龙涧风回，万壑松涛连海气；鹫峰云敛，千年桂月印湖光。"今《西湖志》不载。[5]

---

① 此二句见《松雪斋集》。

② 《元史·赵孟頫传》。

③ 此语见《松雪斋集》。

④ 廷玉。

⑤ 以上《楹联丛话》。鹫音就，宥韵，鹫鸟，即雕也；西城有灵鹫山，因借用为佛地之称。

刘 基 二十六

明，姓刘氏，名基，字伯温，浙江青田县人。虬髯貌修伟，元，泰定甲子，① 入郡庠，习举业，为文有奇气，决疑义，皆出人意表，凡天文、兵法诸书，过目洞识其要。丙寅，② 举于乡。至顺庚午③登进士第，授江西高安县丞，有廉直声。江西行省大臣，素知公，遂辟为职官掾史。④ 后与幕官议事不合，遂投劾去，隐居力学，至是而道益明。后为浙江提学副提举，为行省考试官。顷之，建言监察御史失职事，为台宪所阻，遂弃官，归田里。至正庚子，⑤ 明太祖定括苍，⑥ 聘至金陵，陈时务十八策，建礼贤馆处之。佐太祖，灭陈友谅，执张士诚，降方国珍，北伐中原，遂成帝业。授太史令，累迁御史中丞。诸大典制，皆基与李善长、宋濂计定，封诚意伯。洪武四年辛亥，⑦ 以弘文馆学士致仕。性刚嫉恶，与物多忤，为胡惟庸所构，忧愤卒，时八年乙卯，四月乙巳，年六十五。正德中追谥文成。基博通经史，尤精象纬之学，有《郁离子》、《覆瓿集》、《写情集》、《犁眉公集》等书行世。其占谂象纬诸书，公启手足时，命其子献诸朝，具在金匮石室，靡可得窥云。

① 年十四。
② 年十六。
③ 年二十。
④ 掾音砚，古佐贰官之通称。
⑤ 年五十。
⑥ 县名，故城在今浙江省丽水县东南。
⑦ 年六十一。

元武宗至大四年六月十五日午时生。[1]

明太祖洪武八年四月十六日□时卒。

辛亥	**命**	一岁 十一	甲午 癸巳
乙未	**宫**	二一 三一	壬辰 辛卯
乙卯	**壬**	四一 五一	庚寅 己丑
壬午	**辰**	六一 七一	戊子 丁亥

读《诚意伯刘公文集》，附年谱，敬悉公诞生于元至大四年六月十五日，并未详载生时，珊仰止情殷，谨就其学识经历，拟作午时，其八字为辛亥、乙未、乙卯、壬午。

谨按：日元之乙为阴，在五行属木，古人以花卉喻之，当此小暑节后，葵倾烈日，槐动薰风，生意满园，概可想见。再益以月干乙木，及亥年、未月、卯日，三支藏木，蕃荣滋长，更逾寻常。假令无土以栽培之，无金以剪裁之，直是野草闲花，岂能分红间白耶？恰好时支之午，中藏己土，年干之辛，特立属金，栽培有素，剪裁见功，非惟解语忘忧，尤应春华秋实，是以忽为仙人隐士，忽为君子大夫，以视渊明、和靖，盖有过之。或曰：天干二乙，地支亥卯未三合，格成曲直，用土培之则可，岂能用金以戕贼之耶？曰：四柱无金，始为曲直，今年干明见辛金，非曲直也。既非曲直，而又木象森森，安可不藉金剪裁，芟其繁芜，归于简当耶？[2] 总之，非命宫壬辰，不能慈闱寿永，而亦不致弦断再续，有四氏之多；非日支卯禄，不足以胜辛金，而亦不能有二男济美，寿近稀龄；非午时藏土，必不能天资颖异，凡经史子集，天文兵法诸书，过目洞识其要。《指迷赋》云："禄生旺兮，则分节钺。"《造微赋》云："长生乃延寿之星。"良有以也。十四岁癸运甲子，小限己卯，入郡庠。十六岁仍行癸运丙寅，小限丁丑，举于乡。二十岁己运庚午，小限癸酉，登进士第，授江西高安县丞，有廉直声。江西行省大臣，素知公，遂辟为职官掾史，以谠直闻，后与幕官议事不合，遂投劾去，隐居力

---

① 生卒见《年谱》。

② 得土培木，得金制木，用神完备，不同寻常。

学，至是而道益明。就此三则观之，可见己土、丑土、庚金、酉金及巳中藏金，均有裨于繁木也。及至辛运，为儒学副提举，庚运，为浙东都司，藉金益金，亦尝牛刀小试。五十岁寅运藏土，庚子干金支贵，是以应太祖之聘，亲赴建康，[①] 条陈时务，自此一鸣惊人。接行己丑二运，土金连环，是以谋议机密，预言必中，规定律令，建筑新宫，自太史令而拜御史台中丞，复又晋封诚意伯，可见土能生金，金能制木，效用特殊也。六十二岁交入戊运，经过壬子、癸丑、甲寅等年，水木为害，是以发生谈洋地事，为胡惟庸所讦，[②] 致令引咎自责，忧愤成疾。延至六十五岁乙卯，与日主干支犯比，故一病不起。当诚意伯疾笃时，即以天文书授子琏曰："亟上之，[③] 毋令后人习也。"又谓次子璟曰："夫为政宽猛如循环，当今之务，在修德省刑，祈天永命，诸形胜要害之地，宜与京师声势连络。我欲为遗表，惟庸在，无益也。惟庸败，上必思我，有所问，以是密奏之。"居一月而卒，时为四月十六日也。

附　录

田　家

田家无所求，所求在衣食。丈夫事耕稼，妇女攻纺绩。
侵晨荷锄出，暮夜不遑息。饱暖匪天降，赖尔筋与力。
租税所从来，官府宜爱惜。如何恣刻剥，渗漉尽涓滴。[④]
怪当休明时，狼藉多盗贼。岂无仁义矛，可以弭锋镝。
安得廉循吏，与国共欣戚。清心罢苞苴，养民瘳国脉。[⑤]

送医士贾思诚还浙东二首

西风袅袅水鳞鳞，一曲离歌泪满巾。残柳数株鸥数点，夕阳江上送归人。

落木长亭独客回，蹇驴聊可当驽骀。还山须种千株杏，等待仙华道士来。

---

① 故城在今江苏江宁县南。
② 音揭，月韵，发人阴私曰讦。
③ 亟音棘，职韵，急也。
④ 渗，森，去声，沁韵，漉音禄，屋韵。
⑤ 镝，音的，矢锋也，即箭镞。

遣　兴

一炷清香一卷书，此身安处是吾庐。绿槐翠柏宜长日，门外何须长者车。

春　蚕

可叹春蚕独苦辛，为谁成茧却焚身。不如无用蜘蛛网，网尽蜚虫不畏人。

《灵棋经解》序

昔者圣人作《易》，以前民用，《灵棋》象《易》而作也。《易》道奥而难知，故作《灵棋》以象之。《灵棋》之象虽不足以尽《易》之蕴，然非精于《易》者，又焉能为《灵棋》之辞也哉？《灵棋》之式，以三为经，四为纬。三以上为天，中为人，下为地；上为君，中为臣，下为民。四以一为少阳，三为太阳，二为少阴，四为老阴；少阳与少阴为偶，而太阳与太阴为敌。得偶而悦，得敌而争，其常也。或失其道而偶反为为仇，或得其行而敌反为用，其变也。阳多则道同而相助，阴多则志异而相乖，君子、小人之分也。阴阳迭用，体有不同，而名随之异，变易之道也。《易》之取象，曰车，曰马，曰桷，[1] 曰矢，曰鬼，曰狐之类，推而达之，天下之物，无不赅矣。曰马矣，而又化为龙，曰水矣，而又以为云，变易之义也，非通天下之赜者不识也。故曰《灵棋》象《易》而作也，非精于《易》者不能也。予每喜其古之验，而病解之者不识作者之旨，而以世之卜师之语配之，故为申其意而为之言。若夫以为黄石公之授，张子房之受，则传无其文，史无其实，不敢从而附会之也。

珊按：《古今事物考》引《异苑》曰："十二棋卜出张良，受法于黄石公。"盖灵棋法也。《通志略》卷二十载有《灵棋经》一卷，张良撰，又一卷唐李暹撰，文成所解者，即谓为黄石公授之子房，亦未为不可也。

徐仲远序

世之所谓祸福通塞者，果由于命耶？圣人罕言命，命果不足道耶！孔子曰："道之将行也与？命也。道之将废也与？命也。"自古固有不仁而安荣，守道而戮辱者，庸非命乎？古之人以寿、富、康、宁、攸好德、考终命为福，而不言贵，今之论命，以官爵之大小品高下，岂古之所谓祸福与今异耶？好德无

---

① 音角，椽之方者曰桷。

逾于仲尼，则厄穷而在下，颜渊亚圣，三十以死。曹孟德、司马仲达，位在人上，而以寿终，且及其子与孙，祸耶福耶？所谓命者，当何以断之哉？《易》曰："穷理尽性，以至于命。"孔子曰："不知命无以为君子也。"今之言命者，其果有合于古人否乎？天以阴阳五行生为人也。阴阳五行之精，是为日月木火土金水之曜，七曜运乎上，而万物形成于下。人也者，天地之分体，而日月木火土金水之分气也。理生气，气生数，由数以知气，由气以知理，今之言命者之所由起也。夫气，母也，人子也，母子相感，显微相应，天人之理也，则亦何可废哉？日至而麋鹿解，月死而蠃硥瞧，[①] 温风动而荠麦死，清霜降而丰钟鸣，物理相通，不可诬也。天台徐仲远，以七曜四余，推人生祸福无不验，予甚异之，而赠以言。若夫吉凶利害之所趋避，则吾闻之孟子矣。[②]

郁离子曰：天地之呼吸，吾于潮汐见之；祸福之素定，吾于梦寐之先兆见之；同声之相应，吾于琴之弦见之；同气之相求，吾于铁与磁石见之；鬼神之变化，吾于雷电见之；阴阳五行之消息，人命系其吉凶，吾于介鳞之于月见之；祭祀之非虚文，吾于豺獭见之；天枢之中，吾于子午之针见之；巫祝之理不无，吾于吹蛊见之；三辰六气之变，有占而必验，吾于人之脉色见之。观其著以知微，察其显而见隐，此格物致知之要道也。不研其情，不索其故，梏于耳目而止，非知天人者矣。[③]

诚意伯佐命之功，追综文成，而时罕传记，至其学所师承，亦无能言之者。[④] 予乡人顾梗，知青田县，与刘翁为游，诚意之末孙，能通其家学，为梗言，诚意未遇时，知青田山有灵异，日手一编，面山而坐，目不暂释。经岁，忽崖上豁开三扉，公亟掷书趋入，闻有呵之者曰："此中毒恶，不可入也。"公不顾，竭力排而进，其中日色明朗，有石室方丈，壁上见七大字，云"此石为刘基所破"。公喜，引巨石推之，应手折裂，得一石函，中有古钞兵书四卷。怀之出，才展足，而壁合如故。归诵之，甚习，然犹未得其肯綮。乃多游深山崇刹，以访异人。久之，入一山寺，见老道士凭几读书，若知其隐者，拜之，请教。道士不顾，公力恳之。道士举所读书以授之曰："读此，旬日能背诵，则可；不能，姑去。"书厚二寸，公一夕记其半。道士惊叹曰："子，天才也!"遂传其学。后佐高皇帝，尝对御言及道士，上令驿召至阙，年且八十，而容色

---

① 蠃鲁果切，音裸，帑韵，又郎何切，音罗，蚌属本作螺，硥，武项切，石貌。
② 以上《诚意伯文集》卷五。
③ 《郁离子》。
④ 或云师九江黄楚望，更考之。

甚少。命与诚意及张铁冠，择建宫之地。初各不相闻，既而皆为图以进，尺寸若一。上欲留之，不可，遂放还山，不知所终。又言，公疾革时，谓其子云："吾家封爵当中绝，然至五世后，应得武职，从兹可传继矣。"至孙荐袭爵后，果被革。弘治初，诏录公后，为处洲指挥使，正五世矣。时嫡孙以罪系狱，有司脱桎梏而冠服之，人以为奇遇。

诚意伯尝过吴门，中夜闻邪许声，以问左右，曰："人家上梁也。"又问其家贫富及屋之丰俭，曰："贫家数楹屋耳。"公叹曰："择日人术精乃尔!"又曰："惜哉！其不久也。"左右问故，公曰："此日此时上梁最吉，家当大发。然必巨室乃可，若贫家骤富，必复更置，此屋旺气一去，其衰可待也。"其后此家生计日长，不数岁藏镪百万，果撤屋广之，未久，遂贫落如故。①

丹待巨村有刘文成读书处，欧阳苏《容安轩初稿·怀青田刘先生诗并序》，先生以元季弃官，隐于我里，居村西蛟溪书屋，十二世祖太守公，遣子弟受学先生。每与人言，凡事皆由前生定。一日逢重九，太守公开筵赏菊，先生以是年春，因事他适，席将终而始至，止余酒一杯，鸡头半个耳。太守公重命整肴核。先生曰："此前生定也。"太守公曰："有说乎?"先生命观户后题句，云："去时三月三，来时九月九，半个鸡头一杯酒。"读毕大笑。至今传为佳话。今书屋虽岿然尚存，而先生不可复见矣。凭窗怅望，感而成章云："危檐何高高，下瞰长溪水。烟景足山川，收入窗户里。大河从北来，依村环逦迤。春至桃花浪，洋洋浮百里。茅峰峙西南，当轩屏幛起。岭树翠欲挹，山光满案几。歌脉愧凡才，前贤今杳矣。缅怀蚪潜时，诗酒逢知己。重九与上巳，前定识妙理。从龙谢诗人，指挥定明纪。兹楼久寂寞，凭眺怀被美。高风不可攀，举首徒翘企。朗吟题壁诗，悠然接容止。"②

古今人品，有绝相类者，汉曰张子房，蜀汉曰诸葛孔明，国朝曰刘伯温。三人，其德器同，其才略同，其出处同，其超然远览，爵禄富贵不系于心同，其以布衣掉三寸舌，运筹帷幄，为王者师亦同，其佐英主于草莽之中而成帝业亦同。盖此三人者，光明俊伟，倜傥磊落，三代而下，所仅见者也。③

① 以上《庚己编》。

② 先生有《蛟豁诗》，载《文集》卷十二，《年谱》。

③ 《新知录摘抄》。

明太祖高皇帝　二十七

明，姓朱氏，讳元璋，字国瑞。太祖之先世，故沛人，徙江东句容，为朱家巷。宋季，大父再徙淮，家泗州。[①] 父世珍始徙濠州之钟离[②]太平乡。[③] 母陈，生四子，太祖其季也。比长，姿貌雄杰，奇骨贯顶，志意廓然，人莫能测。元，至正四年甲申，旱蝗，大饥疫，太祖时年十七，父母兄相继殁，贫不克葬，里人刘继祖与之地，乃克葬，即凤阳陵也。太祖孤无所依，乃入皇觉寺为僧。[④] 逾月，僧乏食，太祖游食合肥，历光、固、汝、颍诸州。道病，辄见两紫衣人与俱，护视甚至，病差，遂不见。崎岖三载，仍还皇觉寺。时元政不纲，群雄并起。定远人郭子兴，家富饶，任侠，喜宾客，见天下方乱，散家资，与壮士相结，集少年数千人，袭据濠州。元将彻里不花，不敢进，日掠良民邀赏。至正十二年壬辰，太祖时年二十五，谋避兵，卜于神，去留皆不吉，乃曰："得毋当举大事乎？"卜之，吉，大喜，遂以闰三月甲戌朔，入濠州，抵门，门者疑为谍，执见子兴。子兴奇其状貌，与语，大悦之，留帐下，为十夫长。数从战有功，子兴喜。其次妻张氏，亦指目太祖

① 清康熙时，沦入洪泽湖，徙旧虹县地，属安徽省，民国改为泗县。

② 故治在今安徽省凤阳县东少北二十里。

③ 濠州随置，明废，今安徽凤阳县是。

④ 皇觉寺，在凤阳县东南二里，洪武初改名龙兴寺。

曰："此异人也。"秋九月，遂妻以所抚马公女，即高皇后也。始子兴同起事者，孙德崖等四人，继与德崖龃龉，太祖屡调护之，十三年癸巳，[①] 太祖收里中兵，得七百人，子兴喜，署为镇抚。时彭赵所部暴横，子兴弱，太祖度无足与共事，乃以兵属他将，独与徐达、汤和、费聚等南略定远，[②] 复下徐州。[③] 十四年甲午，[④] 元兵攻滁，太祖设伏诱败之。十五年乙未，[⑤] 子兴用太祖计，拔和州，[⑥] 乃搜军中所掠妇女，纵还家，民大悦。三月，子兴卒。时颍州刘福通迎立栾城韩山童之子林儿于亳，[⑦] 国号宋，建元龙凤，檄子兴子天叙为都元帅，张天佑、太祖为左右副元帅。四月，常遇春、廖永安等以水军千艘来附，太祖遂定计渡江，拔牛渚，[⑧] 下太平，[⑨] 自领元帅。十六年丙申，[⑩] 破采石，克集庆，降其众三万六千，为吴国公。自此克江阴，[⑪] 克婺源，[⑫] 克诸暨。[⑬] 中原大乱，太祖所过不杀，收召才隽，由是人心日附。二十年庚子，[⑭] 征刘基、宋濂，以刘基留帷幄，谋机密，宋濂为提举，遣子标，受经学。自此而后，灭陈友谅，称吴王，灭张士诚，克燕京，十五载而成帝业，建都应天为南京，时在四十一岁，乃元至正二十八年，即明洪武纪元戊申也。洪武二年己酉，至三十年丁丑，纂修《元史》，筑宁海诸城，重士爱民，颇多善政。惟求治太急，疾恶太严，诛戮功臣，株连尤众。科举以八股取士，亦始于此。三十一年戊寅，闰五月初十日乙酉，崩于西宫，享寿七十有一。葬孝陵，庙号太祖，谥高皇帝，年号洪武。

---

① 年二十六。
② 县名，属安徽省。
③ 故治，即今江苏省铜山县。
④ 年二十七。
⑤ 年二十八。
⑥ 今为和县，属安徽省。
⑦ 今为亳县，属安徽省。
⑧ 牛渚山名，在安徽省，当涂县西北二十里，一名采石。
⑨ 太平，即今当涂县。
⑩ 年二十九。
⑪ 县名，属江苏省。
⑫ 县名，属安徽省。
⑬ 县史，属浙江省。
⑭ 年三十三。

元天历元年九月十八日未时生。[1]

明洪武三十一年闰五月初十日□时卒。[2]

戊辰	**命**	三岁	癸亥
		一三	甲子
壬戌	**宫**	二三	乙丑
		三三	丙寅
丁丑	**癸**	四三	丁卯
		五三	戊辰
丁未	**亥**	六三	己巳
		七三	庚午

《三命通会》卷六引古歌云："四镇之星福自强，更看权杀在何方。数重贵禄兼生旺，不作公侯便作王。"注云："如明太祖戊辰、壬戌、丁丑、丁未，土居四季，辰戌丑未顺，阴阳贵全，所以为创业天子。"同卷又引千里马云："四库全备，龙变化逢大海，为九五之尊。"又引《宝鉴赋》云："辰戌丑未俱顺行，帝王君命无疑。"《理愚歌》云："四库在时为四贵，位班上列据权衡。"珊对于命学，愧少发明，然认为《通会》所引各节，犹有未尽之义，兹再就管见引申之：

查得明太祖之造，日主之丁与月干之壬，互相联合，同化为木，自不待言。时干之丁引壬化木，堪资臂助，不得误以妒合论。古书一阳二阴、一阴二阳，作化气论者，比比皆是，惜读者不加深察耳。或谓丁壬化木，非亥卯未月不化，其次寅月亦化，今诞生霜降节后，何得以化木言哉！殊不知阴阳会合，水乳交融，其气质必起变化，不复再具本来之面目矣。《滴天髓》云："化得真者只论化，化神还有几般话。"又云："假化之人亦可贵，孤儿异姓能出类。"读此具见化气无论得时失令，全真全假，半真半假，以及真中之假，假中之真，皆当以化气言也。而况太祖之造，生年戊辰，纳音为大林之木；生月壬戌，命宫癸亥，纳音同为大海之水；生日丁丑，纳音固为涧下之水；生时丁未，纳音又为天河之水，得此大林之木，固可助化木之声势，得此纳音四水，尤可为化木之奥援，再益以辰戌丑未之四土，栽者培之，有不乔木参天，林林总总者乎？[3] 因是乘时应运，

① 参考《明史纪事本末》及《通会》。

② 见《明太祖本纪》。

③ 此似假实真之化木格，纳音水木固奇，四库全冲尤奇。

豪杰景从，崛起布衣，奄奠海宇，西汉以后，所未有也。二十四岁前，忽而父母俱丧，昆仲并逝，孤无所依，忽而入寺为僧，游食四方，道路多病，艰辛备历，困踬频遭者，皆甲运子运，纳音属金克木之故也。及至二十五岁壬辰，乃谋避兵，卜于神，去留皆不吉，乃曰："得毋当举大事乎?"卜之，吉，大喜，遂入濠，见定远人郭子兴。时子兴适与其党孙德崖等起兵濠州，元将彻里不花，惮不敢攻，惟日俘良民邀赏。子兴见太祖姿貌雄杰，留为亲兵，战辄胜，遂妻以所抚马公女，即高皇后也。子兴与德崖龃龉，太祖屡调护之。二十六岁癸巳，太祖度子兴弱，无足与共事，独与徐达、汤和等，南略定远，复下徐州。是年张士诚据高邮，自称诚王。二十七岁甲午，元兵大至，攻滁，太祖设伏诱败之。然度元兵势盛，且再至，乃还所获马，遣父老具牛酒谢元将曰："守城备他盗耳，奈何舍巨寇，戮良民?"元兵引去，城赖以完。二十八岁乙未，春正月，子兴用太祖计，拔和州，乃搜军中所掠妇女，纵还家，民大悦。三月，子兴卒，时刘福通迎立韩山童之子林儿于亳，国号宋，建元龙凤，檄子兴子天叙为都元帅，张天佑、太祖为左右副元帅。太祖慨然："大丈夫宁能受制于人耶?"然念林儿势盛，可倚势，乃用其年号，以令军中。夏四月，常遇春来归，五月，巢湖帅廖永安等，以水军千艘来附。太祖大喜，往抚其众，遂定计渡江，拔牛渚，下太平，置太平兴国翼元帅府，自领元帅事。秋九月，郭天叙、张天祐攻集庆，① 皆战死，于是子兴部将尽归太祖矣。二十九岁丙申，大破采石，克集庆，降其众三万六千。人皆疑俱，不自保，太祖择骁健者五百人入卫，解甲酣寝达旦，众心始安。改集庆为应天府，即今南京。秋七月，为吴国公。三十岁丁酉，自取宁国，② 克江阴、常熟、③ 池州、④ 扬州。三十一岁戊戌，又克婺源等处。斯时中原大乱，太祖故得次第略定江表，所过不杀，收召才隽，由是人心日附。三十二岁己亥，谋取浙东，克诸暨等郡，兵至即下。三十三岁庚子，三月，征刘基、宋濂。五月，陈友谅自称皇帝，国号汉，尽有江西、湖广地，约士诚会攻应天，应天大震。闰五月，大破陈友谅，复太平，下安庆。⑤ 以宋濂为提举，遣

① 今江苏江宁县治。
② 县名属安徽省。
③ 县名，属江苏省。
④ 即今安徽省贵池县。
⑤ 即今怀宁县，属安徽省。

子标受经学；刘基留帷幄，预机密谋议。如此九载，屈伸互见，智勇兼施，固因赋命激昂，亦由流年协助，有以致之，非乙丑二运，纳音属金之能力也。至三十四岁交入丙运，岁值辛丑，败友谅于江州，[1] 友谅奔武昌。三十五岁壬寅，春正月，陈友谅丞相，以江西降。三十六岁癸卯，秋七月，战友谅于鄱阳湖，友谅骁将张定边，直犯太祖舟，舟胶于沙，不得退，危甚，常遇春从旁射中定边，俞通海复来援，舟骤进水涌，太祖舟乃得脱。八月，友谅中流矢死。九月，张士诚自称吴王。三十七岁甲辰，太祖即吴王位，立子标为世子。二月，下武昌、辰州、衡州。[2] 三十八岁乙巳，正月，下宝庆，湖湘平。冬十月，讨张士诚。是时士诚所据，南至绍兴，[3] 北有通、泰、高邮、淮安、濠、泗，又北至于济宁。[4] 三十九岁交入寅运：岁值丙午，士诚败，淮东平，太祖如濠州省墓。秋八月，改筑应天城，作新宫钟山之阳。四十岁丁未，三月，始设文武科取士，九月，徐达克平江，[5] 执士诚，吴地平，四十一岁戊申，正月，初四日乙亥，即皇帝位。八月，元亡。四十二岁己酉，二月，始修《元史》。八月，《元史》成。四十三岁庚戌，二月，追封郭子兴为滁阳王。四月，元帝崩于应昌。[6] 如此十载，料敌制胜，勘乱摧强，竟能底定四方，康济天下，虽曰人事，实由丙寅二运，俱为化木喜神，有以致之也。四十四至五十三岁，设科取士，平定四川，以及高丽，暹罗，琉球入贡，诚为美事。然若诚意伯之致仕，宋濂之戍于茂州道卒，[7] 燕王棣之北平，汪广洋贬广州赐死，胡惟庸谋反伏诛，种种现状，皆不安定，可见丁卯二运，虽与化木有情，其实在效能，逊于前运丙寅多矣。五十四到七十一岁，户部侍郎郭桓，吏部尚书余熂，吉安侯陆仲亨，卫国公李善长，江夏侯周德兴，靖宁侯叶升，凉国公蓝玉，鹤庆侯张翼，曾定侯陈桓，景川侯曹震，轴轳侯朱寿，东莞伯何荣，[8] 吏部尚书詹徽，颍国公傅有德，定远侯王弼，宋国公冯胜，驸马都尉欧阳伦，有伏诛者，有赐死者，种种拂逆，固已纷至沓来。益以壬戌年

① 今江西省九江县治。
② 辰州，即今沅陵县，衡州，即今衡阳县，均属湖南省。
③ 今为绍兴县，属浙江省。
④ 今为济宁县，属山东省。
⑤ 即今江苏吴县治。
⑥ 今为经棚县，属热河省。
⑦ 茂州，今改茂县，属四川省。
⑧ 莞音桓，寒韵。

马皇后崩，己巳年周王棣有罪，[1] 庚午年潭王梓自焚，壬申年皇太子薨，骨肉伤亡，尤不免中心戚戚。此无他，戊辰己巳四运，皆与丁壬化木格不尽妥协。然能于福建滨海等区，练兵防倭，[2] 筑有宁海、临安[3]等五十九城，此诚千秋不朽之盛业，若非造化奇特，岂能若是！七十一岁正行巳运，冲犯命宫之亥，岁值戊寅，限逢癸丑，又为化木忌神，是以崩于西宫。然而武定祸乱，文致太平，太祖实身兼之矣。

附　录

皇陵碑

孝子皇帝谨述：洪武十六年夏四月，命江阴侯吴良督工，新造皇堂。予时秉鉴窥形，但见苍头皓首，忽思往日之艰辛。况皇陵碑记，皆儒臣粉饰之文，不足以为后世子孙之戒，特述艰难，以明昌运，世代见之。其辞曰：昔我父王，寓居是方，农桑艰辛，朝夕彷徨。俄尔天灾流行，眷属罹殃，皇考终而六十有四，皇妣五十有九而亡。孟兄先逝，合家守丧。田主德不我顾，呼叱昂昂；既不得与葬地，邻里惆怅。忽伊郑兄之慷慨，惠此黄壤。殡无棺椁，被体恶裳，浮掩三尺，奠何肴浆。既葬之后，家道惶惶，仲兄少弱，生计不张，孟嫂携幼，东归故乡。值天无雨，遗蝗腾翔，里人缺食，草木为粮。予往何有，心惊若狂，乃与兄计，如何是常。兄云去此，各度凶荒，兄为我哭，我为兄伤。皇天白日，泣断心肠，兄弟异路，哀恸遥苍。汪氏老母，为我筹量，遣子相送，备礼馨香。空门礼佛，出入僧房，居无两月，寺主封仓。众各为计，云水飘飏，我何作为，百无所长。依亲自辱，仰天茫茫，既非可倚，侣影相将。突朝烟而急进，暮投古寺以趋跄。仰穹崖崔嵬而倚壁，听猿啼夜月而凄凉。魂悠悠而寻觅，父母无有；志落魄而徜徉，西风鹤唳。俄淅沥以飞霜，身如蓬逐风而不止，心滚滚乎若沸汤。一浮云乎又过三载，年方二十而强。时乃长淮盗起，民生攘攘。予思亲之心明著，日遥盼乎家邦。已而既归，仍复业于皇。住三

---

① 萧，音肃，又音箫。

② 倭，乌禾切，音涡，涡音戈。

③ 宁海，临安二县，皆属浙江省。

载而有雄者跳梁，初起汝、颍，次及凤阳之南厢。未几陷城，深高城隍，拒守不去，号令彰彰。友人寄书，云及趋降，既忧且惧，无可筹详。傍有觉者，将欲声扬，当此之际，逼迫而无已，试与智者相商，乃告之曰："果束手以待罪，抑奋臂而相戕?"智者为我计画，且阴祷以默相。如其言往卜去守之何祥，神乃阴阴乎有警，其气郁郁乎洋洋。卜逃卜守则不吉，将就凶而不妨。即起趋降而附城，几被无知而创。少顷获释，身体安康。从遇朝暮，日夜戎行。元兵讨罪，将士扬扬。一攫不得，再攫再攘，移营易垒，旌旗相望。已而解去，弃戈与枪，予脱侣队，驭马空疆。去游南土，气舒而光，唱农夫以入伍，事业是匡。不逾月而众集，赤帜蔽野而盈冈。率渡清流，戍守滁阳，思亲询旧，终日慊慊。知仲姊之已逝，独存驸马与甥双。驸马引见来接我，外甥见舅如见娘。此时孟嫂亦有知，携儿挈女皆从傍。次兄已殁数载，独遗寡妇野持筐。因兵南北，生计忙忙，一时聚会如再生，牵衣诉昔以难当。于是家有眷属，外练兵钢，群雄并驱，饮食不遑。暂宿和州，东渡大江，首抚姑熟，礼义是尚。遂立建业，四守关防，砺兵秣马，静看颉颃。群雄自为乎声教，戈矛天下铿锵。元纲不振乎彼世祖之法，豪杰何有乎仁良？予乃张皇六师，飞旗角亢，勇者鼓力，智者赞襄，亲征荆楚，将平湖湘，三苗尽服，广海入降。命大将军东平乎吴越齐鲁，耀乎其疆。西有乎伊、洛、崤、函，地险河湟。入胡都而市不易肆，虎臣露锋刃而闪灿若星芒。已而长驱于井陉，河山之内外，民庶咸仰。关中一日即定，市巷笙簧。玄菟、乐浪，以归版籍，南蕃十有三国而来王。以金陵而定鼎，托虎踞而仪凤凰。天堑星高，而月辉乎沧海；钟山镇岳，而峦接乎银潢。欲厚陵之微葬，卜者乃曰不可，而地且藏。于是祀事之礼已定，每精洁乎烝尝。惟劬劳罔极之恩难报，为此勒石铭于皇堂，世世承运而务德，必仿佛于殷商。泪笔以述难，谕嗣以抚昌，稽首顿首再拜，愿时时而来享。[1]

谕天下府州县官来朝[2]

天下始定，民财力俱困，要在休养安息，惟廉者能约己而利人。勉之。

---

① 《七修类稿·国事类》。浙音锡，淅沥，雨雪声。

② 元年正月。

修女诫诏[①]

戒：后妃，毋预政。

将还应天，谕徐达等[②]

中原之民，久为群雄所苦，流离相望，故命将北征，拯民水火。元祖宗功德在人，其子孙罔恤民隐，天厌弃之，君则有罪，民复何辜？前代革命之际，肆行屠戮，违天虐民，朕实不忍。诸将克城，毋肆焚掠，妄杀人。元之宗戚，咸俾保全。庶凡上答天心，下慰人望，以副朕伐罪安民之意。不恭命者，罚无赦。

赦恤及袭封诏[③]

殊死以下将士从征者，恤其家。逋逃许自首。新克州郡，毋妄杀。输赋道远者，官为转运。灾荒以实闻。免镇江租税。递民复业者，听垦荒地，复三年。衍圣公袭封，及授曲阜知县，并如前代制，有司以礼聘致贤士。学校毋事虚文，平刑毋非时决囚。除书籍田契税，民间逋赋，免征。蒙古、色目人，有才能者，许擢用。鳏寡孤独废疾者，存恤之。民年七十以上，一子复。他利害当兴革。不在诏内者，有司具以闻。

举贤诏[④]

天下之治，天下之贤共理之。今贤士多隐岩穴，岂有司失于敦劝欤？朝廷疏于礼待欤？抑朕寡昧，不足致贤将，在位者壅蔽，使不上达欤？不然，贤士大夫，幼学壮行，岂甘没世而已哉？天下甫定，朕愿与诸儒讲明治道，有能辅朕济民者，有司礼遣。

---

① 元年三月辛未。
② 元年七月辛卯。
③ 元年八月丁丑。
④ 元年九月癸亥。

正礼恤民诏①

天下大定，礼仪风俗，不可不正。诸遭乱为人奴隶者，复为民。冻馁者，里中富室假贷之。孤寡残疾者，官养之，毋失所。乡党论齿，相见揖拜毋违礼，婚姻毋论财，丧事称家有无，毋惑阴阳拘忌，停柩暴露。流民复业者，各就丁力耕种，毋以旧田为限。僧道斋醮，杂男女，恣饮食，有司严治之。闽粤豪家，毋阉人子为火，犯者抵罪。

给钞赈贫诏②

今春雨雪经旬，天下贫民，困于饥寒者多有，其令有司给以钞。

举贤良方正诏③

举聪明正直，孝弟力田，贤良方正，文学、术数之士，发丹符，验天下金谷之数。

谕广平府吏目清开磁州铁冶④

朕闻王者使天下无遗贤，不闻无遗利。今军器不乏，而民业已定，无益于国，且重扰民，杖之，流岭南。

诏免圣贤后裔输作⑤

孟子传道，有功名教，历年既久，子孙甚微，近有以罪输作者，岂礼先贤之意哉！其加意询访，凡圣贤后裔输作者，皆免之。

谕废除黥刺等刑⑥

朕起兵至今，四十余年，灼见情伪，惩创奸顽，或法外用刑，本非常

① 五年五月。
② 十二年二月乙巳。
③ 十三年二月壬戌朔。
④ 十五年五月丙子。
⑤ 十八年冬十月己丑。
⑥ 二十八年六月己丑。

典，后嗣只循律与大诰，不许用黥刺剕劓阉割之刑。臣下敢以请者，寘重典。

谕废除丞相诏[1]

朕罢丞相，设府部都察院分理庶政，事权归于朝廷嗣君。不许复立丞相，臣下敢以请者，寘重典。皇亲惟谋逆不赦，余罪宗亲会议，取上裁。法司只许举奏，毋得擅逮。勒诸典章，永为遵守。

遗　诏

朕膺天命，三十有一年，忧危积心，日勤不怠，务有益于民。奈起自寒微，无古人之博知，好善恶恶，不及远矣。今得万物自然之理，其奚哀念之有？皇太孙允炆，仁明孝友，天下归心，宜登大位。内外文武臣僚，同心辅政，以安吾民。丧祭仪物，毋用金玉。孝陵山川，因其故，毋改作。天下臣民，哭临三日，皆释服，毋妨嫁娶。诸王临国中，毋至京师。诸不在令中者，推此令从事。

元　亡

洪武三年四月丙戌，元帝崩于应昌。六月壬申，李文忠捷奏至，命仕元者勿贺。谥元主曰顺。癸酉，买的里八剌至京师，群臣请献俘。帝曰："武王伐殷，用之乎？"省臣以唐太宗尝行之对。帝曰："太宗是待王世充耳。若遇隋之子孙，恐不尔也。"遂不许。又以捷奏多侈辞，谓宰相曰："元主中国百年，朕与亲等父母，皆赖其生养，奈何为此浮薄之言？亟改之。"乙亥封买的里八剌为崇礼侯。[2]

滁阳王

郭子兴薨于河阳，归葬滁州。洪武三年二月，癸未，追封滁阳王，立庙于滁祀之，又以其女为妃，生蜀王、豫王、如意王。十六年十一月七

---

① 二十八年六月己丑。

② 以上《明太祖纪》二。剌从朿，音辣，戾也。与从朿之刺音赐者不同。

日，上亲藁子兴事实，召太常丞张来仪，谕使为文，刻于庙石。[①]

牛首山

高帝既都金陵，观山川形胜，势皆内辅，惟牛首山外向，乃特定其罪，发令太平府编置。今牛首税丝，独隶太平收纳。钟山西南一冈，势若飞走，每视即与旧形不同，乃用铜钉数丈埋山中，筑于城下，曰以城为索，缧以系之。[②]

金陵殿基

高皇建都金陵，命刘诚意相地，筑前湖为正殿基。业已植桩水中，上嫌其逼，少徙于后。诚意见之，默然。上问之，对曰："如此亦好，但后不免迁都之举。"时金陵城告完，高皇与诚意视之，曰："城高若此，谁能逾之?"诚意曰："除飞燕子能飞入耳。"其意盖谓燕王也。高皇又问诚意国祚短长，诚意曰："国祚悠久，万子万孙方尽。"后，泰昌，万历子，天启、崇祯、弘光，皆万历孙也。果符其谶。[③]

命不如他

太祖尝至国子监，有厨人进茶，偶称旨，诏赐冠带。有老生员夜独吟云："十载寒牕下，何如一盏茶。"帝微行，适闻之，应声曰："他才不如你，你命不如他。"[④]

春　联

春联之设，自明孝陵昉也。帝都金陵，于除夕前，忽传旨公卿士庶家，门上须加春联一副。帝微行出观，以为笑乐。偶见一家独无，询知为腌豕苗者，尚未倩人耳。帝为大书曰："双手劈开生死路，一刀割断是非根。"投笔径出，校尉等一拥而去。嗣帝复出，不见悬挂，因问故，云："知是御书，高悬中堂，燃香祝圣，为献岁之瑞。"帝大喜，赏银五十两，

① 文载《中都志》，见《七修类稿·国事类》。
② 以上《明良记》。
③ 《坚瓠六集》。
④ 《明良记》。

俾迁业焉。[①]

大明一统

刘三吾侍高皇微行，入市小饮，无物下酒，高皇独吟曰："小村店，三杯两盏，无有东西。"三吾未及对，店主对曰："大明国，一统万方，不分南北。"高皇称其才，明日召至，欲官之。店主以元人辞，不受任。[②]

太祖二十四子

我太祖高皇帝，生二十四子，传至今八十年矣。除以事削籍外，尚存十五府，及列圣所封亲支，星布海内，共三十三府，今玉牒几十万口矣。[③]

---

① 《簪云楼杂说》。

② 《坚瓠二集》。

③ 《蒹葭堂杂著摘抄》。

商　辂[1]　二十八

明，姓商氏，名辂，字弘载，淳安人。[2] 宣德乙卯，[3] 举乡试第一。乙丑，[4] 会试、殿试皆第一。终明之世，三试第一者，辂一人而已。除修撰，与刘俨等十人，进学东阁。辂丰姿瓌伟，帝亲简为展书。丁卯，[5] 郕王监国，命入内阁参机务。景泰庚午，[6] 迎上皇于居庸，进学士。景泰丁丑，[7] 因忤石亨，亨辈不悦，讽言官朋奸，下之狱，斥为民。成化丁亥，[8] 召至京，命以故官入阁，首陈八事，帝嘉纳之，进兵部尚书。久之，又进户部。《宋元通鉴纲目》成，改兼文渊阁大学士。皇太子立，加太子少保，进吏部尚书。未几，又进谨身殿大学士。辂为人平粹简重，宽厚有容，至临大事，决大议，毅然莫能夺。成化丙午卒，年七十三，赠太傅，谥文

① 辂音路，车軨前之横木也。
② 淳安，今县名，宋置，明清属浙江严州府。
③ 年二十二。
④ 年三十二。
⑤ 年三十四。
⑥ 年三十七。
⑦ 年四十四。
⑧ 年五十四。

毅。有《商文毅疏稿略》、《蔗山笔尘》、《通鉴纲目续编》、《资治通鉴续编》、《商文毅公集》。

明成祖永乐十二年二月二十五日未时生。①

明宪宗成化二十二年□七月□□日□时卒。②

甲午	命	三岁 十三	戊辰 己巳
丁卯	宫	二三 三三	庚午 辛未
己巳	庚	四三 五三	壬申 癸酉
辛未	午	六三 七三	甲戌 乙亥

商文毅公之造，甲午、丁卯、己巳、辛未，《通会》卷九曾载之，仅云“商辂三元阁老，名臣”数字，余未详及。

珊谨按：其八字，认为奇异，不同寻常，盖天干之甲丁己辛，乃木火土金也，以甲木而生丁火，丁火复生己土，己土复生辛金，生生不已，相爱相亲，此是何等气象！地支午卯巳未，既会南方一气，又会东方半局，此又是何等规模！《巫咸经》云：“四柱递互相亲，多生喜庆。”此之谓也。惜四柱无水，虽格局奇异，究不免有火炎土燥之弊；虽曰三试第一，官至尚书，究不免宵小播弄，忧患频遭。然卒能奉身而退，克享高年者，仍是递互相生，递互相亲之功也。二十二岁巳运，岁值乙卯，乡试第一；三十二岁午运，岁值乙丑，会试、殿试皆第一。自此而后，进学东阁，遐迩咸钦，具见乙卯乙丑，纳音金水，皆有裨燥土也。三十四岁丁卯，至四十三岁丙子，入内阁，参机务，进侍读学士，无烦无恼，优哉游哉！此辛未二运，或运逢喜神，或岁逢喜神，参伍错综，故偏饶佳趣也。四十四岁壬运，岁值丁丑，壬丁化木，丑未遥冲，故为石亨所算，以致下狱罢职也。五十四岁癸运，岁值丁亥，至六十三岁酉运，岁值丙申，命以故官入阁，辂疏辞，帝曰：“先帝已知卿枉，其勿辞。”首陈勤学、纳谏、储将、防边、省冗官、设社仓、崇先圣号、广造士法，凡八事，帝嘉纳之，进吏部

① 见《通会》。

② 见《明史本传》。

尚书，兼文渊阁大学士，加太子少保。当此十年，竟能得非常之宠，获不次之恩者，皆癸酉二运，水金得势，有以致之也。六十四岁甲运，岁值丁酉，汪直谮公，[①] 遂力求去。七十三岁戌运，岁值丙午，公卒于故里，可见火炎土燥之造，甲丁固忌，戌丙尤差也。

附 录

商文毅公谢政后，刘吉遇之，见其子孙林立，叹曰："吉与公同事历年，未尝见公笔下妄杀一人，宜天之报公厚。"公曰："正不敢使朝廷妄杀一人耳。"[②]

商文毅公辂，初本淳安大姓，至其祖以樵猎为业，贫特甚，出居山中，就一大石，结庵居之。生子霖，为严州府小吏。太守忽夜闻丝竹声，自空中直下诸吏廨宇中，明旦召诘诸吏，夜欢饮为谁，不得；更问有何异，或具以霖生子对。太守知其为祥，给俸养之，是为文毅。既长，与桐庐姚公夔齐名。宣德乙卯秋，将赴省闱，与姚公舟会富阳。公夜梦神人呼解元，因叩解元为谁，神人持一简示之，公复以己名叩，覆简示之，则公名在焉。是秋公第一。至正统戊午，姚亦第一。[③]

淳安县学进士题名记

朝廷设科目以取士，非以为士之荣。士之阶科目以行道，非以为身之荣。以科目为士之荣，是以利诱，非朝廷意也。以科目为身之荣，是以利进，非士之志也。然则，科目奚为而重也？重夫士之由此而进，道之由此而行也。如是而录名以彰之，刻石以传之，庸非激励人心之一大机括欤？淳安自宋、元来，士之第进士者，既皆刻石，树之学宫，而我朝未续而附之，此有司者因循之过也。景泰丙子进士，巴陵邓君廷瓒，受命来尹是邑，舍菜之暇，见而叹曰："我朝崇重进士，超越前代，而淳安进士数倍他邑，顾题名之石未立，非缺典欤？"于是命工砻石，自洪武开科以来，凡邑士之登名乡试、会试、廷试者，悉次第刻之，虚其左方，以俟来者。尹之意，非以为荣，而以为劝，诚知所重已。兹以述职来京，属予为记。

---

① 谮，侧禁切，簪去声，沁韵，愬也。

② 《明史本传》。

③ 《明良记》。

惟进士之科，始于隋、唐，盛于宋、元，而尤莫盛于我朝。行之愈久而无弊者，以上之取贤士之行道，此为正路也。士君子跬步不离于正，进以礼而退以义，用舍以之，何庸心哉？吾党之士，其毋以致身科目为荣，而以无玷于科目为贵。未进于此者，不可萌一毫幸进之心；已进于此者，不可有一念自怠之意。简身励行之功，明德新民之术，必求至于圣贤之地而后可。苟或德不加修，学不加勤，节操之弗立，功业之无闻，使人得以指而议之，曰"是假科目以媒利者也，非有志于行道者也"，若然，虽穹碑著名，适以为辱，尚何荣幸之有哉？嗟乎！后之视今，犹今之视昔。吾乡前辈诸公，无容议矣。自今以始，凡我同志之士，幸相与戒之勖之，以求无负于科目之设哉！①

① 以上《明文在》。

王守仁　二十九

明，姓王氏，名守仁，字伯安，浙江余姚县人。学者称阳明先生。娠十四月而生。祖母梦神人自云中送儿下，因名云。五载不能言，异人拊之，更名守仁乃言。弘治己未，[1] 举进士出身，授刑部主事。正德丙寅，[2] 以论救言官戴铣等，忤刘瑾，杖阙下，谪贵阳龙场驿驿丞。[3] 瑾诛，移庐陵知县，累擢右佥都御史。丙子，[4] 巡抚南赣，平大帽山诸贼，[5] 定宸濠之乱。[6] 辛巳，[7] 升南京兵部尚书，参赞机务，封新建伯。嘉靖丁亥，[8] 复命为都察院左都御史，兼巡抚两广，破断藤峡贼，继而被谮削爵。明世文臣用兵，未有如守仁者。戊子十一月乙卯，卒于南安，年五十七。隆庆改元，赠侯，谥文成，议祀孔庙。其学以良知良能为主，谓格物致知当自

---

① 年二十八。

② 年三十五。

③ 贵阳，即今贵州省城。

④ 年四十五。

⑤ 大帽山，在江西寻邬县南二百里，绵亘数百里，与广东平远、兴宁等县接界，中有老虎隘，林木深阻迳三十里，绝无人烟。明正德中，贼徒聚此；嘉靖末，程乡人，叶芳，复啸聚其中；万历初，始剿平之。

⑥ 明太祖子，宁王权之后，武宗时，反于南昌，攻南康、九江，浮江东下攻安庆，将据南京。王守仁起兵攻南昌，宸濠回救，守仁破而掳之。

⑦ 年五十。

⑧ 年五十六。

求诸心，不当求诸事物，故于宋儒特推重陆九渊，而以《朱子集注或问》之类为中年未定之论，世称为姚江派。尝筑室阳明洞中，学者称阳明先生。有《王文成全书》，其文博大昌达，诗秀逸有致，即文章亦足传世云。

明宪宗成化八年九月三十日亥时生。[①]

明世宗嘉靖七年十一月二十九日辰时卒。[②]

壬辰	命	九岁 十九	壬子 癸丑
辛亥	宫	二九 三九	甲寅 乙卯
癸亥	丁	四九 五九	丙辰 丁巳
癸亥	未	六九 七九	戊午 己未

《阳明年谱》载，先生为宪宗成化八年九月三十日生，其生时未详。及读《三命通会》，[③] 乃知先生为壬辰年、辛亥月、[④] 癸亥日、癸亥时生。原注仅云“王守仁尚书，封新建伯”数字，并未说明原理。珊不揣谫陋，略述如下。

谨按：阳明先生之造，日元之癸与时干之癸皆属水，年干之壬与月日时三支之亥又皆属水，再益以年支辰藏癸水，合计之，水有七矣。生年壬辰，纳音为长流之水，生日癸亥、生时癸亥，纳音又为大海之水，再益以生月辛亥，纳音为钗钏之金，[⑤] 命宫丁未，纳音为天河之水，具见纳泗吞淮，涵星映日，非惟流通万物，且可沐浴群生。《巫咸撮要》云：“象成一家，贵应极品。”又云：“纳音生旺之方，用神坦然无忌。”此之谓也。或曰：水多若是，而四柱无土，何贵之有？曰：其贵正妙在无土！若干头见一戊土，则全局皆非矣。盖弥弥洋洋之水，非寸胶可治，撮土能填，假使稍稍见土，徒增其溃决泛滥而已，何益之有哉！或又曰：支排三亥，遥冲三巳，岂非飞天禄马乎？曰：飞天禄马，乃是片面，象成一家，始合全

① 见《通会》。

② 见《年谱》。

③ 卷九。

④ 节过立冬。

⑤ 钏音串，霰韵，臂环也。俗谓之镯。

体，今全体成格，遑论片面哉！总之，象成一家之水，一生运岁，大致以木为上，金火次之，土最忌。观于二十一岁癸运壬子，举浙江乡试，二十八岁丑运己未，举进士出身，[①] 观政工部，即可知癸为同气，丑为冠带，均有特殊成绩也。三十五岁寅运丙寅，至三十九岁庚午，自抗谏下狱，谪赴贵阳，至升为南京刑部主事，忽荣忽辱，备历艰辛，具见寅运藏土之为害。幸中藏木火，得免危亡耳。四十岁乙运辛未，至四十五岁丙子，自吏部主事，而滁州马政，升都察院御史，巡抚南赣，具见乙运为单纯之木，不似前行寅运，含蓄土质，是以从容不迫，左右逢源也。四十五岁卯运丙子，至四十九岁庚辰，自巡抚南赣，迄至戡福建叛军，平宸濠危乱，烈烈轰轰，指挥若定，足证卯为长生，与癸水日元有密切关系也。五十岁丙运辛巳，升南京兵部尚书，封新建伯，遂疏乞休。五十一岁壬午，至五十五岁辰运丙戌，退居讲学，宠辱不惊，丙运属火，与有功焉。五十六岁辰运丁亥，五月命为都察院左都御史，征广西思田，十二月命兼巡抚两广，具见丁火亥水与象成一家，尚有情致。至五十七岁戊子，会辰为水，乃是吉证，惜岁逢戊土，杂而不清，以致二竖为魔，中道而殂，此岂不善调摄者哉！

附　录

咏良知四首示诸生

个个人心有仲尼，自将闻见苦遮迷。而今指与真头面，只是良知更莫疑。

问君何事日憧憧，烦恼场中错用功。莫道圣门无口诀，良知两字是参同。

人人自有定盘针，万化根源总在心。却笑从前颠倒见，枝枝叶叶外头寻。

无声无臭独知时，此是乾坤万有基。抛却自家无尽藏，沿门持钵效贫儿。

---

① 会试，举南宫第二人，赐二甲。

示诸生二首

尔身各各自天真，不用求人更问人。但致良知成德业，谩从故纸费精神。乾坤是易原非画，心性何形得有尘。莫道先生学禅语，此言端的为君陈。

人人有路透长安，坦坦平平一直看。尽道圣贤须有秘，翻嫌易简却求难。只从孝悌为尧舜，莫把辞章学柳韩。不信自家原具足，请君随事反身观。

气候图序

天地一元之运，为十二万九千六百年，分而为十二会，会分而为三十运，运分而为十二世，世分而为三十年，年分而为十二月，月分而为二气，气分而为三候，候分为五日，日分为十二时。

积四千三百二十时，三百六十日，而为七十二候。会者，元之候也。世者，运之候也。月者，岁之候也。候者，月之候也。天地之运，日月之明，寒暑之代谢气化，人物之生息终始，尽于此矣。月，证于月者也。气，证于气者也。候，证于物者也。若孟春之月，其气为立春为雨水。其候为东风解冻，为蛰虫始振，为鱼负冰，獭祭鱼之类。《月令》诸书可考也。气候之运行，虽出于天时，而实有关于人事。是以古之君臣，必谨修其政令，以奉若夫天道，致察乎气运，以警惕夫人为。故至治之世，天无疾风盲雨之愆，而地无昆虫草木之孽。孔子之作《春秋》也，大雨震电，大雨雪则书，无冰则书，无麦苗则书，多麋则书，蜮蜚雨螽蝝生则书，六鹢退飞则书，陨霜不杀草、李梅实则书。春无水则书，鸲鹆来巢则书，凡以见气候之愆变失常，而世道之兴衰治乱，人事之污隆得失，皆于是乎有证焉，所以示世之君臣者，恐惧修省之道也。

大总兵怀柔伯施公，命绘工为七十二候图，遣使以币，走龙场，属守仁叙一言于其间。守仁谓使者曰："此公临政之本也，善端之发也，戒心之萌也。"使曰："何以知之?"守仁曰："人之情，必有所不敢忽也，而后著于其念，必有所不敢忘也。而后存于其心，著于其念，存于其心，而后见之于颜色、言论，志之于弓矢几杖、盘盂剑席，绘之于图画，而日省之于其心。是故思驰骋者，爱观夫射猎游田之物；甘逸乐者，喜亲夫博局燕饮之具。公之见于图绘者，不于彼而于此，吾是以知其为善端之发也，吾是以知其为戒心之萌也。”其殆警惕夫人为，而谨修其政令也欤？其殆致察乎气运，而奉若夫天道也欤？夫警惕者万善之本，而众美之基也。公克念于是，其可以为贤乎？由是因人事以达于天道，因一月之候，以观夫世、运、会、元，以探万物之幽赜，而穷天地之始终，皆于是乎始。吾是以喜闻而乐道之，为之叙而不辞也。①

开先寺留石刻读书台后

词曰：正德己卯，六月乙亥宁藩濠以南昌叛，称兵向阙，破南康、九江，攻安庆，远近震动。七月辛亥，臣守仁以列郡之兵复南昌，宸濠擒，余党悉定。当此时，天子闻变赫怒，亲统六师临讨，遂俘宸濠以归。以赫黄威，神武不杀，如霆之震，靡击而折，神器有归，孰敢窥窃？天鉴于宸濠，式昭皇灵，嘉靖我邦国。正德庚辰正月晦，提督军务都御史王守仁书。②

客坐私祝

但愿温恭直谅之友，来此讲学论道，示以孝友谦和之行。德业相劝，过失相规，以教训我子弟，使毋陷于非僻。不愿狂躁惰慢之徒，来此博弈饮酒，长傲饰非，导以骄奢淫荡之事，诱以贪财黩货之谋，冥顽无耻，扇惑鼓动，以益我子弟之不肖。呜呼！由前之说，是谓良士；由后之说，是谓凶人。我子弟苟远良士而近凶人，是谓逆子。戒之，戒之！嘉靖丁亥八月，将有两广之行，书此以戒我子弟，并以告夫士友之辱临于斯者，请一览教之。③

王文成将略

高沙夏氏曰：有明将略，韩襄毅而后，断推王文成。宸濠以枭雄之姿，挟藩王之重，拥众二十万，顺流而下，直掩金陵，乃不终日而谈笑平

① 以上《阳明全书外集》。
② 《阳明年谱》。
③ 《阳明全书外集》。

之。当其破桶冈三浰时。[①] 驱三五千市人以为兵，用一二书生以为将，而扫数十年积寇，如拂尘然。措画安闲，防御周匝，只从“出其不意，攻其无备”八字中，变化出奇，所以为难。乃宸濠就擒之后，江彬等欲纵之鄱湖，俟上亲遇战而后奏凯，军旅重事，几同儿戏。文成之纶巾野服，入九华山，殆亦有所不得已也夫。[②]

王文成纪功碑

文成摩崖碑，其字大如手。万古一浯溪，[③] 光芒同不朽。

赣州谒王文公祠

新建当年此誓师，森然松柏见灵祠。军声不藉条侯壁，筹策唯应汉相知。

万古许孙同庙食，一时张桂太倾危。后来论定烦青史，岘首犹存堕泪碑。[④]

---

① 浰音练，急流也，又音利，义同。

② 《蠡勺编》。纶音关，删韵，纶巾，青丝绶为巾也。三国时诸葛亮所创。

③ 浯音吾，水名，又江名。

④ 以上《渔洋精华录》。

严 嵩 三十

明，姓严氏，名嵩，字惟中，江西分宜县人。长身戍削，疏眉目，大音声。举弘治十八年乙丑[①]进士，改庶吉士，授编修。移疾归，读书钤山十年。[②]为诗古文辞，颇著清誉。世宗时，累官太子太师，居首辅，构杀夏言。恃宠揽权，贪贿赂，亲佥邪，凡直陈时政者，皆斥戮之。嵩子世蕃，为太常寺卿。父子济恶。杨继盛劾嵩十大罪五奸，嵩杀之。遍引私人居要地，久之，帝寝厌嵩，而亲徐阶。至嘉靖四十一年壬戌，[③]御史邹应龙抗疏，极论嵩父子不德。帝降旨，令嵩致仕，下世蕃于理法司，籍其家。四十三年甲子，[④]世蕃论斩伏诛。四十五年丙寅，嵩老病，寄食墓舍以死，年八十七。有《西使志》、《北上志》、《钤山堂集》。其诗在流辈中，独为迥出云。

明宪宗成化十六年正月二十二日酉时生。[⑤]

明世宗嘉靖四十五年□月□□日□时卒。[⑥]

---

① 年二十六。

② 钤山在江西分宜县南二里，袁江南岸，亦名钤冈，正与县对，新泽水出其右，长寿水出其左，夹于山末，故名曰钤。

③ 年八十三。

④ 年八十五。

⑤ 见《通会》。

⑥ 见《明史》。

庚子	命	八岁 十八	庚辰 辛巳
己卯	宫	二八 三八	壬午 癸未
癸卯	辛	四八 五八	甲申 乙酉
辛酉	巳	六八 七八	丙戌 丁亥

严嵩造，庚子年、己卯月、癸卯日、辛酉时，见于《通会》,[①] 仅云"严嵩阁老，无子，世蕃其妻侄也。晚被大祸，皆此儿所致"，其理由并未详叙。然此公姓名，具载《明史·奸臣列传》，其命造亦必有研究之价值，兹略叙一二，或可为知人论世之参考也。

谨按：嵩造，日元之癸，在五行属水，年支之子，在五行又属水，年干之庚属金，时干之辛，与时支之酉，又俱属金，再益以命宫辛巳，天干属金，地支藏金，其为金多生水，水气有余，概可想见。假使天干不见己土，未尝不可作水清金白论，今既有此污点，只可弃而之他，恰好月日二支，并见卯木，论五行固有木泄水气之妙，盖不平而能使之平也。论星宿，则将星、学堂左右交拱，当此诞生之际，适在惊蛰节后，将星、学堂均皆得令。若生于秋后，卯木居于死地，则不足取矣。再益以命宫之巳，驿马、贵人遥助癸水日元之声势，其为国宝卿材，夫复何疑？《指迷赋》云："将星文武两相宜，禄重权高足可知。"《气象篇》云："学堂逢驿马，山斗文章。"此之谓也。惟细按之，年支之子，与月支卯刑，时支之酉，与日支卯冲，命宫之巳，又值空亡，有始无终，秀而不实，是以貌似谦恭，心如蛇蝎。《明史》虽称其"诗古文辞，颇著清誉"，然究不能掩其一意媚上，窃权罔利之大罪，况又排除异己，残害忠良耶？二十六岁巳运乙丑，小限丙辰，举进士，改庶吉士，授编修者，巳运填实命宫空亡，丑年合生年之子，辰限合生时之酉，而将星、学堂，双方得势，岂止乙木泄水已哉！三十八岁午运丁丑，小限甲辰，进侍讲，署南京翰林院事，召为国子祭酒者，仍是辰遥合酉，丑遥合子之功，否则，子午卯酉，四仲全冲，祸且不测，安有此名位耶？四十九岁甲运戊子，至八十三岁丁运壬戌，自侍郎、尚书，迄至大学士、太子大保，经过甲、申、乙、酉、丙、戌、丁

① 卷九。

等运，木火盖头，是以势焰日张，炙手可热，间有风浪，皆不足以摇撼之也。八十四岁癸亥，帝降旨令嵩致仕；八十五岁甲子，假儿世蕃伏诛；八十六岁乙丑，嵩苟延残喘；八十七岁丙寅，嵩老病，寄食墓舍而死。此皆亥运属水，满溢高危之故。其所以尚得善终者，乃流年丙寅，小限乙卯，冲中有合，得以缓和耳。呜呼！翰林阁老，结果如斯，吾不知其钤山十载，所读何书也？

附　录

严嵩科第先夏言，而位下之。始倚言，事之谨。尝置酒邀言，躬诣其第，言辞不见。嵩布席，展所具启，跽读。[①] 言谓嵩实下己，不疑也。帝以奉道，尝御香叶冠，因刻沉水香冠五，赐言等。言不奉诏，帝怒甚。嵩因召对冠之，笼以轻纱。帝见，益内亲嵩。嵩遂倾言，斥之。言去，醮祀青词，非嵩无当意者。

嘉靖二十一年八月，拜武英殿大学士，入直文渊阁，仍掌礼部事。时嵩年六十余矣。精爽溢发，不异少壮，朝夕直西苑板房，未尝一归洗沐。帝益谓嵩勤。久之，请解部事，遂专直西苑。帝赏赐嵩银记，文曰“忠、勤、敏、达”，寻加太子太傅。翟銮资，序在嵩上，帝待之不如嵩，嵩讽言官论之，銮得罪去。

吏部尚书许赞、礼部尚书许璧，同入阁，皆不预闻票拟事，政事一归嵩。赞尝叹曰：“何夺我吏部，使我旁睨人？”嵩欲示厚同列，且塞言者意，因以显夏言短，乃请凡有宣召，乞与成国公朱希忠、京山侯崔元，及赞、璧偕入，如祖宗朝蹇，夏三杨故事，帝不听。然心益喜，累进礼部尚书，谨身殿大学士，少傅，兼太子太师。久之，帝微觉嵩横。时赞老病罢，璧死，乃复用夏言，帝为加嵩少师以慰之。言至，复盛气陵嵩，颇斥逐其党，嵩不能救。子世蕃，方官尚宝少卿，横行公卿间，言欲发其罪。嵩父子大惧，长跪榻下，泣谢乃已。知陆炳与言恶，遂与比而倾言。世蕃迁太常少卿，嵩犹畏言，疏遣归省墓。嵩寻加特进，再加华盖殿大学士，窥言失眷，用河套事构言及曾铣，俱弃市。已而，南京吏部尚书张治、国子祭酒李本，以疏远擢入阁，益不敢预可否，嵩既倾杀言，益伪恭谨。言

① 跽音技，跪也。

尝加上柱国，帝亦欲加嵩，嵩乃辞曰："尊无二上，非人臣所宜称。国初虽设此官，左相国达功臣第一，亦止为左柱国，乞陛下免臣此官，著为令典，以昭臣节。"帝大喜，允其辞，而以世蕃为太常卿。嵩无他才略，惟一意媚上，窃权罔利。帝英察，自信果，刑戮颇护己短，嵩以故得因事激帝怒，戕害人，以成其私。张经、李天宠、王忬之死，嵩皆有力焉，前后劾嵩、世蕃者，谢瑜、叶经、童汉臣、杨继盛等，皆被谴经鍊，用他过置之死。继盛附张经疏尾杀之。他所不悦，假迁除考察以斥者甚众，皆未尝有迹也。①

《拙庵杂俎》：嘉靖中，宗给谏弘暹，官江西时，奏旨籍分宜相。宗实与监籍之员，言严相青折纱巾，手持小书数帙而出。监籍者难之。严曰："此经验方书，欲藉以送老耳。"监者曰："方书有刀创药方否?"曰："有。""能治得杨继盛、沈练颈创否?"严为默然。监者曰："若然，则此书犹无效者也。"遂夺而投之于火。②

① 以上《明史》卷三百八。

② 《坚瓠集》。

杨继盛　三十一

明，姓杨氏，名继盛，字仲芳，别号椒山，直隶容城县人。居城东北河照村，世业耕读。嘉靖元年壬午，甫七岁失母，庶母妒，使牧牛。继盛经里塾，睹里中儿读书，心好之，因语兄，请得从塾师学。兄曰："若幼，何学?"继盛曰："幼者任牧牛，乃不任学耶?"兄言于父，听之学，然牧不废也。七年戊子，[①] 始从邸师，正式学。家贫，益自刻厉。十三年癸巳，[②] 院考，获充县学生员。十五年丙申，[③] 岁考优等补廪。十九年庚子，[④] 乡试中式。二十六年丁未，[⑤] 会试中式，选南京吏部主事。二十八年己酉，[⑥] 师事大司马韩公苑洛，尽通其天文地理、太乙壬奇、兵阵之学，名声重一时。三十年辛亥，[⑦] 迁兵部车驾员外郎。俺答入寇，大将军仇鸾畏寇甚，请开马市，继盛极陈其不可，贬狄道典史。[⑧] 已而，俺答败约，鸾伏诛。三十一年壬子，[⑨] 帝思继盛言，累迁刑部湖广司员外郎。时严嵩用事，恨鸾陵己，心善继盛，欲骤贵之，调兵部武选司。而继盛恶嵩甚于鸾。三十二年癸丑，[⑩] 正月十八日，奏劾大学士严嵩，十罪五奸，二十日拿送下狱。三十三年甲寅，[⑪] 在狱备受酷刑。三十四年乙卯，十月初一日就义，年四十。继盛将行刑时，其妻张氏上书请代死，

① 年十二。
② 年十八。
③ 年二十一。
④ 年二十五。
⑤ 年三十二。
⑥ 年三十四。
⑦ 年三十六。
⑧ 狄道县名，今属甘肃省。
⑨ 年三十七。
⑩ 年三十八。
⑪ 年三十九。

不报。及继盛死西市，张亦同日自缢。后七年嵩败，穆宗立，恤直谏诸臣，以继盛为首，赠太常少卿，谥忠愍，建祠保定，名旌忠。

明武宗正德十一年五月十七日辰时生。[①]

明世宗嘉靖三十四年十月初一日□时卒。

丙子	**命**	四岁 十四	乙未 丙申
甲午	**宫**	二四 三四	丁酉 戊戌
丁酉	**甲**	四四 五四	己亥 庚子
甲辰	**午**	六四 七四	辛丑 壬寅

明杨忠愍公之造，与宋文信国公之造，同为丁火日元，生于午月，忠愍年干逢丙火；信国年干亦逢丙火，忠愍月干逢甲木；信国月干亦逢甲木，忠愍午为子冲；信国亦午为子冲，忠愍辰子遥合水局，信国申子亦遥合水局，此大同也。忠愍命占三木一金，信国命占三金一木；忠愍命宫甲午，具土木火三行，信国命宫己亥，具土木水三行，此小异也。其大同者，夏火炎炎，必须用金用水，以调剂之；其小异者，忠愍公金只有一，水只有二，调剂力薄，信国金计有三，水亦计有三，调剂力厚。忠愍词馆禄元，直接相冲；信国词馆禄元，间接相冲，虽同一下狱就义，同一千秋不朽。然一为进士知县，一为状元丞相；一为上疏锄奸，一为督兵杀敌，为稍异耳。至于运岁宜忌，忠愍与信国，亦复大同小异。信国二十一岁丙辰，小限丁酉，廷试点元，申丁酉运，服官尚妥，戊运晋阶，反觉棘手；戌运被执就义，此固金水为宜，火土木为忌也。忠愍十八岁丙运癸巳，入县学；二十五岁丁运庚子，举于乡；三十二岁酉运丁未，小限癸亥，登进士第，授南京吏部主事。戊运升山东诸城知县，[②] 有湖广司员外之报，并肆力于诗文，及天文地理、太乙壬奇、兵阵之学，以期报国，卒因奏劾大学士严嵩，拿问下狱。四十岁戌运，岁值乙卯，十月初一日就义。此亦金水为宜，火土木为忌，忠愍与信国大同。其小异者，信国午午刑刃，忠愍卯酉破金也。忠愍临刑，赋诗有曰："浩气还太虚，丹心照千古。生平未报恩，留

① 生卒均见《年谱》。

② 属山东省。

作忠魂补。”天下相与涕泣，此又与信国就义之自赞，大同而小异也。呜呼！命运可凭乎？抑人力可凭乎？抑人力与命运，须并行不悖乎？珊不敏，愿与有道者商榷之。

附　录

读《易》有感

眼底浮云片片飞，吉凶消息只几希。自从会得羲皇《易》，始觉前时大半非。①

谕妻张贞

古人云："死有重于泰山，死有轻于鸿毛。"盖当死而死，则死比泰山尤重，不当死而死，则无益于事，比鸿毛尤轻。死生之际，不可不揆之于道也。我一时间，死在你前头，你是一个激烈粗暴的性子，只怕你不晓得死比鸿毛尤轻的道理，我心甚忧，故将这话劝你。妇人家有夫死就同死者，盖以夫主无儿女可守，活着无用，故随夫亦死。这才谓之当死而死，死有重于泰山，才谓之贞节。若夫主虽死，尚有幼女孤儿，无人收养，则妇人一身，乃夫主宗祀命脉，一生事业所系于此，若死，则弃夫主之宗祀，隳夫主之事业，负夫主之重托，贻夫主身后无穷之虑，则死不但轻于鸿毛，且为众人所唾骂，便是不知道理的妇人。我打一百四十棍，不死是天保佑我，那时不死，如今岂有死的道理？万一要死，也是重于泰山了！所惜者，只是两个儿子俱幼，读书俱有进益，将来教得成的，只怕误了他。一个女儿，尚未出嫁，无人教导看管，怕惹人嗤笑。我就死了，留的你在，教导我的儿女成人长大，各自成家立计，就合我活着的一般，我在九泉之下，也放心，也欢喜，也知感你。如今咱一家儿，无有我也罢了，无有你一时成不得，便人亡家破，称了人家的愿，惹人家的笑。你是一个最聪明，知道理的，何须我说。千万只是要你戒激烈的性子，以我的儿女为重方可。二贞②年幼，又无儿女，我死后，就着他嫁人，衣服首饰都打发他。我在监三年，他发心吃斋诵经，是他报我的恩了，不可着他在家守寡。咱哥虽无道理，也无别意，不过只是要便宜心肠，凡事让他些，与他

① 《椒山全集》。
② 妾名。

便宜，他便欢喜了，不可与他争竞。其余家事，谅你善处，故不须多言。

谕应尾、应箕两儿

人须要立志，初时立志为君子，后来多有变为小人的。若初时不先立下一个定志，则中无定向，便无所不为，便为天下之小人，众人皆贱恶你。你发愤立志，要做个君子，则不拘做官不做官，人人都敬重你。故我要你第一立志，习举业。只是要多记多作，《四书》本经，记文一千篇，读论一百篇，策一百问，表五十道，判语八十条。有余功则读《五经》白文，好古文读一百篇，每日作文一篇，每月作论三篇，策二篇，问二篇。切记不可一日无师傅。无师傅则无严惮，无稽考，虽十分用功，终是疏散，以自在故也。又必须择好师，如一师不惬意，即辞了另寻，不可因循迁延，致误学业。又必择好朋友，日日会讲切磋，则举业不患其不成矣。

居家之要，第一要内外界限严谨。女子十岁以上不可使出中门，男子十岁以上不可使入中门。外面妇人，虽至亲不可使其常来行走，一以防说谈是非，致一家不和，一以防其为奸盗之媒也。只照依我行，便是。院墙要极高，上面必以棘针，缘的周密，少有缺坏，务要追求来历。如夏间霖雨，院墙倒塌，必即时修起，如雨天不便，亦即时加上寨篱，不可迁延日月，庶止奸盗之原。酒肉面果，油盐酱菜，必总收一库房；五谷粮食，必总收一仓房。当家之人，掌其锁钥，家人不得偷盗。衣服要朴素，房屋休高大，饮食使用要俭约。休要见人家穿好衣服便要做，住好房屋便要盖，使好家活便要买，此致穷之道也。若用度少有不足，便算计可费多少，即卖田产补完。切记不可揭债，若揭债则日日行利，累的债深，穷的便快。戒之，戒之！

与人相处之道，第一要谦下诚实。同干事则勿避劳苦，同饮食则勿贪甘美，同行走则勿择好路，同睡寝则勿占床席。宁让人，勿使人让我；宁容人，勿使人容我。宁吃人亏，勿使人吃我之亏；宁受人气，勿使人受我之气。人有恩于我，则终身不忘；人有仇于我，则即时丢过。见人之善，则对称扬不已；闻人之过，则绝口不对人言。人有向你说某人感你之恩，则云他有恩于我，我无恩于他，则感恩者闻之，其感亦深。有人向你说某人恼你谤你，则云彼与我平日最相好，岂有恼我谤我之理？则恼我者闻之，其怨即解。人之胜似你，则敬重之，不可有傲忌之心；人之不如你，则谦待之，不可有轻贱之意。又，与人相交，久而益密，则行之邦家，可无怨矣。[①]

---

① 节《忠愍公遗训》。

戚继光　三十二

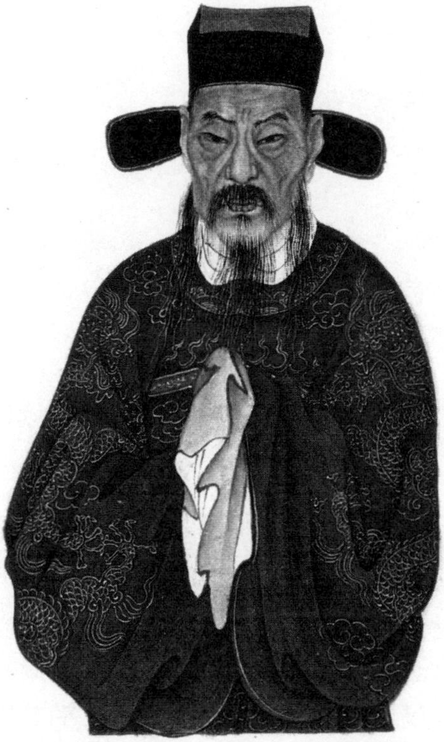

明，姓戚氏，名继光，字元敬，号南塘，晚号孟诸，安徽定远人。生于济宁南六十里之鲁村，[①] 世袭登州卫指挥佥事。[②] 继光幼倜傥，风奇气，好读书，通经史大义。嘉靖中，年十七至三十九，自嗣职，至擢署都指挥佥事，备倭山东，历浙江参将，以破浙东倭，进秩三等。倭犯江西、福建，皆命援击，战功特甚，升福建总督。屡平剧寇，威震南方，人号“戚家军”。隆庆丁卯，[③] 蓟门多警，命以都督同知，总理蓟州、昌平、保定三镇练兵事。[④] 始至镇，议建墩台一千二百所，台宿百人，二千里间，声势相通。又立车营制，拒马器，节制精明，器械坚利，蓟门军容，遂为诸镇冠。万历癸酉，[⑤] 俺答已通贡，而土蛮徙居插汉地，控弦十余万，常为蓟门忧。朵颜、董狐狸及其兄子长昂，同犯喜峰口、界岭等处，继光击败之。狐狸乃款关请贡，廷议给以岁赏。明年春，狐狸之弟长秃，复入寇，继光擒之。狐狸、长昂率部长亲族三百人，叩关请死罪，乞赦长秃。继光遣将尽受降，皆罗拜，献还所掠边人。攒刃设誓，乃释长秃，许通贡

① 济宁，州名，今改为县，属山东省。
② 登州故治，即今山东省蓬莱县。
③ 年四十。
④ 蓟州，即今蓟县，昌平，即今昌平县保定，即今新镇县，均属河北省。
⑤ 年四十六。

如故。继光在镇十六年，边备守饬，蓟门晏然。继之者踵其成法，数十年无事。亦赖当国大臣徐阶、高拱、张居正先后倚任之。居正殁半载，给事中张鼎思，言继光不宜于北，当国者遽改之广东。继光悒悒不得志，强一赴，逾年即谢病归。卒谥武毅。继光更历南北，并著声，在南战功特盛，北则专主守。有《纪效新书》、《练兵实纪》、《莅戎要略》、《武备新书》、《止止堂集》。

明世宗嘉靖七年闰十月初一日亥时生。[1]

明神宗万历五十五年十二月初一日丑时卒。[2]

戊子	**命**	五岁	甲子
		十五	乙丑
癸亥	**宫**	二五	丙寅
		三五	丁卯
己巳	**戊**	四五	戊辰
		五五	己巳
乙亥	**午**	六五	庚午
		七五	辛未

戚公元敬之造，戊子、癸亥、己巳、乙亥，载在《三命通会》，[3] 仅注"戚继光，都督名将"七字，并无说明。

珊不敏，谨就所知，叙述一二：查得日元之己，在五行属土。生于十月，天寒气降，固不比暮春季夏，黄帝司权之当道。月干透癸水，年支之子藏癸水，月时二支之亥，又各藏壬水，水多土湿，更不相宜。就此观之，毫无佳趣。其实日支之巳，中藏丙火，命宫之午，中藏丁火，生年戊子、生时乙亥，纳音又俱属火，得此四火，固可济彼四水，得此四火，尤可暖彼寒土。而况年干明见戊土，日支之巳，中藏戊土，命宫之干，戊固属土，命宫之支午又藏土，得此四土，同为己土日元之臂助，其为地大物博，概可想见，何得以水多土湿而少之哉！不宁惟是，月时二亥，驿马双排，年支之子，贵人特立，形势雄伟，气宇轩昂，故能飙发电举，[4] 为国

---

① 见《年谱》、《通会》。

② 见《年谱》。

③ 卷九。

④ 飙，音标，萧韵，暴风也。

干城，运筹卧鼓，建功百世，岂偶然哉！十七岁乙运甲辰，捧檄袭官，兵戍蓟门。二十二岁丑运己酉，中式山东武举乡试。二十六岁丙运癸丑，擢署都指挥佥事，备倭山东。二十八岁乙卯，改佥浙江都司。二十九岁丙辰，诏为参将，分守宁、绍、台三郡。云程发轫，小试牛刀，此乃木运泄水，土年制水之效。三十岁丙运，岁值丁酉，公改守台金严三郡，至浙时，见卫所军，不习战，而金华、义乌，[①] 俗称慓悍，请召募三千人，教其击刺法，长短兵迭用，由是公之一军特精。又以南方多薮泽，不利驰逐，乃因地形制阵法，审步伐便利，一切战舰火器兵械，精求而更置之，于是戚家军名闻天下。此无他，岁运丙丁，火能生土，故思想新颖，时机凑合也。三十三岁庚申，倭大掠桃渚、[②] 圻头，公急赴宁海，扼桃渚，败之龙山，追至雁门岭，贼遁去。乘虚袭台州，[③] 公手歼其魁，蹙余贼爪，陵江尽死，而圻头倭复赴台州，公邀击之仙居道，无脱者。先后九战，皆捷，俘馘一千有奇，[④] 焚溺死者无算。乃还浙，公进秩三等。三十四岁辛酉，倭大举犯福建。自温州来者，合福宁、连江诸倭，攻陷寿宁、政和、宁德；自广东南澳来者，[⑤] 合福清、长乐诸倭，攻陷元钟，所延及龙岩、松溪、大田、[⑥] 古田、[⑦] 莆田。[⑧] 是时宁德已屡陷，距城十里有横屿，四面皆水，路险隘，贼结大营其中，官军不敢击，相守逾年。其新至者，营牛田，而酋长营兴化，[⑨] 东南互为声援，闽中连告急，胡宗显檄公剿之。先挈横屿贼，人持草一束，填濠进，大破其巢，斩首二千六百。乘胜至福清，捣败牛田贼，覆其巢。余贼走兴化，急追之。夜四鼓，抵贼栅，连克六十营，斩首千数百级。平明入城，兴化人始知，牛酒劳不绝，公乃旋师还浙。后新至者日益众，复破兴化城，据平海卫等处。[⑩] 初，兴化告争急时，帝已命胡大猷为福建总兵官，公副之。三十五岁壬戌四月，公又将浙

---

① 此二县皆属浙江省。

② 寨名，在浙江省临海县，东一百里。

③ 即今浙江省临海县。

④ 馘音帼，陌韵，截耳也。凡杀敌而献其左耳曰馘。

⑤ 南澳县名，属广东省。

⑥ 镇名。

⑦ 县名。

⑧ 县名。

⑨ 酋，音遒，尤韵，魁帅之名。

⑩ 平海衙，在福建省蒲田县东，九十里，旧名南啸，置巡司，明洪武时以倭等，始改置卫，寻筑城。

兵至，巡抚谈纶，令将中军，刘显左，俞大猷右，合攻贼于平海。公先登，左右军继之，斩级二千二百，还被掠者三千人。纶上功，公首，显、大猷次之。公先以横屿功，进署都督佥事，及是进都督同知，世荫千户，遂代大猷为总兵官。三十六岁癸亥，余党复纠新党万余，围仙游三日，继光击败之。城下，又追败之王仓坪，斩首数百级，余多坠崖谷死。存者数千，奔据漳浦蔡丕岭。公分五哨，身持短兵，缘崖上，俘斩数百人。余贼遂掠渔舟出海去。久之，自浙犯福宁，[1] 公督参将李超等击败之。乘胜追永宁，斬馘三百有奇。寻与大猷，击平余孽。以上四年，功在平倭，其所以战无不胜，攻无不克者，固由公号令严，赏罚信，士无敢不用命，有以致之。然寅运合亥，丁火生土，亦莫不有重大之关系耳。自四十岁丁卯，至五十五岁壬午，命以都督同知，总理蓟州、昌平、保定三镇，练兵事，总兵以下，悉受节制，是以又平朵颜、董狐狸等之乱，并创建燉台一千二百座，精坚雄壮，延袤二千里，[2] 声势联接，于是进位左都督，加太子少保。史称公在镇十六年，边备修饬，蓟门宴然，此固公之声威韬略，有以致之。然卯木得丁，辰土得戊，盖头助日之功，张神峰先我言之矣。五十六岁癸未，张居正已殁，给事中张鼎思，言继光不宜于北，当国者遽改之广东，镇守都督南粤诸事，公悒悒不得志，强一赴，逾年即谢病。给事中张希皋，复劾之，竟罢归。居三年，御史傅光宅疏荐，反夺俸。至六十岁丁亥，公亦遂卒。凡此种种，其弊不属己运，皆经过流年为害，而三亥自刑，巳亥相冲，为尤烈也。总之，公之造，土寒喜火，故南方战功特盛，北则主守而已。

珊按：《年谱》云：戊子闰十月朔，夜漏方午，大父梦中跃起，如拱揖状，大母张，[3] 惊而挽之，始寤。诘所以，曰："吾方梦钟仙峨冠绛衣，执简降庭，正迎迓间，倏忽变虎，跃入南堂。"[4] 言未已，侍婢扣户，报家严生，时闰十月朔日己巳子时也。据此观之，其为非子时生可知。何则？夜漏梦觉，侍婢扣户，种种耽延，断非片刻，夜漏方午，亦不过约计而已。《三命通会》载，公为乙亥时，必有所本，且亦近理。证以《年谱》

---

① 寿宁，政和宁德、长乐、龙严、松溪、古田、蒲田、兴化、福清、漳浦、福宁皆县名，属福建省。

② 袤音茂，宥韵，广袤也。东西曰广，南北曰袤。

③ 居北堂。

④ 大母王夫人居此，乃公之生母也。

所载，公十岁丁丑，大母王太夫人捐庭闱，益信其为乙亥时诞生无疑。盖日支巳火，为亥水所冲，再逢丑年会合亥子，水势愈大，其巳火更难立足，丧母之痛，岂能幸免？果系子时，则丙火透干，而日为庚午。

附 录

一

癸未夏四月还里，放舟蓬莱阁下，寻有南粤之行。

三十年来续旧游，山川无语自悠悠。沧波浩荡浮轻舸，紫石崚嶒出画楼。日月不知双鬓改，乾坤尚许此身留。从今复起乡关梦，一片云飞天际头。

二

秋七月赴粤途中偶作。

四十年来汗血间，征鞍重度穆陵关。如今南北多良将，何日天王为赐环？

三

乙酉春二月，复上引退疏，得旨，准回卫调理，遂东归。因赋，别粤中诸公。

六十年来梦更懵，幸存骸骨乞重瞳。风尘久矣迷真觉，苦海何缘悟性空。前世有心仍野寺，故吾不复识钟公。遐方但愿无烽火，烟柳年年系去骢。诸公尽是济川才，吾卧蓬蒿亦快哉！闻说伏杉生百粤，常看飞楝斩三台。报君未老驱羸骨，听笛先闻吹落梅。但愿五云扶日月，相逢到处好衔杯。[1]

① 《年谱》。

《纪效新书》序

天下之事，难者多矣，至于兵则难之尤者也。世有视弓马为末艺，等行伍为愚民者，是岂知本之论哉！黄帝之法，根于几微；汤武之兵，本诸仁义。几微之所由起，仁义之所从出，在于吾心，是故迹至粗也；而用至神也。然则兵岂细故哉！愚尝读孙武书，叹曰："兵法其武库乎？用兵者其取诸库之器乎？兵法其药肆乎？用兵者其取肆之材乎？"及读诸将传，又悟曰："此固善握器而妙用材者乎？学者欲求下手着实工夫之门，莫逾于此。"数年间，予承乏浙东，乃知孙武之法，纲领精微莫加矣，第于下手详细节目，则无一及焉。犹禅家所谓上乘之教也，下学者何由以措？于是乃集所练士卒条目，自选畎亩民丁，以至号令战法，行营武艺，守哨水战，间择其实用有效者，分别教练，先后次第之。各为一卷，以诲诸三军，俾习焉。顾苦于缮写之难也，爰授梓人，客为题曰"纪效新书"。夫曰"纪效"，明非口耳空言；曰"新书"，所以明其出于法而不泥于法，合时措之宜也。盖尝验之技艺行阵，特其练中之一事耳。然精微极于无声无臭，而小不能破，放之格天地，动鬼神，而大莫能逾者，乃躬行心得之学，至诚无伪之道，自非正其谊不谋其利，明其道不计其功之造诣，其孰能与此？是故根之于性，发之以诚，令民与上同意，如是而终日乾乾，时无满假，功愈盛而心愈下，道愈行而守愈密，则固之不以城郭，居之不以宅室，藏之胸臆，而三军服者，此古之贤将也。继光则岂敢？惟旦夕淬砺，庶几无负今日之言。遂为叙，定远戚继光撰。

将官到任宝鉴

将者，三军司命，惟悔吝固人事所召。然时日吉凶，所以定众志而作气，拟之他任不同。今将紧要应验用忌日辰，开略于左。

《道藏经》论本命支干对冲，凡上官赴任、移居入宅、嫁娶、出行、修作一应等，先看作主之人，本命无犯冲克，然后选用。今人但求日吉，而不知本命冲克所犯，是宜详察。

甲子生对戊午、庚午。甲戌生对戊辰、庚辰。余如此例。

珊按：《练兵实纪》所载择日之法甚详，兹不备录。

予与诸将，叨有一日之长，师率之责，乃撰其节要，为到任宝鉴，吾辈真肯信而行之，决无不利。凡吾将领，无论大小，不拘边腹地方，奉有钦命推擢之日，或生长此地，或昔为属伍，旦夕面见地方事宜，似不必徇众而后知也。但一官自有一官之体，或内而衙门之群务，或外而上司之新政，便是旧游，终隔藩篱，况曾未经其地者，安得不为先事之图乎？悉当于未仕之前，于曾经彼地游宦，或士大夫，或前官，或闻知彼中事情者，先行多方咨访，其时人言尚公。语云："礼失求之野。"闾阎小人，心无所为，间访一二谨慎知事之人，亦无不可。是吾未至之先，已得地方之情矣，姑默存之，未可就信。履任之日，见过官属，且勿轻论地方事情。本日只了应酬，虽对贺客，亦勿论地方。轻开此口，左右便莫测我意向所在矣。应报上司，先具揭帖。掾书左右和以遇之，即有不是，亦且勿分可否，惟存于心。次日即将衙门内要紧号簿文卷检览，稍知大义。三日行香礼毕，投文后，且收在退居亲行检看。稍知任内之略，乃将钱粮、兵马、城池、地里各文册，于案牍中择出，粗涉一过，先取大数，抄为手折，常在袖中。应参上司，则赴参见。询以职守兵边之事，只云："卑叨遇主司，罔敢不竭力报国。心虽切切振作，练兵饬武，厘弊兴废，以保地方，但初至未谙，容回任事事讲求。应该自行者，不敢迟怠；应该请详者，请详遵奉。第以设施之初，人言未信，不无耳目之异，望主司姑为主持，以需其后。如果行不逮言，甘辱明法，倘设施果合时宜，果中利弊，而人言市虎，亦望主司坚执投杼之嫌，以裨责成于终。"如此对人，方见老成。回任之日，务信其言；不止务信其言，当终身以此言为鉴戒，务副之于其行。寻当巡行境内，每到一城，先将城池形势边墙看过，详问四方险易，建置始末，保障缘由。入衙门，将地方父老延入，优以礼见，问其弊病。大率如系边墙，步步亲行，备问墙外，所对何项敌人，部落某处，某年深入，因何失事，因何成功。夫前人之事业，后人之龟鉴。今当如何，庶可固守战胜，咨访在心，且勿就言方略。次则查点库藏，如神器，则云库在某处，即亲诣件件验过，某件某年造，如何用，见今堪否。且待土人与守者言之，勿出己意。乃又卜日，入操其军马，逐名点看强弱，器械堪否，使地方形势、人情土俗、军马强壮、衙门利弊，一一在我心中。有如素游之地，乃先将极贫无告之军查出，优以言辞，省其差役，问其疾病。次革科敛之弊，次将衙门内役占贿赂之弊，尽行痛革。次为各军清楚粮饷，务得实惠。次将孝子顺孙、义夫节妇，亲行存问其家，式其门间。如此，人心大定，人人知我是为民之吏，爱军之将。然后仍行择访名望、才猷素重一方之人，真心求教。盖彼于我初至之日，未知我作用何如，即有里言，未肯尽吐。稍见我作用，知为贤者，必以嘉言告我，必以地方利弊、宜军宜民之略导我，凡有不忠之言，偏拗之人，自然不敢诳罔于我。此后任我所为，皆宜军宜民之政也。如有利弊，所当行革，事重而不可专者，明白申报上司。如力可自举者，便宜行之，凡有大事申报上司，于文书之外，仍附以揭帖，备言其事之始末，情节利害缘由，上司无不听允。自此之后，既得上司之欢心，下人之悦服，可谓尽善矣。但人情难测，患变无常，又须日甚一日，无敢少安。在内地常若上司督责于上，在边方常如敌患临前，慎之又慎，敬以胜怠。如此，战胜守固，完名全节，为贤将，为美官，永无灾患矣。①

① 《练兵实纪》。

袁氏命谱卷五

王肯堂　三十三

明，姓王氏，名肯堂，字宇泰，号念西，江苏金坛县人。举万历十七年己丑[①]进士，选庶吉士，授检讨。倭寇朝鲜，疏陈十议，愿假御史衔，练兵海上，疏留中，引疾归。京察降调家居。久之，吏部侍郎杨时乔，荐补南京行人司副。终福建参政。四十三年乙卯卒，年六十七。肯堂好读书，尤精于医。著有《六科准绳》、《郁冈斋笔麈》、《尚书要旨》等书，赅博精粹，世竞传之。

明世宗嘉靖二十八年九月十二日申时生。[②]
明神宗万历四十三年□□月□□日□时卒。

己酉	**命**	二岁 十二	癸酉 壬申
甲戌	**宫**	二二 三二	辛未 庚午
戊寅	**乙**	四二 五二	己巳 戊辰
庚申	**亥**	六二 七二	丁卯 丙寅

① 年四十一。
② 见《通会》，参考《郁冈斋笔麈》及《六科准绳》。

《通会》卷八载，宇泰先生之造，己酉、甲戌、戊寅、庚申，仅云“先生翰林，无子，纂辑医书《证治准绳》等集”，又云：“向德相，举人，知县，有子。王金坛人，向上元人，命同”。珊读此，不禁感觉人之产生地域，与命造休咎。有密切之关系也。宇泰先生，与向德相知县，同为戊土日元，诞生于寒露节后，斯时白帝司权，土王犹未用事，土衰金盛，一望可知。再逢时干庚金，及地支申酉戌之会金，叠叠盗泄土气，土不胜金，更属显然。所幸寅日戌月，半合火局，制金生土，尚可救弊补偏，敦品读书，不难立名建业。然寅为申冲，其力已散，仅恃戌藏一丁，究竟渺乎小矣。所以诞生于上元者，得南方火气，补用神之不逮，故名登一榜，侯封百里，而哲嗣亦不虚也。诞生于金坛者，得西方金气，徒为秋金张目，转使戊土耗神，虽曰身居翰苑，未能得志庙堂，虽著作千秋，亦难凤毛济美也。或曰：关帝造，天上三奇甲戊庚顺布，此造亦天上三奇甲戊庚顺布，何不同若是？曰：关帝造不仅三奇顺布，且是四柱纯阳，而命宫己丑，又复为庚甲戊庚之贵人，神藏煞没，亿万难逢，是以孤忠大节，炳若日星。宇泰先生之造，三奇虽顺布，四柱不纯阳，而况命宫乙亥，合庚化金，合寅化木，皆非戊土日元之喜神，然得名垂国史，书收《四库》，未尝不是天干三奇，地支寅戌，有以致之也。十八岁申运，岁值丙寅，因母病阽危，常润名医，延致殆遍，言人人殊，罕得要领，心甚陋之。于是锐志学医，既起亡妹于垂死，渐为人知，延诊求方，户屦恒满。就表面观之，此一节似为寻尝细故，殊不知先生大名，得以列诸《明史》者，实肇端于此。盖岁运相冲，灾及慈母，火能生土，学究岐黄也。二十八岁未运，岁值丙子，举于乡。四十一岁午运，岁值己丑，登进士第，选庶吉士，授检讨官。此二年为先生最得意之时。盖未运丙年，得贵人生气，午运丑年，得贵人帝旺也。四十五岁己运癸巳，倭寇朝鲜，先生疏陈十议，愿假御史衔，练兵海上，疏留中，因引疾归，京察降调家居；四十七岁己运乙未，吏部侍郎杨时乔荐先生，补南京行人司副。具见己运远逊午运，而乙未贵人，究胜癸巳三刑多矣。四十八岁至六十六岁，经过巳戊辰丁四运，火土资助，是以优游岁月，从容著书。成《六科准绳》等若干卷，虽一度曾为福建参政，要亦不过流水行云，岂足以展先生怀抱哉！六十七岁乙卯，克己冲酉，虽丁火亦不能维护，故先生竟归道山也。

附 录

《证治准绳》序

余发始燥，则闻长老道说，范文正公未达时，祷于神，以“不得为良相，愿为良医”，因叹古君子之存心济物，如此其切也。当是时颛蒙无所知，顾读岐黄家言，辄心开意解，若有夙契者。嘉靖丙寅，母病阽危，常润名医，延致殆遍，言人人殊，罕得要领，心甚陋之。于是锐志学医，既起亡妹于垂死，渐为人知，延诊求方，户屣恒满。先君以为妨废举业，常严戒之，遂不复穷究。无何，举于乡。又十年成进士，选读中秘书，备员史馆，凡四年，请急归。旋被口语，终已不振。因伏自念，叠受我圣主作养厚恩，见谓储相材，虽万万不敢望文正公，然其志不敢不立，而其具不敢不勉，以庶几无负父师之教，而今已矣。定省之余，颇多暇日，乃复取岐黄言而肆力焉。二亲笃老善病，即医非素习，固将学之，而况乎轻车熟路也。于是闻见日益广，而艺日益精，乡曲有抱沉疴，医技告穷者，叩阍求方，[1] 亡弗立应，未尝敢萌厌心，所全活者稍稍众矣。而又念所济仅为一方，孰若著为书，传之天下万世耶？偶嘉善高生隐，从余游，因遂采取古今方论，参以鄙见，而命高生次第录之，遂先成杂病论与方，各八巨帙。高生请名，余命之曰“证治准绳”。高生曰：“何谓也。”余曰：“医有五科七事，曰脉，曰因，曰病，曰证，曰治，为五科；因复分为三，曰内，曰外，曰亦内，曰亦外，并四科为七事。如阴阳俱紧而浮，脉也；伤寒，因也；太阳，病也；头痛、发热、身痛、恶寒、无汗，证也；麻黄汤，治也。派析支分，毫不容滥，而时师皆失之，不死者幸而免耳。”自陈无择始发明之，而其为三因极一方，复语焉不详。李仲南为《永类钤方》，枝分派析，详矣。而入理不精，比附未确，此书之所以作也。曰五科皆备焉，而独名“证治”，何也？曰：以言证治独详，故也。是书出而不知医、不能脉者，因证检书，而得治法，故也。虽然，大匠之所取平与直者，准绳也。而其能用准绳者，心目明也。倘守死句而求活人，以准绳为心目，则是书之刻，且误天下后世，而余之罪大矣。家贫无赀，假贷为之，不能就其半，会侍御周鹤阳公，以按鹾行县至金坛，闻而助成之，遂

① 阍，音昏，守门之隶也。

行于世。万历壬寅夏五月朔旦，王肯堂识。

《伤寒准绳》序

夫有生必有死，万物之常也。然死不死于老，而死于病者，万物皆然，而人为甚。故圣人悯之，而医药兴，医药兴，而天下之人，又不死于病，而死于医药矣。智者愤其然，因曰病而不药得中医，岂不信哉！或曰：此但为伤寒言之也。虽然，微独伤寒，特伤寒为甚尔。盖医莫不宗本黄岐，今其书具在，然有论而无方，方法之备，自张仲景始。仲景虽独以伤寒著，然二千年以来，其间以医名世，为后学所师承者，未有不从仲景之书悟入，而能径窥黄岐之壶奥者也。故黄岐犹羲文也，仲景其孔子乎？易水师弟，则濂、洛诸贤；金华师弟，则关、闽诸大儒也。拟人者不伦于此矣。王好古曰："伤寒之法，可以治杂病；杂病法不可以治伤寒。"岂诚然哉！伤寒法出于仲景，故可以治杂病；而为杂病法者，多未尝梦见仲景者也，故不可以治伤寒也。然则《伤寒论》可以弗读乎？而世之医有终身目不识者，独执陶氏六书，以为枕中鸿宝尔。夷考陶氏之书，不过剽南阳唾余，尚未望见易水门墙，而辄诋《伤寒论》为非全书，聋瞽来学，盖仲景之罪人也。而世方宗之，夭枉可胜道哉！余少而读仲景书，今老矣，尚未窥其堂室，平生手一编，丹铅殆遍，纸败墨渝。海虞严道彻，见而爱之，欲寿诸梓，而余不之许，非靳之，盖慎之也。丁酉、戊戌间，因嘉善高生请，始辑《杂病准绳》，而不及《伤寒》，非后之，盖难之也。今岁秋，同年姜仲文，知余所辑杂病外，尚有伤寒、妇、婴、疡科为准绳者四，遣使来就钞，而不知余夺于幽忧冗病，未属草也。因感之，而先成伤寒书八帙，始于八月朔，而告完于重九。或曰：以数十万言，成于四旬，不太草草乎？曰：余之酝酿于丹府，而渔猎于书林，盖三十余年矣，不可谓草草也。伤寒一病尔，而数十万言，不太繁乎？曰：吾犹病其略也。何也？是书之设，为因证检书而求治法者设也，故分证而不详，则虑其误也；详则多互见而复出，而又安得不繁？后之注仲景书，读仲景法者，或见其大全，或窥其一斑，皆可以为后学指南，具择而载之，而又安得不繁，且夫人读一书解一语，苟迷其理，有碍于胸中以问知者，则惟恐其不吾告，与告之不详。余固驽下，然学医之资，差不在人后，以余所白首不能究者，与天下后世共究之，将读之恐其易尽，而顾患繁乎哉！丹阳贺知忍中秘，心乎济物，而勇于为义，愿为余流通，书未成，已鸠工庀具矣。

余之遄成以此，因叙于篇首。万历甲辰重九日，念西居士书。[①]

《幼科证治准绳》序

医家以幼科为最难，谓之哑科，谓其疾痛不能自陈说也。称黄帝之言，曰“吾不能察其幼小，为别是一家调理耳”，吾独谓不然。夫幼小者，精神未受七情六欲之攻，脏腑未经八珍五味之渍，投之以药，易为见功，犹膏粱之变难穷，而藜藿之腹易效也。何谓难乎？然古今辑是科书，未有能善者，如《心鉴》之芜秽，《类萃》之粗略，《新书》则有古无今，《百问》则挂一漏万，皆行于世，未足为幼科准绳也。故吾辑为是编，而麻痘一门，尤加详焉。平生聚麻痘书百数十家，率人所宝秘，千金不传者，然多猥陋不足采择，益可以见世之无具眼矣。或曰：夫人之病，无论男女长幼，未有能越五脏者也，子于他科不分五脏，而独幼科分之，何居？曰：正以精神未受七情六欲之攻，脏腑未经八珍五味之渍，独有脏气虚实胜乘之病耳。粗工不能精究，而臆指之曰“此为内伤，此为外感，此为痰，此为惊，此为热”，妄投汤丸，以去病为功，使轻者重，重者死，亦有不重不死，幸而得愈者，然已伤其真元，夭其天年矣。吾之独分五脏以此也。大中丞沈太素公，从大梁寄余俸金百，以助刻费，而是书稿适成，遂鸠工刻之，又逾年始竣，因序而识之，使后之人有考焉。万历丁未夏五十又三日，宇泰书。

《女科准绳》序

妇人有专治方，旧矣。史称扁鹊过邯郸，闻贵妇人即为带下医，语兼长也。然带下直妇人一病耳，调经、杂证、怀子、娩身，患苦百出，疗治万方，一带下岂能尽之乎？世所传张长沙《杂病方论》三卷，妇人居一焉，其方用之奇验，奈弗广何！孙真人著《千金方》，特以妇人为首，盖《易》基乾坤，《诗》首《关雎》之义。其说曰：“特须教子女学习此三卷妇人方，令其精晓，即于仓卒之秋，何忧畏也？”而精于医者，未之深计也。唐大中初，白敏中守成都，其家有因免乳死者，访问名医，得昝殷备，集验方三百七十八首以献，是为《产宝》。宋时濮阳李师圣，得《产论》二十一篇，有说无方，医学教授郭稽中，以方附焉，而陈言无择，于《三因方》评其得失，确矣。婺医杜荍[②]又附益之，是为《产育宝庆集》。

---

① 靳音仅。同韵，吝也。庀音庇。纸韵，具也。治也。

② 音翘，草名，锦葵也。

临川陈自明良甫，以为诸书纲领散漫而无统，节目谆略而未备，医者局于简易，不能深求遍览，有才进一方不效，辄束手者，有无方可据，揣摩臆度者，乃采摭诸家之善，附以家传验方，编葺成篇，凡八门。门数十余体，总二百六十余论，论后列方，纲领节目，灿然可观。是为《大全良方》。《良方》出而闺阃之调，将大备矣。然其论多采巢氏《病源》，什九归诸风冷，药偏犷热，未有条分缕析，其不宜者。近代薛已新甫，始取良方增注，其立论酌寒热之中，大抵依于养脾胃，补气血，不以去病为事，可谓救时之良医也已。第陈氏所葺多上古专科禁方，具有源流本末，不可昧也。而薛氏一切以己意芟除变乱，使古方自此湮没，余重惜之。故于是编，务存陈氏之旧，而删其偏驳者，然亦存什之六七而已。至薛氏之说，则尽收之，取其以养正为主，且简而易守，虽子女学习无难也。若易水、溵水师弟，则后长沙而精于医者，一方一论，具掇是中，乃他书所无。有挟是而过邯郸，庶无道少之患哉！其积德求子，与夫安产藏衣吉凶方位，皆非医家事，故削不载云。稿成而兵宪蔡虚台公、明府涂振任公，助之赀，刻行之，以为此亦二公仁政万分之一，遂不复辞。万历丁未早秋，念西居士书于无住庵。

《外科准绳》序

《周礼》天官、冢宰之属，有疾医、疡医，内外科之分久矣。疾医中士八人，疡医下士八人，重内轻外，自古已然。然未有不精乎内而能治外者也。疾医之所不能生者，于父母遗体犹得全而归之。而疡医不然，至于烂筋骨，溃肌肉，见脏府，而后终焉。故疾病于人，惟疕疡最惨，①而世顾轻之，何哉？乃世之疡医，明经络，谙方药，而不嗜利，惟以活人为心者，千百无一也。其见轻固宜然，不曰并自轻其命耶？余童而习岐黄之术，弱冠而治女弟之乳疡，虞翁之附骨疡，皆起白骨而肉之，未尝有所师受，以为外科易易耳。欲得聪明有志者指授之，使为疡医，而竟无有。故集先代名医方论，融以独得，而成是编，与世之外科书图人形，列方药诧为秘传者，万万不侔。能熟而玩，神而明之，可以名世矣。余既以便差还故山，例得支俸，受之则不安，辞之则立异，乃以付梓人，逾期而后竣事，于是诸科分证用药之书略备。夫孰使余窃禄于朝，而又得优游编葺，

① 疕，补履切，音匕，头疡也。

以行于世？岂非圣主之赐也欤？万历戊申七夕，微雨作凉，金坛王肯堂书。[①]

读《本草》之法

同年邵麟武问："欲学医，须识药性；欲识药性，须读《本草》乎?"曰："然读《本草》有法，勿看其主治。"麟武曰："不看主治，又何以知药性也?"曰："天岂为病而生药哉！天非为病而生药，则曰何药可治何病，皆举一而废百者耳。草木得气之偏，人得气之全，偏则病矣，以彼之偏，辅我之偏，医药所繇起也。读《本草》者，以药参验之，辨其味，察其气，观其色，考其以何时苗，以何时华，以何时实，以何时萎，则知其禀何气而生，凡见某病为何气不足，则可以此疗之矣。《灵枢经·邪客篇》论不得卧者，因厥气客于五脏六腑，则卫气独卫其外，行于阳不得入于阴，行于阳则阳气盛，阳气盛则阳蹻满，不得入于阴，阴气虚，故目不瞑，治之以半夏汤。夏至而后一阴生，半夏苗其时，则知其禀一阴之气而生也，所以能通行阴之道。五月阳气尚盛，故生必三叶，其气薄为阳中之阴，故能引卫气从阳入阴。又其味辛，能散阳蹻之满，故饮之而阴阳通，其卧立至也。李明之治王善夫，小便不通，渐成中满，是无阴而阳气不化也。凡利小便之药，皆淡味，渗泄为阳，止是气药，阳中之阴，所以不效。随处以禀北方寒水所化，大苦寒，气味俱阴者，黄柏、知母，桂为引，用为丸，投之，溺出如涌泉，转眄成流。盖此病惟是下焦真阴不足，故纯用阴中之阴，不欲干涉阳分及上、中二焦，故为丸，且服之多也。《本草》何尝言半夏治不得卧，黄柏、知母利小便哉！则据主治而觅药性，亦何异夫锲舟而求剑者乎?"麟武曰："善哉！未之前闻也。"[②]

星　命

今星命家亦论通关加临，而不知天地盘之说，陋矣。夫日之一月而过一宫，期年而周十二宫者，此天盘也。日之一时而临一宫，[③] 一昼夜而周十二宫者，此地盘也。天盘常运而不停，凡日月、五星、四余之度数，皆从之而定焉。地盘一定而不移，凡从岁月干支所起神煞，如天狗、天德之类，皆从之而定焉。如余命太阳在辰，以申时生，则天盘之申，加地盘之

① 以上《六科准绳》。

② 眄，音面，衺视也。

③ 临子则为子时，临午则为午时。

辰，而天盘卯上实见地盘之亥，故亥宫安命。凡七政四余之在辰者，皆当书于申之外盘，而天狗、天德之类，却于内盘书之。不易之理也。

范蠡伍员壬课

《吴越春秋》：吴王欲择吉日赦越王。越王闻之曰："召范蠡告之，孤闻于外，心独喜之，又恐其不卒也。"范蠡曰："大王安心，事将有意，在玉门第一。今年十二月戊寅之日，时加日出，[①] 戊囚日也，寅阴后之辰也，合庚辰，岁后会也。夫以戊寅日闻喜，不以其罪罚日也。时加卯而贼戊，功曹为螣蛇而临戊，谋利事在青龙。青龙在胜光而临酉，死气也。而克寅，是时克其日，用又助之，所求之事，上下有忧，此岂非天网四张，万物尽伤者乎？王何喜焉！果以子胥谏，而复囚之石室。"按：以十二月将子加卯，第一课寅加戊螣蛇，第二课、第三课亥加寅太阴，第四课申加亥白虎，四课中惟一课上克下，以寅为用。三传寅亥申，蛇阴虎，先锋门既是日鬼，课传四寅，又是四鬼，所赖末申为救，却乃旬空，不胜四寅一卯之实鬼也。况支临干克干，乃上门乱首，夜贵又入狱，能免囚系之辱乎？[②]

子胥曰："今年三月甲戌，时加鸡鸣，甲戌岁位之会将也。青龙在酉，德在土，刑在金，是日贼其德也，知父将有不顺之子，君有逆节之臣。按：三月当用酉将，甲日青龙乘午，而此云在酉，则卯上得戌，是太阳尚在戌宫也。此丑时用旦贵，四课亥甲、申亥、未戌、辰未，三传申巳寅，课名蒿矢。申乃旬空，蒿矢已无力，空亡为蒿矢，无力甚矣，能免失脱乎？又发用申加亥为六害，申又为日干冲破，又为日鬼，三传刑战，干克支上神，支克干上神，名解离卦。干与干上神相破，支与支上神相刑，是满盘略无和气，故主有逆子叛臣也。"[③]

越王谓范蠡曰："今三月甲辰，时加日昳，[④] 孤蒙上天之命，还归故乡，得无后患乎？"范蠡曰："大王勿疑，直眡道行，越将有福，吴当有忧。"按：以三月酉将加日昳未时，四课辰甲、午辰、辰午、午申，三传辰午申，此斩关课，大利逃亡。越王谓范蠡曰："今十有二月己巳之日，时加禺中，孤欲以此到国何如？"蠡曰："大王且留，以臣卜日。"于是范蠡进曰："异者大王之择日也，王当疾赴车驰马走。"越王策马飞与，遂复

---

① 时谓月将之子，日出谓卯时也。

② "时克其日"以下乃《玉衡经》中语。

③ 按：越王归日，是三日甲辰，则此当是二月，乃传写讹耳。

④ 音耋，日昃也。

宫阙。按：此若以十二月子将加巳时，则四上克下，课名无禄。寅巳子未，交互六害，三传皆自刑伤日。初酉破碎，土败于酉，辰乃土墓，亥为空财，无一可者，范公不应取之。当是十二日初太阳尚在丑宫也，丑加巳则四课卯己、亥卯、丑巳、酉丑，三传卯亥未木局官鬼，初末旦暮皆乘白虎克干，是谓催官使者，主赴任急速，故劝越王车驰马走以应之。况稍迟延至午时，则犯前课无禄之凶危矣。

珊按：以上三课，宇泰先生原按所论课传生克，及贵人旦暮之理，极其显明，欲知其详，再观拙著《六壬探原》，则更了然矣。

论九星八宅吉凶之源

自太极分阴阳，阳之中有阴有阳，所谓太阳、少阴也；阴之中有阴有阳，所谓太阴、少阳也。太阳之中阳乾阴兑，少阴之中阳离阴震，少阳之中阳巽阴坎，太阴之中阳艮阴坤，自乾一至坤八，所谓先天八卦也。乾父，坤母，震得乾初爻为长男，巽得坤初爻为长女，坎得乾中爻为中男，离得坤中爻为中女，艮得乾上爻为少男，兑得坤上爻为少女，所谓后天八卦也。阳道主变，其数以进为极，故乾为父而得九，震长男而得八，坎中男而得七，艮少男而得六；阴道主化，其数以退为极，故坤为母而得一，巽长女而得二，离中女而得三，兑少女而得四。此先天八卦，乃河图、洛书自然之数，而不离乎五者也。故先天之合为生气焉，后天之合为延年焉，五数之合为天医焉。乾九合艮六，坎七合震八，坤一合兑四，巽二合离三，阳得十五，而阴得五，故曰五数之合也。五居中央，乃土之数，故天医属土也。其不合者，则皆凶矣。先天圆图之中，越一位而左旋，则乾与离，兑与震，坤与坎，艮与巽，皆以阴而克阳，凶莫甚焉，故为绝命金也。纵而相值，则乾与震，巽与坤，坎与艮，兑与离，皆阳克阳、阴克阴，其凶次之，故为五鬼火也。越一位而右旋，则乾与坎，艮与震，巽与兑，坤与离，皆六亲相刑，故为六煞水也。横而相值，则乾与巽，坎与兑，艮与离，坤与震，金木土相克，而子酉丑午相破害，故为祸害土也。八卦虽错综不穷，而合者相比而生吉，不合者相克害而生凶，此东西四宅之所以判，而九星分配之所以殊也。画卦自下而上，变卦自上而下，故一变而乾得兑，兑得乾，离得震，震得离，巽得坎，坎得巽，艮得坤，坤得艮，所以为生气也。二变而乾得震，震得乾，坎得艮，艮得坎，巽得坤坤得巽，兑得离，离得兑，所以为五鬼也。三变而乾得坤，坤得乾，坎得离，离得坎，震得巽，巽得震，艮得兑，兑得艮，所以为延年也。四变而乾得坎，坎得乾，艮得震，震得艮，艮得兑，兑得艮，离得坤，坤得离，所以为六煞也。五变而乾是巽，巽得乾，坎得兑，兑得坎，艮得离，离得艮，震得坤，坤得震，所以为祸害也。六变而乾得艮，艮得乾，坎得震，震得坎，巽得离，离得巽，坤得兑，兑得坤，所以为天医也。七变而乾得离，离得乾，坎得坤，坤得坎，艮得巽，巽得艮，震得兑，兑得震，所以为绝命也。世所传《游年歌》与《紫微卦座》，其源皆出于此，而特为捷法以括之。时师执流而忘源，不复深求其故，此吉凶所以无据也。或谓一变为祸害，二变为天医，以万物生于土，成于土，故先得之，以为五行基，而后金水木火，以次相生，近乎凿矣。自下而上，既非变卦之体，而五鬼之火，反生绝命之金。又理之不通者也。此殆求其故而不得，而强为之说者也。

珊按：《游年歌》，即坎五天生，延绝祸六，艮六绝祸，生延天五，震延生祸，绝五天六，巽天五六，祸生绝延，离六五绝，延祸生天，坤天绝延，生祸五六，兑生祸延，绝六五天，乾六天五，祸绝延生，是也。熟读此歌，即可知坎见艮为五鬼，见震为天医，见巽为生气，见离为延年，见坤为绝命，见兑为祸害，见乾为六杀。至于艮、震、巽、离、坤、兑、乾等卦，依歌顺序推之，莫不吻合。然欲求原理，须细玩宇泰先生之鸿文也。

余里中一老友刘生，素不信禨祥之说，一日过余，见余构屋。谓余曰："开门极关系吉凶，宜审择之。"余知其必有为，因诘其故。刘曰："予向开一后门，而失火、失盗、官讼、退田，术者劝予塞之，祸乃已，可不信乎？"余漫笑曰："人受命于天，奈何归咎一户？"刘曰："不然，何术者之奇中也？"居数日，刘生引术者乐生来，余虚心访之。乐曰："刘本本命丙戌，为上元生人，寄位乾宫，而所开乃坎门为六煞，在法应火、盗、官讼、退田，某亦不知其所以然，其书具在。"因启篋出以示余。其书名"金光斗灵经"，专以人命论宅门。余用而试之，良验。后官于京师，闻有听调县令王姓者，精于宅法，乃专用此书，谈论祸福，往往奇中。屡欲访之，未果。

八宅细分之，有二十四山向，门路与宅，宅门与本命，有刑焉，有冲焉，有破焉，有害焉，有禄焉，有马焉，有贵焉，有生焉，有克焉，皆当细而论之。如坎宅开巽门吉矣。而坎有子之坎，有壬之坎，有癸之坎；巽有辰之巽，有巽之巽，有巳之巽。如正坐子位，则宜于辰上开门，坐癸位则宜于巽上开门是也。若坎宅开未门，未害子，又未土克子水，主有肾疾。又坎宅开震门，虽吉而星为巨门，天医属土，亦主肾疾，长男当之。坎宅开午门，子午相冲。他可类推。

南阳孔生，为人卜宅，又单论灶，祸福尤捷如影响。工部郎中阎春藿邦尝师事之，得其诀以授余。大抵亦从迁移起数，不论宅坐向，与夫所谓宅无宅气，由人为以变之者，旨未尝不符合也。[①]

① 以上《郁冈斋笔麈》。

董其昌　三十四

明，姓董氏，名其昌，字元宰，晚号思白，松江华亭人。[①] 万历十七年己丑，[②] 举进士，改庶吉士，授编修，皇长子出阁，充讲官。坐失执政意，出为湖广副使，移疾归。起故官，督湖广学政，不循情属，为势家所怒，谢事归。光宗立，泰昌元年庚申，[③] 召为太常少卿。天启元年辛酉，[④] 擢本寺卿，修神宗实录；擢礼部右侍郎，寻左转，拜南京礼部尚书。阉竖用事，其昌深至引远，逾年请告归，召加太子太保致仕。崇祯十年丁丑卒，年八十三，谥文敏。其昌天才俊逸，少负重名，阉人请书翰者，一切谢绝。然不激不随，故得免于党人之祸。书法超越诸家，独探神妙。其画，集宋、元诸家之长，四方金石刻，得其制作手书，以为二绝。人拟之米芾、赵孟頫。有《画禅室随笔》、《容台文集》等书。

明世宗嘉靖三十四年正月十九日辰时生。[⑤]

明毅宗崇祯十年□□月□□日□时卒。[⑥]

---

① 即今江苏省松江县。

② 年三十五。

③ 年六十六。

④ 年六十七。

⑤ 见《通会》。

⑥ 见《明史》。

乙卯	命	五岁 十五	丁丑 丙子
戊寅	宫	二五 三五	乙亥 甲戌
乙卯	丁	四五 五五	癸酉 壬申
庚辰	亥	六五 七五	辛未 庚午

董文敏公之造，乙庚化金，既带将星，又值亡神，似与毅宗帝造相同。其实毅宗帝，出自天潢；文敏公，生于草野，此一异也。毅宗造，年干见辛，暗中化水，盗泄金气；文敏造，年干见乙，暗中化金，足资臂助，此二异也。毅宗支会三合木局，自亥而未而卯，次序皆逆；文敏支会东方一气，自寅而卯而辰，次序皆顺，此三异也。毅宗亥居年支；文敏亥居命宫，此四异也。毅宗有未无辰，有己无戊，文敏有辰无未，有戊无己；毅宗命宫值庚，文敏命宫值丁，此五异也。有此五异，虽同一化金正格，[1] 而名位特殊，安危迥异，即[2]亦绝不相侔也。经云："化格成象，须分衰旺。"往来固要安定，配合尤贵中和。

谨按：文敏公造，日元乙卯，生时庚辰，乙与庚合，同化为金，诞生正月，似不及三秋当道，然得年干乙字，位居要津，命宫丁亥，德合并见，足可为乙庚化金之奥援，虽月干逢戊，暗地化火，亦与大体无伤。盖往来安静，配合中和，故能天才俊逸，贵寿兼优也。不宁惟是，观其三十五岁，大运莅亥，岁值己丑，举进士，改庶吉士，即可知亥藏壬甲，与夫太岁己丑，均与化金格情致缠绵也。至三十五岁后，实行甲运，授编修，充讲官，以及督学湖广，更觉甲能化土生金也。四十二岁大运莅戌，岁值丙申，因不徇请嘱，为势家所怨，嗾生徒数百，蜂拥鼓噪，冲毁学署，公竟谢事告归。具见戊遥冲辰，丙遥合辛，申遥冲寅之为害也。六十六岁，大运莅辛，岁值庚申。七十一岁大运莅未，岁值乙丑，或为太常少卿，或为侍郎、尚书，或告归林下。此皆庚乙化金，气求声应，有以致之，非辛运之功也。及至七十七岁，实行庚运，起复故官，掌詹事府事，益信庚能合乙，效力胜常也。八十三岁，大运莅午，岁值丁丑，午固合寅，丑复害

---

① 此名乙庚化金格，又名东方一气格，惜均有瑕疵。

② 寿命修短。

午，皆为忌神，是以考终焉。

附 录

《说苑》序

西汉之著书者，自陆贾以下凡六家，而卯金子居其二，淮南王安则有《鸿烈解》，中垒校尉向则有《说苑》、《新序》云。《淮南》之书，俶诡超忽，世所称挟风霜，饮沆瀣者，盖文士多沉酣焉，而向之《说苑》二十篇，网罗旧闻，应规入矩，似非好奇者所急也。兹专刻《说苑》何也？曰：向之此书，其合于立言之指者有三，而文词之尔雅不与焉。裨用，一也；述圣，一也；献说，一也。有一于此，皆可传也。矧兼至焉者乎？夫《语》称公输子，巧于为舟车，而拙于为木鸢，以非所常御也。顾长康，易于貌神鬼，而难于貌狗马，以众所习见也。向之《说苑》，自君道臣术，迄于修文返质，其标章持论，凿凿民经，皆有益天下国家，而非雕尘镂空，纵谈六合之外，以动视听者。是为裨用，可传也。汉承秦后，师异道，人异学，自仲舒始有“大一统”之说，然世犹未知归趣，向之此书，虽未尽洗战国余习，大都主齐、鲁论家语，而稍附杂以诸子，不至逐流而忘委，是以独列于儒家。是为述圣，可传也。元，成间，中官、外戚，株连用事，向引宗臣大义，身撄谗吻，顾所谓三独夫者，共忧社稷，怀忠不效，又进《说苑》以见志。吾读其“正谏”一篇，盖论昌陵，论外戚，封事之余音若缕焉。是为献说，可传也。此三者，《鸿烈》有之乎？岂惟《鸿烈》，陆大夫有向之丽，而无其实；贾太傅有向之辨，而无其识；董江都有向之醇，而无其达；扬子云有向之诣，而无其节。知言者必能折衷矣。或曰：史载子政自言得淮南王枕中秘书，以黄金不成获罪，则好《鸿烈》者，宜莫如向，故曾子固讥其言不深纯。是不然，夫子政固少好《淮南》书者，及其义甘不调，龃龉忧患之遍尝，而学术意见已一变矣。昔柳河东文师《国语》，而非《国语》，曾南丰文师子政，而诋子政，文人反攻固耳，可尽信哉！[1]

---

[1] 《明文在》。

画禅室随笔[①]

余尝题《永师千文》后曰：作书须提得笔起，自为起，自为结，不可信笔。后代人作书，皆信笔耳。“信笔”二字，最当玩味。吾所云：“须悬腕、须正锋”者，皆为破信笔之病也。

字之巧处在用笔，尤在用墨。然非多见古人真迹，不足与语此窍也。

用墨须使有润，不可使其枯燥，尤忌秾肥，肥则大恶道矣。

作书须提得笔起，不可信笔，盖信笔则其波画皆无力。提得笔起，则一转一束处，皆有主宰。“转束”二字，书家妙诀也。今人只是笔作主，未尝运笔。

余十七岁时学书，初学颜鲁公《多宝塔》，稍去而之钟、王，得其皮耳。更二十年，学宋人，乃得其解处。

吕纯阳书，为神仙中表表者，今所见若《东老诗》，乃类张长史。又云：《题黄鹤楼》似李北海。仙书尚以名家为师如此。孙虔礼曰“妙拟神仙”，余谓实过之，无不及也。昔人以翰墨为不朽事，然亦有遇不遇。有最下最传者；有勤一生而学之，异世不闻声乡者；有为后人相倾，余子悠悠，随巨手讥评，以致声价顿减者；有经名人表章，一时慕效，大擅墨池之誉者。此亦有运命存焉。总之，欲造极处使精神不可磨没，所谓神品，以吾神所著故也。何独书道，凡事皆尔。

“行书十行，不敌楷书一行。”米南宫语也。时一为之，以敛浮气。竟此纸，凡十起对客。信乎孙虔礼所云“神怡务闲”之难也。

凡画山水，须明分合，分笔乃大纲宗也。有一幅之分，有一段之分，于此了然，则画道过半矣。

画人物，须顾盼语言，花果迎风带露，禽飞兽走，精神脱真，山水林泉，清闲幽旷，屋庐深邃，桥渡往来，山脚入水，澄明水源，来历分晓。有此数端，即不知名，定是高手。

姚氏月华，笔札之暇，时及丹青，花草翎毛，世所鲜及。尝为杨生画芙容匹鸟，约略浓淡，生态逼真。然聊复自娱，不复多见也。

余游闽中，遇异人谈摄生奇诀。在读《黄庭》内篇，夜观五脏神，知其虚实，以为补泻。盖《道藏》所不传，然须断荤酒与温柔乡，则可受

① 节录二十则。

持。至今愧其语也。

东坡云：诗人有写物之工，“桑之未落，其叶沃若”，他木不可以当此。林逋《梅花》诗“疏影横斜水清浅，暗香浮动月黄昏”，决非桃李诗。皮日休《白莲诗》“无情有恨何人见，月冷风清欲坠时”，此必非红莲诗。裴璘《咏白牡丹》诗“长安豪贵惜春残，争赏先开紫牡丹。别有玉杯承露冷，无人起就月中看”。

文章随题敷衍，开口即涸。须于言尽语竭之时，别行一路。太史公《荆轲传》，方叙荆轲刺秦王，至秦王环柱而走，所谓言尽语竭，忽用三个字转云“而秦法”，自此三字以下，又生出多少烟波。

青鸟家专重脱卸，所谓急脉缓受，缓脉急受。文章亦然，势缓处须急做，不令扯长冷淡，势急处须缓做，务令纡徐曲折。勿用埋头，勿得直脚。

文要得神气。且试看死人活人，生花剪花，活鸡木鸡，若何形状，若何神气，识得真，勘得破，可与论文。如阅时义，阅时令，吾毛竦色动，便是他神气逼人处。阅阅时似然似不然，欲丢欲不丢，欲读又不喜读，便是他神索处。故腮稿不如考卷之神。考卷之神薄，不如墨卷之神厚。魁之神露，不如元之神藏。试之自有解入处，脱套去陈，乃文家之要诀。是以剖洗磨炼，至精光透露，岂率尔而为之哉！必非初学可到。且定一取舍，取人所未用之辞。舍人所已用之辞，取人所未谈之理，舍人所已谈之理。取人所未布之格，舍人所已布之格。取其新，舍其旧。不废辞，却不用陈辞；不越理，却不用皮肤理。不异格，却不用卑琐格，得此思过半矣。

文家要养精神。人一身只靠这精神干事，精神不旺，昏沉到老。只是这个人，须养起精神。戒浩饮，浩饮伤神。戒贪色，贪色灭神。戒厚昧，厚昧昏神。戒饱食，饱食闷神。戒多动，多动乱神。戒多言，多言损神。戒多忧，多忧郁神。戒多思，多思挠神。戒久睡，久睡倦神。戒久读，久读苦神。人若调养得精神完固，不怕文字无解悟、无神气，自是矢口动人，此是举业最上一乘。

“虚室生白，吉祥止止”，予最爱斯语。凡人居处洁净，无尘溷，则神明来宅，扫地焚香，萧然清远，即妄心亦自消磨。古人于散乱时，且整顿书几，故自有意。

东坡在海外，所至不容，僦侩寮以居，而与子过自缚屋三间，仅庇眠食。尝行吟草田间，有老妪向之曰：“内翰一场富贵却都消也？”东坡然其言。海外归，至阳羡买宅，又以还券不果，盖终其世无一椽。视今之士大夫何如耶?《乐志论》故隐沦语，然开口便云“良田广宅，去东坡远矣”。

士君子贵多读异书，多见异人。然非曰宗一先生之言，索隐行怪为也。村农野叟，身有至行，便是异人，方言里语，心所了悟，便是异书，在吾辈自有超识耳。

洪承畴　三十五

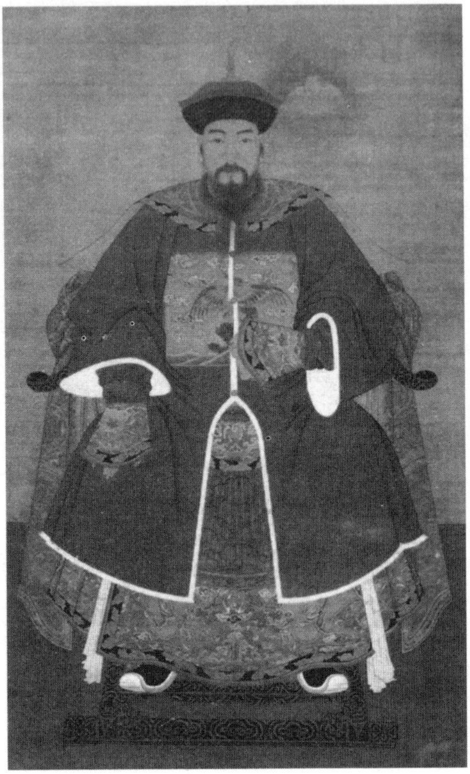

清，姓洪氏，名承畴，字亨九，福建南安县人。① 明万历丙辰，② 登进士第。天启时任浙江提学道，迁布政使参议，又迁陕西督粮参政。崇祯庚午，③ 授延绥巡抚；辛未，④ 擢陕西三边总督；甲戌，⑤ 监督河南山陕川湖军务，加太子太保，兵部尚书；乙亥，⑥ 承畴出潼关讨贼，⑦ 时有言承畴统辖太广，势难兼顾者，乃以卢象升总理江北河南山陕川湖军务，督理关外兵，而承畴专督关内兵；己卯，⑧ 授蓟辽总督。是年冬，清兵征明锦州，⑨ 及宁远。⑩ 辛巳，⑪ 承畴列营松山，⑫ 屡出兵，战辄败，关内援兵，竟驻宁远，终不进，承畴欲战则力不支，欲守则粮已竭，欲遁不敢成队而出，与巡抚邱民仰等，坐困城中。越一月，副将夏成德，遣人赴清军通款，相约内应。清兵夜树梯登，城破，斩曹变蛟、王廷臣、邱民仰等，

---

① 南安县名，明清皆属福建省泉州府，今属福建厦门道。

② 年二十四。

③ 年三十八。

④ 年三十九。

⑤ 年四十二。

⑥ 年四十三。

⑦ 潼关，在今陕西省潼关县东南。隋移于旧关北四里，即今县治。

⑧ 年四十七。

⑨ 辽锦州，明改置广宁中左二屯卫，清改置广宁府，治广宁县，寻设锦州府，移治锦县，属奉天府，民国废。

⑩ 明宁远卫，清置宁远州，属奉天锦州府，民国改县，又改名兴城。

⑪ 年四十九。

⑫ 松山，在奉天锦县南十八里。明宣德间，置中屯千户所于此。

生擒承畴，送盛京赡养之。[①] 明讹传承畴已死，予祭十六坛，建祠都城外，与邱民仰并列。毅宗帝将亲临奠，俄闻承畴降，乃止。承畴初亦自分必死，清百计劝之，遂降。壬午[②]五月，召见崇政殿。承畴跪门外，奏曰："臣将兵由松山援锦州，会经数载，冒犯军威，圣驾一至，众兵败没，臣坐守松山，糗粮罄绝，人皆相食，城破被擒，自分应死，蒙皇上矜怜不杀，而恩养之。今令朝见，臣自知罪重，不敢入。"上曰："彼时与我军交战，各为其主，朕岂介意？朕之击败十三万兵，得松、锦诸城，皆天也。天道好生，养人者斯合天道，朕故恩沾及尔。尔但念朕抚育之恩，尽心图报可耳。"寻命隶镶黄旗汉军。顺治元年甲申，[③] 四月，睿亲王多尔衮征明，承畴从师次辽河，闻流贼李自成已陷京师，承畴自陈进兵策。五月，清军击走流贼，定京师，承畴奉旨仍以太子太保、兵部尚书，兼都察院右副都御史原衔，入内院，佐理机务，遂为秘书院大学士。自此以后，招抚南方，经略湖广、广东、广西、云南、贵州、晋太傅，兼太师，颇不寂寞。顺治十八年辛丑，[④] 承畴乞休，允致仕。康熙四年乙巳，二月卒，年七十三，予谥文襄。著有《平定略》一书。

明神宗万历二十一年九月二十二日戌时生。[⑤]
清圣祖康熙四年二月□□日□时卒。[⑥]

癸巳	命	三岁 十三	辛酉 庚申
壬戌	宫	二三 三三	己未 戊午
癸酉	辛	四三 五三	丁巳 丙辰
壬戌	酉	六三 七三	乙卯 甲寅

《贰臣传·洪承畴列传》载，崇祯十四年三月，承畴将兵由松山援锦

① 盛京今奉天省治，沈阳县。
② 年五十岁。
③ 年五十二。
④ 年六十九。
⑤ 见《通会》。
⑥ 见《贰臣传》。

州，列营于松山城北，屡出兵战，辄败却，诸总兵仅以身免，先后丧士五万三千七百余人，清兵遂得包围松山。九月，承畴谋突围出，悉出城中步骑，夜犯清营，败还，伤毙千人。十二月，闻关内援兵三千，赴援将至，复出兵六千，夜犯清营，为矢炮所殪者①四百二十人。从杏山遁，伏发截杀者九百七十余人。败退城下，因门闭不得入，投降者三千余人。关内赴援兵，竟驻宁远，终不进。承畴欲战则力不支，欲守则粮已竭，欲遁不敢成队而出，与曹变蛟、王廷臣，巡抚邱民仰，兵备道张斗、姚恭、王之侦等，坐困城中。越一月，副将夏成德，遣人赴大军通款，以其子舒为质，相约内应。大兵夜树梯登，城破，斩曹变蛟、邱民仰等，生擒洪承畴，②送盛京赡养之。祖大寿知承畴就擒，因率锦州诸将以城降。明讹传承畴已死，予祭十六坛，建祠都城外，与民仰并列。毅宗帝将亲临奠，俄闻承畴降，乃止。吾读至此，不禁为承畴惜，又不禁为承畴痛。惜者，惜其粮竭援绝，未能远法睢阳尽节，近法卢象升战死，致负毅宗予祭建祠之盛谊。痛者，痛其降清进策，底定京师，不过仍以太子太保、兵部尚书，兼都察院右副都御史原衔，入内院佐理机务，遂为秘书院大学士而已。及至江南、湖广、广东、广西、贵州、云南，招抚平定，至顺治十八年，乞休致仕，康熙四年二月卒，亦不过博得大名贰臣列传而已，文襄云乎哉！③ 珊痛惜斯人久矣。谨就《通会》卷九所载，洪承畴阁老之造，癸巳年、壬戌月、癸酉日、壬戌时，稍加研究，为知命者告。

谨按：二癸二壬，并列天干，形式整齐，毫不杂乱。《造微赋》云："天干连珠，朝廷擢用。"观其忽明忽清，皆居显位，诚为擢用矣。天干二癸二壬，在五行俱属水，地支二戌一酉，中各藏辛，一巳中又藏庚，在五行又俱属金。再益以命宫辛酉，干支又复属金。当此诞生之际，适在寒露节后，其为水清金白，显而易知，格局之佳，不言而喻。讵料年支之巳与月时二支之戌，各藏戊土，其力虽微，以之制水则不足，以之浊水则有余。《文子》有云："河水欲清，沙土秽之。"此类是也。因是，登科及第，徒有大块文章；纬武经文，不能自保晚节。王充《论衡》云："国命胜人命。"珊独谓人命胜人事。观其关内援兵，竟驻宁远，终不前进，即可知天命所在，有非人力所能挽回者也。二十四岁已运丙辰，登进士。二十九

---

① 殪音翳，霁韵，死也，杀之也。

② 擒音琴，急特也。又捉也。

③ 清谥文襄。

岁未运辛酉，任浙江提学道。三十八岁戊运庚午，授延绥巡抚。三十九岁午运辛未，擢陕西三边总督。四十二岁，午运甲戌，监督河南山陕川湖军务，加太子太保，兵部尚书，时贼聚陕西，二十余万，高迎祥最盛，自称闯王，李自成属焉。四十四岁丁运丙子，高迎祥磔死，李自成为闯王。四十七岁丁运己卯，授蓟辽总督。四十八岁庚辰，总兵祖大寿，以锦州围困告急，承畴出山海关，驻宁远，营松山，调诸镇兵十五万，以便战守。按其自登进士，乞至调诸镇大兵，经过巳未戊午丁等运，藉土制水，[①] 藉火济水，是以扬眉吐气，任重操权。四十九岁巳运辛巳，小限癸酉，十二月辛丑，兵败被擒。五十岁巳运壬午，小限壬申，承畴薙发。具见巳酉丑与申酉戌之金，皆为金水有余之命，所最忌者也。五十一岁癸未，至六十八岁庚子，忙忙碌碌，应接不暇，除五十六岁戊子，妒合丧父，六十岁壬辰，冲戌丧母，其他火木等运，均与金旺水相之命，情致缠绵，是以左右逢源，官至太傅。六十九岁癸丑乞休，七十二岁甲辰考终，一为丑戌相刑，一为辰戌犯冲，好者大运在卯，结果尚安，然造化亦不小矣。[②]

附　录

洪承畴被生擒

崇祯十五年二月，因松山之副将夏承[③]德为内应，形势遽为之一变，洪承畴以下多被生擒。锦州之包围，至一年之久，嗣闻松山陷落，遂降。塔山、杏山，又相继而陷，明国大震，崇祯帝急欲媾和矣。然洪承畴之降服，因当时两国音信不通，遂以殉难传于明国，崇祯帝为彼曾辍朝赐祭，其子在北京受吊，刻《行状》，分送亲友。诸官遵敕命行祭。嗣接承畴生降之确报，遂罢祭典。然其既发之《行状》，则已遍于人间矣。康熙四年乙巳，承畴卒于家，其子再受吊，刻《行状》，不复叙前朝之事。自清朝北京奠都以来，好事者有得其前后两《行状》合为一本者。洪为福建人，著有《平定略》一书，其材干超迈寻常，惜其行事无终始，为可议耳。

① 水清金白格，因支藏三土，弃而不论，是以反需土助也。
② 磔，音摘，裂也。分裂肢体谓之磔，古刑法之惨酷者。
③ 《二臣传》承作成。

洪承畴为向导

汲修主人①谈太宗襟度，有曰：松山既破，擒洪文襄，② 洪感明帝之遇，誓死不屈，日夜蓬头跣足，骂言不休。太宗乃命诸文臣劝勉之，洪一语不答。太宗乃亲至洪之馆，解貂裘而与之服，徐曰："先生得无冷乎?"洪茫然，视太宗良久，叹曰："真命世之主也!"因叩头请降。太宗大悦，即日赏赉无算，陈百戏作贺。诸将皆不悦，曰："洪承畴仅一羁囚，何待之重乎?"太宗曰："吾侪所以栉风沐雨者，究竟欲何为乎?"众曰："欲得中原耳!"太宗笑曰："譬之行者，君等皆瞽目，今得一引路者，吾安得不乐?"众乃服。③

---

① 礼亲王。

② 承畴。

③ 以上《清朝全史》。

卢象升　三十六

明，姓卢氏，名象升，字建斗，号九台，一字斗瞻，又字介瞻，江苏宜兴县人，生于张渚镇之锁发桥。万历戊午，[①] 补校官弟子。天启辛酉，[②] 乡试中式。壬戌，[③] 会试中式，历大名、广平、顺德兵备；举卓异，进按察使。象升善射，娴将略，能治军，山西贼入畿辅，连破之，以右佥都御使，抚治郓阳，与总督分道击贼皆捷，汉南寇几尽，威名为贼所惮。进兵部侍郎，赐尚方剑。李自成势甚盛，象升大破之。会京师警，召入卫。寻总督宣、大、山西，大兴屯利。时宰臣杨嗣昌、中官高起潜，主和议，与象升议不合，遇事掣其肘，象升名虽督天下兵，实不二万。崇祯十一年戊寅，十二月庚子日未时，战于临清贾庄，[④] 炮尽矢穷，奋身斗死，年三十九。明谥忠烈，清谥忠肃。有《忠肃集》。

明神宗万历二十八年三月初四日亥时生。[⑤]

明毅宗崇祯十一年十二月十二日未时卒。[⑥]

---

① 年十九。

② 年二十二。

③ 年二十三。

④ 临清县名，故城在今山东省临清县南。贾庄，在今山东省濮县西南，黄河南岸，西近直隶省，濮阳县界，有河工局。

⑤ 见《年谱》、《通会》。

⑥ 见《年谱》。

庚子	命	七岁 十七	辛巳 壬午
庚辰	宫	二七 三七	癸未 甲申
丁未	戊	四七 五七	乙酉 丙戌
辛亥	寅	六七 七七	丁亥 戊子

《明大司马卢公年谱》，载公万历二十八年，三月四日，时加人定生。原注引《行实》云："庚子年、庚辰月、丁未日、辛亥时。"《通会》卷八亦载此造，未有评断。

珊谨按：日主之丁，在五行属火，诞生于清明节后，虽曰进化，究不及盛夏赤帝司权之得令。年月二干，并见庚金，时干又特立辛金，人但知火能克金，而不知金强火弱，火反为金所抑也。幸月支之辰，与日支之未，各藏乙木，命宫之寅，与时支之亥，各藏甲木，而时支之亥，又为丁火日主之贵人，得此为正式之用神，不独火得木生，转弱为强，可以抗金，即贵人会合，化克为生，亦多裨益。《指迷赋》云："丙丁有贵兮，遇酉亥必显荣。"此合丙丁酉亥。而统言之，其实亥之于丁，较酉之于丙，效力尤大也。因是，砥行能坚，秉诚克裕，遭时坎坷，恒仗节以无挠，殉义从容，竟捐生而不悔也。[①] 十九岁壬运戊午，小限庚申，补校官弟子。二十二岁仍在壬运，辛酉，小限丁巳，中应天乡试举人。二十三岁午运壬戌，小限丙辰，中会试进士。二十五岁仍行午运，甲子，小限甲寅，授户部主事。具见壬能化木，午为日禄，皆丁火日主之喜神也。及至癸运，岁逢木火，未运中藏木火，是以历员外郎，迁大名府，升右副都御史，巡抚湖广也。至三十九岁在阳和，五月丁外艰；七月进兵部尚书；九月清兵从墙子岭入，杀总督吴阿衡，上赐公剑印，命督天下援师，兵实不满二万，公伏地痛哭，奏辞，不许，继又误听奸言，分兵他属，至十二月十二日未时，炮尽矢穷，奋身斗死于临清贾庄，此非甲运之木，不能资生丁火，实因甲运之木，反克太岁戊寅之土也。且殉难于乙丑月、庚子日、癸未时，

① 此皆用神得力，有以致之。

丑会子亥，而助癸庚，故为害尤烈也。[1]

附　录

夜坐寄怀[2]

买山而隐乃无钱，富可求乎请执鞭。六载从官仍四壁，八年叨第也三迁。高张白眼惭时态，细检遗囊忆旧毡。夜告自堪苍冥对，天空灵物亦依然。

过穆陵关

此关离太平驿三十里，余领五省军务，统兵入豫，见壁间一律云：

独上亭台耳目新，情怀何异葛天民。江山寄迹原非我，天地为庐亦借人。放尽尊前千里目，流空衣上十年尘。有诗不写酬佳景，却恐风尘笑客贫。

其诗高妙，相传为吕纯阳先生所题。漫次。

介马临戎壁垒新，连天烽火叹无民。挥戈欲洗山河色，仗策思援饥溺人。

安奠苍生千古事，扫除逋寇八年尘。携归两袖清风去，坐看闲云不厌贫。

过黄粱祠

余备兵大名，剿贼邯郸道中，偶憩吕公祠，壁间多咏卢生梦者，未知是梦非梦也。聊书一绝。

曾闻世有卢生梦，我梦卢生即此身。今古谁醒复谁梦，吕翁同作梦中人。

过太平驿

驿在豫州光、麻之间，余奉命讨贼，督兵过此，即以“太平”二字为题。

谁挽天河洗甲兵，金戈铁马旅人情。请缨岂是书生业，倚剑长吟祝

① 珊按：明谥忠烈，清谥忠肃，并建立专祠于宜兴城内之东阁侨下，以昭矜式，有司春秋致祭。

② 时为大名守。

太平。[1]

卢忠烈阵亡

崇祯十一年秋，三次命睿亲王多尔衮、克勤郡王岳托，从两路入明之内地，会于北京之南之通州。由此西行至涿州，至此更分数道，一军沿运河，其山河之间，六军并进。在直隶、河南之地方者，则真定、广平、顺德、大名、诸城，皆残破。山东省由临清而渡运河，陷济南府，生擒明之宗室德王。当时掳获品则有人口六十四万有奇，白金百余万。至翌年春，归还于盛京。此役也，以附近于保定之清兵，与明国之名将卢象升之战，最为惨烈。盖象升先讨流贼，建有数十次之战功，会丁父丧守制，欲归故乡，崇祯帝不许，使彼董督天下勤王之援兵。及彼上疏，谓："臣本非军旅之才，况因臣父奄逝，长途惨伤，五中瞀乱，今以草士之身，距于三军之上，非惟观瞻不壮，尤虞金鼓不灵。"既而闻中官高起潜、尚书杨嗣昌，均服衰绖临军，因叹息曰："吾三人皆不祥之身也。"然象升虽名督师，有指挥天下兵将之权能，实不过宣、大、山西三路之兵士而已。十二月，彼率疲卒五千，在直隶省巨鹿之蒿水桥与清兵相遇，象升麾兵疾战，呼声动天，交战八时之久，炮尽矢穷，格斗遂毙，起潜旁观而不能救。象升死于战场，验之，犹著麻衣白网巾之丧服。一卒泣曰："此吾卢公也。"三郡之民，闻之恸哭失声。自彼战殁以来，清兵如入无人之境云。[2]

---

① 以上《卢忠肃集》。

② 《清朝全史》。

黄宗羲　三十七

清，姓黄氏，名宗羲，字太冲，号南雷。明御史忠端公尊素长子。居浙江余姚县通德乡黄竹浦。尊素死诏狱，宗羲具疏讼冤，袖长锥，锥许显纯等。庄烈帝叹为忠义孤儿。归，益肆力于学，尽发家藏书读之；不足，复借抄之。建续抄堂于南雷，以承东发之绪。受业刘宗周。南太学诸生，作《留都防乱》公揭，珰祸诸家子弟，推宗羲为首。及江南阉党纠宗周，并及宗羲，会清兵至，得免。随孙嘉绩、熊如霖诸军于江上，鲁王以为左佥都御史。后海上倾覆，乃奉母返里，毕力著述。其学主先穷经，而求事实于史。以濂、洛之统，综会诸家，从游日众。康熙中，举鸿博，荐修《明史》，均力辞。诏取所著书，宣付史馆，史局大案必咨之。康熙乙亥七月癸亥卒，年八十六。世称黎洲先生。私谥文孝。有《南雷文定》、《宋元明儒学案》等书。

明神宗万历三十八年八月初八日戌时生。[1]
清圣祖康熙三十四年七月初三日卯时卒。

庚戌	**命**	五岁 十五	丙戌 丁亥
乙酉	**宫**	二五 三五	戊子 乙丑
庚辰	**乙**	四五 五五	庚寅 辛卯
丙戌	**酉**	六五 七五	壬辰 癸巳

① 生卒见《年谱》。

《黎洲年谱》云：姚太夫人将分娩，忠端公预推禄命，年月庚戌乙酉，得日时庚辰丙戌，配合极佳，然须闻金鼓之声乃验。适有里优，鸣钲击鼓而公生，[①] 日者谓与孔子之造，只差一字。乳名曰麟，太夫人梦有鳞瑞故也。

谨按：公造，日主庚辰，与生月乙酉，天干庚乙联合，固可化金，地支辰酉联合，尤可化金，当此诞生之际，正值白帝司权，化金当令，不同寻常。忠端公谓为须闻金鼓之声乃验，具见其深明化气原理，确定此造为格成化金，气求声应，故必须助以金声，始为完美也。至云丙戌时配合极佳，珊颇不谓然。盖丙能引辛，化水泄气，戌来冲辰，反伤正格，[②] 以致初则锢为党人，继则指为游侠，终则位于儒林也。观其十七岁丙寅，忠端公卒于诏狱。四十七岁丙申，屋崩粮绝。六十七岁丙辰，叶安人病故。七十一岁大运逢辰，姚太夫人仙游，更可知丙能化水，戌来冲辰之弊也。或曰：十七岁，大运莅戌，竟能补仁和博士弟子员，此又何故？曰：此非戌运之功，乃以流年癸亥，文昌得用，小限壬申，日主得禄有以致之也。或曰：三十七岁，岁在丙戌，监国竟以公为兵部主事，改监察御史，此又何故？曰：此非丙不化水，戌不冲辰，盖由于大运逢己，小限己酉，藉己化土以生金，藉酉合辰以解冲，是以有此遭际。不宁惟是，观于公四十岁仍行己运，逢己丑流年，监国还至海上，公赴行朝，晋左佥都御史，再晋左副都御史，更可见己能化土之能力，不独丑值贵人，又可合酉也。或曰：五十五岁顾盐台求文三篇，致送润笔千金，此公之生平，饶有兴趣之事，其故安在？曰：大运莅寅，流年甲辰，小限辛卯，会为东方一气之木局，乃庚乙化金格，最喜之神，是以无中生有，骤获多资。不独此也，即举博学鸿儒，主海昌讲席，何莫非壬运，暗中化木之效耶？或又曰：丙能化水，戌来冲辰，诚为缺点，公何以著作等身，名满天下，而又哲嗣蕃衍，寿享八旬有六？曰：此无他，命宫乙酉，遥合生年庚干，又遥合生日辰支，得道多助，是以文章道德，超越群伦。若谓公造与孔子之造，仅差一字，此必日者之误，未及深考也。

---

① 钲音征，铜锣之圆心凸起者。

② 化金真格，受影响矣。

附　录

王仲撝侍御过龙虎山草堂

十年有五惊弹指，又复烦君入剡中。斜日蜂喧荞麦路，断云犬吠瀑花东。相看须鬓都成雪，岂料乾坤尚在笼。应是未还车马债，任教南北遍游踪。[①] 剡湖岂是乏茅蓬，那得君来住此中。百卷纬书真绝学，千秋国史附江东。古松流水皆移算，红药青棂晓负笼。万技儒林凭位置，谁知世外有行踪。[②]

万里寻兄记

羲六世祖小雷府君，讳玺，字廷玺，兄弟六人。长伯震，商于外，逾十年不归，府君魂祈梦请，卜之琼茅蚌壳之间，茫然不得影响。作而曰："吾兄不过在域内，吾兄可至，吾何独不可至乎?"蹑屩[③]出门，乡党阻之曰："汝不知兄之所至东西南北，从何处寻起?"府君曰："吾兄商也，商之所在，必通都大邑，吾尽历通都大邑，必得兄矣。"于是裂纸数千，缮写其兄里系、年貌为零丁，所过之处，辄榜之宫观街市间，冀兄或见之，即兄不见，而知兄者或见之也。经行万里，三山獠洞，八角蛮陬，踪迹殆遍，卒无所遇。府君祷之衡山，梦有人诵"沉绵盗贼际，狼狈江汉行"者，觉而以为不祥，遇士人占之。问君何所求，府君曰："吾为寻兄至此。"士人曰："此杜少陵《春后行》中句也。舂陵，今之道州，君入道州，定知消息。"府君遂至道州，彷徨访问，音尘不接。一日奏厕，置伞路旁，伯震过之，见伞而心动，曰"此吾乡之伞也"，循其柄而视之，有字一行，曰"姚江黄廷玺记"。伯震方惊骇未决，府君出而相视，若梦寐，恸哭失声，道路观者亦叹息泣下。时伯震已有田园、妻子于道州，府君卒挽之而归。尝观史传，人子所遭不幸，间关踣顿，[④] 求父求母者不绝书，为人弟而求兄者无闻焉。岂世无其事欤?抑有其事而纪载者忽之欤?方府君越险阻，犯霜雪，跋涉山川，饿体冻肤而不顾，箝口槁肠而不恤，穷天

---

① 丁亥岁，仲撝过剡中。

② 《纬书》、《三史》皆余所著，仲撝欲居剡共学。《南雷诗历》。

③ 蹑音聂，叶韵，蹈也履也。屩音脚，药韵，履也。木曰屐，麻曰屩。

④ 踣，步墨切，音匐，职韵，又匹候切，剖去声，义同，又与仆同，僵也毙也。

地之所覆载，际日月之所照临，汲汲皇皇，唯此一事，视天下无有可以易吾兄者。而其时当景泰、天顺之际，英宗、景皇，独非兄弟耶？景皇唯恐其兄之人，英宗唯恐其弟之生，富贵利害，伐性伤恩，以视府君爱恶顿殊，可不谓天地纲常之寄，反在草野乎？

王仲撝墓表[①]

君讳正中，字仲撝，直隶保定人。登丁丑进士第。未谒选，索游于高唐州。会大兵南下，转运银杠，亦避入高唐。大兵围高唐，州守以为银杠，旦晚是敌物，不如以此鬻城，免士女屠戮流离之苦。立要约，使与议者押字，仲撝与焉。事平，转运者上失物状，于是逮高唐守，及仲撝论死。系狱数年，刑科给事中李靖，理而出之，降补扬州照磨，移知长兴县。国变后，失官。避地于绍兴截江，时以兵部职方司主事，摄余姚县事。是时公私赤立，剽夺为豪。市魁、里正，朝得札付一纸，暮便入民舍搜括金帛，系傫丁壮，交错道路，郡县不敢何，问为某营也。仲撝设兵弹压，各营取饷，必使经由于县，品核资产，裁量以应之，非是则为盗贼。总兵陈梧败于槜李，[②] 渡海至姚，卤掠乡聚。仲撝遣兵击之，乡聚相掎角，杀梧行□忌仲撝者，以此声讨，某谓梧之见杀，犯众恶也，不当罪。正中上疏救之，乃止。张国柱劫定海，王总兵纵兵大掠，列船江上，入城索搜者二千人。仲撝拦止所围，大姓数家，从仲撝丐命，仲撝为之消息，国柱终不得志而去。田仰、荆本彻先后过姚，舟楫蔽江，皆帖帖俯首，不惊鸡犬，盖人民之恃仲撝，一时如决水之堤焉。升监察御史。尚宝寺卿朱大定、太仆寺卿陈潜夫、兵部主事吴乃武，皆从浙西来受约束。坛山烽火，达于武林，仲撝短小精悍，喜于任事，虽以武宁群从，得不为列营所挠，亦其智计有以副之也。好读实用之书，不事文彩。其言星象，则从闽人柯仲炯于狱中受之。行□初建，进□所著监国鲁元年大统历。丁亥访某山中，某时注授时历，仲撝受之而去。壬辰来访，授以律吕，辛丑来访，授以壬遁，仲撝皆能有所发明。自某好象数之学，其始学之也，无从叩问，心火上炎，头目为肿，及学成而无所用。屠龙之技，不待问而与之言，亦无有能听者矣。蛩然之音，[③] 仅一仲撝。又以饥火驱走南北。丁未二月，

---

① 己酉。

② 槜，醉，平声，槜李，在今浙江省嘉兴县，县城西南产佳李，因名槜李，盖因果而得名也。

③ 蛩音邛，冬韵。

遇之越城，为言年来益困，将于鉴湖滨，佃田五亩，佐以医卜，续食耳。其年八月十九日，仲撝卒，年六十九，权厝于山阴之陈常堰，[1] 所著《周易注》若干卷、《律书详注》一卷。子一人三捷，嗟乎！某与仲撝交二十余年，与之同事而无成，与之共学而未毕。仲撝生时，已无人知仲撝者，向后数年，复更何如？此纸不灭，亦知稽山块土，曾塞黄河也。[2]

王正中，字仲撝，北直人。其署余姚，乱兵充斥，颇能镇定之。事解，丁亥，访余于山中。辛卯，余住柳下，又来，辛丑，余迁化安山，又来。仲撝好天官壬遁之学，皆余所授也。己酉，余在古小学，仲撝亦寓越城，生计消索，云将佃田五亩，卖卜，以续食耳。未几而卒。[3]

清圣祖拟召黎州

康熙二十九年，徐尚书乾学侍直，上谈及遗献，以黎洲先生对，且言曾经臣弟元文疏荐，老不能来。上曰："可召至京，联不授以事；即欲归，可遣员送之。"徐公对以笃老无来意，上叹息不止。[4]

① 山阴，今为浙江省绍兴县。

② 以上《南雷文约》。

③ 《黎州思旧录》。

④ 《清帝外纪》。

明毅宗皇帝　三十八

明，姓朱氏，名由检，光宗第五子也。母贤妃刘氏，早薨。天启二年壬戌，[①] 封信王。六年丙寅，[②] 十一月，出居信邸。七年丁卯，[③] 八月，熹宗疾大渐，召王入受遗命。丁巳，即皇帝位，大赦天下，以明年戊辰为崇祯纪元。[④] 帝乃沉机独断，刈除奸逆，戮魏忠贤及其党崔呈秀之尸，赠恤冤陷诸臣，慨然有为，令人起敬。无如清室日张，屡为边患。李自成、张献忠，复为祸于国中，流贼纵横，民不安枕。至于孔有德、耿仲明、尚可喜、洪承畴降清，卢象升、朱国相、陈良谟、张可大战死，太监张彝宪、李奇茂但知催赋逼民。贤相徐光启，天不假年。谏官宋可久，言不见信。干戈鼎沸，险象环生，延至十七年甲申，三月乙巳，自成直犯京师，京营兵溃，毫不抵抗。丙午日晡，外城陷；是夕皇后周氏崩。丁未昧爽，内城陷，帝亦崩于万寿山。南都谥思宗、怀宗，改谥毅宗。年号崇祯。清乾隆时，谥为庄烈帝。

明神宗万历三十八年十二月二十四日卯时生。[⑤]

明崇祯十七年三月十九日丁未自缢卒。[⑥]

---

① 年十三。

② 年十七。

③ 年十八。

④ 年十九。

⑤ 见《通会》。

⑥ 见《明史》。

辛亥[1]	命	一岁 十一	己丑 戊子
庚寅	宫	二一 三一	丁亥 丙戌
乙未	庚	四一 五一	乙酉 甲申
己卯	子	六一 七一	癸未 壬午

《三命通会》云："[2]毅宗帝造，辛亥、庚寅、乙未、己卯。"其评注仅"明帝崇祯，交丙运失国"九字，毋乃太简乎？

珊谨按：帝造，日干之乙，与月干之庚，并肩而立，阴阳联合，木从金化，一望可知。诞生于立春节后，本不及三秋当令，然得月支之寅藏甲，日支之未藏己，相近相亲，共同化土，与乙日庚月之化金，亦复唇齿相依，非惟金得土生，且可上下交孚。更兼时干之己，暗中引甲，化土生金，与夫命宫庚子，干为嫡系之臂助，支为日主之贵人，格局清奇，规模伟大。[3] 故能以行列第五之人，而承膺大宝，否则虽为天潢磐石，亦不免有向隅之叹。所惜者，年干之辛，暗中引丙，化水泄金，年支亥、时支卯又会寅月未日，为整个木局，林林总总，气象森森，虽曰木畏金克，然仅恃乙庚失令之化金，断难克多数得令之盛木。《文子》有云："金之势胜木，一刃不能残一林。"此之谓也。不宁惟是，月支之寅，虽为乙庚化金之恩物，其如适值亡神，时支之卯，虽为日主之将星，其如会木侮金，帝虽忧勤惕励，殚心治理，其如朝廷之官，门户纠纷，疆场之将，骄矜惰慢何？或曰：十八岁大运莅子，岁值丁卯，竟即皇帝尊位，而又沉机独断，刈除奸逆，其故安在？曰：此不过藉大运之子，助命宫之子，使贵人归垣，藉太岁丁卯，为日主之禄元而已。其实即位之日，适值丁巳，与生年辛亥，干克支冲，祚讫运移，祸变早伏于斯。当时之钦天监选择吉日，必不致如此荒谬，殆必惑于选日不如即日之俗说，而权宜用之也。十九岁至二十一岁，仍在子运，虽经过戊辰、己巳、庚午等犯忌流年，贵人之权力，尚未全衰，故能慨然有为，而戮魏忠贤、崔呈秀之尸，即洪承畴亦尚可败贼。及至二十二岁交入丁运，岁值辛未，天干化

① 庚戌暮冬，立春节后。

② 卷八。

③ 此名乙庚化金格，惟嫌木强金折。

水，地支会木，忌神得势，故清兵围祖大寿于大凌城，太监张彝宪总理户、工二部，宋可久等虽相继直谏，亦不采纳。复中清人之间而杀袁崇焕，信谗慝之言而罢孙承宗，人民苦饥，盗贼益炽矣。二十四岁岁值癸酉，天干化火克金，地支酉来冲卯，故孔有德等降清，张彝宪请催逋负一千七百余万，以致民不聊生，虽范叔泰直谏，亦不能见听，是以清兵乘势取旅顺，而大学士徐光启亦卒。二十九岁正行亥运，岁值戊寅，小限壬申，戊能化火，固为忌神，申来冲寅，尤非佳兆，即不论戊壬抵触，其弊已不可胜言，是以京师戒严，而卢象升亦战死于钜鹿矣。及至三十三岁，实行丙运，岁值壬午，太岁之壬与大运之丙，互相战斗，而岁支之午又与生月之寅，化火克金，是以清兵竟克松山，而洪承畴亦降，大势已倾矣。三十五岁仍行丙运，岁值甲申，小限丙寅，不独二丙合辛，助纣为虐，即寅申冲击，亦足使乙庚化金，根本动摇，虽有甲字化土，亦难挽回颓势。尤怪者三月乙巳，李自成犯京师，京营兵溃；丙午日，日晡城陷，是夕皇后周氏亦崩；丁未昧爽，内城陷，帝复崩于万寿山。查此三日，干为乙丙丁，支为巳午未，火势炎炎，如焚如惔，致使乙庚化金之正格，完全消灭。孟子曰："莫非命也。"岂不信欤！

附　录

毅宗帝殉国时，御书衣襟有云："朕凉德藐躬，上干天咎，然皆诸臣误朕。朕死无面目见祖宗，自去冠冕，以发覆面，任贼分裂，无伤百姓一人。"

是年夏四月，清兵破贼于山海关。五月入京师，以帝礼改葬，令臣民为服丧三日。谥曰：庄烈愍皇帝。陵曰：思陵。[①]

毅宗帝之殉国

崇祯十七年三月十九日，天明，内城守危，帝乃登煤山，入寿皇亭，自缢。李自成，此时尚疑帝及皇后存在，及得确报，始命载帝尸于宫扉，殓之以柳棺，置于东华门外之蓬厂，守护者惟三四老宦官而已。是年四月，昌平布衣赵一桂，各处醵钱，合计三百四十千，[②] 乃将帝棺，及周皇后棺，运至昌平，明朝历代山陵，穿故妃之墓圹，举行葬礼。至清朝顺治初，摄政王巡视之时，乃建陵殿，缭以周垣，设守陵之户焉。[③]

---

① 以上《明史·庄烈本纪》。

② 孙繁祉州之学生，耆民刘汝朴、李某、邓科，各捐钱五十千，白绅、徐魁，各捐钱三十千，赵永健、王政行，各捐钱二十千，又某等捐钱四十千。

③ 《清朝全史》。

朱用纯　三十九

清，姓朱氏，集漬子，名用纯，字致一，江苏崐山县人。明末集漬殉难死，用纯慕王裒攀柏之义，自号曰柏庐。明季诸生，入清朝，隐居味道，以诸生老。其学确守程朱，知行并进，而一以主敬为程，授学者必先小学，继之以四子书。康熙中或欲以鸿博荐，固辞乃免。康熙戊寅，四月辛亥卒，年七十二，私谥孝定先生。有《毋欺录》、《愧讷集》及《大学·中庸讲义》，而《治家格言》，尤脍炙人口。

明熹宗天启七年四月十五日子时生。[①]

清圣祖康熙三十七年四月初七日□时卒。

丁卯	命	八岁 十八	甲辰 癸卯
乙巳	宫	二八 三八	壬寅 辛丑
辛亥	辛	四八 五八	庚子 己亥
戊子	亥	六八 七八	戊戌 丁酉

朱柏庐先生，撰有《治家格言》，几于家谕户晓，较诸圣祖仁皇帝《广训》，尤为普及。其言有曰“守分安命，顺时听天”，即此二语，救活世人不少。试观古往今来，怀才不遇、怨天尤人之辈，因而枉死者，比比

① 生卒见《毋欺录》。

皆是，倘能明白此理，守之安之，顺之听之，一旦水到渠成，自可扬眉吐气，安用怨尤为哉！珊服膺先生格言，自幼至老，未敢或失。及读《毋欺录》，乃知先生为明熹宗天启七年四月十五日生，当为丁卯年、乙巳月、辛亥日，其生时虽未详载，然以先生之人品、学术、经历推测之，其为戊子时无疑，[①] 其他十一时，皆不能若是之清洁也。

谨按：日主之辛属金，月支之巳藏庚又属金，再益以命宫辛金，金有三矣。时干之戊属土，再益以月支巳藏戊土，土有二矣。以此二土，生彼三金，其为转柔弱而为刚强，从可知矣。恰好月干明见乙木，年支卯藏乙木，日支之亥与命宫之亥，各藏甲木，年干明见丁火，月支巳藏丙火，藉木生火，藉火炼金，大器堪成，不同流俗，文章道德，冠绝群伦者，职是之故。惜巳亥相冲，子卯相刑，将星、驿马、文昌、学堂，不无皆受影响，是以举博学而固辞，守清贫而乐道，舍危就安，先生真达人也。十七岁辰运癸未，补博士弟子员者，因癸戊化火，未卯亥会木，皆辛金之喜神也。十九岁癸运乙酉，节孝公殉难。三十八岁寅运甲辰，陶太夫人仙游，一为酉卯相冲，一为甲戊宣战也。五十三岁庚运己未，举博学而不应。六十岁己运丙寅，置族田而典衣。盖庚金己土，皆不足取。若己未丙寅，均有木火关系，是以一辞一受，皆成佳话，其他金土等运，隐居教授，与世无争，间有折磨，庸何伤耶？七十二岁戊运戊寅，小限庚子，土厚金刚，物极则反，是以先生亦与世长辞也。

附　录

赠武林诸远之相士

寂寞穷村老鹬冠，客窗与子共盘桓。烟霞骨相逢姑布，冰雪襟怀许伯鸾。山寺落梅伤别易，天涯芳草寄愁难。西陵南浦应记忆，月满中庭各倚阑。[②]

治家格言

黎明即起，洒扫庭除，要内外整洁；既昏便息，关锁门户，必亲自检点。一粥一饭，当思来处不易；半丝半缕，恒念物力维艰。宜未雨而绸

---

① 年干见丁，不作六阴朝阳格论。

② 《毋欺录》。

谬，毋临渴而掘井。自奉必须俭约，宴客切勿流连。器具质而洁，瓦缶胜金玉；饮食约而精，园蔬愈珍羞。勿营华屋，勿谋良田。三姑六婆，实淫盗之媒；婢美妾娇，非闺房之福。奴仆勿用俊美，妻妾切忌艳妆。祖宗虽远，祭祀不可不诚；子孙虽愚，经书不可不读。居身务期质朴，教子要有义方。勿贪意外之财，勿饮过量之酒。与肩挑贸易，毋占便宜；见贫苦亲邻，须多温恤。刻薄成家，理无久享；伦常乖舛，立见消亡。兄弟叔侄，须分多润寡；长幼内外，宜法肃辞严。听妇言，乖骨肉，岂是丈夫；重资财，薄父母，不成人子。嫁女择佳婿，毋索重聘；娶媳求淑女，勿计厚奁。见富贵而生谄容者，最可耻；遇贫穷而作骄态者，贱莫甚。居家戒争讼，讼则终凶；处世戒多言，言多必失。毋恃势力而凌逼孤寡，毋贪口腹而恣杀牲禽。乖僻自是，悔误必多；颓惰自甘，家道难成。狎昵恶少，久必受其累；屈志老成，急则可相依。轻听发言，安知非人之谮愬？当忍耐三思；因事相争，安知非我之不是？须平心暗想。施惠无念，受恩莫忘。凡事当留余地，得意不宜再往。人有喜庆，不可生妒忌心；人有祸患，不可生欣幸心。善欲人见，不是真善；恶恐人知，便是大恶。见色而起淫心，报在妻女；匿怨而用暗箭，祸延子孙。家门和顺，虽饔飧不继，亦有余欢；国课早完，即囊橐无余，自得至乐。读书志在圣贤，为官心存君国。守分安命，顺时听天，为人若此，庶乎近焉。

先生梦中得句云："求道当如猫捕鼠，养生须学木为鸡"，盖今人最易见人之骄，我既不援，安见其骄？最易见人之吝，我本无求，安见其吝？凡易见人之咎者，皆由吾不能尽其道，以致之也。尽道则潜消默夺，而可积极以至于化。

偶读陆放翁诗有云："垂名千古易，无愧寸心难。"令人通身汗下。如何不务实行，如何更起名心，正恐可愧不愧，却挟此以为取名善物耳。

灯下闻有哭其夫，继哭其子，又哭其父母者，声极哀怆。问之，乃柴秀才之妻，夫死而再嫁者也。呜呼！听其哭，则岂乐为失节者哉？饥驱之耳！饥驱故有是哭。使古立朝之士，知皆有是哭，则身事二姓，齿冷千古者，吾知其犹少也。[①]

程月川中丞[②]每莅一任，必以自书大字，墨榻一联，悬挂厅事，盖

① 以上《毋欺录》。

② 含章。

"读书志在圣贤，为官心存君国"十二字。款云"敬书朱紫阳夫子家训语"。按：此乃我朝崐山朱柏庐先生[①]所撰《居家格言》自"黎明即起"至"庶乎近焉"，凡五百一十字，此其末段结语。通篇语皆切实，而此二句尤为赅括，允堪悬作座右铭。今人误以此篇为朱子所作，中丞亦未加深考耳。中丞又尝书"好鸟枝头亦朋友，落花水面皆文章"两语，为书室楹联，旁亦注云"书朱紫阳夫子句"，不知此乃南宋翁森所作《四时读书乐》诗，并非朱子。中丞亦沿讹而不知也。[②]

① 用纯。
② 《楹联丛话》。

张玉书　四十

清，姓张氏，名玉书，字素存，号润浦，江南丹徒县人。[①] 顺治辛丑，年二十，登进士第，官至文华殿大学士，加太子太保。康熙辛卯，五月己巳卒，年七十，谥文贞，入祀贤良祠。玉书学问渊雅，风度嶷然，[②] 年二十，登仁籍，受圣祖知遇，凡五十年，为太平宰相二十年，朝夕启沃，得大臣体。在讲幄，每据经义纳忠，莫由得其献替之迹。所作古文辞，舂容大雅，为一代大手笔，著有《松荫堂集》。

明毅宗崇祯十五年六月二十六日辰时生。[③]
清圣祖康熙五十年五月十七日□时卒。

壬午	命	五岁 十五	戊申 己酉
丁未	宫	二五 三五	庚戌 辛亥
甲子	丙	四五 五五	壬子 癸丑
戊辰	午	六五 七五	甲寅 乙卯

《通会》云："甲子日，戊辰时，妻贤子孝，作高命论，行北方运贵。"仅就四字论断，业与张文贞公之造，大致吻合。

珊再按之：查得日元之甲属阳，古人以乔木喻之，生于大暑节前，阴浓绿树，景象可观，以视秋冬之零落者，大有霄壤之判。惟嫌月干明见丁火，年月二支午未，各藏丁火，命宫丙午，干支又复属火，火炎木亢，影响殊多。幸日主甲子，纳音属金，生月丁未，纳音属水。藉金生水，不啻

① 丹徒县，春秋吴朱方邑，汉置丹徒县，吴改武进，晋复曰丹徒。《南徐州记》曰：秦时以其地有天子气，使赭衣徒三千人，凿京岘南坑，以败其势，故名为丹徒。故城在今江苏丹徒县东南十八里，即今丹徒镇，隋省，唐时复置，即今治。明清皆为镇江府治，民国初废府，存丹徒县。十七年，国民政府改为镇江县，移江苏省政府治之，城西云豪山下。清咸丰八年，开作通商港，《天津条约》订开三口之一也。城当运河长江之交，京沪铁路经之。

② 嶷音宜，支韵。

③ 生卒见《年谱》。

上天之密云；藉水润木，不啻下泽之甘雨。得此二者，为正式之用神，有不生机蓬勃，合欢连理者乎？至于日主会逢二德，应人"文学超群，仕途清显，此又为《通会》之明文。"《古歌》且有"天月二德喜重逢，贵比汾阳富石崇"之说，[①] 更可见其功效之大也。十一岁申运壬辰，小限丙申，应童子试，竟入县学第一。十六岁己运丁酉，小限辛卯，举江南乡试。二十岁仍在已运，岁值辛丑，小限丁亥，举会试第五名，授庶吉士。二十三岁酉运，岁值甲辰，小限甲申，授翰林院编修。二十五岁酉运丙午，小限壬午，秋典浙江乡试，云程发轫，如是之速，此皆大运岁限，得金生水，得水润木之特征也。自此而后，充日讲，迁侍郎，授文华殿大学士，兼户部尚书，充会试总裁，扶摇直上，为太平宰相二十余年，更可见金水木运，禆益用神，有以致之也。至于三十五岁戊运丙辰，元配吴夫人逝世；四十三岁亥运甲子，湘晓公遽归道山；五十七岁癸运戊寅，何太夫人又复弃养。此固岁运相冲，岁命相比之故，要亦火土灼水克水之为害也。七十岁福寿全归，适在甲运，岁值辛卯，小限丁酉，会生年之午，生日之子，适成四仲齐冲，日中则昃，月盈则亏，理势然也。

附　录

送蒋亮天守广平兼忆申凫盟

春风五马度桑乾，莫谓专城出牧难。自昔三公繇太守，而今右辅属邯郸。

香生野浦荣莲曲，旆转漳河带雪寒。暇日褰帷行县好，闭门深处问袁安。

忆焦山

此地苍烟满，藤萝尚可攀。无梁叹江水，落木想秋山。

苔磴侵衣湿，渔歌棹月还。空留高隐迹，云复到门闲。[②]

纪顺治年间钱粮数目

从来创业之主，享有胜国之资，不烦征敛而国用滋富。汉之承秦，唐

---

① 木得水生，火得水济，既逢二德，又值进神。

② 《江苏诗征》。

之承隋，明之承元，皆是道也。惟宋当五代纷争之后，海内衰耗，差逊汉唐，而左藏之库，积金如山，则犹有余蓄焉。前明之末，秕政厉民，始以军兴旁午，议加辽饷，继以民贫盗起，复加剿饷，终以各边抽练，复加练饷，催科无艺，中外萧然。迄国家以仁义之师，入关靖寇，而中原赤子，业已析骸断骨于百战之余，其所谓内库之帑藏，又已尽罹贼劫，盖实遗我一空虚之国也。世祖章皇帝既定大业，衽席疲民，下诏首除三饷，如拯焚溺，继定《赋役全书》，一准前明万历中年旧额，税敛亦綦薄矣。独是多方未靖，虎旅四征，今年下两浙，明年定八闽，又明年克楚蜀、克两粤，辇金轮粟，相望于道。方顺治八九年间，岁入额赋。一千四百八十五万九千有奇。而诸路兵饷，岁需一千三百余万，加以各项经费二百余万，计岁出至一千五百七十三万四千有奇，出浮于入者，凡八十七万五千有奇，至十三年以后，又增饷至二千万，嗣又增至二千四百万，时额赋所入，除存留项款外，仅一千九百六十万，饷额缺至四百万，而各项经费，犹不与焉。国用之匮乏，盖视前代为独甚。而我先皇帝，爱民如子，必不忍为苟且目前之计，于额赋外，少加毫末。汰冗员，抑繁费，躬行俭约，为天下先。自亲政以来，在宥十年，未尝兴一不急之工，采一玩好之物。军需浩穰，悉取给于节省之余。而发帑金以赈凶荒，赐田租以甦疾困，数岁之中，诏书屡降。自古开创之祖，宏仁恭俭，未有若斯之盛者也。谨录十七年岁入之数如左。后之览者，仰惟先皇帝忠厚开基，损上益下，其经营缔造之难如此，庶几圣子祉孙，席履丰盛，而益务息民重农，减征宽赋。其司国计者，一意以禀法师俭，辅导圣明，则祖宗撙节爱养之物力，不致委弃于土木甲兵，而人殷物阜，可与成康比隆也已。

请杜设法名色疏

方今民穷财尽，多因有司私派。在廷诸臣，人人能言之，而有司敢行私派，无所顾忌者，每藉口督抚之宪檄，与内部之咨文。盖每年正供赋额，各有抵销，遇有别项费用，部臣辄请敕该督抚，酌量设法，不得动用正项钱粮。在部臣之意，原以各省事难遥度，须本地方官从长商榷，庶无贻累小民。法非不善，但百姓除正供粮赋外，另无余物，可以设法。名为设法，实则加派而已。夫额外因事量增，原应一时不得已之用，独是部文一下，贪婪官吏，借端侵渔，本应设处者十之一，而私派者已十之五。百姓但见奉部文转行，不敢复向有司问多寡之数，而有司之申详督抚，督抚之转报内部者，与科敛小民之额多不相符。百姓不得知，内部亦不得知也，取敲骨吸髓之金钱，填官吏无穷之溪壑，岂不重可惜哉！臣请敕下部臣，凡遇正项外，一切别项费用，应用何挪办者，须酌量妥确，行文该督抚，遵照奉行。仍请敕该督抚，严饬州县有司，不得事外藉端科派，庶几各省贪吏朘削之害，可以少止矣。①

国初乙酉，江南解元张湘晓九征，视学河南，乞归。康熙十七年，举博学鸿儒，冢宰郝恭定惟讷荐之，贻人诗云："少不如人何况老，身将终隐又焉文？"又遣怀云："虚名空好羊公鹤，肥遁深惭梁伯鸾。京雒少年争献赋，伏生接武贾生难。"人以是知公不出山矣。子文贞公玉书，性淡泊，从不肉食，日粗粝一盂，或山药少许；官庶子，为《明史》总裁。湘晓贻书诫之曰："此非养身之道，食不厌精，汝未读《乡党》耶？退直后，宜静坐片刻，养身节劳，勿以膏自焚也。古乐府'杀君马者路傍儿'，谓竭马之力，以娱道旁耳目。吾虑汝之竭矣。"文贞闻命悚然，加一餐焉。②

江右熊先生，文贞公句读师也，善李虚中术，知公大贵，以乳下孙为属，而请命之名。后四十年，其孙至京口，公一见呼其乳名，曰"若即某耶"？厚赠之以去。人皆服公善记事，而益叹古道之过人远也。

康熙丙辰，公年三十五岁，元配吴夫人卒，或有劝公续配者，公不应。吴夫人母刘，念公壮年失偶，买以一婢送市邸，侍巾栉先，使人白其故。公对使，执不可，泪随语下。使者乃送婢还。其后数十年，独处一室，终身无姬侍。士大夫闻公之风者，莫不感慕，增伉丽之重焉。③

---

① 以上《经世文编》。

② 《茶余客话》。

③ 以上《年谱》。

袁氏命谱卷六

清圣祖仁皇帝　四十一

清，爱新觉罗氏，名玄烨，[①] 自号体元主人，世祖第三子。生于景仁宫，母世祖妃佟氏，[②] 即孝康章皇后。顺治十八年辛丑，世祖大渐，为帝特定汉字御名，即今讳。清之避御名，立庙讳自此始。旋遗诏立为皇太子，嗣大统。十九日，即皇帝位于太和殿，时年八岁。以内大臣索尼、苏克萨哈、遏必隆、鳌拜四人辅政。是年十二月灭桂王，天下混一。六年丁未，[③] 七月初七日亲政。十二年癸丑，[④] 二月，暹罗内属。十二月滇藩吴三桂反，闽、桂相继起，云南、贵州、福建、两广、四川、陕西诸省，俱遭

① 域辄切，音晔，火光貌，又域及切，音煜，义同。
② 佟，徒冬切，姓也。
③ 年十四。
④ 年二十。

蹂躏。二十年辛酉,[①] 以次荡平。二十二年癸亥,[②] 八月击降台湾郑氏，改置郡县。三十年辛未,[③] 喀尔喀全部内附，至是外蒙古皆服。三十六年丁丑,[④] 闰二月，击杀噶尔丹，朔漠平，十一月青海内附。五十六年丁酉,[⑤] 八月西藏被侵。五十九年庚子,[⑥] 八月，击定。六十年辛丑,[⑦] 四月，台湾乱，六月平。在位南巡者六，东巡者一，西巡者一，西巡者一，出塞者四。幸五台者四，六十一年壬寅，十一月十三日戌时，崩于畅春园，寿六十有九。九月葬景陵，在孝陵之东马兰峪。帝雅好文学，有《御制诗文集》，并饬廷臣纂字典，会典等书。琉球国王，至遣子弟入监读书。谥仁，庙号圣祖，年号康熙。子三十五人，女二十人。

清世祖顺治十一年三月十八日巳时生。[⑧]
清圣祖康熙六十一年十一月十三日戌时卒。

甲午	**命**	一岁 十一	己巳 庚午
戊辰	**宫**	二一 三一	辛未 壬申
戊申	**辛**	四一 五一	癸酉 甲戌
丁巳	**未**	六一 七一	乙亥 丙子

《滴天髓》云:“戊土固重，既中且正，静翕动辟，万物司命。水旺物生，火燥喜润，若在艮坤，怕冲宜静。”刘伯温注云:“戊为山冈之土，非城墙之谓，较己土特高厚刚燥，乃己土之发源地也。得乎中气，而且正大，春夏则气辟，而生万物；秋冬则气翕，而成万物，故为司命。其气中阳，喜润恶燥，坐寅怕申，坐申怕寅，盖冲则根动，非地道之正也，故

① 年二十八。
② 年三十。
③ 年三十八。
④ 年四十四。
⑤ 年六十四。
⑥ 年六十七。
⑦ 年六十八。
⑧ 生卒见《皇室四谱》。

宜静。”

珊谨按：圣祖仁皇帝之造，日干之戊属土，月干之戊亦属土，月日时，辰申巳三支中各藏戊，俱属土。再益以年支之午、命宫之未中各藏己，又俱属土，不见冲刑，而有辰巳午未申一气呵成，五位连珠之妙，岂独固重中正已哉！诞生于谷雨节后，正值土王用事，土力固充足矣。月干明透丁火，时支巳藏丙火，年支午，与命宫未，又各藏丁火，火势亦炎炎矣。设若无水润土，无水济火，沃壤膏腴，亦将变为石田，何足取哉！恰好申辰二支藏壬藏癸，甘雨时行，万物发育，《滴天髓》谓“火燥喜润”者，职是之故。刘注谓“坐申怕寅”，今日坐申垣，不见寅字，而诞生之际，又值暮春，气辟而生，至静不动，是以尧襟舜抱，则地揆天，寿享稀龄，位逾花甲，亘古以来，未之有也。八岁己运，岁值辛丑，小限甲子，正月初七日，遗诏立为皇太子，嗣大统。十九日，即皇帝位于太和殿，以内大臣索尼、苏克萨哈、遏必隆、鳌拜四人辅政。是年十二月灭明桂王，天下混一，此固大运得禄所致。然岁值贵人，限逢水木，亦有特殊之关系也。十四岁庚运，岁值丁未，小限戊午，七月初七日亲政，此固庚会戊甲为三奇，而午未会辰巳，尤有众擎众志之功，不得以火土病之。二十岁午运癸丑，十一月，滇藩吴三桂反，闽、桂相继，云南、贵州、福建、两广、四川、陕西诸省，俱遭蹂躏。二十八岁未运辛酉，十月，以次荡平，具见午遥刑午，叠刃为害。然经过辛运，金泄土气，未运贵人会合，是以次第荡平，不独诛太师鳌拜，禁八旗以奴仆殉葬已也。自三十岁癸亥，击降台湾郑氏，改置郡县。三十八岁辛未，喀尔喀全部内附，外蒙皆服。四十四岁丁丑，击杀噶尔丹，朔漠平，青海继又内附。六十四岁丁酉，西藏被侵。六十七岁庚子，击平。观其四十年来，蠲免天下钱粮逾万万，永免滋生人丁之赋，及一切困难，均能无为而治者，皆运行壬癸甲乙，水木连环，有以致之。即申酉戌之金，生水泄土，亦有相当效能也。细按圣祖皇帝，在位六十有一年，南巡者六：三十一岁甲子十月，幸江苏，三十六岁己巳正月，四十六岁己卯二月，五十岁癸未正月，五十二岁乙酉二月，五十四岁乙亥正月，皆道江苏，并幸浙江。惟四十九岁壬午九月，车驾已至德州，因太子允礽病，[1] 即止。东巡者一：三十一岁甲子十一月，南巡回銮时，特至阙里。西巡者一：五十岁癸未十月，幸太原、西安。出塞者

① 礽音仍，蒸韵，福也，与仍通。

四：三十八岁辛未四月，至多罗诺尔；四十三岁丙子正月，至克鲁伦河；四十四岁丁丑二月，至狼居须山；四十八岁辛巳正月，至索岳尔济山。幸五台者四：三十岁癸亥二月，四十五岁戊寅二月，四十九岁壬午正月，五十七岁庚寅二月。观于帝之南巡六次，东巡一次，西巡一次，出塞四次，幸五台四次，亦可见其君臣契协，民物滋丰，聪明慈惠，为不世出之主矣。至六十九岁仍行亥运，岁值壬寅，十一月十三日戌刻，崩于畅春园者，此即刘注所谓“坐申怕寅”，不仅日主戊申与太岁壬寅干克支冲也。

附 录

圣谕十六条

敦孝弟以重人伦，笃宗族以昭雍睦。和乡党以息争讼，重农桑以足衣食。尚节俭以惜财用，隆学校以端士习。黜异端以崇正学，讲法律以儆愚顽。明礼让以厚风俗，务本业以定民志。训子弟以禁非为，息诬告以全善良。诫匿逃以免株连，完钱粮以省催科。联保甲以弭盗贼，解仇忿以重身命。

庭训格言①

人君以天下之耳目为耳目，以天下之心思为心思，何患闻见之不广？舜惟好问好察，故能明四目，达四聪，所以称大智也。

天道好生，人一心行善，则福履自至。观我朝及古行兵之王公大臣，内中颇有建立功业，而行军时曾多杀人者，其子孙必不昌盛，渐至衰败。由是观之，仁者，诚为人之本欤！

兵丁不可令习安逸，惟当教之以劳，时常训练，使步伐严明，部伍熟习，管子所谓“昼则日相视而相识，夜则声相闻而不乖”也。如是，则战胜功取，有勇知方，故劳之适所以爱之，教之以劳，真乃爱兵之道也。不但将兵如此，教民亦然。故《国语》曰：“夫民劳则思，思则善心生；逸

① 节录二十四条。

则淫，淫则忘善，忘善则恶心生。沃土之民不材，淫也；瘠土之民，莫不向义，劳也。”

世间事甚不如意者，莫过于决断秋审一事。夫杀人之人，理应偿命，但为人君者，于杀人之事，必以哀矜之心处之。故朕每理秋审之事，无一不竭尽心力，而详审之也。

仁者无不爱，凡爱人爱物，皆爱也。故其所感甚深，所及甚广。在上则人咸戴焉，在下则人咸亲焉。己逸而必念人之劳，己安而必思人之苦，万物一体，痌瘝切身，斯为德之盛，仁之至。

古圣人所道之言即经，所行之事即史，开卷即有益于身。尔等平日诵读及教子弟，惟以经、史为要。夫吟诗作赋，虽文人之事，然熟读经、史，自然次第能之。幼学断不可令看小说，小说之事，皆敷演而成，无实在之处，令人观之，或信为真，而不肖之徒，竟有效法行之者。彼焉知作小说者，譬喻指点之本心哉！是皆训子要道，尔等其切记之。

人承祖、父之遗，衣食无缺，此为大幸，便当读书乐志，安分修为。若家贫亦惟勤学力行，为乡党所重。孔子曰：“素富贵行乎富贵，素贫贱行乎贫贱。”孟子曰：“富贵不能淫，贫贱不能移。”此是圣贤立志之根本，操存之要道也。

凡人读书或学艺，每自谓不能者，乃自误其身也。《中庸》有云：“有弗学，学之弗能弗措也。人一能之己百之，人十能之己千之。果能此道矣。虽愚必明，虽柔必强。”实为学最有益之言也。

先儒有言，穷经非一端，所得非一处，或在读书上得之，或在讲论上得之，或在思虑上得之，或在行事上得之。读书得之虽多，讲论得之尤速，思虑得之最深，行事得之最实。此语极为切当，有志于“格物致知”之学者，其宜知之。

圣贤之书，所载皆天地古今万事万物之理，能因书以知理，则理有实用。由一理之微，可以包六合之大。由一日之近，可以尽千里之远。世之读书者，生乎百世之后，而欲知百世之前，处乎一室之间，而欲悉天下之理，非书曷以致之？书之在天下，《五经》而下，若传若史，诸子百家，上而天，下而地，中而人与物，固无一事之不具，亦无一理之不赅，学者诚即事而求之，则可以通三才，而兼备乎万事万物之理矣。虽然，书不贵多而贵精，学必由博而守约。果能精而约之，以贯其多与博，合其大而极于无余，会其全而备于有用，圣贤之道，岂外是哉！

尔等惟知朕算术之精，却不知我学算之故。朕幼时，钦天监汉官与西洋人不睦，互相参劾，几至大辟。杨光先、汤若望，于午门外九卿前，当面赌测日影，奈九卿中无一知其法者，朕思己不知，焉能断人之是非？因自愤而学焉。今凡入算之法，累辑成书，条分缕析，后之学此者，视此甚易，谁知朕当日苦心研究之难也！

善书法者，虽多出天性，大半尤恃勤学。朕自幼好学，今年老虽极匆忙时，必书几行字，一日亦未间断，是故犹未至于荒废。人勤习一事，则身增一艺，若荒疏则废弃也。

凡人进德修业，事事从读书起。多读书则嗜欲澹，嗜欲澹则费用省，费用省则营求少，营求少则立品高。读书之法，以经为主。苟经术深邃，然后观史。观史则能知人之贤愚，遇事得失，亦易明了。故凡事可论贵贱老少，惟读书不问贵贱老少。读书一卷，则有一卷之益；读书一日，则有一日之益。此夫子所以发愤忘食，学如不及也。

凡人处世，有政事者政事为务，有家计者家计为务，有经营者经营为务，有农业者农业为务，而读书者读书为务。即无事务者，亦当以一艺一业而消遣岁月。奈何好赌博之人，身家不计，性命不顾，愚痴如是之甚！假赌博之名，以攘人财，与盗无异。利人之失，以为己得，始而贪人之有，陷入坑阱，既而吝惜情生，妄想复本，苦恋局内，囊罄产尽，以致无食无居，荡家败业。虽密友至戚，一入赌场，顷刻反颜，一钱得失，怒詈旋兴，雅道俱伤，结怨结仇，莫此为甚。且好赌博者，名利两失，齿虽少，人即料其无成；家正殷，人决知其必败。沉溺不返，污下同群，骨肉轻贱，亲朋笑耻，种种败害，相因而起，果何乐何利而为之哉！朕是以严赌博之禁，凡有犯者，必加倍治罪，断不轻恕。

荀子云："身劳而心安者为之，利少而义多者为之。"此二语，简而要，人之一世，能依此二语行之，过差何由而生？

朕自幼喜观稼穑，所得各方五谷、菜蔬之种，必种之以观其收获，诚欲广布于民生，或有裨益也。朕丰泽园所种之稻，偶得一穗，较他穗先熟，因种之，遂比别稻早收。若南方和暖之地，可望一年两获。即如外国之卉，各省之花，凡所得种，种之即生，而且花开极盛，观此则花木之各遂其性也，可知矣。今塞外之野茧，大似山东之山茧，朕因织为茧䌷，制衣衣之。此皆农桑之要务。至于花木，皆天地生意所发，朕故必深惬焉。

《易》云："日新之谓盛德。"学者一日必进一步，方不虚度时日。大凡世间一技一艺，其始学也，不胜其难，似万不可成者，因置而不学，则终无成矣。所以初学贵有决定不移之志，又贵有勇猛精进之心，尤贵有贞常永固不退转之念。人苟能有决定不移之志，勇猛精进而又贞常永固、毫不退转，则凡技艺，焉有不成者哉？

古人有言，“不药得中医”，非谓病不用药也，恐其误投耳。盖脉理至微，医理至深，古之医圣医贤，无理不阐，无书不备，天良在念，济世存心，不务声名，不计货利，自然审究详明，推寻备细，立方切症，用药通神。今之医生，若肯以应酬之工，用于诵读之际，推求奥妙，研究深微，审医案，探脉理，治人之病，如己之病，不务名利，不分贵贱，则临症必有一番心思，用药必有一番见识。施而必应，感而遂通，鲜有不能取效者矣。延医者慎之。

药品不同，古人有用新苗者，有用曝干者，或以手折口咬，撮合一处。如今皆用曝干者，以分量称合，此岂古制耶？如蒙古有损伤骨节者，则以青色草，名绰尔海之根，不令人见，采取食之，甚有益。朕令人试之诚然，验之，即内地之续断。由此观之，蒙古犹有古制。药惟与病相投，则有毒之药，亦能救人；若不当，即人葠，人亦受害，是故用药贵与病相宜也。

养生之道，饮食为重。设如身体微有不豫，即当节减饮食，然亦惟比寻常稍减而已。今之医生，一见人病，即令勿食，但以药物调治。若或内伤饮食者，禁之犹可；至于他证，自当视其病由，从容调理，量进饮食，使气血增长，苟于饮食禁之太过，惟任诸凡补药，鲜能资补气血，而令之充足也。养身者宜知之。“河图”顺转而相生，“洛书”逆转而相克，盖生者所以成其体，而克者所以宏其用。《大禹谟》水、火、金、木、土、谷惟修，以五行相克为次第，可见“克”是五行作用处。今术家或以相克取财官，或以相克取发用，亦此理也。

古人云：“尽人事以听天命。”至哉是言乎！盖人事尽而天理见，犹治农业者，耕垦宜常勤，而丰歉所不可必也。不尽人事者，是舍其田而弗芸也；不安于静听者，是揠苗而助之长者也。孔子进以礼，退以义，所以尽人事也；得之不得曰有命，是听天命也。

吉、凶、军、宾、嘉，五礼之期，必选择日时者，乃古人趋吉避凶之义，诗曰：“吉日惟戊，吉日庚午。”《礼》曰：“外争用刚日，内事用柔日。”朱子注《孟子》曰：“天时者，时日之支干，孤虚旺相之属也，要以五行之生克为用，干支之刑冲合会为断耳。”世俗相沿已久，而吉凶之理，推原于《易》。是故我等尊贵之人，凡有出行移徙之类，自宜选择日时。然而既用选择之日，则尤当用其选择之时。甚无以日之吉，而忽于时之吉也。选择家云：“选日必当选时，吉日不如古时。”正谓此也。

春至时和，百花尚铺一段锦绣，好鸟且啭无数佳音，何况为人在世，幸遇升平，安居乐业，自当立一番好言，行一番好事，使无愧于今生，方为从化之良民，而无憾于盛世矣。朕深望之。

圣祖幼时之机略

顺治六岁即位，康熙八岁即位，其事虽属偶然，亦不得谓非朝廷之危机。且顺治遭睿亲王死后之政变，而康熙亦有诛戳权臣鳌拜之事。鳌拜于世祖之朝，屡建战功，历封公爵。方帝即位之初，内与大臣苏克萨哈同为辅弼大臣，并加太师之号。彼恃帝年幼冲，专恣自肆，毫无忌惮。帝早知其横暴，屡欲乘隙杀之。康熙八年，帝年十六，托辞练习布库之戏，招集内庭多数少年，并于其中密选强有力者，以备万一，而鳌拜尚未之知。一日如例入内，正谒康熙，忽为布库小儿所擒。鳌拜虽奸，然事出意外，莫可如何。十余小儿，竟将鳌拜送致外庭。元恶既诛，内外震慑。

圣祖好学之天资

帝以诛戮权臣，发挥非凡之材能，而其教育，专讲宋学，尤宜注意。康熙师傅，诸人之中，当推河南汤斌为主。而举行经筵日讲，以磨励帝之德器者，当归功魏裔介。此固非始于圣祖之时，然得举日讲之实，则实由于帝之卓越之精力，与好学之天资。日讲之始，隔日一开，帝以人主临御天下，未有不以讲明学理为先务者，故隔日进讲。尚未满足，遂令学士日日进讲，帝尝因修葺宫殿之故，移居于大内之瀛台，谕曰：“予当赴瀛台，暂居数日，进讲不可略有间断。”讲官其日来瀛台，如常进讲云。三藩之乱，北京内外，无殊战场，帝曰：“当此多事之时，乘间进讲，不误军事，凡精神工夫，若不间断，裨益身心，良非浅鲜云。”翰林院答曰：“机务繁重，请隔日进讲。”帝不听，曰：“军事或数日一至，或数日连至，不可以日限计，其仍每日进讲，以慰朕拳拳向学之意云。”由帝言征之，则帝于丁年，《四书》、《五经》，既已熟读，既而喜阅《资治通鉴》，详于前代得失，甚有益于治道云。帝十七八岁之际，以读书过勤，致患咯血，而读书之事，犹不肯废。盖帝之好学，非以学问为涂饰耳目之具，实以学问为主权者所必需也。至日讲时刻，帝初以未明出御，听各部奏事，既毕，始临经筵。中年以后，则先进讲而后奏事。讲官侵晓，即宜入内。

圣祖提倡宋学

帝之学问，以实心求实理，得于宋学者实多。此非帝之创想，盖当有明末叶，北方学者，咸排斥陆王学之空疏故也。吾人于汤斌学术，其影响于帝者，果有几何，固未能确言，特彼之宋学，曾博帝之笃信，决无可疑。帝欲以一日之学，应用一日，一月之学，应用一月，故深望学问与实际不相背驰。帝解释天时、人事之关涉，亦必征验于实理。康熙二十八年，南巡，临江宁观象台，顾学士李光第曰："郭守敬仪器之不行于今，在不知恒星与天体共动而已，古昔史志之历法，多不可信，如荧惑退舍之说，天象垂成之理，固有之，若果退舍，则后来推算，以何积算云。"朱子学说，凡天文、地理、乐律、历数，俱非泛然空论，皆能确见其所以。予尝细为寻绎，虽欲求毫厘之差，亦不可得云。

西洋科学之尊信

热心于穷理格物之康熙帝，仅仅支那固有之学术，未能满足，而当时举居留北京之耶稣教士，研究科学，实以梅文鼎之家学为基础，文鼎于明末，与王锡兰同以精于中西天文并算术、音律称，有著述二十九种七十四卷。他年帝所撰述之《数理精蕴》、《历象考成》、《三角形论》等，咸以此为基本。帝既就学于文鼎之孙成珏，康熙二十八年，复引耶稣教士徐日升(Pereira)、张诚（Gerdilln)、白进（Bouet)、安多（Antonius）等于内廷，使日日轮班，进讲西学。彼等皆能深识满洲语言，故教授测量法、算学、天文、人体解剖、物理等学，不觉困难。其中张诚，则帝或旅行，必命随从，或每日，每隔日，必命进讲云。帝之尊信西学，不以一己之耳目为满足，且欲应用于政治焉。帝尝命南怀仁（Verdiest）创设伟大之观象台于北京，因此设备既成，得颁康熙永年历法。对于占验风雷之事实，尝曰：予尝立一小旗，占验风向，并命直棣各省，报告起风下雨之时刻，由是知北京起西北风之时，山东起东南风。又考验雷声，不出百清里以外，不如炮声之远达于二三百清里。前于芦沟桥试验，当时天津皆尝闻之，此甚验也。由此察之，亦可略识帝之性行、趣味矣。

圣祖钦定《图书集成》

康熙帝命内阁学士蒋廷锡等，纂辑经史百家，名《古今图书集成》，凡一万卷，其内容之浩瀚，古今不见其比。雍正帝立，始印行之。《图书集成》之材料，及其编纂之次序，虽未详其概，但知其出自《永乐大典》者甚多。①

康熙年间，编《古今图书集成》，刻铜字为活板，贮之武英殿。历年既久，铜字被窃缺少，有司惧干咎，值乾隆初年钱贵，遂请毁铜字供铸，所得有限，而所耗甚多也。②

---

① 以上《清朝全史》。

② 《清帝外纪》。

清孝圣宪皇后　四十二

清，钮祜禄氏，为巴图鲁，赠弘毅公，额亦都曾孙女，四品典仪，追封一等承恩公，凌柱女。康熙四十三年甲申，[①] 赐侍世宗藩邸为格格。五十年辛卯[②]八月，生皇四子，是为高宗。世宗登极，雍正元年癸卯，[③] 册封熹妃，后晋熹贵妃。十三年乙卯，[④] 九月，高宗嗣位，遵世宗遗命，尊为皇太后。十二月上徽号，曰崇庆皇太后。乾隆元年丙辰，[⑤] 七月，移居慈宁宫。二年丁巳[⑥]十二月，因册立皇后，加上徽号"慈宣"二字。十一年丙寅，[⑦] 九月，高宗奉之幸五台山。十三年戊辰，[⑧] 二月，高宗奉之东巡。十四年己巳，[⑨] 四月，因册立摄六宫事皇贵妃，兼以平定金川，加上徽号"康惠"二字。十五年庚午，[⑩] 二月，高宗奉之幸五台山；八月，因册立皇贵妃为皇后，加上徽号"敦和"二字，旋高宗奉之幸中州。十六年辛未，[⑪] 正月，高宗奉之南巡；十一月，六旬慈庆，加上徽号"裕寿"二

① 年十三。
② 年二十。
③ 年三十二。
④ 年四十四。
⑤ 年四十五。
⑥ 年四十六。
⑦ 年五十五。
⑧ 年五十七。
⑨ 年五十八。
⑩ 年五十九。
⑪ 年六十。

字。二十年乙亥，[①] 因平定准噶尔，加上徽号“纯禧”二字。二十二年丁丑，[②] 正月，高宗奉之南巡。二十六年辛巳，[③] 二月，高宗奉之幸五台山；十一月，七旬慈庆，加上徽号“恭懿”二字。二十七年壬午，[④] 正月，及三十年乙酉，[⑤] 正月，高宗均奉之南巡。三十六年辛卯，[⑥] 二月，高宗奉之东巡；十一月，八旬慈庆，加上徽号“安祺”二字。四十一年丙申，[⑦] 二月，高宗奉之东巡；五月，因平定金川，加上徽号“宁豫”二字。至是为崇庆、慈宣、康惠、敦和、裕寿、纯禧、恭懿、安祺、宁豫皇太后。四十二年丁酉正月二十三日，崩于圆明圆长春馆，寿八十有六。四月，葬泰陵东北，曰泰东陵。

清圣祖康熙三十年十一月二十五日辰时生。[⑧]
清高宗乾隆四十二年正月二十三时□时卒。

壬申	**命**	九岁 十九	辛亥 庚戌
壬子	**宫**	二九 三九	己酉 戊申
庚午	**壬**	四九 五九	丁未 丙午
庚辰	**子**	六九 七九	乙巳 甲辰

清《皇室四谱》[⑨] 云：“孝圣宪皇后，为康熙三十一年十一月二十五日生。”其生时未详。珊因其年甫十三，即为世宗[⑩]藩邸格格；二十岁生皇四子，是为高宗；[⑪] 世宗登极，雍正元年十二月，册封熹妃，后晋熹贵妃。

---

① 年六十四。
② 年六十六。
③ 年七十。
④ 年七十一。
⑤ 年七十四。
⑥ 年八十。
⑦ 年八十五。
⑧ 生卒见《皇室四谱》。
⑨ 丹阳唐邦治辑。
⑩ 雍正帝。
⑪ 乾隆帝。

十三年九月，高宗嗣位，遵世宗遗命，尊为皇太后，寿至八十有六，孙十七人，孙女十人，世称福寿全备。吾谓亘古以来，坤造中若孝圣宪皇后者，诚绝无仅有，安可不详细研究之？

谨按：孝圣皇后诞辰，康熙三十一年壬申，十一月壬子，二十五日庚午，《皇室四谱》虽未载其生时，然以管见测之，其为庚辰时无疑。何则？天干两庚两壬，形式整齐，地支申子辰三合，形式亦整齐，格局清高，固已彰彰明甚，假使日支无午，虽曰金白水清，犹难得此幸福。其所以谦肃柔明，迎渭嫔京，母临万邦，嗣续百代者，首在日支之午。盖午藏己土，为庚金日主之保障，午藏丁火，为庚金日主之夫星，此两者皆与日主唇齿相依，故功效极大。若将此午字移置他位，则鞭长莫及，不足取矣。或曰：午为子冲，安能得用？曰：不忌。盖子与申辰，早有集合，无暇与午火作难。孔子不云乎？“小人闲居为不善”，此言最耐寻味。盖小人闲居，始为不善，若有职业羁身，彼且忙忙碌碌，自寻生理，虽是小人，亦不致甘冒不韪，而为不善，况君子乎？今月支之子，联合申辰，君子同心，孳孳为善，既非小人，又不闲居，不独与日支之午，两不相犯，且有水火交济，水土下袭之功，岂可以否言哉！《玉衡经》云：“子午为圣人端坐之宫，诸煞莫入。”此之谓也。至于子星，当责诸水，经云：“金能生水，水赖金生。”具见金为水之母，水为金之子也。今壬水两排，水局三合，而又诞临大雪节后，水归冬旺，迥异寻常，若以午藏丁火较之，一盛一衰，判同霄壤。观于世宗在位仅十三载，高宗在位竟有六十年之多，即可知其子星显赫远过于夫星之潜藏也。惟细按之，八字中，金只有三，水偏有五，再益以命宫壬子之二水，合计之，水有七矣。水多若此，金少如彼，假令经过运岁，不逢土制水，不逢火济水，甚至不逢金助金，虽有此极端高尚之造，仍不免搔首问天，沉埋终古。陈之遴有云：“命吉运凶，若良马坚车，阻险道而难进；命凶运吉，若破帆敝楫，乘顺风而亦前。”运岁之关系如此，能不加之意乎？查得孝圣皇后，十三岁辛运甲申，小限庚子，荷蒙圣祖[①]赐侍世宗藩邸为格格，此即辛庚申三金，资助庚金日主之明证也。二十岁庚运辛卯，小限癸巳，生皇四子，是为高宗，此不独庚运之金、辛年之金助力，且又多一巳字，为庚金日主之长生，故其效力为尤大也。三十二岁己运癸卯，小限辛巳，世宗登极，册封熹妃，后晋熹贵

① 康熙帝。

妃，此己土生金，辛金助金，巳合申禄，声价崇隆，又胜前运多矣。四十四岁申运乙卯，小限己巳，高宗嗣位，遵世宗遗命，尊为皇太后，虽曰乙木妒合，卯木相刑，有世宗宾天之痛，然得大运之申，小限己巳，长生、临官生气等，叠叠补充之，高宗嗣位，名分益尊，未尝不可转忧为喜也。五十五岁丙运，至八十五岁丙申，高宗奉太后，幸中州者一，幸五台者三，东巡者三，南巡者四，具见四海升平，高年矍铄，此无他，乃未、丙、午、乙、巳（化金）等土火金运，有以致之也。八十六岁辰运丁酉，小限丁亥，会日支之午，自刑俱见，早驾归骖，然亦寿近百龄，身膺五福，岂不懿欤！岂不懿欤！

清高宗纯皇帝　四十三

清，姓爱新觉罗氏，讳弘历。雍正十年壬子，[①] 世宗赐号长春居士，后尝自号信天主人，七十后，自称古稀天子，又自称十全老人。为世宗第四子，其初次序，实为第五，生于雍亲王藩邸，母王府格格钮祜禄氏，即孝圣宪皇后。至康熙壬寅年，[②] 三月，圣祖命养之宫中。雍正元年癸卯，[③] 八月，世宗密建皇储，缄其名于乾清宫正大光明匾额后。十一年癸丑，[④] 二月，封和硕宝亲王。十三年乙卯，五月，命入值办理苗疆事务处；八月遗诏立为皇太子，嗣大统；九月初三日，即皇帝位于太和殿，时年二十五岁。明年丙辰，纪元乾隆，[⑤] 七月，击定苗疆。十二年丁卯，[⑥] 二月，大金川叛。十四年己巳，[⑦] 正月，平大金川。十五年庚午，[⑧] 西藏叛乱，旋定。十六年辛未，[⑨] 缅甸内属。十八年癸酉，[⑩] 五月，准部乱。二十年乙亥，[⑪]

① 年二十二。
② 年十二。
③ 年十三。
④ 年二十三。
⑤ 年二十六。
⑥ 年三十七。
⑦ 年三十九。
⑧ 年四十。
⑨ 年四十一。
⑩ 年四十三。
⑪ 年四十五。

准部平。二十四年己卯,[①] 击平回部。三十一年丙戌,[②] 正月，缅甸叛。三十六辛卯,[③] 小金川叛；是年缅甸灭暹罗。四十一年丙申,[④] 二月，平小金川。五十一年丙午,[⑤] 十二月，暹罗国复，仍内属；台湾乱。五十三年戊申,[⑥] 正月，台湾平；五月，安南黎氏灭；六月缅甸仍内属；七月，廓尔喀寇后藏。五十四年己酉,[⑦] 六月，安南阮氏仍内属，寻其王入觐。五十七年壬子,[⑧] 六月，击降廓尔喀，遂内属。在位南巡者六，东巡者六，西巡者一，幸五台者五。岁乙卯即位，六十年既满，明年嘉庆元年丙辰,[⑨] 正月朔日，御太和殿内禅，遂称太上皇帝，退居宁寿宫，仍训政。四年己未正月初三日辰刻，崩于养心殿，寿八十有九。九月葬裕陵，在孝陵西，胜水峪。有《日知荟说》、《乐善堂集》、《御制诗文集》，并命儒臣纂《四库全书提要》、《简明目录》、《一统志》等书。文德武功，为清诸帝最。谥纯，庙号高宗，年号乾隆，子十七人，女十人。

清圣祖康熙五十年八月十三日子时生。[⑩]
清仁宗嘉庆四年正月初三日辰时卒。

辛卯	**命**	六岁 十六	丙申 乙未
丁酉	**宫**	二六 三六	甲午 癸巳
庚午	**乙**	四六 五六	壬辰 辛卯
丙子	**未**	六六 七六 八六	庚寅 己丑 戊子

---

① 年四十九。
② 年五十六。
③ 年六十一。
④ 年六十六。
⑤ 年六十七。
⑥ 年七十八。
⑦ 年七十九。
⑧ 年八十二。
⑨ 年八十六。
⑩ 生卒见《皇室四谱》。

清《皇室四谱》，载高宗纯皇帝乃康熙五十年八月十三日子时生。

珊谨按：其八字为辛卯、丁酉、庚午、丙子，生年辛卯，纳音属木，生月丁酉，纳音属火，生日庚午，纳音属土，生时丙子，纳音属水，命宫乙未，纳音属金，[1]《通会》谓为五行俱足，又以支会子午卯酉，谓为四柱纯全，皆以位至王侯许之，其实别有说焉，不仅此也。查得日干之庚，在五行属金，年干之辛，与月支之酉，在五行又俱属金，合计之，金有三矣。月干透丁火，时干见丙火，日支又值午火，合计之，火亦有三矣。以此三火，炼彼三金，大器铸成，声价必贵，此以正五行之金火言也。庚帝旺于酉，辛临官于酉，丙帝旺于午，丁临官于午，二者交互为用，膺福最优，此以帝旺、临官言也。庚丙为阳，午子亦为阳，以午支之阳火，克阳干之庚金，以子支之阳水，克阳干之丙火，两下克上，各得其平。辛丁为阴，卯酉亦为阴，以辛干之阴金，克阴支之卯木，以丁干之阴火，克阴支之酉金，两上克下，亦各得其平。既平则治，既平则安，此以干支阴阳言也。年支卯木，为月支酉金所制，月支酉金，为日支午火所制，日支午火，为时支子水所制，自年而月，自月而日，自日而时，贵贱攸分，秩序不紊，此以四柱次第言也。木非土不生，火非土不荣，水非土不高，金非土不成，所以辛卯年纳音之木，丁酉月纳音之火，丙子时纳音之水，乙未宫纳音之金，皆不能脱离庚午日元纳音之土而谋独立，是以巍巍穆穆，无为而治，此以纳音五行言也。有此种种特征，即不言五行俱足，四柱纯全，亦当允文武允，克长克君矣。十二岁申运壬寅，三月，圣祖命养之宫中。十三岁癸卯，世祖密建皇储，缄其名于乾清宫正大光明匾额后。二十三岁未运癸丑，封和硕宝亲王。二十五岁乙卯，五月，命入值办理苗疆事务；八月，遗诏立为皇太子，嗣大统；九月初三日，即皇帝位于太和殿。二十六岁丙辰，七月，击定苗疆。就此观之，具见申运临官，未运贵人，皆有裨于日主之庚金也。二十七岁甲运丁巳，至八十五岁丑运乙卯，大都锐精经术，留意典坟，致治不在武功，优游多从文德，间有大小金川、准回两部，及西藏、廓尔等处，稍有反动，旋即平复，此无他，命宫乙未与日主庚午，紧紧抱合，任他卯酉相冲，均不能摇撼毫末也。细按，高宗在位六十年，南巡者六：四十一岁辛未正月，四十七岁丁丑正月，五十二岁壬午正月，五十五岁乙酉正月，七十岁庚子正月，七十四岁甲辰正月，皆

---

① 《通会》有不必论胎，或论命宫之说。

幸江苏、浙江。东巡者六：三十八岁戊辰二月，四十六岁丙子三月，六十一岁辛卯二月，六十六岁丙申二月，七十四岁甲辰二月，八十岁庚戌二月，皆登泰山，谒曲阜。西巡者一：四十岁庚午八月，幸嵩、洛。幸五台者五：三十六岁丙寅九月，五十一岁辛巳二月，七十一岁辛丑二月，七十六岁丙午二月，八十二岁壬子三月。八十六岁丙辰，即嘉庆元年，正月朔，御太和殿内禅，遂称太上皇帝，退居宁寿宫，仍训政。观于此，可见十全老人之造，中正和平，故一生不经坎坷，与寻常之忽升忽沉，大起大落者迥异。八十九岁戊运，岁值己未，正月初三日辰时，崩于养心殿，虽曰秋收冬藏，新陈代谢，任何人物皆不能避免，然竟发见于戊运之己未年，吾又不得不认为秋金锐锐，忌土资生也。

任铁樵先生《滴天髓阐微》原评云："高宗纯皇帝御造，天干庚辛丙丁，正配火炼秋金，地支子午卯酉又配坎离震兑，支全四正，气贯八方，然五行无土，虽诞秋冬，不作旺论，最喜子午逢冲，水克火，使午火不破酉金，足以辅主。更妙卯酉逢冲，金克木，则卯木不助午火，制伏得宜，卯酉为震兑，主仁义之真机，子午为坎离，宰天地之中气。且坎离得月之正体，无消无灭，一润一暄，坐下端门，水火既济，所以八方宾服，四海攸同，金马朱鸢，并隶版图之内，白狼元兔，咸归覆帱之中，天下熙宁也。"

珊按：高宗帝造，其妙在卯年值辛，酉月值丁，午日值庚，子时值丙，而命宫又值乙未，是以为长春居士，十全老人。若卯上值丁，酉上值辛，午上值丙，子上值庚，则命宫非乙未矣。天干虽有庚辛丙丁，地支虽有子午卯酉，亦不足贵。庚午日元，就正五行论，午藏己土，就纳音五行论，庚午属土，此不得谓为五行无土。既诞秋令，即作旺论，虽"不"二字可商，子午逢冲，卯酉逢冲，曰最喜最妙，此二"最"字亦可商。其实喜与妙，乃在由子水而克午火，午火而克酉金，酉金而克卯木，一气呵成，毫无间断，稍有变易，即不如斯，何喜妙有哉！至云卯酉为震兑，子午为坎离，乃是泛论，必须合全体观之，未可辄以四正八方论也。铁樵先生《增注阐微》一书，珊素所服膺。癸酉夏，经蘅园主人影印流传，曾为之详较，并叙其颠末，此篇并非疵议。因冒公鹤亭，知珊近辑《命谱》，嘱将圣祖、高宗二造列入，详细研究，盖谓其在位既安且久，虽尧、舜、禹、汤，莫之过也。

附　录

高宗生于雍邸，即雍和宫。富察敦崇《皇室闻见录》，有辨诬云：俗谓雍正在藩邸时，王妃诞生一女，恐失王眷，适有邻居海宁陈氏，恰生一男，命太监取而观之，既送出，则易女矣，男即乾隆也。夫以雍正之英明，岂能任后宫以女易男？且皇孙诞生，应由本邸差派太监，面见内奏事，先行口奏，再由宗人府专折奏闻，以备命名，岂能迟至数日数月，方始声报耶？其诬可知。[①]

庚申仲秋丁祭先师孔子

法祖恢文德，崇儒礼素王。晨光开辇辂，露气浥旗常。
寅祀心恒凛，丁辰日正阳。皇皇陈礼乐，肃肃对宫墙。
言念百王后，身登夫子堂。君师诚有愧，仰止志方长。

关圣祠

萧寺疏钟引客寻，覆阶松柏绿森森。壁图省识风云气，天汉长悬忠勇心。绕屋竹风翻妙偈，当空水月涤尘襟。苾刍为纪生平迹，饶有闲情论古今。

读诸葛武侯传

尽瘁终身翊赤符，岂虞一木不胜扶。陇中已走生司马，地下何惭鬼董狐。南北未忘先主志，桓文不道仲尼徒。锦官城外森森柏，丞相祠堂尚有无。[②]

书《蜀志》诸葛亮永安受诏事

陈寿志诸葛，不以正以奇。无识注之者，复值裴松之。昔曾论七擒，大要言其非。偶阅永安事，实鄙先主私。鱼水宿已喻，彼此心谅知。临终

① 《清帝外纪》。
② 以上《御制诗初集》。

令自取，岂非有所疑？俾亮何为情，依然失匕为。晋文谲不正，犹弗至若斯。孙盛固致议，而未抉及微。读史无卓见，被史愚则宜。

邵　窝

山阳就小凹，精舍得一区。有如百泉上，康节之所居。因以邵窝名，[①]境似志则殊。安乐一身彼，安乐万方予。大小分既异，艰易宁同途？佳名实未副，思艰惟曰吁。

岳武穆祠

黄龙直抵气峥嵘，燕以南金令不行。正可乘机事恢复，谁知虚力费经营。爱钱切中文官病，怕死曾轻武士生。万里长城空自坏，至今冢树恨难平。[②]

读《朱子全书》

少时慕才华，研精味辞藻。微言探月窟，逸兴横云表。措思每废餐，兀兀忘昏晓。虽云俗虑无，却被诗魔扰。至理在目前，弃而求深窈。旷荡无所归，怅怅盈怀抱。近读文公书，习气从兹扫。因此九仞山，一篑功不少。作此聊自讼，讵足云见道。[③]

谒明太祖陵二首

嬗谢都关天运乘，攘除非自本朝兴。代为翦逆当方革，岂是因危致允升。常禁里民阑采木，还教卫户谨巡陵。省方近抚前王迹，殷鉴惟怀惕倍增。

崛起何嫌本做僧，汉高同杰又多能。每当巡省临华里，必致勤虔谒孝陵。一代规模颇称树，百年礼乐未遑兴。独怜复古非通变，翻使燕兵衅可乘。[④]

---

① 窝在百泉苏门山。

② 以上《御制诗三集》。

③ 《御制诗初集》。

④ 尝谓太祖以建文为太孙，及分封诸子，岂非欲复古而翻以致祸？使择贤而即立成祖，且不分封，岂有靖难之事哉！以上《御制诗三集》。

读　史

亭午日正长，广殿凉飔起。[1] 御园隔烦嚣，梧竹清且美。
翩翾蜂蝶翅，[2] 芬馨花药蕊。万机此少暇，凭几自读史。
于焉鉴兴亡，因之辨臧否。遥遥千载间，公论赖有此。

读《君鉴录》

此鉴堪称鉴，君难果是难。欲明兴替故，不厌再三看。
克己须存敬，居心莫自宽。孜孜勤恤意，非博万民欢。

览历代名臣奏议

念重居天位，心殷补衮臣。嘉言陈典籍，硕画赞丝纶。
常得怀前鉴，还如对古人。翻书清昼永，祛暑长精神。

恭读皇祖圣祖仁皇帝《圣训》，见蠲赈之政，岁不绝书，用培我国家万年元气，世世子孙，所当奉为法守也。

当宁开千祀，承天御八埏。痌瘝勤保赤，宵旰廑祈年。
岁岁频蠲赈，殷殷切惠鲜。湛恩周蔀屋，大政纪瑶编。
家法犹然在，孙曾试勉旃。万年培国本，捧读倍乾乾。[3]

题耕织图

堤界湖过菜苧桥，水村迎面趣清超。润含植稻连农舍，响讶缫丝答客桡。柳岸风前朝爽度，石矶雨后涨痕消。分明一段江南景，安福舻[4]中引兴遥。[5]

---

① 飔音思，支韵，凉风也。
② 翩音篇，翾音暄，小飞也。
③ 以上《御制诗初集》。
④ 南巡所御船名。
⑤ 《御制诗三集》。

田舍

田舍红门外，挥鞭日影斜。绕村流曲水，压架剩秋瓜。
枷板寒敲圃，[①] 缫车夜绩麻。勤劬有余乐，官税早轮衙。

治圃

爽风驱片云，高空收急雨。飒然衣袂凉，徘徊不知暑。
几余罢吟拈，缓步看治圃。圃师虽鄙言，其言乃可取。
曰予学灌园，颇亦历年所。手足为胼胝，腰支常伛偻。
寒汲泉底冰，热耨陇头土。夙兴而夜寐，力作良辛苦。
然余有所幸，赋质本椎鲁。即不识诗书，讵复谙工贾。
利鲜害亦稀，老此不能去。

九月十八日立冬

闰月催时序，[②] 秋深早立冬。候风因验政，[③] 辩日每占农。
人迹霜华重，山峦黛色浓。园林零落尽，徒倚眄苍松。

十月朔日颁《时宪书》

九瀛咸奉朔，四海正同文。礼特遵先制，时惟授大君。
令颁悬度地，泽被鹭鹓群。钦若心恒凛，厘工政益勤。

楚省寿民汤云山，生于万历丙午，至今盖一百四十一岁矣。巡抚开泰，以旌表上请，念此非寻常期颐之寿可比，乃为是诗，并书赐之。

常见六星辉楚地，曾无一字献丹枫。老翁真是仙而隐，举世应推寿且雄。矍铄他年将比窦，[④] 春秋此日已逾钟。生平无病不知药，[⑤] 耄耋有时还似童。合宅孙曾凡几阅，一心念虑若为空。汉阳草树连天碧，仿佛犹存太

① 枷，音嘉，连枷，打谷具也。
② 是年闰六月，十五日立秋。七月节，七月以后节皆早。
③ 钦天监每以交节时，风起何方，验政治得失。
④ 汉，窦公年一百八十。
⑤ 沈德潜典试楚省，曾见是翁，归述翁言若此。以下数语同。

古风。[①]

江西兴安县举人李炜，年跻百龄，来应万寿恩科会试，三场纳卷，神采倍增，洵为熙朝上瑞。虽榜放未经入彀，特赐国子监司业职衔，加赏内府缎疋，并亲制诗以纪盛事。

人瑞期颐尽有云，春闱应试未曾闻，三场竟得全文字，一命应教奖毖勤。[②] 雅化育材欣寿世，[③] 宏恩锡类祝慈云。端知欲笑胡安定，年诩会昌最出群。[④]

御史有以沙汰僧道为请者，朕谓沙汰何难，即尽去之，不过一旨之颁，天下有不奉行者乎？但今之僧道，实不比昔日之横恣，有赖于儒氏辟而辟之。盖彼教已式微矣，且藉以养流民，分田授井之制，既不可行，将此数十百万无衣无食、游手好闲之人，置之何处耶？故为诗以见意。

颓波日下讵能回，二氏于今亦可哀。何必辟邪犹泥古，留资画景与诗材。[⑤]

高宗钦定《四库全书》

乾隆三十七年，清廷发表《四库全书》之谕旨。四库者，谓经、史、子、集之四部。帝之意志，可于其谕旨而得之。曰“御极之初，即诏中外搜访遗书，并令儒臣校勘《十三经》、《二十一史》，后开馆纂修《纲目》三编、《通鉴辑览》，及《三通》诸书。惟搜罗益广，则研讨愈精。如康熙年间，所修《图书集成》全部，极方策之大观，引用诸编，率属因类取裁，势不能悉载全文，使阅者沿流溯源，一一征其来处”云。可知帝之意，以学者不能满足于类书，故别图编纂一大丛书。于是自乾隆三十八年，开设四库全书馆，任皇室郡王，及大学士为大总裁，六部尚书及侍郎为副总裁，然实际任编纂者，乃为总纂官孙士毅、陆锡熊、纪昀三人，而纪昀[⑥]之力尤多。分任编纂之事者，不少著名学者，如校勘《永乐大典》

① 以上《御制诗初集》。

② 毖音秘，慎也。劳也。

③ 同时举子，年八十以上，赏翰林院检讨衔者，有李珩等十八员。七十以上，赏国子监学正衔者，有丁福隆等十六员，实为从来史册中所未见。

④ 诩，火羽，切吁，上声。《御制诗三集》。

⑤ 《御制诗初集》。

⑥ 晓岚。

纂修官，有戴震、邵晋涵，校辨各省送到遗书。纂修官，有姚鼐、朱筠。篆隶分校官，有王念孙。总目协勘官，有任大椿。副总裁以下，无虑三百余名。该书至乾隆四十七年告竣，总计存书三千四百五十七部，七万九千七十卷；存目六千七百六十六部，九万三千五百五十六卷云。所谓存书，乃著录于《四库》者；存目，乃仅录其书目而已。

建七阁贮藏《四库》

乾隆帝编纂《四库全书》，造文渊阁于北京紫禁城内，造文源阁于雍正为皇子时读书之圆明园，造文溯阁于奉天陪都宫殿之地，造文津阁于塞外之热河，为贮藏之所，此称内廷四阁。文渊阁建造式，帝命仿浙江范氏天一阁为之，当《全书》告成之后，又命起文汇阁于江苏扬州之大观堂，起文宗阁于镇江金山寺，起文澜阁于浙江杭州。圣因寺之行宫，亦各藏《四库全书》一部。此称江浙三阁。凡七阁，阁既成，帝曰："我国家荷承休命，重熙累洽，同轨同文，所谓'礼乐百年而复兴'，此其时也。"又谓："朕搜集《四库》之书，非徒博右文之名，以示其得意焉。内廷四阁，非特别之资格，与得许可者，不准阅览；江浙三阁，听学者皆得阅览抄录。"七阁之中，今日尚俨然存者，惟文津、文溯、文渊三阁，他如文宗、文汇二阁，亡于太平之兵乱，圆明园文源阁毁于火，文澜阁亦少有散亡云。①

① 以上《清朝全史》。

沈孝子　四十四

清，姓沈氏，名敩学憼，[①] 字理存，浙江秀水县人。[②] 乾隆丁巳，[③] 父被劾系狱，孝子间关跋涉，为父伸冤。辛酉，[④] 贯籍顺天，补博士弟子员。乙丑九月十六日，母新丧，棺在室，忽遭火，孝子奋勇扑救，遍体焰赫，肤蜕肉陷，至是月二十五日丑时卒，年甫二十四。著有《厚居诗钞》一册行世。

清圣祖康熙六十一年三月二十一日未时生。[⑤]
清高宗乾隆□十□年九月二十五日丑时卒。

壬寅	命	十岁 二十	丙午 丁未
乙巳	宫	三十 四十	戊申 己酉
丙午	乙	五十 六十	庚戌 辛亥
乙未	巳	七十 八十	壬子 癸丑

《碑传集》载[⑥]沈孝子造，生于康熙壬寅，三月二十一日未时。术者推算为炎上格，虑岁干之杀，有水激火，未周岁，验无恙。又云：卒年二十四。是为乙丑，九月二十五日丑时，炎上之格，至是始验，奇哉！

珊谨按：孝子之造，壬寅、乙巳、丙午、乙未，日元之丙，在五行属火，诞生于立夏节后，赤帝司权，火正当令，年支寅、月支巳，各藏丙火，日支午、时支未，各藏丁火，而巳午未又会为南方一气。月时二干，既拱乙木，命宫乙巳，又复干木支火，若四柱无壬癸亥子，格成炎上，只须运入金乡，即可飞黄腾达，一旦逢水，祸不旋踵矣。今孝子之造，天干

① 敩音效，觉悟也，教也。憼，音景，敬也。以心，敬声，与儆通。
② 今并入嘉兴县。
③ 年十六。
④ 年二十。
⑤ 生卒见《碑传集》。
⑥ 卷一百四十。

特立壬水，不得以炎上格论，既非炎上，即不忌水，而反忌火矣。惜火计有六，[①] 水只有一，杯水车薪，岂能济事？幸日元丙午，纳音为天河之水，无中生有，尚可救弊补偏，学圣希贤，岂止读书敦品已哉！十六岁午运，岁值丁巳，大运之午与日支之午犯比，岁支之巳与月支之巳又犯比，再益以岁干丁火，助纣为虐，以致尊甫大参公，由酒泉改授延绥鄜道被劾，械系皋兰，[②] 孝子不避艰辛，间关跋涉，谋为大参公释冤，百计千方，均无效果。二十岁仍行午运，岁值辛酉，干支属金，直接生水，孝子贯籍顺天，竟补博士弟子员矣。且声名日起，又为蒋孝廉艾圃，与其族祖宫詹学士归愚公所激赏，此乃流年辛酉之关系，非午运力也。二十二岁丁运，乾隆癸亥，是年春，会上谕清查雍正六年以后军需件案，孝子闻之，振衣起，踊跃欢呼曰："天乎？吾父之冤得伸矣。"于是抱案牍，讼公庭，蹇蹇谔谔，名动公卿间，赖天子圣明，大参遂得破械释系，一时中外喧传，以为大参公有子矣。此仍是流年癸水亥水之关系，非丁运力也。二十四岁仍行丁运，岁值乙丑，小限壬午，夏五月，父大参复蒙特恩，召赴宣室，孝子喜动颜色，驰书以告，西赴迎迓。至中途，忽心动，是时母鲁宜人，自京师南归省墓，于甲子夏，复买棹北迁辉县之卓水庄。[③] 孝子迂道赴辉，九月四日，抵卓水，鲁宜人果病革，未几殂，孝子哀号擗踊[④]，米不入口者数日。董匠含殓，一身独扛。方议举行丧礼，十六日忽遭火，风卷入户，延及繐帏，棺几焚。孝子神失所依，奋勇扑救，忘其身之有麻衣也。风翻火炽，遍体焰赫，及衣褫火熄，而孝子皮肉糜烂矣。后数日，肤脱肉陷，孝子度不能生，西望皋兰，泪如雨，哀号者再，告其妻曰："吾为子，不克奉养吾父，即死不瞑，若其代我可也。"又曰。"吾有新丧，殓我以縗绖，[⑤] 纳杖棺内，无失礼。"言讫遂卒。细按之，其弊不仅在丁运，而在太岁乙丑，与生时乙未比冲，小限壬午，合丁化木，午遥刑午，阳刃为殃，果为炎上，则丁运不致死矣。

---

① 连巳宫藏丙。

② 鄜音浮。鄜县、延川县、绥德县，皆属陕西省。酒泉县、皋兰县，皆属甘肃省。

③ 辉县，今属河南省。

④ 擗音辟，陌韵，拊心也。踊音勇，肿韵，跳也。

⑤ 縗音崔，灰韵，丧服也。以麻布蔽于胸前，三年之丧用之。绖音耋，屑韵，丧服所用麻也。在首在腰皆曰绖，或亦以葛为之。

纪　昀　四十五

清，姓纪氏，名昀，字晓岚，一字春帆，晚号石云，直隶河间县人。乾隆甲戌，年三十一，登进士，改庶吉士，累迁侍读学士。坐事，戍乌鲁木齐，[①] 寻释还，复授编修，官至协办大学士，加太子太保。昀贯彻儒宗，旁通百家，其学在辨汉宋儒术之是非，析诗文流派之正伪，主持风会，为世所宗。任《四库全书》总纂，校订整理，每书悉作《提要》，冠诸简端，称大手笔。又诏撰《简明目录》，评隲精审，一生精力，备注于此。休宁戴震，与交最笃，主其家二十余年。性坦率，好滑稽，有陈亚之称。嘉庆乙丑，二月戊辰卒，年八十二。谥文达，著有《诗文集》，而《阅微草堂笔记》一书，俶诡奇谲，[②] 无年不备，尤为脍人口也。

清世宗雍正二年六月十五日午时生。[③]
清仁宗嘉庆十年二月十四日酉时卒。

甲辰	命	一岁 十一	壬申 癸酉
辛未	宫	二一 三一	甲戌 乙亥
丙戌	丁	四一 五一	丙子 丁丑
甲午	卯	六一 七一	戊寅 己卯

① 即新疆省迪化县治。清光绪七年，依俄开为商埠。
② 俶，昌六切，屋韵，又他历切，与倜同。诡音癸。谲音决，屑韵，欺诈也。
③ 生卒见《碑传集》。

《三命通会》[①] 云："丙辛合化喜甲辰，富贵荣华有福人。"证以纪文达公之造，甲辰年，辛未月，丙戌日，甲午时，诚确凿不诬也。然珊犹病其略而不详，兹就管见所及者，再补叙之。丙辛化水，得甲辰纳音之火以交济之，又得辰字为水之归宿，非惟文明昭著，尤应渊源有自。然文达之造，日主丙戌，月令辛未，斯时适在大暑节后，黄帝司权，土王用事，化水并不当道，岂得谓为"富贵荣华有福人"哉！其所以如是者，丙戌日主属甲申旬，辛未月令属甲子旬，再益以生年甲辰，三合水局，团结一致，辰戌遥冲，不成问题。再益以生时甲午，纳音属金，水得金生，故能天降膏雨，地出醴泉，善夫！《玉井奥诀》有曰："一局凶神，要识隐藏福气，否则未有不误认为化水不真，妄言土多晦火者。"噫！命之理微，此岂涉猎浅尝者所可知哉？[②] 观其二十四岁大运莅甲，岁值丁卯，乡试发解，三十一岁大运莅戌，岁值甲戌，会试登进士，改庶吉士，吾益信纳音之火，与丙辛化水，最有情致也。三十二岁至八十二岁，忽而主考、学政，忽而侍郎、尚书，忽而太子少保，此皆乙运化金，亥运天乙，丙运化水，子运会水，丑运会金，戊运化火，寅运会火，卯运贵人，庚运化金，同为丙辛化水格之喜神，有以致之也。虽经过丁运，化木泄水，己运化土克水，亦不妨事。盖格局完成，声势赫弈，略见瑕疵，决无妨碍。查文达公一生功绩，最显著者有三：其一为五十岁大运莅子，岁值癸巳，受命《四库全书》总纂；其二为六十九岁大运莅寅，岁值壬子，几畿水灾，奏请截留官粮万石，设厂赈饥，全活无算；其三为八十岁大运莅卯，岁值癸亥，鉴于妇女猝曹强暴，捆缚受污，不屈见戕者，例无旌表，特疏奏陈，谓为此与抗节被杀，及强奸被杀者，当一体准予旌表，奉旨报可。其所以能如是者，皆癸巳、壬子、癸亥流年，裨益化水之故。至缘事罣误，发往乌鲁木齐者，乃己丑流年，化土克水，丑未遥冲之故。即八十二岁岁值乙丑，考终正寝，亦不过太岁、月建，互相抵触耳。

附　录

《济众新编》序

余校录《四库全书》子部，凡分十四家，儒家第一，兵家第二，法家

---

① 卷八。

② 此为似假实真之化水格。

第三，所谓礼乐兵刑，国之大柄也。农家、医家，旧史多退之于末简，余独以农家居四，而其五为医家。农者民命之所关，医虽一技，亦民命之所关，故升诸他艺术上也。计自神农、黄帝以来，著录于文渊阁者，九十六部，一千八百十有三卷；附存其目者，九十四部，六百八十一卷，亦可云浩博矣。顾皆中国之所传，而外域著作则不少概见，其可考者，《永乐大典》，载明初回回医书近百卷，其论证论脉之文，皆出重译，通其术者，不习其字，习其字者，不通其术，大抵诘曲晦涩，不甚可句读。至所用之药，皆回回之名，一味有至十余字者，不知于中国为何物，又对音不确，不能得其三合、四合之法，即今之回部，亦不能尽解为何语，故弃置其书，不更编次。自是以外，欧逻巴多习外科，亦颇有效，然但得其药，而其方则靳不示人，故书亦无传焉。惟朝鲜本箕子之旧疆，所刊《东医宝鉴》，久行于中国，以卷帙较繁，检寻未易，近复撮其精要之论，简易之方，为《济众新编》八卷，使病源如指诸掌，而药味可随地以取给，较回回书易知易行，较欧逻巴之秘惜其术，不欲别国得闻者，用心之公私，尤迥乎有别。岂非礼教之贻，从来者远，故仁术仁心，独有先王之遗风欤？偶见其书，喜其有济众之实心，而又有济众之实用，且喜其郑重民命，冀无夭札，能仰体圣天子，涵育群生，痌瘝一体之至意，不但恭顺抒，诚为诸外邦所不及也，因为书数行于简端。[①]

寄内子[②]

父母同负教育子女责任，今我寄旅京华，义方之教，责在尔躬，而妇女心性偏爱者多，殊不知爱之不以其道，反足以害之焉。其道维何？约言之，有四戒四宜：一戒晏起，二戒懒惰，三戒奢华，四戒骄傲；既分四戒，又须规以四宜，一宜勤读，二宜敬师，三宜爱众，四宜慎食。以上八则，为教子之金科玉律，尔宜铭诸肺腑，时时以之教诲三子。虽仅十六字，浑括无穷，尔宜细细领会，后辈之成功立业，尽在其中焉。书不一一，空后续告。

寄内子[③]

叔丈今年八十有二，伯道无儿，单生一女，嫁后生子而亡。叔丈春秋

① 《文达集》。

② 论教子。

③ 论立后不择异姓。

高，今拟择嗣，而外孙与犹子，均已名列胶庠，无贤不肖之别，因此选择莫决。余以为宜并嗣，为折衷办法。夫择嗣礼尚同姓，并且阴曹只认同姓为后，若择立女之子，有嗣与无嗣等耳。余非阴间秀才，何能识得阴曹事？盖得自传闻也。同年胡太虚抚军，自言能视鬼，每见亲戚家祭祀，继子或为异姓，或系女之子，或系妻之侄，来享者，皆所生之鬼，所嗣之鬼弗与也。继子若为同姓，虽五服以外，来享者，皆所嗣之鬼，所生之鬼弗与也。苟配享于侧，必待所嗣之鬼先入座，弗敢前也。惟有其表弟于某，螟蛉张氏子，祭祀时，乃张氏之鬼来享。异之！询诸于氏之老奴，始知于氏前代，曾纳张氏怀孕婢为妾，生后即于表弟之祖，始得恍然。所言如是，未必尽属子虚，盖一本气相属，二本气不连，其义至明。所以敬宗睦族，古训昭垂，异姓乱宗，法律不许也。叔丈乃明理达道之君子，未必偏重掌珠之遗爱，致贻紊乱血统之讥，惟应嗣乃属我之内弟。我若以立族之说进，得无疑我阿私妻党，此中出入较巨，余不愿形诸笔墨，倩尔代为口头答覆，庶免授人口实。

寄胞姊晰[①]

姊年已四十有七矣，膝下无儿，只生二女，一嫁一殇。用是居恒郁郁，以为此生永无添丁之兆矣。然而理所必无者，事或竟有，其实亦理之所有也。从来六十生子不为晚，但求修德以禳天。姊丈，持躬严正，待人宽和，堪称拘谨君子。我姊只因忧能伤肝，肝不平，则相火易炽，容易动怒，是为短处。姊年虽长于我，而堂上有阿姑，不能因其目盲而疏于侍奉。尝闻宛平曹德亭之妻夏氏，事姑纯孝。姑年已老，偶因爱孙染疫死，姑媳相对，号哭者数十日，姑目因此失明，百计医治俱无效。有黠者，绐以割股疗疾，夏氏信之，于深夜潜至中庭，祷天默佑，即出利剪割股肉，瞒人投入药，其姑服后，目竟复明。翌年夏氏，竟得梦熊之兆。夫受绐而割肉，可谓愚矣。惟至愚可以格天，故鬼神佑之。姑目能明，自身得子，此无理而有至理者也。我姊渴望生子，烧香许愿无益焉，惟孝感足以动天心。未识我姊以为昀之言善否？[②]

---

① 规劝孝姑。

② 绐，音殆，贿韵，欺也。诳也。

禀胞叔仪南[1]

侄德不修，学不进，而渥荷天恩，联捷成庶吉士，得列御史之班。自知日盈必昃，水满必溢，天将降罚，故使我身处招怨之地。凡道德高于我，学问胜于我者，当之尚难免咎，况侄德薄能鲜，自然更易取戾矣。今果然以漏言获谴，下刑部狱，此次处分，侄固计之熟矣。盖身为言官，不言则溺职，言多则必败，绝无保全之法也。入狱以来，监视甚严，日以一董姓军官来伴守，与之说鬼谈狐，差堪解慰寂寥。侄居心坦白，自问无私，漏言乃有激而成，并无私通外藩之事，而朝官如此派员严守，能不令人悚然。董军官亦知我心无他，遂自陈能拆字，有奇验，请公随便书一字，以决休咎。侄遂就其姓书一"董"字请拆。董曰："是千里万里也，公将远戍矣。"请再书一字，以卜戍地之所。侄又书一"名"字，董曰："上为夕，加一卜字，便成外字，而名字下半为口，倒装之，便是口外。"侄又问将来可得归乎？董曰："字形绝肖召字，定有召还之望。"侄又书一"口"字，请卜遣戍若干年。董曰："口为四字之外腔，中缺两笔，成期决不满四年也。"所言如是，未识应验否。侄恐妻子闻获谴系狱，惶急无措，望叔父大人善言开导之。天恩高厚，万无性命之忧也。言不尽意，容待案定，再行禀闻。

寄从兄旭升[2]

墓地风水，由来尚矣。我家蚌珠崖老坟，形势得之天然，宛若老蚌吐珠，不独历来堪舆家，都指为牛眠善地，即行人道出其间，亦莫不极口称誉。犹记弟辛巳乞假祭扫，有富室同堪舆家，在我家墓上相地绘图，弟思并无族人盗卖，彼何不惮烦若是？讶而问之，富室曰："贵墓风水之佳，莫与伦比，余欲得一相同之地，遍寻不得，今特倩堪舆家绘图作样，赴各省寻觅，庶或有得也。"其愚诚不可及矣。余家四世皆为士大夫，皆此墓之力也。所惜左向已有陆氏古墓，据堪舆家言，不利长房，而今先兄果与世长辞。弟之长子汝佶，亦已夭逝。不利长房之言，何应验乃尔！所以弟拟出重价，或易以五倍之地，与陆氏磋商，将古墓迁移。今得舍弟来函，

---

① 报告漏言获谴。

② 论墓地风水。

云被陆伯英阻梗。伯英与吾哥有同学之谊，平日极相契合，特此专函奉托，请向伯英处设法疏通。夫求人迁墓，与铲平他人坟墓，截然不同，并不造孽，请其择相善地迁葬，一切用，由余家任之。其古墓价值，曾经估计五百金，准于迁葬费外，如数照给。临颖不胜恳托之至。

训次儿诰诫勿于旧壁间擅辟窗棂[①]

风水之说，虽非君子所尚，然而堂堂翰林院中，尚且诸多避忌。相传翰林院堂，不启中门，启则不利于掌院。癸巳开四库全书馆于翰林院，质郡王临视，不得已启中门延之，俄而掌院刘文正公逝。又传原心亭中之西南隅，有父母之翰林，不可设座，坐则必有刑克。陆耳山学士，素恶风鉴，毅然设座，时未两月，竟丁外艰。其余部院，亦各有禁忌。相传礼部甬道屏门，旧不加搭渡，钱箨石前辈不信，偏设搭渡而行，以免旁绕，旋有天坛登杆之事。帝都部院尚如此，何况臣下门庭？尔因卧室中黑暗，拟将后墙拆去，改作窗户，既经风鉴相宅，力言东向不利，不宜改作，尔竟固执大寒无忌，竟置兄嫂之言若罔闻，顽固已极。古语云："暗房亮灶。"卧室愈暗愈妙，何竟独持异议？尔因夏令房中酷热，以致生子出痘而夭。然而此宅建自尔先高曾祖，在尔卧室中长大者不下十余人，死生本属大数，岂能归咎于房屋耶？毕竟不愿居是室，尽可与兄嫂易室相居，勿许擅辟窗户。毋违，特谕。[②]

挽　联

《恩福堂笔记》云："纪文达师，挽朱笥和先生一联云：学术各门庭，与子平生无唱和；交情同骨肉，俾予后死独伤悲。"二公所学具见于此，而语尤真挚。且非笥和先生，不能当此语，非文达师，亦不敢作斯语也。

又挽刘文正公[③]联云："岱色苍茫众山小，天容惨淡大星沉。"句奇语重，非文正公不足以当之。[④]

---

① 棂音灵。
② 以上《家书》。
③ 统勋。
④ 《楹联丛话》。

毕　沅　四十六

清，姓毕氏，名沅，字秋帆，自号灵严山人，生于江苏镇洋县西关卖秧桥之荣庆堂邸第。[①] 乾隆庚辰进士，[②] 春三月，礼部会试，中式第二名进士；夏五月，对策太和殿，上览《经学》、《屯田》二篇，嘉奖再三，拔置一甲一名。官至尚书。沅历官内外，举能称职，川陕用兵时，筹办军饷，尤不遗余力。嘉庆丁巳，七月庚午卒，年六十八，赠太子太保。沅好著书，铅椠不去手。[③] 谓经义当宗汉儒，故有《传经表》之作；谓文字当宗许氏，故有《经典辨正》及《音同义异辨》之作；谓编年之史，莫善于陈风，续之者有薛、王、徐三家，徐虽优于薛、王，而所谓书籍犹未备，且不无详南略北之病，乃博稽群书，考证正史，手自裁定，始宋迄元，为《续通鉴》二百六十卷；谓金石可证经史，宦迹所至，搜罗极博，有《关中》、《中州》、《山左金石》诸记。其他著述，有《山海经》、《晋书地理志校注》、《西安省志》、《灵霞山人诗文集》。

清世宗雍正八年八月十八日未时生。[④]
清仁宗嘉庆二年七月初三日丑时卒。

---

① 镇洋县，本太仓州地，清析置镇洋县，民国改太仓为县，废镇洋入焉。
② 年三十一。
③ 椠，才敢切，感韵，削木为牍，以书文字者。
④ 生卒见《年谱》。

庚戌	命	三岁 十三	丙戌 丁亥
乙酉	宫	二三 三三	戊子 己丑
甲寅	戊	四三 五三	庚寅 辛卯
辛未	子	六三 七三	壬辰 癸巳

秋帆宫保之造，甲乙并排，庚辛交拱，二金二木，不啻连珠，形势固可观矣。戌酉各具藏金，寅未各具藏木，以二金而制二木，数量亦相等矣。然诞生于秋分节后，金为进化，木为退化，再益以戌寅未三支藏火，叠叠盗泄，木岂能堪？假使无水泄金，无水济火，究不免有金刚木落，火炎木亢之弊，岂能乔木参天，蔚为良材耶！恰好生月乙酉，纳音为井泉之水，生日甲寅，纳音为大溪之水，命宫之子，又藏癸水，得此三水泄金，三水济火，直是旱逢甘雨，有不万物资生者乎？而况日坐词馆，时值贵人，与甲木日元，气求声应，尤有特殊之效能。《指迷赋》云："贵科有助兮，为馆阁之儒。"《通会》云："天干连珠，朝廷擢用。"此岂偶然者哉？① 十九岁丁运末，岁值戊辰，素庵公谢世。四十岁丑运己丑，汪夫人仙游。五十岁寅运己亥，张太夫人又复弃养。五十二岁寅运辛丑，长子念曾亦卒。此无他，皆火来灼水，土来克水，金来克木之为害也。观其二十四岁行亥运末，癸酉，顺天乡试，中式举人；三十一岁子运庚辰，礼部会试，中式进士，五月殿试，又拔置一甲一名，授翰林院修撰，具见水能泄金，水能济火，水能生木，为甲木日元之正式用神也。自此而后，内而詹事、侍讲，外而臬、藩、督、抚，大率丑寅卯壬，水木最佳之运，庚辛金次之。至于六十八岁，竟捐馆舍者，此非壬运之咎，乃岁值丁巳，干支属火之为害也。

① 此名天干连珠格，又曰木得水生。

附录

春仲东行安会道中，感时述事，寄兰州当事诸公。

卖儿偿一饭，鬻妇索千钱。长别宁堪此，生存亦偶然。吞声知泪尽，分手尚衣牵。决绝真无计，斯须立道边。[①]

陕省农田水利畜牧疏[②]

窃臣接准部咨，钦奉上谕："以原任刑部侍郎任克溥，前后条陈各事宜，皆关系士习民风、官方吏治，现在有无似此，未经整顿者？着大学士、九卿科道，及各督抚，直摅所见，据实奏闻。钦此。"臣跪读之下，仰见我皇上整饬官方，勤求民隐，睿虑旁周。窃惟国家大计，不过民生、吏治二端，而建官之本意，则以勤民为主，勤民之要，终以足食为先。百余年来，生齿日繁，而天地生财，只有此数，是以民间逐末，日事营求，不过此绌彼赢，生计所资，终未优裕、臣粗览载籍，窃见民生衣食之源，大率农民为要，畜牧次之。因土之宜，而尽民之力，以收自然之利，其在西北等省施之，尤当而易行。即如陕西，古称四塞雄封，地大物博，唐虞以来，厥田称上，迨及成周，尤以稼穑为重，《豳风·无逸》所陈，至今犹可想见其遗意。惟司牧者，以其事无近功，不复为之措意，以至小民失业者多，往往流为惰窳。臣载抚关中，先后十有余年，郡邑巡行所至，窃见汉中、兴安、商州，各府州属，延亘南山，水土饶益，迩年楚、蜀、陇、豫，无籍穷黎，扶老携幼，前来开垦者甚众。但疆里绵邈，高原下隰，闲旷尚多，近者山南一带，添设府厅佐贰等官，以资控制；将来拟即令其详加相度，广劝耕屯，以无业之民，而辟可耕之土，若成熟后，按夫计亩，全活自多。即如乾隆四十三四等年，两湖偶被灾侵，小民流徙络绎前来。臣彼时阅兵汉南，目击情形，督率有司，妥为安插，分令就地开荒，男妇不下十余万人，俱得安然乐业，遂成土著。此地利之宜开垦者一也。

至西安、同州、凤翔三府，邠、乾二州，沃野千里，实为陆海奥区。臣近加体察，民间耕读相半，素鲜盖藏，殷实之户，十不得一，缘其平时

① 《江苏诗征》。

② 乾隆四十七年。

所恃，不过农田，而秦中地厚水深，山泽之气不通，每有恒旸之咎。夫黄河为数省患，惟宁夏一府，引水灌田，五邑并蒙其利，泾阳龙洞一渠，为关内膏腴之最。秦汉至今，民沾渥泽。前因年久淤塞，灌田仅一万余亩，臣因奏请重加疏浚，今已灌田十万有余，可知民间利病，果能悉心经理，未有不收其美利者。伏思关右大川，如泾、渭、灞、浐、沣、滈、潦、潏、河、洛、漆、沮、汧、汭等水，流长源远，若能就近疏引，筑堰开渠，到处可行水利。无如司事者意计所在，既不与民瘼相关，小民心知其利，又复道谋筑室，不溃于成，即向来本有渠道地方，亦多废而不举，以致泥滓淤积，水流旁溢，大者逼窄，小者断流，是以偶值暵干，便成荒歉。臣现拟督率司道，饬查各属，将境内形势，高下川原，细加量度，何处可以开渠几条，其渠可以灌田几亩，其旧时所以渠堰向日灌田若干，现在灌田若干，一一据实具报。倘有不敷挹注者，当即为之筹酌，或劝民自为疏浚，或酌借公项，代为办理，则以时蓄泄，自无水旱之虞，而瘠土变为良田，三农自获倍收之利。况三秦为中土上游，大川半在其地，若分为沟洫，蓄作陂池，则入黄之水，其势并可少杀，于事理不无裨益。此水利之宜疏者二也。

他如省北延安、榆林二府，以绥德、鄜州，地多砂砾，每以边境高寒，雨泽少愆，西城即忧歉薄。臣窃见古来云中、北地、五原、上郡诸处，畜牧为天下饶，至以谷量牛马，即唐时开元年间，陇右牧政考成，不过数年，马至四十三万，牛至五万，羊至二十八万。兹者地土依然，水草犹在，倘能经画得宜，安知今不如古？臣于七月间巡防所至，见沿边水草，尚为丰茂，若饬令各属有司，询问乡堡，每邑计其成数情形，畜牧者约有若干人，驼、马、牛、羊，约需若干匹，由府汇报到司，酌筹闲款购买，分给民间，令其试养，并雇觅善于长养之人，教民喂饲。每属酌派佐杂等官，查核经理，候次年孳生后，除交还官项外，余即赏给本人，以为资本，嗣是孳生，羊群十取其一，马、驼、牛十五取其一，其余除资本外，听民自为贩卖，则边民生计，可望渐臻饶裕。其腹地沿山傍水，如终南、太白、汧渭、沙苑之间，系历代畜牧之场，亦可徐徐筹办。倘数年后，果有成效，将来新羌各路，屯兵民户，俱可仿而行之，令其耕作与畜牧相兼，缘耕作所入，只敷本户供支，畜牧工本无多，而休养蕃息，日见充盈，则民力渐裕，兵力愈强，实边土无穷之利。此引畜牧之宜讲求者三也。

至州县为亲民之官，所关最要，得其人，则一邑之民享其利；不得其人，则一邑之民受其害。如病在贪酷，则日事诛求，而良善难安生业；病在因循，则听从胥吏，而闾里鲜得安居。其中稍有才具者，又复以酬应为能，不以地方为事。此等病民之官，又当随时厘剔，大示惩创。再一州一县，大者不过数百里而遥，近有在任数年，而四乡未尝一至者，所谓司牧者谓何？臣现拟饬属嗣后于本境四乡，或一岁之内，或一季之内，务须轻车减从，周遍历行，按查保甲，稽查游惰，如有利病所关，应行应革事宜，具禀上官，以便随时查办。至春秋祈报，宣讲圣谕，朔望行香，虽系事属仪文，然小民日事观瞻，自有隐相维系之故，故下情易于上达，而匪僻难以潜滋，编氓目见耳闻，共知法纪所在，未始不可化莠为良。地方郡吏，皆当实力奉行，不得以为无关考成，视为具文。以上各件，若就目前而论，虽无小效近功，然月计不足，岁计有余，行之既久，则户庆盈宁，人歌乐利，官方士习，未有不蒸蒸日上者。至大吏为阖属视效所关，自当以圣主爱民之心为心，以足民之事为事，损上益下，洁己奉公，董率监司牧守，讲求实政，化导士民，俾衣食足而知礼义。此臣等守土之责，尤所当随事随时，共相勖励者也。[①]

《群雅集》云：制府长厚好学，召致名士，考订经、史，下及金石碑版，纠讹正谬，付之梓氏，厥功典籍不小，而礼遇贤俊，悉本真诚，故为当时人望所宗，儿有斗南一人之目。程鱼门客幕府病甚，制府同洪稚存辈，晨夕视汤药，阅月不少衰；及卒，素衣哭泣，设主受唁，得赙以遗其孤，真古贤高义有足风者。或谓寄情文史，督学职内事耳，恐非封疆大吏所宜然也。

《盟鸥溆笔谈》云：尚书制作鸿才，不在曹王下，予尤爱其发家书句云“笔到下时言易尽，封当缄后事仍多”，情至语也，可与任侍御“无言便是别时泪，小坐强于去后言”，同一不朽。[②]

自挽联

毕秋帆自营生圹于邓尉山，并自作挽联云：“读书经世即真儒，遑问他一席名山，千秋竹简；学佛成仙皆幻相，终输我五湖明月，万树梅花。”[③]

---

① 《经世文编》。

② 以上《江苏诗征》。

③ 《楹联丛话》。

汪辉祖　四十七

清，姓汪氏，名辉祖，字焕曾，号龙庄，晚号归庐，生于浙江萧山县大义村老家。乾隆乙未，年四十六，登进士第，授湖南宁远县。治事廉平，尤善色听，剖条发蕴，不爽锱铢，律之所穷，通以经术，所决狱词皆曲当，有神明之颂。教民广种植，兴礼让，惜廉耻，节婚丧，风俗为之大变。及罢官归，老幼泣拥舆前，不得行。嘉庆丁卯三月丙寅卒，年七十八。有《元史本证》、《读史掌录》、《史姓韵编》、《九史同姓名略》、《二十四史同姓名录》、《二十四史希姓录》、《辽金元三史同名录》、《佐治药言》、《学治臆说》、《病榻梦痕录》、《龙庄四六稿》等书。

清世宗雍正八年十二月十四日寅时生。[①]
清仁宗嘉庆十二年三月二十四日未时卒。

庚戌	**命**	五岁 十五	庚寅 辛卯
己丑	**宫**	二五 三五	壬辰 癸巳
戊申	**己**	四五 五五	甲午 乙未
甲寅	**丑**	六五 七五	丙申 丁酉

① 生卒见《年谱》。

《指迷赋》云："三奇遇贵，当推顺逆之详；天乙最吉，须分昼夜之主。"此二语，必须玩味，否则似是而非，有不毫厘千里者乎？龙庄先生之造，庚戌、己丑、戊申、甲寅，时干甲，日干戊，年干庚，名虽"天上三奇"，实则次序逆布，且间一"己"字，其力尤差。命宫己丑，乃戊日之昼贵，若诞生于卯辰巳午未申之时，始可适用。今时逢寅位，只可用夜贵之未，而昼贵之丑，并不当令，故效力尤减少也。昧者不察，或谓格成三奇，宫逢己丑，几与关帝之造大同，殊不知关帝造，三奇顺布，毫无间隔，四柱纯阳，不杂一阴；且戊日申时，命宫己丑，又为阳贵居垣，纯驳固异，顺逆亦殊，岂得谓为大同耶？总之，龙庄先生之造，戊土日元，诞生大寒节后，土力充足，喜木疏通，今甲透时干，固已才堪大用，况复三奇遇贵，有不蓄道德、能文章者乎？若仅以科第论之，州县论之，则失之远矣。十七岁辛运丙寅，小限癸酉，入县学。三十九岁癸运戊子，小限辛亥，乡试中式。四十六岁甲运乙未，小限甲辰，会试中式。五十七岁乙运丙午，小限癸巳，签掣宁远知县，长子继坊，乡试中式。七十五岁申运甲子，四子继培，乡试中式。七十六岁丁运乙丑，小限甲戌，四子继培，会试又中式。凡此种种，其运、岁、限三者，大都逢木，与用神甲木，气求声应也。十二岁寅运辛酉，小限戊寅，比冲日主，父楷考终。三十三岁辰运壬午，小限丁巳，三刑俱会，生母徐太夫人弃养。四十一岁巳运庚寅，又值三刑，小限己酉，王夫人逝世。四十六岁甲运乙未，小限甲辰，会辰戌丑未，忧喜同途，王太夫人又复仙游。六十二岁未运，重见三刑，辛亥会木，小限戊子，被劾去官。凡此种种，其运、岁、限三者，或见火土，或犯冲刑，故万分拂逆也。七十八岁丁运丁卯，比冲大运，小限壬申，遥冲生时，是以毅然归去，然亦富贵寿考，兼而有之矣。

附　录

通论居官

官声贤否，去官方定，而实基于到官之初。盖新官初到，内而家人长随，外而吏役讼师，莫不随机尝试，事事投其性之所近，阴窃其柄，后虽悔悟，已受牵持，官声大玷，不能箝民之口矣。故莅任时必须振刷精神，勤力检饬，不可予人口实之端。[1]

① 官声在初莅任时。

实授之官，吏民皆知敬畏，浃之以德，感而化焉，俗虽敝可以循循诱也。署印官，地方格格不入，风土驯良，犹可循分为之；若刁悍疲弊之俗，万难措手。养痈贻患，既心有不安，稍欲整顿，则群诧为怪事，吏役既呼应不灵，士民亦恩威难洽。缓之则骄恣益甚，急之则谤讟繁兴。[①]上不负公，下能善俗，其何道之从，人地相宜，唯用人者权之耳。[②]

疑人则信任不专，人不为用；疑事则优柔寡断，事不可成，二者皆因中无定识之故，识不定则浮议得以摇之。凡可行可止，必先权于一心，分应为者，咎有不避，分不应为者，功亦不居，自然不致畏首畏尾，是谓胆生于识。[③]

有才有识，可善治矣。然才贵练达，识贵明通，彼此殊尚，今昔异势，故须相时因地，筹其所宜。若自恃才识有余，独行其是，终亦不能为治。譬之医师用药，不知切脉加减，而专袭成方，则葠蓍杀人，未始不与砒信同祸。[④]

今人才识每每不若前人。前人所定章程，总非率尔，不能深求其故，任意更张，则计画未周，必致隐贻后累，故旧制不可轻改。[⑤]

同城文武，休戚均之，捕盗缉私，事皆一体，小分畛域，动多窒碍。原厥所始，半由兵役不睦，偏护成嫌。道在约饬衙役，和辑兵丁。如兵丁多事，则传唤至署，剀切劝谕，且勿知会营官，全其颜面，既免革粮，又不被责，一丁感而众丁渐化。营官性情，爽直居多，遇有事故，推诚相白，时时以礼貌接之，断无芥蒂之理。至武职养廉之外，别无赢羡，总比文官拮据，少有通融，量力应付，自然情投意洽，休戚相关。[⑥]

州县之属无几，才略自易周知，此中非无端畸人士，然朝夕相见，情性易为窥测。甚有内兴阍人相狎，外与讼师相联，揣摩恐吓，无弊不为者，概以坦白相待，多为所卖，操之稍急，辄云难乎为下。严恕得宜，呜呼！难言哉！[⑦]

私罪必不可有，公过不可尽避。一部《吏部处分则例》，自罚俸以至

---

① 讟音独，诽谤也。

② 署任与实任不同。

③ 多疑必败。

④ 宜因时地为治。

⑤ 旧制不可轻改。

⑥ 和营伍。

⑦ 待寮属。

革职，各有专条，故语云：州县官，如琉璃屏，触手便碎。然如失察、如迟延，此等公罪，虽奉职无状，大率犹可起用，若以计避之则事出有心，身败名裂矣。故遇有公罪案件，断断不宜回护。余向幕平湖，先后佐两刘君，遇盗案皆力赞详办，不敢讳抑。后犯皆弋获，主人亦未被议，是无论例应尔也。两害相形，则取其轻，盗案四参限满，止于降调，往往仰荷恩原，犹得弃瑕录用。讳盗褫革，则一蹶不起，命案亦然。善乎！刘冰斋之言曰："吾自朝至暮，何时不担处分，何事不可去官？顾必避盗案之降调耶？"有味乎，其言之也。①

事无钜细，权操在手，则人为我用。若胸无成见，听人主张，将用亲而亲官，用友而友官，用长随吏役，而长随吏役，无一非官，人人有权即人人做官，势必尾大不掉，官如傀儡，稍加约束，人转难堪，甚有挟其短长者矣。国人知有穰侯、华阳，而不知有王，速败之道也，故曰官须自做。②

事来辄理，即非旷官。每有恃才之吏，假私人为耳目，风闻访事，幸而偶中，自诩神明，流弊所至，必有因风吹火，李代桃僵者，夫民间多事，全赖官为检省。官先喜事，则好事之徒，安得不闻风而起？小则累人，大则自累，知政体者不宜为此察察也。③

事虽甚繁，先要澄心定气，分别缓急轻重，次第应付，方能有条不紊。如事到着忙，必致忙中多误，名为诸事皆办，实且一事无成。环伺者窥其底蕴，因缘为弊，亦万万无暇检察矣。④

天下未有不畏官者，官示以不足畏则民玩，至官畏民而犷悍之民遂无忌惮矣。抗官哄堂犯者民，而使之敢犯者官也。事起仓猝定之以干，尤贵定之以静。在堂勿退堂，在座勿避座，庄以临之，诚以谕之，望者起敬，闻者生感，犷悍者无敢肆也。张皇则酿事矣。临民者不必猝遇其事，而不可不豫其理，所以豫之者，全在平日有亲民之功。民能相信，则虽官有小过，及事遭难处，亦断断不致有与官为难者。⑤

一人之身，侍于旁者，候于下者，奔走于外者，不啻数十百人，莫不窥伺辞意，乘间舞弊，不特声色货利，无一可染，即读书赋诗，临池作

① 公过不可避。
② 官须自做。
③ 勿用私人。
④ 事至勿忙。
⑤ 遇仓猝事勿张皇。

画，皆为召弊之缘。每乘其兴到时，辄试以公事，稍有不耐烦之色，即弊所从赴也。人非圣贤，谁无嗜好，须力自禁持，能寓意于物，而不凝滞于物，斯为得之。①

豪士文人，类多善饮，必止酒而后可为治。势所难行，然不为之节，最易误事。即于事无误，而被谴者必曰"适逢使酒"，即官声之玷矣。余佐幕时，主人多善饮者，皆与之约，非二吏扃宅门后，不得举杯，故不必有止酒之苦，而未尝居耽饮之名。②

经言其理，史记其事，儒生之学，先在穷经。既入官则以制事为重，凡意计不到之处，剖大疑，决大狱，史无不备，不必刻舟求剑，自可触类引伸。公事稍暇，当涉猎诸史，以广识议。慎勿谓一官一邑，不足见真实学问也。③

听讼不协情理，虽两造曲遵，毕竟是孽。断事茫无把握，以覆讯收场，安得不怠？原其故，则事不谙律例所致。且官之读律与幕不同，幕须全部熟贯，官则庶务纷乘，势有不暇，凡律例之不关听讼者，原可任之幕友。若田宅、婚姻、钱债、贼盗、人命、斗殴、诉讼、诈伪、犯奸、杂犯、断狱诸条，非了然于心，则两造对簿，猝难质诸幕友者，势必游疑莫决，为讼师之所窥测。惟熟之平日则因事传例，讼端百变，不难立时折断，使讼师慑服，诳状自少，即获讼简刑清之益。每遇公余，留心一二条，不过数月，可得其要。惮而不为，是为安于怠，甘于作孽矣。④

朝廷庙祀之神，无一不当敬礼，而城隍神尤为本境之主。余向就幕馆，次日必斋戒诣庙焚香，将不能不治刑民及恐有冤抑之故，一一摅诚默祷。所馆之处，类皆宁谧。馆仁和则钱塘多狱；馆钱塘则仁和多狱，其后馆乌程、归安亦然。当事戏号余为福幕。自维庸人庸福，荷主人隆礼厚糈，所以蒙神佑者大矣。窃禄宁远亦以素心誓之于神，凡四年，祈祷必应，审理命案，多叨神庇。然当敬者不独城隍神也，凡地方土神为阖境尊信者，其先必有功德于民，始能血食勿替。或以非祀典所载，不为之礼，此尤不可。盖庸人妇稚，多不畏官法而畏神诛，且畏土神甚于畏庙祀之神，神不自灵，灵于事神者之心，即其畏神之一念。官为扩而充之，俾知

---

① 嗜好宜戒。

② 耽，都含切，覃韵，乐也。饮酒宜节。

③ 暇宜读史。

④ 律例不可不读。

迁善改过，讵非神道设教之意乎？[1]

病榻梦痕录[2]

自忆平生，秉性戆直，不能谨言，虽幸亲知曲谅，未干大戾，而事后之悔，纷不可追。惟“敬鬼神”三字，服膺勿失。向幕游时，每到馆次日，斋戒诣城隍庙，诉不得不幕之故，默誓神前：“念稍苟且，神夺其魄。”是以兢兢自懔，凡不可入庙之事，俱不敢为。后吏宁远亦然，水旱祈祷，无不立应，疑狱二事，灵佑昭然。此余治心之实学也。自读姚端恪公“常觉胸中生意满，须知世上苦人多”之句，偶生怨尤，立时悔悟。佐幕时自撰“苦心未必天终负，辣手须防人不堪”一朕，书以自警，尤举念可质鬼神。病废十一年，犹得徼天之幸。及见子孙辈读书成立，未必不由于此，吾子孙善承之而已。二三月来，痰多气滞，精神愈惫，不愿开口，不愿见人，并不愿闻家事，命继坊重缮曾祖以来祭规，俟吾夫妇百年后，城居三房轮值。墉、埓二房，乡居不便，酌付祭产数亩，令其自祭。因念余身后百事预备，口定终制，撒手即可治敛，附身附棺，诚敬如礼，断断不可用僧道、鼓乐、树灯等项。余四世单传，房族无应服之人，距乡路远，不须分帛，自至亲密友以外，不必遍讣，七日原可发引，或有月日避忌，亦当选择，但不可久远停住中堂，致使魂魄不安。吾墓远在山阴，会葬以劳亲友，宜敬辞之，万不可已者，及门而止。俗例至亲有祖道之祭，此最无谓，当以遗命毋受。吾生无益于世，然守先人之训，以节俭自持，儿辈治丧，宜体此意。惟馈奠依礼用牲，此外素膳最宜。不必行酒，无得丰侈肴馔，烹宰暴殄，陷吾于不节不俭。可以此语，揭于柩前，亲友食于有丧之侧，谅不以口腹责人也。[3]

自挽二则

剩有余惭名过实，差无遗憾死如归。

读圣贤书，曰怀刑，曰守身，历种种风波，此日发肤还父母。

为衣食计，也求田，也问舍，成区区基业，他年颜面在儿孙。

① 敬神以信民。以上《学治臆说》。

② 节。

③ 埓同序，反坫谓之埓。

罗 聘 四十八

清，姓罗氏，名聘，字遁夫，号两峰，别号花之寺僧。世居歙之呈坎村，其二十一世祖乾宗公，始迁于江苏江都。① 考愚溪公应雍正辛卯武乡试，中举人，有子五人，先生行四。为金农弟子，画入高格，王昶称其画罗汉，足与陈洪绶、崔丹颉颃。尤喜画鬼，有《鬼趣图》，为时所重。嘉庆己未，七月己未卒，年六十四。著有《香叶草堂诗》一卷，超然物外，吴锡麒序而传之。妻号白莲，亦能诗。

---

① 江都县名，战国时楚广陵邑，汉置县，三国时废，晋复置，故城在今江苏省江都县西南四十六里。唐城圮于江，徙今所，清与甘泉县并为扬州府治，民国废甘泉，入江都县，地当长江北岸四十里，运河西岸。

清世宗雍正十一年正月初七日子时生。[①]

清仁宗嘉庆四年七月初三日子时卒。

癸丑	**命**	六岁 十六	癸丑 壬子
甲寅	**宫**	二六 三六	辛亥 庚戌
己丑	**甲**	四六 五六	己酉 戊申
甲子	**寅**	六六 七六	丁未 丙午

两峰先生之造，日干之己与时干甲合，同化为土，日支之丑与时支子合，亦同化为土。《通会》谓为“干合又得支合，互见两旬者，名曰夫妇聚会”。就格局言之，似与光武帝造相同，其实有大别者在。盖光武帝造，日为甲子，乃是进神，月为己丑，乃是贵人，且生近大寒，土为进化；两峰造，日为己丑，适值大败，时为甲子，又值孤虚，且生逾雨水，土为退化。光武造，一甲一己，阴阳和协；两峰造，一己二甲，阴阳交争。所以一为人君，一为名士，迥乎不同也。差幸月支之寅藏戊，遥合年干之癸，可以化火，年支之丑藏己，遥合月干之甲，可以化土，虽曰另起炉灶，究与己甲化土之正格，不无裨益，即命宫甲寅，名虽分庭抗礼，亦未尝不可收气求声应之效，惟视用之者何如耳。[②] 有此种种优异，虽幼遭孤露，长仍博闻，既通画学十三科，复读奇书五千卷，故能誉寰实区，名登清史，此岂偶然者哉！至于寿享六旬有七，适行丁运，岁值己未，吾益信化土忌丁，比冲太岁，为可怕也。

附　录

吴锡麒撰《罗两峰先生墓志铭》有云：君生平游迹所经，如越、如楚、如齐、如豫、如燕赵，山邮往复，波路参差，片席移云，孤灯召梦，发余怀之郁勃，触古事之苍凉。不食者武昌之鱼，可语者韩陵之石。数声

---

① 生卒见《碑传补》。

② 此为己甲化土格，又为夫妇聚会格，惜值大败、孤虚。

名于洛下，争唱檀来；邀礼遇于燕台，请从隗始。尝三游都下，一时王公卿尹，西园下士，东阁延宾，王符在门，倒屣恐晚，孟公惊坐，觌面可知。所主者如英竹井相国、翁覃溪、周载轩、余秋室诸前辈，并皆名贤硕德。送抱推襟，余亦得侍清谈，时邀光接，见其三升酒尽，十丈缣横，山水方滋，云烟相乱。或奚童易饱于一炙，或外国购价以千金，酣嬉淋漓，无所遴惜也。然而一生道长，半世饥驱，人海浮沉，堂蓑偃蹇。碧草绿波之赋，黄芦苦竹之吟，潺雨歇而元蝉鸣，繁霜飞而凉雁叫。青苔及榻，锴尘染衣，腰减带长，发疏簪重。死丧之戚，过向子期之生平；羁旅之年，已王仲宣之逾纪。客何为哉！能不伤乎？比年以来，思归綦切，而质衣欲尽，债帖难偿，未之能行也。会两淮曾宾谷都转，与君旧交，寄以资斧，俾其子迎还，得休倦鸟之飞，幸遂首禾之愿。余亦主讲安定学院，闲裁尺牍，用写悁勤。每顾索郎，思同旅语，方谓青毡道故，白首如新，岂知老洫波难，斜光暝易，会无一载，别即千秋，能不悲哉！君夙耽禅理，悉究竺坟。一喝醒人，胜打头之棒；十年吃饭，爱折脚之铛。尝梦入一招堤，榜曰花之寺，仿佛前生即其主僧，后遂号花之寺僧，镌印识之。在京师，余尝访之琉璃厂，观音阁下，向镫王而借席，与弥勒而同龛，布萨森严，羼提无闷，巾瓶净契，花水澄观，虽僧迦湛志于苦空，释子希心于止观，弗之过已。所著《香雪草堂诗》一卷，余喜其天怀刻露，神诣幽微，即为序而传之。外又有《正信录》诸书，多识前言，时呈新藻，类皆怪奇伟丽，鉴耀人间。所惜缉柳虽勤，编蒲未竟，莫能写定也。[1]

① 《碑传集补》。羼音铲。

袁氏命谱卷七

洪亮吉　四十九

清，姓洪氏，字君直，一字稚存，号北江。江苏阳湖县左厢花桥里人。[①] 乾隆辛未，[②] 父丧，恒资馆谷养母，己丑，[③] 补阳湖县学附生。丙申，[④] 母丧，以客游，不及视含殓，故遇忌日辄不食。庚子，[⑤] 卖文得四百金，应顺天乡试，中式举人。庚戌，[⑥] 三月，应礼部试，四月初九日，榜发获隽，殿试一甲第二名，授翰林院编修，充国史馆纂修官。壬子，[⑦] 充顺天乡试同考官，又奉视学贵州之命。嘉庆元年丙辰，[⑧] 回京供职，在上书房行走。己未，[⑨] 九月二十四日，亮吉目击时艰，晨夕过虑，章奏时政数千言，上书成亲王，及座师吏部尚书朱珪等，冀其转达圣聪，旋有旨落职，交刑部严审。具奏拟以大不敬罪斩立决。次日奉旨免

① 阳湖县，本武进县地，清析置阳湖县，以县有阳湖名，与武进并为常州府治。民国废，入武进，县人在清时，多以古文名，世称阳湖派。

② 年六岁。

③ 年二十四。

④ 年三十一。

⑤ 年三十五。

⑥ 年四十五。

⑦ 年四十七。

⑧ 年五十一。

⑨ 年五十四。

死，发往伊犁，交将军保宁管束。庚申四月二十七日，在伊犁，钦奉谕旨，释放回籍。九月初七日抵里，亲故话旧，几如隔世，因自号更生居士。亮吉于书无所不窥，尤精舆地学，诗文有奇气，少与黄景仁齐名江左，号洪黄。景仁客死汾州，千里奔其丧，世有巨卿之目。其后沉研经史，与孙星衍论学相长，人又称孙洪。己巳五月辛未卒，年六十四。所著书凡二百六十余卷，《经传训诂》、《地理沿革》，尤为颛门云。

清高宗乾隆十一年丙寅九月初三日子时生。①

清仁宗嘉庆十四年己巳五月十二日未时卒。

丙寅	**命**	七岁 十七	己亥 庚子
戊戌	**宫**	二七 三七	辛丑 壬寅
丙申	**乙**	四七 五七	癸卯 甲辰
戊子	**未**	六七 七七	乙巳 丙午

《洪北江先生年谱》，载明生于常州中和桥兴隆里赁宅中，宅后有积水池，先生生于池南西舍。珊读此，不禁感于人之姓名及产生地点，与命运休咎，均有密切关系也。

谨按：北江先生之造，丙寅、戊戌、丙申、戊子，日元之丙属火，古人以太阳喻之，言其具有鼓荡万物之功也。然若无雨水润泽于其间，旱魃为灾，赤地千里，何足取哉！今观八字，年干明透丙火，年支寅藏丙火，月支戌、命宫未，又各藏丁火，合计之，火有五矣。虽日支之申中藏壬水，时支之子中藏癸水，然以二水而济五火，得毋有日光太强，雨量不足之弊乎？恰好洪其姓，北江其名，而又产生于积水池南之西舍，西、北二字，固属金水，而洪、江、池三字，又俱属水，得此为本命申子藏水之臂助，无异旱逢甘雨，远胜望梅止渴多矣。而况两丙两戊，并列天干，形势整齐，不同杂乱，再益以学堂、文昌，各自联合，天德、月德，左右齐辉，② 自应文章华国，道德润身，岂止饼赐红绫，班联玉简已哉！六岁未

① 生卒见《年谱》。

② 两干不杂，诸吉并临。

行大运辛未，小限己丑，午峰公弃养，三十一岁辛运丙申，蒋太宜人作古，此无他，一为未丑戌三刑，一为寅申六冲故也。二十四岁子运己丑，补阳湖县学附生。三十五岁丑运庚子，应顺天乡试，中式举人。四十六岁寅运辛亥，应礼部试，榜发获隽，殿试一甲第二名，授翰林院编修，充国史馆纂修官。四十七岁仍行寅运壬子，充顺天乡试同考官，又奉视学贵州之命。凡此种种，皆运岁水金，裨益用神，有以致之。再证以癸运荣任学使，供职朝堂，尤觉水之功效大矣哉！及至五十四岁卯运己未，章奏时政，竟致落职，交刑部严审，具奏拟以大不敬罪斩立决，旋奉旨免死，发往伊犁，交将军保宁管束；五十五岁仍行卯运，庚申，公在伊犁，钦奉谕旨，释放回籍：具见逢土则危，逢水则安，太岁之权威，不亦大乎？六十四岁辰运空亡，岁值己巳，火土复会三刑，是以谢世。

附　录

宋谢文节公桥亭卜卦砚哥[①]

砚，歙材，修九寸七分，广五寸六分，厚九分，额篆“桥亭卜卦砚”五字。面左右草书云：“此吾石友也，不食而坚。语有之，人心如石，不如石坚，谁似当年，采薇不食，守义贤也。”转背右题“程文海铭”，又右题“大明永乐丙申七月，洪水去，桥亭易为先生祠，搰地得之。[②] 闽后学赵元”。砚中正书，题“宋谢侍郎砚”五字。旧藏天津城西海潮庵。雍正初，周上舍月东焯，以米易得之。今湖南巡抚查公礼，最所心赏。岁丁卯，月东构疾时，巡抚公，官广西太平府知府，月东临没，语其子持书抱砚行万里，至太平以赠。嗣后，公官于四川十年，会皇师平金川，公莅其事，常与砚偕。岁壬寅，公有湖南巡抚之命，自四川入觐，予得谒公于陕西巡抚毕公之座，因属为歌，以纪其事云。

卜卦砚，随忠臣，六十四卦反覆陈，早识宋运终庚申；桥亭边，卜卦所，一片赵家干净土，有时米尽卜亦闲。读《易》无声饮泉苦，集贤铭后处士铭，六十八字兼元明，桥亭东西流水清，此砚欲出铿然惊。建阳城，砚易米，得钱即挥得米喜；海潮庵，米易砚，瞻研如瞻昔贤面。谁云石一

---

① 并叙。

② 搰音骨，从曰不从日，牵物动转也。与掘同。

方，重乃抵璞玉，故人欲之心已诺，砚得所归方瞑目。鸣呼，砚兮！前身不从谢信州，后亦不殉程赵周。物经百劫复得主，光彩早历天西头，臣忠友信兼生死，抱砚来还知孝子。携经万里越百川，砚兮得完人足穿。君不见，砚今随公不离侧，军中十年尤著绩，飞符四调粮草檄；屡杀贼，三爻六爻有时卜，一咏一吟随所适。平生亦闻周月东，今不见砚先交公，砚修九寸一寸厚，聊成一卦卜砚寿。书繇辞，作砚赞，海水枯，石不烂。

题袁安卧雪图

屋头无炊烟，门外一丈雪，此时屋中人，已恐不能活。永平及永元，三世谞天子，此时屋中人，如何遽能死？闭门一卧历一时，门外雪深殊不知，洛阳县令来何巧，从事汝南饥欲倒。门外雪花飞入灶，从兹举足一出门，衣被四海皆阳春，眼前高卧匪无意。预想俗敝当还醇，君不见丈夫一世归怀抱，有事日多无事少，即论无事亦须眠，那得闲心访安道。

朱孝女奉亲图

孝女婺源人，誓志不嫁，以养父母。父亡，事母几二十年。及母没，孝女年已五十，依兄弟以居，绘父母象，悬室中，朝夕事之如生。其兄某，为作奉亲图，索诗云尔。

二十事父母，三十依偏亲，四十作藐孤，哀哀逮晨昏。父亡事母母亦亡，高斋却扫为影堂，影堂西偏儿所住，生死不离亲一步。行年五十不下堂，父母以外无尊章，画师敬复瞻颜色，发白未笄何可得？椿兮萱兮合作图，旁有几榻兼诗书。君不见孝可生，孝可死，由周秦，逮今此，伊谁作配光青史，北宫之女婴儿子。[①]

① 以上《北江集》。

黄景仁　五十

清，姓黄氏，名景仁，字汉镛，一字仲则，自号鹿菲子，江苏武进县人，生于高淳学署。乾隆丙子，甫八岁，为文援笔立就，丁丑，[1] 应试。乙酉，[2] 补博士弟子员。壬辰，[3] 客安徽学署朱筠幕。上巳日，会采石之太白楼，授简赋诗者十数人，景仁年最少，顷刻数百言，座客为之阁笔。性好游，遍历九华、匡卢、彭泽、洞庭之胜，后又自京游陕，癸卯四月丁酉日，卒于山西解州运城官署，年仅三十五。有《两当轩集》。

清高宗乾隆十四年己巳正月初四日午时生。[4]
清高宗乾隆四十八年癸卯四月二十五日□时卒。

己巳	命	六岁 十六	乙丑 甲子
丙寅	宫	二六 三六	癸亥 壬戌
癸丑	壬	四六 五六	辛酉 庚申
戊午	申	六六 七六	己未 戊午

仲则先生之造，癸戊联合，不独月干逢丙，[5] 年支逢巳，而月时二支，又会寅午，此诚化火之正格。就表面观之，以视彭刚直公，戊癸化火之造，有过之无不及也。殊不知刚直公造，八字四合，左右同心，上下情协，而大运又复木火连环，故能始其所始，终其所终，富贵福寿，永乎无穷；仲则造，则大异于是，盖日时二支，丑午相害，年月二支，巳寅相

---

① 年九岁。
② 年十七。
③ 年二十四。
④ 生卒见《年谱》。
⑤ 此即《滴天髓》注云：凡戊癸得丙丁透者，不论衰旺秋冬，皆能化火之义。

刑，再益以命宫之申冲寅刑巳，几有众叛亲离之势，虽宫干逢壬，尚可化木，遥为癸戊化火之奥援，然亦渺乎小矣。[①] 是以潦倒三十年，只博得凄清五千首而已。观其四岁壬申，父端衡公逝世，足证三刑为祸。观其九岁乙运丁丑，即能应试，十七岁甲运乙酉，即补博士弟子员，足证火得木生，丑酉会巳，均能为福。不独此也，即十九岁之迎娶赵夫人，二十三岁之生子乙生，亦皆甲运子运，合巳会丑之特效。至乡试七次而不一售，其大弊实在命宫之冲刑，非文章不渊雅也。及至亥运冲生年之巳，寅月冲命宫之申，以致戊癸化火，无所依附，故为债家所迫，病卒运城，[②] 寿只三十有五。太史公曰："人能弘道，无如命何。"观之于此，而益信也。

附　录

杂　感

仙佛茫茫两未成，只知独夜不平鸣。风蓬飘尽悲歌气，泥絮沾来薄幸名。十有九人堪白眼，百无一用是书生。莫因诗卷愁成谶，[③] 春鸟秋虫自作声。[④]

送容甫归里

羡君乐事故园新，问字谈经大有人。此日众中推折角，他年殿上待重茵。疗饥字少怜予陋，劝学言温鉴尔真。自忖不材终放弃，江潭瓠[⑤]落寄吟身。

夜　起

忧本难忘忿讵蠲，[⑥] 宝刀闲拍未成眠。君平与世原交弃，叔夜于仙已绝缘。入梦敢忘舟在壑，浮名拚换酒如泉。祖郎自爱中宵舞，不为闻鸡要著鞭。

---

① 真化火格，惜犯三刑。

② 在山西省安邑县西南十五里，一名司盐城，清时有河东道，盐运使，并解州州判驻此，今移安邑县治此。

③ 楚禁切。

④ 或戒以苦吟非福，谢之而已。

⑤ 黄郭切。

⑥ 音涓。

呈袁简斋太史

一代才豪仰大贤，天公位置却天然。文章草草皆千古，仕宦匆匆只十年。暂借玉堂留姓氏，便衣勾漏作神仙。由来名士如名将，谁似汾阳福命全。

闻郑诚斋先生主讲崇文书院寄呈二首录一①

浪游京洛困尘缁，渐愧生平国士知。梁苑邹枚空缀赋，韩门郊岛例穷诗。每多未了嗟生拙，敢以无才说数奇。② 常共衰亲向南望，手拈香瓣话恩私。

思　家

客序匆匆换物华，临歧絮语暗咨嗟。门前税急应捐产，江上书归定落花。有限亲朋谁眼底，无多骨肉况天涯。遥怜儿女高楼夜，未解长安正忆家。

鲍叔祠

谁道人心不可淳，此公祠庙至今新。能知有毋真良友，若解分财已古人。倦客饱看翻覆手，短歌聊当送迎神。略嫌慷慨龙门笔，尚有恩仇气未驯。

饥　乌

哑③哑啼乌翅倒垂，托身偏择最高枝。向人不是轻开口，为有区区反哺私。

稚存归索家书

只有平安字，因君一语传。马头无历日，好记雁来天。

别老母

搴帏拜母河梁去，白发愁看泪眼枯。惨惨柴门风雪夜，此时有子不如无。④

---

① 清，课士有书院，崇文在杭州西湖上，今废。

② 音羁。

③ 衣加切。

④ 搴音衍。

别　内

几回契阔喜生还，人老凄风苦雨闲。今夜别君无一语，但看堂上有衰颜。[①]

幼　女

汝父年来实鲜欢，牵衣故作别离难。此行不是长安客，莫向浮云直北看。

老　仆

飘零应识主人心，仗尔锄园守故林。数载相随今舍去，江湖从此断乡音。

孙星衍哀黄仲则少府诗

我识黄郎最少年，典裘一赋正翩翩。花裁吟骨须输俊，鹤比天姿合逊妍。尚诀巨卿真死友，[②] 不辞阿弥竟神仙。[③] 方成一尉独难得，[④] 可有科名到九泉？[⑤]

洪亮吉挽联

噩耗到三更，老母寡妻惟我托；[⑥] 炎天走千里，素车白马送君归。[⑦]

---

① 以上《两当轩诗集》。

② 予在安邑遇君，病甚剧。

③ 弥，绵批切，音迷，齐人呼母曰弥，李贺称母阿弥。

④ 君时尚候铨。

⑤ 《治城遗集》。

⑥ 噩，音蕚，药韵，与愕同，惊也。凶耗谓之噩耗。

⑦ 《年谱》。

阮　元　五十一

清，姓阮氏，名元，字伯元，号云台，江苏江都人，占籍仪征。生于扬州西门白瓦巷旧第之南宅，即今所建之海岱庵也。乾隆己酉，[①]登进士，授编修，官至东阁大学士，加太傅衔。道光己酉十月丁丑卒，年八十六，谥文达。元抚浙时，立诂经精舍，立海宁安澜书院，建玉环厅学宫，奏设学额；立杭嘉等郡昭忠祠，修《海塘志》，撰《经郛》，及《海运考》、《两浙金石志》、《积古斋钟鼎款识》，又辑《经籍纂诂》。在史馆时，创立儒林传，得百四十六人，进四库未收书六十种，作提要上之。继又总督两广，疏请严禁鸦片，首以严驳夷商为务，遇事裁抑之，及调任后，夷人兵船踵至，海疆乃至此多故矣。著有《十三经校刊记》、《皇清碑版录》、《研经室集》，先后行世。

清高宗乾隆二十九年正月二十日子时生。[②]
清宣宗道光二十九年十月十三日巳时卒。

甲申	**命**	四岁 十四	丁卯 戊辰
丙寅	**宫**	二四 三四	己巳 庚午
壬申	**丙**	四四 五四	辛未 壬申
庚子	**寅**	六四 七四	癸酉 甲戌

《江都阮氏宗谱》载：文达公，乾隆二十九年正月二十日子时生，其

① 年二十六。
② 生卒见《阮氏家谱》。

八字为甲申、丙寅、壬申、庚子。

珊谨按：日主之壬，在五行属水，刘伯温注《滴天髓》有云："壬乃癸水之源，有分有合，运行不息，为百川，亦为雨露，不可歧而二之。"斯言极当，足破今人妄分壬癸之谬。惟细按之，年支之申与日支之申，均各藏壬水，时支之子，又藏癸水，合计之，水有四矣。一水曰水，二水曰沝，[①] 三水曰淼，[②] 四水曰㵘。[③] 今命占四水，无论为水，为沝，为淼，为㵘，更无论其为百川，为雨露，其为水势有余则一也。假令无火济之，无土御之，不忧淫雨成灾，即患洪水为害，水势虽大，何足取哉！恰好生月之干与命宫之干，俱见丙火，月支之寅与命宫之寅，既各藏丙火，又各藏戊土，合计之，火固有四，土亦有四，以此四火固可交济四水，以此四土尤可抵御四水，数量相等，功效特殊，既可协阴阳于无形，又可振河海而不泄，此诚老成谋国，绥靖封疆之造，岂止广设书院，作育人材已哉！十八岁戊运辛丑，林太夫人谢世。二十九岁己运壬子，元配江夫人仙游。四十二岁午运乙丑，承信公弃养。四十七岁辛运己巳，坐失察学政舞弊事，夺官。六十九岁癸运壬辰，继配孔夫人卒，妾唐氏亦卒。七十三岁酉运丙申，妾谢氏又卒。就此观之，具见辛乙癸壬丑巳辰申之运岁，皆为水多之命所切忌，是以忧丧频遭，烦恼叠见也。二十一岁辰运甲辰，入学补附生；二十三岁辰运丙午，乡试中举；二十六岁己运己酉，登进士第，改翰林院庶吉士，散馆授编修；二十七岁己运庚戌，超授少詹事，命直南书房，修《石渠宝笈》。就此观之，具见甲丙己戊，木火土三行，皆与水多之命，大有裨益，是以开通云路，驰骋天衢也。自三十岁己运癸丑，至七十四岁酉运丁酉，忽督学政，忽任总裁，忽为巡抚，忽为漕督，忽为总督，忽为御史，忽为侍郎，忽为太子少保，忽为大学士，忽而蠲赋赈饥，忽而督兵御寇，忽而折冲樽俎，忽立学院，忽刊经解，忽往苏、浙、粤、豫，忽往滇、黔、桂、川，服官四十余载，经过巳庚午辛未壬申癸酉等运，虽间有小疵，均不妨大体。《元理赋》云："土止水流全福寿。"《碧渊赋》云："壬癸路经南域，主健勋，业堪图。"验之于此，而益信也。七十五岁甲运戊戌，至八十五岁乙运戊申，自请告回籍，迄至恩准重赴鹿鸣

① 之垒式，音捶，二水也。

② 弭沼切，音眇，大水也。

③ 音漫，大水也。又音袅，义同。

宴，晋加太传，此十年间，无异洞里真人，山中宰相，其愉快倍胜前境者，因甲木、戊土二运，为壬水日元最喜之神也。八十六岁乙运，己酉年，乙亥月，丁丑日，乙巳时，公谢绝尘寰，飘然引去者，此运克太岁，酉丑巳会金生水，满溢高危之故也。

附　录

癸亥九月十九日，与诸故友相聚于平山堂，为展重阳诗会，即以赠别。

不到虹桥漫四年，归来松菊尚依然。家山乍见翻疑梦，故友相逢尽似仙。旧雨一番文字饮，重阳两度暮秋天。芙蓉楼句何珍重，吴楚连江又放船。

余抚浙江、江西，皆曾修建乡闱号舍。今督粤，粤闱号舍七千六百余间，更湫隘，皆改建宽大之。秋兼抚印，监临乡试，书志一律。

广厦何曾有万间，聊开矮屋庇孤寒。节交白露天犹暑，气吐青云地忽宽。爽垲竞饶迁舍乐，风檐颇似在家安。他年多士儿孙住，可识从前坐卧难。

别医者范素庵①

四年病脚气，两足殊支离。岂无千金药，岂无三世医？奈此温与热，兼之劳且衰。不剧已为幸，安能有痊期？君恩念老臣，移节居滇池。彼间不寒暑，貂葛无所施。彼间不卑湿，高燥如京师。即使自乞郡，亦惟此地宜。范氏送我行，远过端江涯。为言相别后，当是去病时。

焦山书藏记

嘉庆十四年，元在杭州立书藏于灵隐寺，且为之记，盖谓汉以后藏书之地，曰观，曰阁，而不名藏。藏者，本于《周礼·宰夫》所治，《史记》、《老子》所守，至于开元释藏，乃释家取儒家所未用之字，以示异也。又因史迁之书藏之名山，白少傅藏集于东林诸寺，孙洙得《古文苑》于佛龛闲僻之地，能传久远，故仿之也。继欲再置焦山书藏，未克成。十

---

① 濬。

八年春，元转漕于扬子江口，焦山诗僧借庵，[①] 翠屏洲诗人王君柳村，[②] 瓜洲舟次，论诗之暇，及藏书事，遂议于焦山亦立书藏，以《瘗鹤铭》“相此胎禽”等七十四字编号，属借庵簿录管钥之，复刻铜章，书楼匾，订条例，一如灵隐。观察丁公百川[③]，为治此藏事而蒇之。此藏立，则凡愿以其所著、所刊、所写、所藏之书，藏此藏者皆裒之，且即以元昔所捐置焦山之宋、元镇江二志为相字第一、二号，以志缘起，千百年后，当与灵隐并存矣。

汪容甫先生手书跋

汪孟慈户部，[④] 奉其考容甫先生《上谢东墅师书》六纸卷，请题识。元展之，有感于师友在昔之情，今五十余年矣。此内情事，元知之久。昔东墅师督学江苏，识拔学人，得容甫先生，极赏重之。先生学与文，在彼时交游间相知者，不过刘端临先生等数人，余皆不能知先生。先生性直率，每简之，以故时人毁之。先生益简之，不谐于人。会丁酉拔贡之年，自学官以下，无不毁先生于学使前。师曰：“汪中即为浑沌穷奇，梼杌饕餮，吾亦拔之。”先生每有古文章，必呈师，师皆深赏之，且语人曰：“吾之上容甫，爵也；若以学，吾于容甫北面矣。”呜呼！今有如先生之学者耶？有如师之能识其学，心好彦技者耶？师在上书房，年节例以纸砚之类，进于御前，每属先生觅之，故书内云然。书中称阮封君者，先大夫也。元在京，官詹事时，先生在扬州，常与先大夫相见，且书内云：“阮门生之父，忠信[⑤]人也。”读之有余感焉。元于乾隆四十七八年间，识先生于扬州，常与凌仲之先生诸人，同泛舟平山，先生议论经史，风发泉涌。又曾得见先生《校大戴记》初稿。入京后，遂不相见。及元赴浙江督学时，先生已卒，乃于嘉庆初，得先生述学稿，合孔撝约先生、钱溉亭先生三人书，刻于杭州。道光初，又合先生各著作，汇刻入《皇清经解》内矣。元老入京师，孟慈亦常相见。孟慈之学，大得父教，而其不谐于俗，亦略有父风。但余许之曰孝，何也？凡容甫先生所著书内，片言只字，余与孟慈言，孟慈无不析及精微，心知其意，又于先生手迹，断笺敝纸，无

---

① 巨超。
② 豫来。
③ 淮。
④ 喜孙。
⑤ 家讳。

不宝而尊之若此，子弟之佳，有如此者乎？丁酉九月。

赤壁赋

丁丑之春，余从鄂下移节武昌，复以简兵之行，溯襄郧彝陵，操舟师，下荆州。乘风东归，过所谓赤壁者，慨然叹曰：余所经之地，古皆篡窃于曹公，维彼乱世，实生奸雄，揽兹陈迹，不知感慨之何从也。斯壁也。抗洞庭之北，据监利之东，众山凝碧，绝壁留红，春江晓开，残月落弓。戈船偃旗，军堠静烽，天下治平，舟楫尽通，东吴西蜀，往来憧憧。溯建安之挟令，出南郡以兴戎，攘江陵之军实，秣北马于渚宫。舍彼精骑，泛此艨艟，波涛之性不习，樯橹之用未工，斯不待吴廷斫案，已先决其无功。况夫公瑾用智，孔明效忠，公覆赞助，载获蒙冲。进夏口以西拒，当乌林而砺锋，凭沙羡以自守，射连舰而进攻。破江天之寒色，纵一炬以横空，起鸣雷于万鼓，扇巽女于残冬，付舳舻于譆出，化猿鹤与沙虫。几于乌林焚巢，台雀坠铜，折鼎一足，当涂路穷。笑江波而回指，乃仅免于华容。余固曰："非赤壁而亦败，矧天假以东风。"余今出荆门，回郢中，顺江水以安流，乘长风之沨沨，总盂甄而校武，修堤防而劭农。拟苏子于黄州，乃情地之不同。毋徒伤于古人之故垒，惟穆然于江上之青峰。①

阮文达公论二通

阮仪征太傅，尝言少年科第，往往目无今人，胸无古人，最是误事。但既登馆阁，势不能重入家塾，再为枕经葄史之功，② 计惟留意二通，庶知千百年来理乱之原，政事之迹，可备他日出为世用。二通者，《资治通鉴》、《文献通考》也。③

楹　联

嘉庆初，阮文达公抚浙，为乡试监临，题贡院联云："下笔千言，正桂子香时，槐花黄后；出门一笑，看西湖月上，东浙潮生。"

归安王勿庵侍郎以衔之太夫人，八秩寿辰，公贺联云："多子两魁天下士，④ 大年三历太平朝。"

---

① 以上见《研经室集》。

② 葄，存故切，单音祚，藉也。

③ 《鸥陂渔活》。

④ 侍郎乾隆乙卯状元，其弟以铻同科会元。

钱塘魏春松观察成宪之出守扬州也，公赠联云：“两袖清风廉太守，二分明月古扬州。”

又题吴山吕祖殿澄心阁云：“仙佛缘中，湖山胜处；楼台影里，云水闲时。”

是真能吐弃凡艳，天然入妙者。①

镇江有某鹾商，欲求芸台书楹帖，师未许也。而某商愈欲得之，师令人语之曰：“我有两部旧书，应归镇江人刊行，如肯成此美事，必书楹帖以报之。”某商首肯，师即日以七字联句奖之云：“古籍待刊三十载，旧闻新见一千年。”跋云：嘉庆间，余得宋嘉定、元至顺《镇江府志》两部，皆《四库》未收之书，曾经进呈，得蒙恩鉴，因以底本贮之焦山，书藏三十余年，无过而问者。岁辛丑，丹徒包怡庄学兄，请付枣梨。镇江之书，归镇江人珍护，甚善！不意归田老眼，尚见此书之成，乃知书之行世，及刊书之人，迟早皆有福命焉，因喜而记之。节性斋老人阮元撰，并书，时年七十有八。闻此书近已刻成一部，其一部亦已开雕矣。英夷初犯京江，扬郡人家，已纷纷逃窜，赖但云湖都转，竭力防堵，加意抚循，不一月，即各安其居，扬人甚德之。值都转九月诞辰，各制楹帖，以致其颂祷之忱，然语或过当，甚有以郭汾阳、李西平为此者，则拟于不伦。惟云台师撰七字联云：“菊花潭里人同寿，扬子江头海不波。”落落大方，恰合身分，不能不推为大手笔也。

阮芸台有别墅在邵伯湖之北，湖壖植柳三万株，② 自额所居，曰“南万柳堂”，以别于京师之“万柳堂”也。沿湖鱼利，甲于江北，师尝集句自题堂联云：“君子来游贯及柳，牧人乃梦众惟鱼。”以石鼓文对毛诗，自然名贵。云台师旧宅，在旧城之公道巷，自回禄后，始迁居新城南河下康山草堂之右。余于数年前，初到扬州，即谒师于旧宅。巷口有石牌楼，大书“福寿庭”三字，大门口贴八字大联云：“三朝阁老，一代伟人。”时观者多以为疑，谓师之枚卜，在道光年间，何以有三朝阁老之称？不知师于乾隆六十年九月，已授内阁学士兼礼部侍郎，则阁老之称，由来已久。或又疑“一代伟人”四字，颇嫌自夸。余初亦无以应之，后读雷塘庵主《弟子记》，乃知师于嘉庆五年在浙江巡抚任内，奏陈筹海捕盗等因，曾奉有

① 《冷庐杂识》。

② 壖与堧同，而绿切，音蠕，先韵，河边地也。

显亲扬名，为国宣力，成“一代伟人”之谕。此是敬录天语，并非自夸也。后吾师亦微闻人言，遂于新宅大门改书云：“三朝阁老，九省疆臣。”则更不招拟议矣。[1]

① 以上《楹联丛话》。

林则徐　五十二

清，姓林氏，名则徐，字元抚，一字少穆，晚号竢村老人，[①] 福建侯官县人。嘉庆辛未，年二十七，成进士，选庶吉士，累官至总督。则徐服官江南最久，以吴民苦赋重，讲求漕务，不遗余力，苏民德之。及官两广，以禁鸦片，致与英人战。迨和议成，戍伊犁。旋又起用，官云贵总督，加太子太保。洪、杨军起，召为钦差大臣，中途卒，时道光庚戌，十月丁丑，年六十六，谥文忠，则徐尝曰："西洋尚不足忧，终为中国患者，其惟俄罗斯乎？"著有《畿辅水利议》、《滇轺纪程》、《荷戈纪程》、《云左山房诗钞》、《四洲志》、《政书家书》等。

清高宗乾隆五十年七月二十六日子时生。[②]
清宣宗道光三十年十月十九日辰时卒。

乙巳	**命**	八岁 十八	癸未 壬午
甲申	**宫**	二八 三八	辛巳 庚辰
癸酉	**甲**	四八 五八	己卯 戊寅
壬子	**申**	六八 七八	丁丑 丙子

① 竢，床史切，待也。古俟字。
② 生卒见《年谱》。

《林文忠公年谱》，引郭伯苍《十日话》云：公造为乙巳、甲申、癸酉、壬子。

珊谨按之：时干逢壬，日干逢癸，月干逢甲，年干逢乙，而壬癸甲乙自时至年，一气呵成，毫不间断，以视乙癸甲壬、甲癸壬乙，及壬甲乙癸、癸甲乙壬之凌乱者，迥乎不同。《造微赋》云："天干连珠，朝廷擢用。"此诚最为整齐，最为完善之连珠上格，安得不朝廷擢用哉！不宁惟是，日干之癸，以年支之巳为贵人，与日支酉合，年干之乙以时支之子为贵人，与月支申合，且申为癸日之学堂，子为癸日之祠馆。《琴堂歌》云："贵人不必看生星，合格正高明。"《指迷赋》云："学堂多合兮，登上甲之第。"今贵人既见生星，学堂又复多合，安得不品节高明，荣膺甲第者哉！惟细按之，干透癸壬，支会申子，水势有余。显而易见，必须运岁逢木泄水，逢火济水，逢土制水，始可发抒抱负，酬答君亲，大展经纶，有裨民物。若见金见水，或冲或克，未有不针芒刺手，茨棘伤足者。观公十四岁未运戊午，补弟子员，二十岁壬运甲子，举于乡，二十七岁午运辛未，成进士，选翰林院庶吉士，可见戊癸化火，甲木生火，巳午未会火，均有特殊之效力也。自三十二岁丙子，至五十五岁己亥，始而主考观察，陈臬开藩，调苏抚，署江督，继而湖广总督，粤东钦差，虽辛巳庚辰四运挟金挟火挟土，不为纯粹，除四十岁甲申，运克岁君，陈太夫人弃养；四十三岁丁亥，冲犯生年，孟养公逝世外，余均水到成渠，指挥如意。五十六岁庚子，特奏整饬洋务，严禁鸦片，英舰犯浙，陷定海，攻粤关，清廷恐惧，与英议和，罢公职，来京候处。五十七岁辛丑，赴浙江军营，会办洋务，寻又发戍伊犁，途中奉命折回，在东河效力赎罪。五十八岁壬寅，仍遣戍伊犁。五十九岁癸卯，公在伊犂。六十岁甲辰，勘办伊犁开垦事宜。六十一岁乙巳，署陕甘总督。六十二岁丙午，任陕西巡抚，缉拿刁匪，开仓平粜。六十三岁丁未，任云桂总督。六十四岁戊申，操办永昌等处哨匪，加太子太保衔，是年郑夫人卒。六十五岁己酉，因病开缺，回籍调理。此十年间，公虽忽辱忽荣，备尝艰苦，然亦名震寰球，芳流百世，其所以如是者，盖为五十六岁卯运，岁值庚子，冲酉刑卯之故。及至戊运合癸，又转否为泰矣。六十四岁戊申断弦，六十五岁己酉开缺，六十六岁庚戌。溘然长逝，此皆寅运三刑之故，而庚戌年会申酉为金，至刚必折，理势然也。

附录

赴戍登程口占示家人[1]

出门一笑莫心哀，浩荡襟怀到处开。时事难从无过立，达官非自有生来。

风涛回首空三岛，尘壤从头数九垓。休信儿童轻薄语，嗤他赵老送灯台。[2]

力微任重久神疲，再竭衰庸定不支，苟利国家生死以，敢因祸福避趋之？

谪居正是君恩厚，养拙刚于戍卒宜，戏与山妻谈故事，试吟断送老头皮。[3]

被命回京以四五品京堂用纪恩述怀[4]

寓公家室问苍茫，笑指新丰似故乡。[5] 频附音书烦北海，[6] 曾同忧患忆南阳。[7]

门墙沆瀣云情重，[8] 儿女糟糠絮语长。准备椒盘谋饯岁，屠苏偏合老先尝。[9]

与弟元抡[10]

鸦片流毒中华，每年外溢金银数千万，漏卮不塞，足以贫民。吸烟者众，上自官府缙绅，下至工商优隶，以及妇女、僧尼、道士，随在吸食。痼癖不除，足以弱种。英吉利以此毒物，贻祸中华，其肉不足食矣。愚兄正拟奏请严禁，而黄鸿胪已先我入奏矣。请旨严塞漏卮，以培国本，得邀圣鉴，有旨令各督抚，各抒所见，妥议禁烟章程具奏。而现任督抚，嗜烟

---

① 道光壬寅七月。

② 自注：见《归田录》。

③ 自注：用宋杨朴，及苏轼赴诏狱故事。《诗钞》卷六。

④ 道光乙巳九月。

⑤ 自注：眷属寓西安，三载余矣。

⑥ 自注：李石梧中丞。

⑦ 自注：郑解篛前辈。

⑧ 自注：眷属在陕，多承及门方仲鸿、刘鉴泉两观际，解推之谊。

⑨ 《诗钞》卷八。

⑩ 论禁烟。元抡为公之胞弟，充江督幕府。

者约占半数，若辈岂肯自扳石头压自脚？则阴持异议，模棱其辞，势所必然。愚兄不忍见我中华民族，尽甘饮鸩以自杀，务为黄公作后盾，专折入奏，附呈禁烟章程六条，照录于下：

（一）烟具先宜收缴净尽，以绝馋根也。查吸烟必须枪斗，无枪斗则烟无装处，不得不断矣。须责成州县，尽力收缴，视其距离海疆之远近，与夫户口之繁约，由各该省大吏，酌期定数，责以起获，示以劝惩。除新枪新斗听该州县自行销毁外，凡渍有烟油之老枪老斗，皆须包封粘贴印花，汇册送省，由该省大吏当堂公同启封，毁碎烧化。无论此具或由搜获，或由首缴，皆覈作州县功过之数。收缴过少者，立予撤参；格外多收者，分别奖励。

（二）各省大吏，应即通饬各州县出示，劝令人民自新，以一年为戒绝期，划分四限，递加罪名，以免因循观望也。查律定吸烟者以重典，原为断吸起见，果能人人断吸，亦又何求？各省大吏应出示晓谕，如吸烟之人，于首限三个月内戒绝，将家藏烟具、余烟，全行呈缴到官，出具改悔自新甘结，加具族邻保结立案，免予治罪。若后被人告发重吸，讯实加等治罪。其在二、三、四限内戒绝投首者，虽未能概予免罪，似亦可酌量施以薄惩，拘留五日、十日、十五日。若怠忽迁延，再三自误，揆以诛心之律，已非徒杖所可蔽辜，则拿获审实，似应按加一等，至军为止。

（三）开馆贩土，以及制造烟具各罪名，均应照原律一体加重，并分别勒限缴具，以截其流也。查开设烟馆，本系死罪，贩土亦应远戍。今吸烟者既拟重刑，若辈岂容末减？但浇俗已深，亦宜予以自新之路。凡开馆者，勒限一月，将烟具烟土，呈缴到官，准将原罪量减；倘逾期不缴而查获者，照原例加重。贩土之徒，路有远近，应酌限三个月，限内不拘行至何处，准赴所在有司衙门缴土免罪；若逾期不缴而发觉者，亦应论死。所缴烟土，眼同在城文武，浇桐油立时烧化。造烟具之人，限一月内，将所制大小烟具，全行缴官毁化，免罪；如逾限不缴，或陷匿而发觉者，俱照例重办。

（四）失察处分，宜先严于所近也。文武属员有吸烟者，该管上司，于奉文三个月内，查明举发者，均予免议；逾限失察者，分别议处。本署戚友家丁有犯者，限一个月内查明，逾限失察者，即行革职。本署书差有犯者，限三个月内，查明惩办，逾限失察者，分别降调。

（五）地保牌头甲长，本有稽查奸宄之责，境内有烟土、烟膏、烟具，均应着令查起也。此举不免启狭嫌诬告之风，然果吸烟者惧其滋扰，而皆决意戒绝，正不为无裨也。至开烟馆之房主，地方保甲，断无不知之理。若不举发。显系包庇，应与正犯同罪，房屋入官。

（六）审断之法，宜预讲也。凡海疆繁会之区，吸烟者不可胜数，告发与拿获者必多，地方有司，欲明其虚实，功不在审而在熬，熬一人与数百人，工夫一也。宜择一公所，汇提被控被拿者，委正印以上候补者一员承审，临审时须将各犯身上严搜，即糕点亦毋许带入，然后封门开审，各离尺许，不准往来。问官亦只准带一丁，随身伺候，不许擅离。自辰巳至子丑，只须静对，不必问供，只须留意各犯面部，有瘾之人，情态百出矣。其审系被人虚诬者，由承审官出具切结，日后别经发觉，惟原审官是问。

以上六条，愚兄拟请旨施行，犹恐各督抚中有驳辨难行者，则功败垂成，殊为可惜。素仰居停，公正不阿，江督又系疆臣中之领袖，苟得其不同意，不虞他省或持异议矣。我弟宾主间甚相沆瀣，[1] 可将兄意转达之，但望其覆奏之折，勿与兄意抵触，则烟害庶有肃清之日矣。因兄与陶公素无深交，未便直接磋商，故烦吾弟作先容也。兄元抚手草。

与抡弟[2]

来书俱悉。禁烟章程已得陶制军同意，欣甚慰甚！所云革弊尽善矣。惜少救弊之法，具见陶公为政以德，不尚严刻也。夫欲救此弊，只有酌定完善戒烟药方；欲定戒烟药方，须先研究食烟后，因何精神抖擞，瘾来时因何呵欠频作，精神疲惫。盖由人之喉管有二，食管以主饮食，下达二肠，气管以主呼吸，用通五脏。气管本属清虚，不受一粒半滴之物，而烟乃有气无形之物，故可吸入呼出，往来于五脏，虽其气已去，而其味常留。但人之所以得生者，胥藉胃间所纳谷气，循环于经络，以培养其精神，食烟时虽能提摄精神，不过片时之兴奋，其脏腑惯得烟气以克谷气，因是滋养力缺乏，面色枯槁而羸瘦矣。凡食鸦片烟者，视五谷犹可缓，惟对时不食烟，则瘾作而全身疲倦，其故由于正气为邪气所制耳。按鸦片性毒而淫，味濇而滞，色黑而入肝肾，故一吸而能透于筋肉、骨髓之中，一呼又能达于肢体、皮毛之杪，遍身内外，无处不到，是以烟才下咽，自顶

① 沆，杭上声，养韵。瀣音械。沆瀣，露气也。
② 商酌戒烟药方。

至踵，顿觉舒畅，由渐而常，由常而成瘾，内而脏腑经络，外而耳目手足，皆必得此烟气而后能安，一旦无之，肾先告乏，而呵欠频作，肝亦困惫，而涕泪交流，血液滞流，而精神疲惫矣。溺乎其中者，至是而适受其困。然溺而知戒，不过困于一时；溺而不戒，则直徇以身命焉。以烟气克谷气，引邪夺正，其能久乎？果其戒之，并非难事，只须立志坚定，体之壮者，无药方亦可断绝，惟受瘾深，气体弱者，无药方殊难断绝。爰拟前后两方，前曰忌酸丸，后曰补正丸。忌酸丸以烟灰和药为之，缘初戒时，不能遽绝烟，故以烟灰代之。药共十四味。重用附子者，取其走而不守，能通行十二经也。佐之以柴胡之左旋，升麻之右旋，沉香之直达下焦，四者相合，则彻乎上下表里，顷刻而能遍及全身矣。因吸烟之人，中气无不伤，气伤则不能化精，而血遂衰，故用参芪以补肺气，白术以补脾气，陈皮、木香以利诸气，当归、连柏以凉血而生血，且连柏能杀附子之毒，天麻能止气血两虚者之昏晕，甘草补中益气，并能引和诸药，烟灰能抵夙瘾也。此方气血两补，炼以为丸，吞入于胃，行气于五脏，输精于经络，俄顷间，亦能彻顶踵，遍内外，是以烟瘾不起，诸病不作；且有沉、木二香，薰蒸五脏，故吞丸数日后，若再吸烟，不独脏气与之扞格，即鼻中闻之，亦嫌其臭矣。补正丸，即以忌酸丸之方，减去附子、黄芪、木香并烟灰，其余药味分量，均与忌酸丸方同。凡戒烟者，先单吞忌酸丸，五日、六日起，每日减忌酸一丸，加补正两丸替之。减两丸则以四丸替之，照此类推，互相加减，至忌酸丸减尽，再单服补正丸一月，即补正丸亦可不服，而瘾自断矣。愚兄订定此方，试有效验。惟因和有烟灰，若吞服后，接连食味酸之物，能令人肠断而死，故以忌酸名，尤恐不知者与酸味同食，殊为危险。陶制军素精医道，烦我弟转请正之，倘有解免忌酸之药加入，则此方克臻完善，庶可进呈御览，颁行各省，使世人得全身命，以保余生。懔国法而免刑戮，凡有血气之人，有不觉悟自醒，迷途早返者哉！药方、制法附后。

忌酸丸方

生洋参（五钱）、白术（三钱）、当归（二钱）、黄柏（四钱）、川连（四钱）、炙黄芪（三钱半）、炙甘草（三钱半）、陈皮（二钱半）、柴胡（二钱半）、沉香（二钱，忌火）、木香（二钱，忌火）、天麻（三钱）、升麻（一钱半）、附子（七钱）、烟灰（一两，后下）。

上药共为细末，入生附子七钱，用米泔浸透，滤干，石臼中捣烂如泥，再入烟灰搅匀，面糊为丸，如小桐子大，平日有瘾一钱，服丸三十粒。初服宜加多，五日后，每日减去一丸，加补正丸二粒，以减尽为度。

补正丸方①

生洋参、白术、当归、黄柏、川连、炙甘草、陈皮、柴胡、沉香、天麻、升麻。

共为细末，用蜜和丸，如小桐子大，以之顶换忌酸丸。

训大儿汝舟②

自黄鸿胪奏请严禁鸦片，有旨令各直省督抚妥议具奏。余拟具章程六条，并忌酸、补正戒烟两药方进呈，得蒙圣鉴，采录颁行。惟二方中都用洋参，配合两剂，需钱数十千，彼惮于断烟者，固有所藉口，即有志戒烟者，一时或乏此整款，劝人断烟者，亦未必均肯捐资。多制药丸，随人施给，则刀圭虽可以救病，其如畏难苟安何？嗟夫！人孰不欲生？若不于此宽限期内求生，转瞬限期届满，不死于烟，即死于法。纵孽由自作，原不可活，然不教而诛，治民者太觉忍心！用是再定两种简便戒烟药方，皆费钱极少，而收效甚捷。一曰四物饮，一曰瓜汁饮。药味、制法录后，尔速照方抄录，刊印三万纸，遣人散发乡里，庶使穷乡僻壤之地，舆台奴隶之微，苟一念知悔，无论有钱无钱，皆可立刻配合，则恶癖易除，而显戮可免矣。

四物饮

赤沙糖（一斤）、生甘草（一斤）、川贝母（七钱，去心研细）、鸦片灰（三钱，瘾重四钱）。

上四物，以清水十大碗，入铜锅内煎两三时，约存三四碗，愈浓愈妙。将渣滤去，汁贮磁瓮内，置静室透风处，每日早起及夜卧之前，各取汁一茶杯，以开水温服。吃烟多者，须依食烟次数，加食二三次，瘾自可断。如烟瘾重大，取滤出之渣，加水重煎，十杯煎成一杯，照前法再服，必效。

瓜汁饮

南瓜正在开花时，连花、叶、根、藤一并取起，用水洗净，入石臼

---

① 分量同前方。

② 嘱以简便禁烟药方传播乡里。

中，合而捣之，取汁常服，半月后夙瘾尽去。甫经结瓜者，连瓜捣之，亦可用。

《本草》载，南瓜甘温无毒，补中益气。截其藤捣汁，误吞生烟者服之，即不死，是其解毒如神，故除瘾亦极效。此物在夏秋间，荒僻村野，随在皆有，取之不穷，不费分文。劝人戒烟者，宜多取此汁，广贮坛瓶，留以济人，可谓不费之惠。

致郑夫人[①]

英军窜扰浙境，攻占定海，疆臣都归咎我禁烟操之过激，并不当断绝英夷之贸易，致启夷衅。职责所在，余固不敢诿罪，虽顶踵捐糜，亦不敢自惜。已自请从严治罪，并乞天恩，暂宽一线，准予戴罪赴浙省随营效力，以图克复，而赎前愆。即知在事者畏夷如虎，将与议和，恐我走浙，必梗和议而主御侮，遂附片密呈，谓英夷和议，均堪迁就，所恨者林某一人耳。始则天恩高厚，命我以四品卿衔，赴镇海军营，效力赎罪，忽览此密奏，立颁谕旨，追回前命，改为谪戍伊犁。当时降职之命，适在文华殿王相国案头，忽又接到谪戍之命，相国爽然若失，旋语汤协揆曰："余不为林某惜，而为天下后世忧，若听林某谪戍，从此鸦片流毒内地，永无肃清之日矣。我辈身居宰辅，当为万民留一线生计，恳请圣上，收回谪戍之命，准予赴浙立功。"汤公甚韪其言，合辞面奏。圣上谓："林某本属能办事人，现在已为众矢之的，还是让他伊犁去，将塞外荒地，整顿一番，他时仍可唤他回来，未为晚也。"二公竟为我以去就力争，终未能挽回天意。余入京待罪时，请谒王相国，相国以此事见告，使余愈觉感激圣恩高厚，虽肝脑涂地，不足以报万一也。盖圣主知余，戆直成性，现在嫉之者众，难保不被人中伤，远戍伊犁，可避人指摘，如此用心，虽父母之慈爱子女，亦无如是之体贴入微也。余已于初八日出京赴伊犁，当时有门生辈来送行，咸为余代抱不平，见我喜笑自若，绝无斯些懊丧气，都切疑讶。殊不知余此行出自天恩，从此可免被人交章责难，能无乐乎？夫人因怕酬应，不愿居京寓，而归乡里，诚然与身心较为有益。余远去矣，睽违数千里，竹报须经月始达，诸宜自珍，幸勿以戍人为念！

---

① 告知获谴谪戍伊犁。

致郑夫人[①]

引疾乞休之请，已蒙圣恩允准，给假百日，回籍调理，并蒙赐人参二两。以衰朽之身，沐此逾格恩慈，未识此生能报犬马否？现正在赶办移交，拟于七夕前一日，起程返里。近日地方绅士，纷来送行，向余借小照临摹，言“地方人士，深沐公恩，醵资修像建生祠，为公祈福，冀得重莅斯土，造福滇民”，余力却不允，只得以照付之。又有门生数辈，同来送行，并请方略，咸称西洋夷人，居心叵测，将来必为中国祸。然而诸生所抱，直是杞人之忧，盖西洋地远而国富，易与耳，终为中国患者，其惟俄罗斯乎？当时余曾为诸生言，诸生颇切疑讶，此足见诸生只有近忧，而无远虑也。相见在即，不复絮覼。[②]

楹　联

林文忠公在河工时，题所居室联云：“春从天上至，水由地中行。”

题客座联云：“芦中人出，河上公来。”

又赠河丞张姓者云：“乘槎直到牵牛渚，载笔同游放鹤亭。”切地切姓，人咸叹其工妙。[③]

闻前明王文成公行部所至，必令二人肩二高脚牌前导，大书云：“求通民情，愿闻己过。”议者以为客气，不虚也。吾友林少穆为江苏廉访时，尝书此作大门楹联，是矣。

少穆卸两广督篆后，有引疾归田之意，尝豫撰书楼一联云：“坐卧一楼间，因病得闲，如此散材天或恕；结交千载上，过时为学，庶几炳烛老犹明。”寄书嘱余为作隶字，余谓此愿未易酬，且俟他日把臂入川时，再了此案可矣。[④]

---

① 告知乞休已准并起程返里日期。

② 俗覼字。覼音罗，歌韵。覼缕，委曲也。以上《家书》。

③ 《冷庐杂识》。

④ 以上《楹联丛话》。

曾国藩　五十三

清，姓曾氏，名国藩，字伯涵，号涤生，湖南湘乡县人。道光戊戌，① 成进士，改翰林院庶吉士，散馆授检讨。咸丰壬子，② 洪秀全陷九江，国藩奉旨办团练于长沙，募农夫，倡勇敢，用书生为营官，湘军之名自此始。举塔齐布于戎行，识罗泽南于诸生，拔杨载福于卒伍，延彭玉麟于管库，保胡林翼、左宗棠以大用，而湖南泄沓之风，由国藩一变。同治壬戌，③ 国藩驻安庆，居中调度，弟国荃有直捣金陵之师，李鸿章有后劲苏沪之师，杨载福、彭玉麟有肃清下游之师；大江以北，多隆阿有围庐州之师，李续宜复有派援颍州之师；大江以南，鲍超有进攻宁国之师，左宗棠有规复全浙之师：十道并出，皆受成于国藩，至丙寅，④ 平东捻任柱、赖文光，平西捻牛洪、张总愚。累官至大学士，封一等毅勇侯，壬申二月戊午，年六十二，卒于江督任所，追赠太傅，谥文正，入祀贤良昭忠祠，各省建立专祠。公创立长江水师、太湖水师章程，皆手定；又定陆军营制，马勇章程。江南开垦章程，直隶清讼事宜，练军章程，文章奏疏尤美，有集行世。

清仁宗嘉庆十六年十月十一日亥时生。⑤

清穆宗同治十一年二月初四日戌时卒。

---

① 年二十八。

② 年四十二。

③ 年五十二。

④ 年五十六。

⑤ 生卒见《年谱》。

辛未	命	六岁	戊戌
		十六	丁酉
己亥	宫	二六	丙申
		三六	乙未
丙辰	甲	四六	甲午
		五六	癸巳
己亥	午	六六	壬辰
		七六	辛卯

《混元赋》云："天乙贵人安静，张良做汉代之名臣。"斯言重在"安静"二字，何谓安静？与日主情致缠绵，休戚相关，是也。若盗泄日主，侮慢日主，戕贼日主，虽天乙贵人沓来纷至，而主人将藏身匿影之不暇，遑论安静，遑论名臣哉！

珊谨按：曾文正公造，日元之丙，在五行属火，诞生于小雪节后，与盛夏之赤帝司权迥异，月时二干，并列己土，年支之未，中藏己土，日支之辰，又藏戊土，土多若此，晦火堪虞。幸命宫甲午，干木支火，一面生火，一面助火，用神虽备，然犹有鞭长不及之叹。恰好月时二支之亥，适值天乙贵人，左拥右抱，各藏甲木，而年支之未与日支之辰，前引后从，又各藏乙木，藉此四木，制彼四土，藉此四木，生我丙火，光辉发越，宾主咸宜。[①] 岂独天乙贵人安静，直使丙火日主，气势雄厚，可以尽其能力，为鼓荡万物之需也。赵衰有言曰："说礼乐，敦诗书，为元帅。"叔孙豹有言曰："太上立德，次立功，次立言，谓为三不朽。"文正公独兼之，岂止为名臣已哉！二十三岁酉运癸巳，入县学。二十四岁酉运甲午，举乡试。二十八岁丙运戊戌，成进士，改翰林院庶吉士。三十三岁申运癸卯，以侍讲充四川乡试正主考。三十七岁乙运丁未，六擢内阁学士。四十一岁乙运辛亥，署刑部右侍郎，充顺天武乡考试官。凡此种种，皆贵人会合，木火资生之明证也。自四十二岁奉旨帮同办理本省团练乡民，搜查土匪诸事，迄至克复金陵，生擒忠王李秀成，赏太子太保衔，锡封一等侯爵，督理两江等，此皆未运会木，甲木生火，午火助火之明证也。五十七岁癸运而后，调督直隶，因教案棘手，威名重挫者，癸水有伤丙火也。不宁惟是，即四十二岁未运壬子，江太夫人弃养。四十四岁未运甲寅，[②] 战靖港，军

① 用神完备，气协中和。

② 小限辛亥。

溃，公愤甚，投水死，以救得免。四十七岁甲运丁巳，竹亭公逝世。四十八岁甲运戊午，贼屯聚舒城，三河镇败绩，官、湘军熸焉，[1] 全覆，殉难者六千人。凡此种种，或由火为水克，或由亥为巳冲，或由岁为运克，气运如斯，非人谋不臧也。至六十二岁行癸运末，[2] 值壬申年，公薨于江督任者，水势愈盛，火势愈衰，功成身退，不足怪也。

附　录

忮求诗二首[3]

善莫大于恕，德莫凶于妒。妒者妾妇行，琐琐奚比数。己拙忌人能，己塞忌人遇。己若无事功，忌人得成务。己若无党援，忌人得多助。势位苟相敌，畏逼又相恶。己无好闻望，忌人文名著。己无贤子孙，忌人后嗣裕。争名日夜奔，争利东西骛。但期一身荣，不惜他人污。闻灾或欣幸，闻祸或悦豫。问渠何以然，不自知其故。尔室神来格，高明鬼所顾。天道常好还，嫉人还自误。幽明丛诟忌，乖气相回互。重者裁汝躬，轻亦减汝祚。我今告后生，悚然大觉悟。终身让人道，曾不失寸步。终身祝人善，曾不损尺布。消除嫉妒心，普天零甘露。家家获吉祥，我亦无恐怖。[4]

知足天地宽，贪得宇宙隘。岂无过人姿，多欲为患害。在约每思丰，居困常求泰。富求千乘车，贵求万钉带。未得求速偿，既得求勿坏。芬馨比椒兰，磐固方泰岱。求荣不知厌，志亢神愈忲。岁燠有时寒，日明有时晦。时来多善缘，运去生灾怪。诸福不可期，百殃纷来会。片言动招尤，举足便有碍。戚戚抱殷忧，精爽日凋瘵。矫首望八荒，乾坤一何大。安荣无遽欣，患难无遽憨。君看十人中，八九无倚赖。人穷多过我，我穷犹可耐。而况处夷涂，奚事生嗟忾？于世少所求，俯仰有余快。俟命堪终古，曾不愿乎外。[5]

---

① 熸，音潜，监韵，火灭也。

② 未交巳运。

③ 谕纪泽纪鸿。

④ 右不忮。

⑤ 右不求。见《诗集》。

禀祖父[①]

祖母已于十二月初十安葬，甚好甚好！但孙有略不放心者，孙幸蒙祖父福佑，忝居卿大夫之末，则祖母坟茔，必须局面宏敞，其墓下拜扫之处，须宽阔，其外须建立诰封牌坊，又其外须立神道碑。木兜冲原坟，规模隘小，离河太近，无立牌坊与神道碑之地，是以孙不甚放心，意欲从容另寻一地，以图改葬。不求富贵吉祥，但求无水蚁，无凶险，面前宏敞而已。不知大人以为何如？若可，则家中在近境四十里内，从容寻一地可也。余俟续具。孙谨禀。[②]

禀父母[③]

九弟信，言母亲常睡不着，[④] 亦患此病，用熟地、当归蒸母鸡食之，大有效验，九弟可常办与母亲吃。乡间鸡肉、猪肉，最为养人，若常用黄芪、当归等类蒸之，略带药性，而无药气，堂上五位老人食之，甚有益也。望诸弟时时留心办之。

致四弟[⑤]

余与沅弟论治家之道，一切以星冈公为法，大约有八字诀，其四字即上年所称“书、蔬、鱼、猪”也。又四字，则曰“早、扫、考、宝”。早者，起早也。扫者，扫屋也。考者，祖先祭祀，敬奉显考、王考、曾祖考，言考而妣可该也。宝者，亲族邻里，时时周旋，贺喜吊丧，问疾济急。星冈公常曰：“人待人，无价之宝也。”星冈公生平于此数端，最为认真，故余戏述为八字诀，曰“书、蔬、鱼、猪、早、扫、考、宝”也。此言虽涉谐谑，而拟即写屏上，以祝贤弟夫妇寿辰，使后世子孙知吾兄弟家教，亦知吾兄弟风趣也。弟以为然否？

---

① 欲另寻祖母坟地。

② 道光二十七年正月十七日。

③ 当归蒸鸡治失眠。

④ 男妇。

⑤ 治家八字诀。

致诸弟[1]

送王五诗第二首，弟不能解，数千里致书来问，此极虚心，余得信甚喜。若事事勤思善问，何患不一日千里？兹另纸写明寄回。家塾读书，余明知非诸弟所甚愿，然近处实无名师可从。省城如陈尧农、罗罗山，皆可谓名师，而六弟、九弟，又不善求益，且住省二年，诗文与字皆无大长进。如今我虽欲再言，堂上大人亦必不肯听，不如安分耐烦，寂处里闬，无师无友，挺然特立，做第一等人物，此则我之所期于诸弟者也。昔婺源汪双池先生，一贫如洗，三十以前，在窑上为人佣工画碗；三十以后，读书训蒙，到老终身，不应科举，卒著书百余卷，为本朝有数名儒，彼何尝有师友哉！又何尝出里闾哉！余所望于诸弟者，如是而已，然总不出乎"立志有恒"四字之外也。

致四弟九弟[2]

吾见家中后辈，体皆虚弱，读书不甚长进，曾以为学四事勖儿辈。一曰看生书，宜求速，不多读，则太陋；一曰温旧书，宜求熟，不背诵，则易忘；一曰习字宜有恒，不善写则如身之无衣，山之无木；一曰作文宜苦思，不善作，则如人之哑不能言，马之跛不能行。四者缺一不可，盖阅历一生，而深知之、深悔之者，今亦望家中诸侄力行之。两弟如以为然，望常以此教诫子侄，为要。[3]

谕纪泽[4]

余生平有三耻：学问各途，皆略涉其涯涘，独天文算学，毫无所知，虽恒星五纬，亦不认识，一耻也；每做一事，治一业，辄有始无终，二耻也；少时作字，不能临摹一家之体，遂致屡变而无所成，迟钝而不适于用，近岁在军，因作字太钝，废阁殊多，三耻也。尔若为克家之子，当思雪此三耻，推步算学，纵难通晓，恒星五纬，观认尚易，家中言天文之

---

① 无师无友亦可成第一等人物。

② 述为学四要。

③ 以上《家书》。

④ 勉其雪己之三耻。

书，有十七史中各天文志，及《五礼通考》中，所辑《观象授时》一种，每夜认明恒星二三座，不过数月，可毕识矣。

谕纪泽[①]

字谕纪泽：十五日寄一信，言读《诗经注疏》之法。二十七日县城二勇至，接尔十一日安禀，具悉一切。尔看天文，认得恒星数十座，甚慰甚慰！前信言《五礼通考》中，《观象授时》二十卷内恒星图最为明晰，曾繙阅否？国朝大儒，于天文历数之学，讲求精熟，度越前古，自梅定九、王寅旭，以至江戴诸老，皆称绝学。然皆不请占验，但讲推步。占验者，观星象云气，以卜吉凶，《史记·天官书》，《汉书·天文志》是也。推步者，测七政行度，以定授时，《史记·律书》，《汉书·律历志》是也。秦味经先生之《观象授时》，简而得要，心壶既肯究心此事，可借此书，与之阅看。《五礼通考》内有之，《皇清经解》内亦有之，若尔与心壶二人，略窥二者之端绪，则足以补余之缺憾矣。[②]

谕纪泽[③]

字谕纪泽：前次于诸叔父信中，复示尔所问各书帖之目。乡间苦于无书，然尔生今日，吾家之书，业已百倍于道光中年矣。买书不可不多，而看书不可不知所择。以韩退之为千古大儒，而自述其所服膺之书，不过数种，曰《易》，曰《书》，曰《诗》，曰《春秋左传》，曰《庄子》，曰《离骚》，曰《史记》，曰相如、子云。柳子厚，自述其所得，正者曰《易》，曰《书》，曰《诗》，曰《礼》，曰《春秋》；旁者曰《谷梁》，曰孟、荀，曰老、庄，曰《国语》，曰《离骚》，曰《史记》。二公所读之书，皆不甚多。

谕纪泽[④]

余以二十五日至金陵。沅叔病已痊愈。二十八日戮洪秀全之尸，初六日将伪忠王正法。初八日接富将军咨，余蒙恩封侯，沅叔封伯。余所发之

① 研究天文学。

② 咸丰八年十二月二十九日。

③ 读书宜知所选择。

④ 已将洪秀全等正法。

折，批示尚未接到，不知同事诸公得何懋赏。然得五等赏甚少，余借人之力，以窃上赏，寸心不安之至。

谕纪泽纪鸿[①]

吾家门第鼎盛，而居家规模礼节，未能认真讲求。历观古来世家长久者，男子须讲求耕、读二事，妇女须讲求纺绩、酒食二事。《斯干》之诗，言帝王居室之事，而女子重在酒食是议。家人卦以二爻为主，重在中馈。《内则》一篇，言酒食者居半，故吾屡教儿妇诸女，亲主中馈。后辈视之，若不要紧，此后还乡居家，妇女纵不能精于烹调，必须常至厨房，必须讲求做酒做醯醢小菜之类。[②] 尔等必须留心于莳蔬养鱼，此一家兴旺气象，断不可忽。纺绩虽不能多，亦不可间断。大房唱之，各房皆和之，家风自厚矣。至嘱，至嘱！

谕纪泽[③]

李申夫之母，尝有二语云："有钱有酒款远亲，火烧盗抢喊四邻。"戒高贵之家，不可敬远亲而慢近邻也。我家初移富托，[④] 不可轻慢近邻，酒饭宜松，礼貌宜恭，或另请一人，款待宾客，亦可。除不管闲事，不帮官司外，有可行方便之处，亦无吝也。此谕。[⑤]

答意城书[⑥]

先严慈葬地，自须急求改卜，来示所云"盖古人所称'利不什不变法，害不什不易制'，先君葬域，人多谓其凶煞"，果若所云，是在害什之科，而利什者，又不可以卒求，斯亦疚心之一端耳。

又，壬岁母丧，葬非佳壤；去年葬父，亦非吉域。今岁拟亲履各处，求稍可以安吾心者，而改卜焉，庶几少释歉衷。

---

① 讲求居家规模礼节。

② 醯读如嬉，齐韵，醋也。醢音海，贿韵，肉酱也。

③ 勿慢近邻。

④ 托音奥，与墺同。四方土可居也。又水崖曰墺。

⑤ 上以《家训》。

⑥ 为父母葬地事。

曾文正公信命

凡富贵功名，皆有命定，半由人力，半由天事。惟学做圣贤，全由自己做主，不与天命相干涉。吾有志学为圣贤，少时欠居敬工夫，至今犹不免偶有戏言戏动。尔宜举止端庄，言不妄发，则入德之基也。

念“不知命，不知礼，不知言”三者，《论语》以殿全篇之末，良有深意。若知斯三者，而益之以孟子“取人为善，与人为善”之义，则将庶可为完人矣。[①]

曾文正公善相

《曾文正公全集》，有相人诀，造语皆深刻。略云：邪正看眼鼻，真假看嘴唇，功名看气概，富贵看精神，风波看脚根，主意看指爪，若要看条理，须在语言中。盖非入世久、阅人多者，不能道其只字。[②]

曾文正公挽联

全椒薛慰农先生时雨，撰曾文正公挽联云：“一个臣，休休有容，频年燮理余闲，小队出郊坰，惯向山中招魏野；万户侯，绵绵弗替，此日元勋佐命，大名垂宇宙，岂徒江左颂夷吾。”堂皇正大，自是才人本色，惜《哀荣录》中不载，故附录于此。[③]

---

① 以上《嘉言钞》。

② 《孑楼随笔》。

③ 《锄经书舍零墨》。坰音扃，青韵，郊野也。

胡林翼　五十四

清，姓胡氏，名林翼，字贶生，[①] 一字润芝，生于湖南益阳县十九里冈村胡家弯。道光丙申，年二十五，中进士，授编修，屡擢湖北巡抚。时洪、杨势盛，林翼创厘金，通盐运，改漕章，增多收入，固守武昌，为各省战事之根据；治军务，明纪律，尤加意将才。尝曰："兵之嚣者无不疲，将之贪者无不怯。"又曰："才者无求于天下，天下当自求之。"世以为知言。咸丰辛酉，八月壬午，年五十，卒于武昌节署，谥文忠，入祀贤良祠，湖北、湖南均建专祠。有《读史兵略》及《奏疏文集》。

清仁宗嘉庆十七年六月初六日酉时生。[②]
清文宗咸丰十一年八月二十六日亥时卒。

壬申	命	八岁	戊申
		十八	己酉
丁未	宫	二八	庚戌
		三八	辛亥
丁未	癸	四八	壬子
		五八	癸丑
己酉	丑	六八	甲寅
		七八	乙卯

《滴天髓》云："丁火柔中，内性昭融，抱乙而孝，合壬而忠。"读此

① 贶，音况，赐予也。
② 生卒见《年谱》。

可见乙木、壬水二者，与丁火有密切关系，不可须臾离也。

珊谨按：胡文忠公造，日主之丁，犹之灯火也；日支之未，中藏乙木，犹之灯心也；年干之壬，显明属水，犹之灯油也。今乙藏未内，与丁火相近相亲，此即抱乙也，年干壬水，与丁火阴阳和谐，此即合壬也。抱乙合壬，曰忠曰孝，此乃形容丁火。既得灯心，又得灯油，必可剔焰摇红，通宵达旦耳。或曰：当今之世，电灯普及，吾未见其有灯心灯油也，子之所述，毋乃太陈腐乎？曰：君不观电灯需煤火乎？电灯需汽水乎？若二者缺一，必不发光，新旧虽殊，其理一也。今观八字，年支之申，中藏壬水，连同年干壬水，水有二矣；月支之未，中藏乙木，连同日支之未，所藏乙木，木亦有二矣。就此观之，数量相等，灯油与灯心相称，煤火与汽水平均，其为花吐不夜，焰发含春，从可知矣。惟嫌诞生之际，适在小暑节后，究竟火气有余，水气不足，假使无年支申金、时支酉金，为壬水之奥援，仍不得以尽美尽善、立功立德论。今年支之申与时支之酉，左右交拱，无破无伤，而又得大运金水连环，气求声应，是以育物经邦，不愧元功硕辅，抚危勘乱，堪称尽瘁鞠躬也。[①] 二十四岁酉运，乙未六月，取入县学，八月，中式举人；二十五岁仍行酉运，丙申，中式进士，改翰林院庶吉士，次年授职编修，次年充国史馆编修；具见酉金之效力大矣哉！自二十九岁，充会试同考官，署安顺府，补贵东道，拜四川按察使，调湖北按察使，擢江苏藩司，署湖北巡抚，此皆庚戌辛亥壬，金水等运，裨益用神，有以致之。至于三十岁辛丑，云阁公谢世；四十六岁丁巳，病痢数月；四十七岁戊午，汤太夫人弃养：此乃冲克太岁，叠经火土之故，最为明显也。五十岁辛酉，公薨于武昌节署，直是日犯岁君，非壬运咎也。

附　录

咸丰八年戊午，十月壬子，李公续宾军，败绩于舒城三河镇，李公战死，文武官士同殉者，殆六千人，湘军熸焉。都兴阿公亦退屯宿松。官文公亟奏起公。一日，公居丧幄，忽急卒驰书至，公发书大恸，仆地呕血不能起。家人皇骇，良久始苏。丁卯，遂奉汤太夫人体魄，渴葬于益阳十八里五龙山，用百人八日毕役。十一月甲申，偕姚绍崇[②]等五人启行，自泉

① 用神固妙行运亦佳，是以如此。

② 桂轩。

交河涕泣登舟，阻风洞庭。八日下教僚属。曰：“林翼此出，势处万难，盖出则非礼，不出则非义，出则于事未必有济，不出则于心大有不安，与迪庵共患难交最深，闻难不赴，非友也。”且值时会艰难，叨窃官位，若藉守孝，以遂其推诿巧避之私，鬼神鉴其微矣。惟既以兵事出，当驰往下游，治兵为先，借受印信，不过筹调饷糈，董戒州县耳，断不敢冠盖堂皇，偃然自处。此次挫败，不在兵少，一月连克四城，俗士惊喜，以为兵将如虎如熊，殆将飞而食肉。林翼早窃忧之，四次寓书相戒。每克一城，中伤千人，攻坚为下策，已犯兵家之深忌。得桐城，勇丁有私获，则无斗志矣。兵不可贫，亦不可富；不宜无伤，不可过伤。夫战，勇气也，当以节宣蓄养，提振为先；又阴事也，当以固塞坚忍，蛰伏为事，尤必以智计为先。迪庵为人木强敦厚，安重不迁，设遇盛时，必为周勃之勋。今则四顾茫茫，无可委托，贼何日而平，楚何日而安乎？希庵至性戚戚于心，设其父母因悲感而召之，设希庵异日负兄骨归湘，则鄂中大将，殆虚无人。且此次道府州县副参千把死者千数百人，人才殄瘁，莫此为甚。即如丁篁村，其治兵智略稍逊，而忠勇不期，即欲求此等裨将，亦不可再得。而何伯凝、刘星槎之初入军营，留备将选者，同时殉难，殊可忧伤。此鄂事之可虑者一也。

自昔周瑜、陆逊、陶侃、柳仲郢，均抚交、广，或兼白帝、长沙、零陵等州郡，以数州之富，养兵不过五万人，今则一鄂而供征兵五万人之食，贼不可了，事不可止，处此时势，而不能去弱留强，去奢从俭，设一旦有水旱之灾，民谷不登，祸乱之来，不在贼而在勇矣。夫在上者以养人为职，能养者为仁，不能养者为暴。人至饥饿，则必不畏死。荀悦不云乎？‘人不乐生，不可齐之以法’，苏轼不云乎？‘赊死之与忍饥等耳’。此诚千古治国之至言。姑即今日湘、鄂较之，湘中盐茶百货，月计可十五万，所出不过十万；鄂中人仅多数万，而出乃多至十余万。湖南失守地少，仓谷尚有存者；鄂中几无粒米之存。荆襄为天下险要，又顿以不耕不织之重兵，不知已捐谷若干石。若以钱货为重而轻仓廪，在乐岁则可，狃于便安，然岂近忧远虑之道哉！意欲广捐谷之招徕，以治其标，而又寓屯田于防守分泛之营，以固其本。公等明于古今之略，为我详思而核议之。夫言货则月少十五万之银，言食则一省之大，公家无三五日之粮，然且以为安也，与燕雀处堂何异？此鄂事之可虑者二也。

天下以盗贼为患，而乱天下者不在盗贼，而在人才不出，居人上者，不知求才耳。鄭侯治汉，文若佐许，武乡治蜀，景略图秦，其得力全在得人，盖无一时一事，不以人才为念。得人者昌，失人者亡，以卫灵而不丧国，以武氏而能治天下，其效可睹矣。鄂吏贪庸者，即令以范六丈一笔勾去，亦恐前去后来，犹吾大夫也，于事何济？窃欲旌奖一二贤才，以为表的，庶使中人以下，免而从焉。鄙人之于求才，亦颇至矣。然朴实之士，狷介之守，尚有一二，求其识时务，具智略，负奇气者亦不数觏。深思其故，由林翼器局之小，鉴别之疏，不足尽天下之才。夫人才随取才者之分量而生，亦视用才者之轻重而至，我之分量穷极夫天下古今，则必有天下之才应之。某之不才，诚窃自愧古人，必使各举所知。立贤无方者，亦欲以此推之人心之公，庶几博求而有得也。鄙意编列条目，征求事实，饬司道府，各举所知，其有贤才异能，必须度外汲引者，另列一格，均以公牍举荐。窃谓此为治鄂之大事。今鄂中人才安在？求贤之方略安在？此又鄂事之可虑者三也。

与静娟夫人书云：正月十八日，到省城中，一无所有。兄只宜尽力一战耳。胜亦佳。败亦佳，胜则成一时之功，败则成千古之名。不足念，不必悲也。兄已升苏藩，又调此藩。一迂腐书生耳，官至二品，年逾四十，只合如此。所望夫人为我善自排遣，善养高堂，实为义分之当然。毋学小人硁硁自守之见，而以保全大局为计，则幸甚。兄如战胜，则亦惟有善自保重，万不轻生。又云：人生在世，只有安心法，安心作一忠义人，则亦无他念矣。[①]

与汪梅村、蒋文若、周志圃书云：先宫詹，正学纯行，矜式乡里，展视松楸，见邱垅有水啮痕，悲恸自责，负罪万状。十数年荷戈于外，省墓缺如，致先人体魄不安，急思改得吉卜。奈甫满百日，而三河变起，朝廷有从军之命，义不得顾其私。逾年，始倩堪舆家物色一二吉壤，已请黄大令、褚广文，前往覆勘，妥定后，另迁宫詹公幽宫。伏念先宫詹，主持正学，身体力行，为县人士所钦仰，拟行营高敞，于地旁建立祠堂，外间叠架为书院体势，购群书实其中，即以公之邑人士。[②]

① 咸丰五年乙卯二月。

② 咸丰十年庚申正月。以上《年谱》。

左宗棠　五十五

清，姓左氏，名宗棠，字季高，一字朴存，早岁自号湘上农人，世居湖南湘阴县东乡左家墩。道光壬辰，年二十一，中式第十八名举人。累官至东阁大学士，陕甘、闽浙两总督，封二等恪靖侯。光绪乙酉七月癸亥，卒于福州，年七十四，谥文襄，命各省建立专祠。平生战绩，始平发逆，继平捻匪；移师陕甘，肃清甘陇回匪，金积堡肃州之战，最烈者也。旋督刘锦棠等，恢复新疆二万余里，其功尤伟。有《盾鼻余沈》及《奏议》百二十卷，而以西征书疏为最伙，详明晓畅，洞中机宜，足备西北边防之参考也。

清仁宗嘉庆十七年十月初七日寅时生。[①]
清德宗光绪十一年七月二十七日□时卒。

壬申	**命**	九岁 十九	壬子 癸丑
辛亥	**宫**	二九 三九	甲寅 乙卯
丙午	**甲**	四九 五九	丙辰 丁巳
庚寅	**辰**	六九 七九	戊午 己未

《三命通会》云："丙辛化水，非申子辰月不化，其次亥月亦化。"此不过言其大较而已，其实并不拘此。《元理赋》云："化成禄旺者生，化成禄绝者死。"可见只论其所化是否禄旺、禄绝而已。

① 生卒见《年谱》。

珊谨按：左文襄公造，日元之丙与月干之辛，一阳一阴，互相联合，丙固非火，辛亦非金，同化而为水矣。既化为水，论禄旺，论禄绝，皆不得以正五行之丙火、辛金言，当以化气五行之水为标准也。此化水于立冬节后，月支值亥，证以古人亥月亦化之说，固无疑问，证以化成禄旺之说，尤为合格。盖日元之丙为阳，不啻壬水也。月支之亥，固为壬水之临官，年支之申，又为壬水之长生，此即化成禄旺，而非化成禄绝也。《子平大全》云："丙为阳火，化水逢辛，家门显赫，长在庚寅。"今生时恰逢庚寅，而又与日支之午联合，情致缠绵，格局纯真，更无疑义，[①] 名垂竹帛，气壮山河，岂偶然哉！观于公十七岁子运丁亥，余太夫人见背；十九岁子运庚寅，春帆公亦见背；四十八岁卯运己未，突因樊燮参案，致多周折；五十五岁辰运丁卯，部议革职留任；五十九岁辰运庚午，小限丙午，周夫人卒于家；六十一岁壬申，仲兄景乔，亦卒于家；六十二岁长子孝威，又卒于家：具见子运冲犯午日，己能化土，丁壬化木，三午叠刃，皆为丙辛化水格之忌神也。证以二十一岁癸运，仲兄景乔，乡试领解首，公亦中式举人；三十五、六岁寅运，长子孝威，次子孝宽生；四十二岁乙运，三子孝勋生，公以防守湖南功，得旨以州县用，云程发轫：具见癸能化火，寅能合亥，皆为化水格之喜神也。再证以四十五至四十九岁卯运，曾公国藩奏公接济军饷功，胡公林翼复荐公为将材，命以兵部郎中用，又奉诏以四品京堂候补，随同曾国藩襄办军务；[②] 五十至五十四岁丙运，奉命率师援浙，巡抚浙江，继又督闽兼浙，加太子少保，封一等伯，节制三省军务，各军凯旋：[③] 更可见乙运化金，卯运天乙，丙运同类，尤为化水格之喜神也。五十五至五十九岁，辰运，移督陕甘；六十至六十四岁，丁运，既督陕甘，又督新疆，并在陕甘刊《种棉十要》，分行各属，设局教授纺织：此二运虽身膺重任，而时履薄冰，可见辰为水墓，壬能化木泄水，不尽佳也。六十五至六十九岁，巳运，收复新疆，改设行省，并在兰州，[④] 创设织呢局，雇用德国工匠，并购开河机器，先施治于泾川上源，[⑤] 既为祖国策治安，又为人民谋福利，若非巳遥合申，寅遥合亥，曷克臻此？七十至七十四岁，戊运化火，仍为喜神，是以中俄和议告成，约还伊犁全境。诏入军机，命督两江，又奉命督办福建军务。

① 此名真化水格。
② 四子孝同，亦生于卯运。
③ 长子入学中举，亦在丙运。
④ 即甘肃省皋兰县。
⑤ 泾川县，属甘肃省。

及法人请和，而公竟于乙酉七月病剧，薨于福州，此乃小限辛卯，适逢岁破之故，不得归咎于戊运也。

附 录

与周夫人[①]

此次闱中文字甚得意，持示朋辈，亦决为必中，乃竟以湖南额溢被黜，仅取誊录。闻同考温侍讲呈荐甚力，总裁亦评为立言有体。科名虽无关人生大节，然实有天命存焉。特自问非战之罪，似尚可归见江东父老耳。

与景乔先生[②]

许行为神农之言，自孟子距之，后儒遂绝口不谈，鲁斋以治生为急，世或讥之。其实古人无不耕且读者。伊尹生于畎亩，孔明躬耕南阳，宽衣博带，仰食于人，以官为家。臣饥欲死者，汉以后之学士大夫也。究竟治生何害？治生自以务农为先务，果欲为隐居求志之处士，太平有道之良民，舍躬稼其何从乎？陶诗云："既耕亦已种，时还读我书。"又曰："四体诚乃疲，庶无异患干。"与其叩门乞食，何若带月荷锄之为多乐乎？盖治生为吾儒之本分，谋利则商贾之贱行，此中义利，界限甚明。孔子之训樊须，孟子之责陈相，乃系就学人立志，先立其大者远者而言，并非谓士人不当躬稼也。而后儒讲贯不明，遂至博极群书，不知五谷，宁奔走于风尘，而怠荒于稼穑，名为学者，实等游民。呜呼！此其弊也，岂独迂阔无用，为人所诟病也哉！近日所著，又得数篇，分门别类，纂辑成编，名曰《朴存阁农书》，大约十数篇耳。他日告成，拟即以此函中之意见，演为序论，未知吾兄以为然否？

与景乔先生[③]

年来于兵事颇有所得，自觉倘遭时命，假我斧柯，必能实实做到，绝非纸上之谈。因思古人无不文武兼资，凡所称名将者，大抵习《诗》、《礼》而知古今。汉赵翁孙所为章奏，于西北情事，直如掌上螺纹，其文笔之简练精到，汉廷诸儒，莫能过也。三国人才，犹多儒雅，断未有不识

① 道光乙未会试。夫人湘潭周氏，名诒端，字筠心。
② 道光丙午。
③ 道光戊申。

丁之莽夫，而可以折冲决胜者。昨见岳忠武书《出师表》，忠义之气不待言，即一种书味盎然，[①] 溢于楮墨，决非迂腐小儒，轻薄名士，所能伪为，益以叹将才固贵天生，而学问之功，尤不可少也。古人谓“不为良相，即为良医”，弟则谓“不为名儒，即为名将”，亦可一洗凡庸龌龊之胸襟也。

与孝威[②]

吾少时好谈兵，于古今兵事，颇有独见灼知之处，遂以此为当道所推许，驰驱戎马，忽已十余年矣。祸难方殷，未知何时始能底定，长揖归田。然每念及尔等，则惟愿努力作耕田识字之好秀才，佳子弟，不愿学老夫也。盖兵者凶器，不得已而用之。《易》曰：“圣人以此毒天下，而民从之。”明指为毒，可知用之者必不得已也。盖天下之乱，起于一县。平时保民治匪，果有好地方官，清查保甲，分别良莠，结实办理，自然无事，不宜随便用兵。无论宵小踪迹，出没无常，发兵捕剿，百不得一；即兵实可用，带兵之人，实在能干，亦只可用壮声威，以振良民之气，而寒宵小之心。至于清查村堡之人，仍以用本地绅民为主。若以昏懦之官，带无纪律之兵，下乡查方，所到之地，鸡犬一空，首要各犯，早已闻风远遁，甚或妄拿良民，要功昌赏。而良民亦激为匪，祸且至数年不息。三省教匪，即由地方官派兵查拿而起，其前鉴也。比因平阳会匪一案，感而书此。

与周受三[③]

吏治之振新，全在上司精神贯注，除贪鄙吸烟，及全无知觉运动之人，断不宜用外，余皆随材器使，亦可渐收转移之效。大抵中人之资，可与为善，可与为恶，吾之好恶一端，斯吏之趋向定矣。长沙一猾吏，曾语人云：“吾辈所工者，揣摩风气耳，使上司所尚者，果是廉干一路，吾亦何乐而贪庸乎?”此言虽谐，却亦近理。今日道府以至督抚均言察吏，不知察吏之外，尚有训吏、恤吏两端；训之使不至为恶，恤之使可以为善，斯其成就者多，而转移自速也。由前言之，表端则影自正，修身以上之事也；由后言之，以人治人改而止，忠恕之道，齐家以下之事也。闽中官吏庞杂，习气颓靡，吾惟去其太甚者，举其贤者能者，不必问其从来，咎其已往，某某当权时钻营之人，概置不问可也。

---

① 盎，昂去声，漾韵，盎然，丰满貌。

② 同治甲子。

③ 同治乙丑名开锡公之受业弟子最早者。

与景乔先生[1]

近拟在闽设厂，自造轮船，已志俞允。所为章奏数千言，其大意谓：防海必用海船，海船不及轮船之灵捷。西洋各国与俄罗斯、美利坚，数十年讲求轮船之制，互相师法，制作日精。日本始购轮船拆视，仿造未成，近乃派人赴英吉利，学其文字，究其象数，即为仿造张本，不数年东洋之轮船，必纵横于海上。独我中国，因军务未平，无暇及此。同以大海为利，人有所挟，我独无之，譬犹渡河，人操舟而我结筏；譬犹使马，人跨骏而我骑驴，可乎？均是人也，聪明睿知，相近者性，而所习不能无殊。中国之睿知运于虚，外国之聪明寄于实。中国以义理为本，艺事为末；外国以艺事为重，义理为轻。谓我之长，不如外国，藉外国导其先，可也；谓我之长，不如外国，让外国擅其能，不可也。约计有数百万之费，即可造成多艘，而他日所省之费多矣。弟前在杭州，曾饬匠仿造小轮，试行于西湖，惜不能速。据洋将德克碑、税务司日意格皆云大致不差，惟机件不灵耳。现在决计创行，虽非常之愿，众人必起而阻挠，亦不恤也。湘人固闭，殆必闻而掩耳，谓我变于夷矣。

与孝宽[2]

板石坳坟地甚佳，[3] 已将汝母及汝二姊改葬，极慰。克庵先生所相道林桥一穴，岳麓一穴，价均不昂，拟即买为寿藏，他年归蜕于此。岳麓脉自龙山分出，蜿蜒千余里，较南岳虽博厚不如，而盘折雄秀，实有独胜之处。张南轩与朱子于此山，游览殆遍，非无因也。可即请源圃先生，于此定穴，作生基，死便埋我。湘山湘水，乐哉斯邱！凡此皆克公为我计划，至为深远，他日魂魄有依，犹拜故人之赐也。[4]

李文田谒左文襄祠

袅袅清凉山，下有故侯祠。入门先哽咽，升堂想威仪。昔来披襟言，今来洒涕悲。何止礼数异，所贵心相知。漂摇十二载，书生无一奇。岂有天下才，乃共癯僧饥。山林鼓角响，如见云中旗。苍茫不忍去，礌落以陈词。[5]

---

① 同治丙寅。

② 光绪丁丑。

③ 坳音凹，洼下也。又音拗，义同。

④ 以上《家书》。

⑤ 礌卢对切，同磥，堆石自高而下也。《近人诗录》。

彭玉麟　五十六

清，姓彭氏，名玉麟，字雪琴，湖南衡阳县人，生于安徽合肥县梁园巡检司署。[①] 道光辛卯，[②] 投协标充书识，衡阳知府高公人鉴，善相士，见玉麟奇之，使入署读书，是岁县试第三，竟不入学。至癸巳，[③] 始隶诸生籍。道光庚戌，[④] 从协标大军，擒李沅发于金峰岭；误以为武生，补外委，玉麟辞归。咸丰癸丑，[⑤] 洪、杨军起，曾国藩治水师于衡湘；常君仪安，荐玉麟有胆略，水师立，以玉麟与杨载福分统之，于是转战长江各省，捷湘潭，复武汉，破田家镇，拔湖口，夺小姑，复彭泽，连克九江、安庆、芜湖、江宁，厥功甚伟。定长江水师之制，每年巡阅长江。官至兵部尚书。光绪庚寅，三月乙亥卒，年七十五，谥刚直。性刚介绝俗，善为诗，下笔立就，尤善画梅，海内流传者过万本云。

清仁宗嘉庆二十一年十二月十四日丑时生。[⑥]

清德宗光绪十六年三月初六日□时卒。

---

① 梁园，镇名，在合肥县东北七十里，旧有巡司。

② 年十六。

③ 年十八。

④ 年三十五。

⑤ 年三十八。

⑥ 生卒见《续碑传集》。

丙子	命	二岁	壬寅
		十二	癸卯
辛丑	宫	二二	甲辰
		三二	乙巳
戊子	庚	四二	丙午
		五二	丁未
癸丑	寅	六二	戊申
		七二	己酉

刘诚意伯《滴天髓》注云："凡戊癸得丙丁透者，不论衰旺秋冬，皆能化火，最为真也。"

珊谨按：彭刚直公造，日干戊、时干癸，互相联合，而年干又得丙字，命宫又逢庚寅，其为化火格真，无可疑义。经云："化之真者，名公巨卿。"即此一端，足证刚直公造，不同凡响。其实尚不止此，月干逢辛，与年干丙合，年日二支之子与月时二支之丑，又复互合，《三命通会》谓为"鸳鸯德合"，又谓为"天地德合"，亟言其格局优美，迥胜寻常，[①] 而况将星、贵人，双双并列，气象巍峨，襟怀磊落，更属显然。袁天罡有云："将星文武两相宜，禄足权高足可知。不作宰臣清要职，便居帅府拥旌旗。"此数语，更可刚直公写照矣。惜二子二丑，皆值孤虚，是以妻丧子卒，虽屡立军功，贵至尚书，而文场战胜，仅获一矜，程子曰："命之理微。"吾证以刚直公造，认为彰彰明甚，观其十八岁卯运癸巳，小试入学；三十五岁乙运庚戌，公从大军讨李源发，拔补临武营外委，固知卯乙癸庚，同为化火之喜神也。及至三十八岁交入巳运，曾文正公，委公统率湘军水师，屡战胜利，是以名闻天下，接行丙午丁未戊申等运，有为正五行之火者，有为化气五行之火者，有为空亡逢冲则实者，有为文昌会合有情者，故能规复金陵，历叙奇功，由县府而道臬，由提督而尚书，虽曰人事，谓非命运使然耶？或曰：七十五岁己运，遽归道山，何哉？曰：己能化土，晦火无光，小限丙子，助纣为虐，虽岁值庚寅，亦无如之何矣！盖小人道长，君子道消，理势然也。

① 此名天地德合格。

附　录

宿莫愁湖

石涧泉深瀑布流，万竿修竹拥僧楼。我来睡入云窝里，晓起推窗满白头。[①]

攻克小孤山要隘

书生笑率战船来，江上旌旗耀日开。十万健儿齐奏凯，彭郎夺得小姑回。[②]

谕玉孙[③]

妆父以不羁之性，误军令而论斩，吾宗有后，血胤在尔。[④] 汝父少不学，督率过严，辄跅弛，[⑤] 余切诫之，以其凶终，恐覆吾祚。今幸老朽，可保首领，而令名未为渠伤，足可慰已。汝年虽稚，有跨灶之誉，接尔安禀，觉字体骨秀得之天，文法高迈疑素习，吾祖孙间，何不可曲致其情，乃类孔氏，道不垂伯鲤，而及子思耶？今后但求汝不应科举，不习刀马，隐于穷荒，读破万卷书为通儒，于愿已奢。噫！缅怀杀戒，[⑥] 令吾悾忡。

禀　叔[⑦]

人民遭疮痛之深，归无庐舍，食无糗粮，衣薄而天寒，鸿嗷遍野，触景生悲。朝廷虽有赈恤，然远水救近火，待受皇恩，民早冻馁，毙沟壑中矣。侄尝闻仁者言“济急须济急时无”，所以将宦囊所得，随缘先行布施，见一家之中，被匪杀害数口者，或流离转徙，归来房屋被焚者，或房屋尚存，无衣无食者，概畀数金，俾得苟延残喘，其余造册散赈诸事，深恐挂一漏万，常督率属吏，谨慎将事。如此办理，于心稍觉安泰。然独恨吾非豪富，倾家以泛爱博施，[⑧] 拯民水火，登诸衽席也。

---

① 《锄经书舍零墨》。
② 《彭刚直诗集》。
③ 劝力学为通儒。
④ 胤音孕，嗣续也。
⑤ 跅音讬，弛音豕。弛，即不自检束也。
⑥ 缅音免，思貌。
⑦ 告赈灾事。
⑧ 泛音信震韵。

致弟[1]

兹请质庵至九江，有戎暮密相托。兄以贼寇未下，夙夜競惕，临事畏惧敬慎，方寸间不肯些微放松，以此身已许国，吾身便为国所有，若有疏虞，何以谢皇恩？小仓诗云：“男儿欲报君恩重，死到沙场是善终。”读此增吾士气百倍。

禀叔[2]

治军之道，以善战为第一，以爱民为第二，以和协上下官绅为第三。此语帅营常以垂示于僚属。侄近在军营，获得善战之虚誉，羊楼司、崇阳县、咸宁等处，所向克敌如破竹，然不敢以是骄矜。盖七十二战，战无不胜如项王，一朝被困，便隳其伟业，可见武功之难，须有到底不懈之心，始可免誉望一损，今古滋疑之憾。

致弟[3]

用兵之道，千变万化，然必训练有素，有悍鸷之风而不骄，有安详之气而不惰，庶可应敌。应敌之时，则须动静得宜，半以迎战，半以扼守，动如水，静如山，则气不夺而威常存。其本强，而故示敌以弱者多胜；敌加于我，审量而后应之者多胜。或本弱，而故示敌以强者多败；敌加于我，漫无审量而应之者多败。明于此，可以言用兵。至于行阵，当修碉垒，以濠深为妙。择地有两法：自固者，则择高山，择险隘；扼贼者，择平坦必经之路，择浅水津渡之处。嗣后每立一军，则修碉二十座，以为老营，以是环老营之四面，方三百里，皆可往来梭剿。言战，则左右前后相呼应，可以分贼之势；言守，则深濠坚垒以静守，可以待贼之疲。出正兵亦可，出奇兵亦可，有回翔之余地，而无盘旋之困厄也。

禀叔[4]

靖港之败，曾帅几溺，此乃不肯从侄之计，险取覆亡也。当吾水师过洞庭，逼岳州，严陈于城下，适逢王珍溃走，贼都弃舟登陆，夺靖港而据之，遂陷湘潭。是时省城长沙，亦陷于敌中，水师十营皆来援，众推侄定计，图恢复。侄乃昌言，愿率五营，直趋湘潭，请曾帅率五营继之为声

---

① 告以尽力国事。

② 告治军之道。

③ 论用兵之道。

④ 靖港之计。

援。奈何约不履行，曾帅竟不趋湘潭，而攻靖港，一时令出不行，愤而投水。幸从者救出，得不死。既而吾军大捷于湘潭，曾帅见我，辄异于曩昔，我反难乎其为情也。自田家镇告捷以后，两人之情感益密矣。祈大人时赐箴诲，免侄殒蹶也可。

致　弟①

带勇者，当以禁止骚扰良民为第一义。王者之师，壶浆箪食以迎，乃以能行其仁，而万民归仁也。乃吾观近年军行之地，大无论城邑，小无论村舍，几无不毁之屋，不伐之树，富者箱箧倾之空，贫者环堵，犹不免亡其破褐败履，掘地将三尺，此其受害于匪者十之七八，受害于兵者未尝无二三。民遭大劫，元气伤尽，行军之官，安可不力加申诫，严饬其部属之骚扰也耶！

致　弟②

崇俭，是我一生长处，非夸语。不贪，亦是我一生长处，非夸语。忆余受不次之擢，十余年来，任知府，擢巡抚，由提督，补侍郎，未尝营一瓦之覆，一亩之殖，受伤积劳，未尝请一日之假；终年于风涛矢石之中，未尝移居岸上，以求一人之安。虽膺荣赏，自顾才秽，未尝肯滥竽莅任。应领收之俸给，及一切饷银，未尝侵蚀丝毫，未尝置一新袍。敝衣草履，御之而心气舒泰，中怀澄然无滓，可以明彻天地，俯仰无愧怍。是以历劝家中，幸以余为法，以戒奢侈、崇俭实，戒贪欲、崇廉义为要义，不可妄制一衣，妄用一钱也。

致　弟③

钊侄书来，以未入学为忧，余心窃不以为然。吾人只有进德修业是分内事，“科名”两字，乃是身外事。分内事由我做主，得尺则我之尺也，得寸则我之寸也。进德至何等地步，便算我之地步；修业至何等光景，便算我之光景。至于科名由命中注定，丝毫不能自主。

禀　叔④

人之成大事，立大业者，识见为主，才学为辅。而事业之成否，愈须

---

① 论行军当禁骚扰。

② 述一生崇俭不贪之益。

③ 科名由命中注定。

④ 天命不可拗。

参酌。夫天人之理，人定虽可胜天，有时亦天命不可拗。

致　弟[①]

昔与我共患难者，无论生死，皆得令名。余以一儒生而得虚名，最可愧。当今之世，退未必非福。阅历多年，见成功与名位，若由命焉，否则，如我者岂无人。[②]

彭刚直公疏辞漕督

同治四年，命署漕运总督，再疏辞，言："臣布寒儒，佣书养母，咸丰三年丁母忧，曾国藩谬采虚声，强令入营，初见，即自誓不求保举，不受官职。十余年来，自知府自巡抚，由提督改侍郎，并未尝一日居官。历任廉俸及军营例支官品银，从未具领分毫，恩虽实授，官犹虚寄，若责臣以必赴，惟有负罪而再辞。"上鉴其诚，从之。[③]

① 云退处是福。
② 以上《家书》。
③ 《续碑传集》。

袁氏命谱卷八

马新贻　五十七

清，姓马氏，名新贻，字谷山，号燕门，山东菏泽县籍，居曹州府城，① 东北五十里马家海。道光辛丑②补县学生员，丙午，③ 乡试中式举人，次年丁未，应礼部试中式贡士，殿试三甲六名，赐同进士出身，以知县签发安徽，精力过人，尤练达吏事，积功，官至两江总督，同治庚午，七月二十六日巳刻，校阅甫毕，回署，为张汶祥所刺，次日未刻卒于任所，年五十，谥端敏。

清宣宗道光元年十月初九日辰时生。④
清穆宗同治九年七月二十七日未时卒。

---

① 曹州旧县名，今为菏泽县。
② 年二十一。
③ 年二十六。
④ 生卒见《年谱》。

辛巳	命	九岁 十九	丁酉 丙申
戊戌	宫	二九 三九	乙未 甲午
丙戌	庚	四九 五九	癸巳 壬辰
壬辰	寅	六九 七九	辛卯 庚寅

谨按：马端敏公造，丙火日元，生届霜降节后，斯时土王用事，丙火失令，再益以月干戊土，及地支巳戌戌辰，各藏戊土，叠叠盗泄之，火为土晦，本不足称，因年支之巳，适值词馆，命宫之寅，适值长生，一则得火助火，一则得木生火，仍可日丽中天，光照宇宙。更兼日带二德，尤有特长，是以早登科第，荣膺疆圻，[1] 古歌云："天月二德喜重逢，贵比汾阳富石崇。祖荫崇隆承福厚，不然年少步蟾宫。"此之谓也。[2] 惜日元丙戌，在甲申旬中，生年辛巳，纳音属金，而甲申旬中，竟无纳音之金，《渊海子平》谓为四大空亡，多主蹇滞，或主夭折，而况时日二支，辰戌犯冲，殊为乖戾，是以虽逢二德，亦难解凶。然此必须详细钩稽，始可洞中症结，否则能不为二德所迷惑者乎？二十一岁丙运，辛丑，补县学生员，二十六岁申运丙午，中乡试举人，二十七岁仍行申运，丁未应礼部试，登进士第，蓬蓬勃勃，如愿以偿，此皆丙丁助力之明证也。自三十岁后，署理宿松知县，补授安庆知府，署理庐凤颍道，补授安徽臬司，升授安徽藩司，调补浙抚，升授闽督，后又调补江督，风起云涌，不可一世。更觉乙未甲午四运，木火连环，效力之大也。及至五十岁，交入癸运，岁值庚午，小限辛丑，七月甲申，二十六日庚寅，巳刻辛巳，校阅甫毕，由偏门步行回署，将近门首，突有不识姓名人，伪作跪状，持刀行刺，将领奔救，已伤公右胁肋，深入数寸，扶归正寝，至二十七日未刻薨逝。据此推测，火忌土晦，尤忌金侮也。

① 圻，渠希切音祈，界也。地方千里为圻。

② 用神得所，吉星照临固妙，究不能解四大空亡也。

附 录

王给谏原折称：臣闻马某办事，虽甚认真，而性情仍极平正，乃变起一时，至不能自全性命，实为从来未有之事，疆臣且人人自危，或其中有牵掣窒碍之处，难以缕晰推详，仍即以该犯一人，挟嫌等情，讯拟完案，应请添派亲信大臣，彻底根究，毋使稍有隐饰云云。

十月十七日上谕，前据张之万奏，会审凶犯，张汶祥，坚不吐实，设法研讯等语，此案关系重大，岂可日久稽延？曾国藩此时计可抵任，着即会同奎玉等，严切讯究，以期水落石出，固不可任其狡展，亦不得以犯无口供，将不相干涉之案，牵混定谳，总期设法审出实情，方准定案。

二月初二日上谕：前因太常寺少卿王家璧奏，马新贻被刺一案，颇有传闻。

二月初六日上谕：此案凶犯张汶祥，以漏网发逆，复通海盗，因马新贻在浙抚任内，戮伊党夥甚多，又因伊妻罗氏，为吴炳燮诱逃，呈控，未准审理，心怀怨恨，竟敢乘间刺害大员，实属罪大恶极，着即将张汶祥凌迟处死，以彰国法，而慰忠魂云云。

李鸿章　五十八

清，姓李氏，[1] 名鸿章，字渐甫，号少荃，晚号仪叟，安徽合肥县人。道光癸卯[2]优贡，甲辰[3]顺天乡试，中式举人，丁未[4]进士，入翰院。洪、杨军起，鸿章在原籍，赞巡抚福济公及吕文节公贤基军事，时庐州已陷，福济公谋规复，鸿章建议先取含山巢县，福济公授以兵，遂克二县，时咸丰甲寅十二月也。[5] 知兵之名，由是始著，福济公将疏荐道员，忌之者众，谤讟[6]繁兴，几不能自立于乡里。戊午[7]，曾文正公督军入江西，围建昌，遂往谒见，文正大喜，留幕中谋画一切，文正深倚之。继在江淮间，招集乡勇，转战苏常安徽各地，世称淮军，并刱议借用洋将，以故与外人交接甚多。洪、杨平后，捻匪又起，曾公自以功高震主，托言湘军老敝，不堪再战，一意授之淮军，卒将捻匪剿平。鸿章

① 其本许氏。
② 年二十一。
③ 年二十二。
④ 年二十五。
⑤ 年三十二。
⑥ 讟，音独，诽谤也。痛怨之言也。
⑦ 年三十六。

为人英断，具世界知识，一时中兴名臣。以外交而论，要推李公为第一，任事亦最久，任两广总督，两湖总督，直隶总督，各国条约，多出其手，中日之《马关条约》，辛丑之《联军条约》，皆其最大者也。官至太子太傅，文华殿大学士，封肃毅伯。光绪辛丑九月己丑卒，年七十九，追封一等侯，谥文忠。

清宣宗道光三年正月初五日卯时生。[①]

清德宗光绪二十七年九月二十七日午时卒。[②]

癸未	**命**	四岁 十四	癸丑 壬子
甲寅	**宫**	二四 三四	辛亥 庚戌
乙亥	**甲**	四四 五四	己酉 戊申
己卯	**子**	六四 七四	丁未 丙午

《通会》云：乙亥日，己卯时，生寅月，不见庚辛，乃是日禄归时格，当卜显扬贵达，此仅就五字言耳。

珊谨按：李文忠公造，癸未、甲寅、乙亥、己卯，日元之乙属木，月干之甲亦属木，月日二支寅亥，又各藏甲木，年时二支未卯，又各藏乙木，而亥寅卯未，又各自合木，天干又不见庚辛二字，金无一点，木必丛生，此诚纯洁曲直格，非片面之日禄归时比也。古歌云：“甲乙生人寅卯辰，又名仁寿两堪评。亥卯未全嫌白帝，若逢坎位必身荣。”就此观之，干逢甲乙，支会寅卯辰，或亥卯未，均当作曲直格论，[③]但必须不见白帝，所谓白帝者，盖恐金来克木，有伤本质也。逢坎身荣者，盖坎属水，能生木，裨益本质也。先贤名论，固甚简明，然珊犹有说焉，何则？曲直果成，虽行金运，亦无大害，盖四柱本来无金，略见微金，我强彼弱，彼岂敢轻犯我哉！至于坎水生木，更妙，究不若土之培木，火之暄木为尤妙也。观于文忠公二十一岁癸卯，得优贡，二十二岁甲辰，举乡试，二十五

① 见《家谱》。

② 见《续碑传集》。

③ 又名仁寿。

岁丁未，入翰林，可见大运子水，与水木火之流年，均与曲直格声应气求也。及至戌己戊丁未丙等运，土火齐逢，培木暄木之能力，愈加充足，是以自江苏巡抚，而晋至总理，及外务大臣，竿头直上，幸福可知。至辛庚四运，虽曰属金，不利曲直，然亦不过丧母丧妻，公私栗六而已，与正格并无妨碍。七十九岁丙运，岁值辛丑，竟薨于京师贤良寺者，此乃辛乙交战，丑未相冲之故，与丙运无涉也。

附　录

龙潭阻风怀雪琴

秋风纵酒浔阳郭，夜月联吟赤壁舟。往事隔年如昨日，故人击楫又中流。万篙烟雨楼船静，六代江山画角愁。不见元龙湖海气，卧闻凉吹撼汀洲。[1]

禀母亲

金陵围师，自攻克钟山石垒后，昼夜猛攻，创伤枕藉，[2] 卒以洪贼困守城中，粮援俱绝，李秀成力劝洪贼，弃城同走，贼不听，乃令李世贤，先就食江西，而自留金陵，背城固守，再于城内筑月城，以御官军，自谓安如磐石，九帅百计围攻，思筑隧道以轰之，无奈月城相阻，不得越雷池一步。五月三十日，攻克龙膊子山阴坚垒，俗所谓天保城者，遂筑炮台于上，日夜轰击，而潜穴于下，时刻进取。六月十六日，地道火发，倾城二十余丈，李臣典、萧泗孚辈，蚁附争登，城遂破。九帅日夜劳心，风餐露宿，以致苍黑憔悴，无复书生面貌，其忠义之气，令人感泣。当今伟绩，尽出曾氏一门，是天赋之独厚耳。城破后伪天王府火起，九帅闭门搜杀贼众三日夜，太平酋目三千，兵十余万皆死，生擒李秀成，及伪天王之兄洪仁达等。伪天王知不得善终，先于五月二十七日服毒自尽。其子福填，年十五六，为部下挟之突围出走，相扰十数年。至是始抵于平，事闻于朝，圣上以手加额，破颜作庆，于是诏封曾涤笙夫子为一等侯，国荃一等伯，李臣典一等子，萧泗孚一等男，官文与儿均一等伯爵，杨岳斌、彭玉麟、骆秉章、鲍超均一等轻车都尉，余各按功升赏。李秀成等诸逆，均磔于

① 《近人诗录》。

② 谓纵横相枕而卧也。

市。现查得福填之出走也，伪堵王黄文金，迎至湖州，是时苏州军力攻，破其城，浙军亦下安吉，文金于仓卒中，挟福填走宁国，苏州军并收复广德州城。

禀母亲

逆贼洪福填亡走宁国，又走广德，广德被苏州军破后，鲍超又大破逆军于许湾，黄文金又挟福填走浙江之淳安，为浙军黄少春所破。至于文金死，福填辗转走广信，为江西军席宝田，率轻兵尾其后，及至石城，围破之，而俘斩过半，卒获福填于荒谷中，磔于南昌市。伪天王之兄伪恤王洪仁政，弟伪干王洪仁玕，及黄文金，伪昭王黄文英等，已先为席宝田所擒。于是逆贼余众，仅存李世贤、汪海洋入闽一股，事闻，诏赏江南巡抚沈保祯一等轻车都尉，并赏鲍超一等子爵，席宝田云骑尉。

示文儿

年来国势日非，吾等执政，虽竭力谋强盛，然未见效，深为可叹！国人思想受毒根深，忽然一旦变化，固非易事，然受外人之凌辱，国人未能反省，非愚且钝乎？受人凌辱之原因，莫外乎不谙世事，默守陈法，藏身于文字之间，而卑视工商，岂知世界文明，工商业较重于文字！窥东西各国之强盛，无独不然，今当局者渐醒，于是有遣使出洋考察之议，然考察而未能仿行，等于不察；欲仿行而仍假手于外人，等于不仿。故曾夫子涤笙等，有上疏拟选聪颖子弟，出洋习艺事，各专所学，报效于国家也。或谓天津、上海、福州等处，已设局仿造轮船、枪炮、军火，京师设同文馆，选满汉子弟，延请学者教授。又上海开广方言馆，选文童肄业，似中国已有基绪，无须远涉重洋，不知设局制造开馆，所以图振奋之基也。远适肄业，集思广益，所以收远大之效也。西人学求实济，无论为士，为工，为兵，无不入塾读书，共明其理，习见其器，躬亲其事，各致其心思功力，递相师授。期于月异而岁不同，中国欲取其长，一旦遽图尽购其器，不惟力有不逮，且此中奥窔，苟非遍览久习，则本原无由洞澈，曲折无以自明。古人谓学齐语者，须引而置之庄岳之间，又曰：百闻不如一见，此物此志也。况诚得其法，归而触类引伸，今日所为孜孜以求者，不更扩充于无穷耶？余然曾夫子之说，附其后，因疏圣上并筹办法，吾儿身体不佳，宜自保重，每日工作，宜有定时，弗过度。余年老力衰，耳眼不灵，疏忽之处颇多，可恨可恨！

谕文儿

汝兄弟来禀，以读书不得其法，颇为怅恨，要知读古文，须从头至尾，一气读完，万不可分段读，盖文贵气魄，忌散漫，分段读，势必失通篇精警处，而淡然无味也。既知读法，则一面读，应一面想，如李华吊古战场文，李陵答苏武书，能想到一幅凄凉图画，满纸生风，汉皇负德，只字泪寄千行，而为之声泪俱下者，可谓得读书之玄奥矣。此层我与伯叔等，时时论及，汝可翻阅长上之日记，就近请教四叔，汝兄弟家居，宜听诸长上训言，读书写字，刻苦用功。我已身体不适，不能多及，他日当反复论之。[①]

① 以上《家书》。

周烈女　五十九

清，姓周氏，名络馨，江苏仪征县，北洋山人，随父广庆，侨居江都城北。道光丙午，四月初九日人定时，邻有桑源者，逾墙坏寝而入，欲强污之，致受刃伤，女愤极，不食者十日，卒于是月十八日戌时，年甫十七。桑源如律治罪，女随案请旌，大学士阮公芸台，表其庐曰：周烈女室。

清宣宗道光十年十一月十二日寅时生。[①]
清宣宗道光二十六年四月十八日戌时卒。

庚寅	**命**	六岁 十六	丁亥 丙戌
戊子	**宫**	二六 三六	乙酉 甲申
丙寅	**戊**	四六 五六	癸未 壬午
庚寅	**子**	六六 七六	辛巳 庚辰

《碑传补》载[②]周烈女传云：[③] 烈女家世儒族，父广庆，始废书习贾，道光十年，移居郡城北门外，宅在街西，而设油米肆于街东，女幼端谨，寡言笑，识字，解书算，待字于室，肆中事，时或纷遽，广庆则呼女至肆襄助，凡女工烦撋炊爨之事，[④] 亦无不习。二十六年四月二日，女之母张氏，往乡间亲串家，未归，邻有桑源者，知女独与其妹居，于初九日人定时，逾墙壤寝门而入，爇烛于几，女以独宿，故不解衣而寝者已数日，至是闻阖户声惊醒，[⑤] 则烛光莹然，源立于侧，有一刀插几上，女急呼其妹起，自出帐外，叱源曰："汝何故夜入吾室?"源以游辞挑之，女勃然怒，复叱之，源胁之以刃，女大声曰："今日之事，惟有死耳!"源持刃径前，

---

① 生卒见《碑传补》。
② 卷六。
③ 刘文淇撰。
④ 撋音犉，拭也。烦撋，犹挼挱，两手相切摩也。
⑤ 阖音合，门扇也。

女子以右手格之，伤四指，女忍痛夺户，出奔庭中，源急追之，复以刃刺其颈，流血不止。女之妹，甫六龄，见女倒地，乃大哭号，邻里闻声惊起，急呼广庆至，则源已遁。广庆乘夜诣县，县令来取女生供，亲验颈伤二处，深四分，右小指将断。女愤极，不食者十日，竟不起。县役旋于二十六日，在淮安山阳县境获源，供认不讳，论如律。女循例随案，详请旌表，予告大学士阮公，亲诣其庐式之，而表其庐曰：周烈女室。并率绅士，请于太守，奉主入县学节孝祠，及平山堂五烈祠。女生于道光十年十一月十二日寅时，卒于二十六年四月十八日戌时，年甫十七。

珊谨按：周烈女之造，年庚寅、月戊子、日丙寅、时庚寅，四柱纯阳，秉受乾刚之体，五行俱备，偏饶坤德之长，惟嫌地支三寅，各藏丙火，连同丙火日元，火计有四，仅恃月支一点子水，纳音属火，断难收坎离交济之功，所以人虽玉洁冰清，知书识算，盗竟逾墙壤寝，爇烛施刀。《命学新义》有云："偏枯之造，难享大年。"验之于此，而益信也。所幸庚金两排，藉金生水，尚可以羡补不足，智能疾声呼妹，勇能饮刃捐躯者职是之故。至于醵金建祠，固是贤绅美德，完璧无疵。自应贞女流芳，推其率年，适在丙午，比日元而冲子水，故不免于难，然得亥水运之贵人，会合长生，故又千秋不朽也。

丁丙 六十

清，姓丁氏，名丙，字嘉鱼，号松生，晚号松存，浙江钱塘县人。[①] 生于杭城麒麟街旧居，咸丰甲寅[②]取入杭州府学，十五名附生，乙卯，[③] 丙封臂疗亲，丙辰，[④] 江宁大营溃，警音迭至，避难城中者，不下数万计，均于各寺观驻足，丙急设中城福院粥厂以济之。己未，[⑤] 广购书籍，庚申[⑥]二月二十七日，杭城陷，三月初六日，杭城克复，四月初，金陵大营溃，苏郡陷，时难民自苏至松者数万人，丙与郑君友梅、王君墨侯，于超果寺、西林寺，开设粥厂，并设施医药局，按口分给钱文。辛酉[⑦]四月，采访庚申殉难官绅士庶妇女，姓名事实，仿自《靖录例》，纂修《崇义录》，并创建崇义祠于吴山麓。十一月二十八日，城复陷，同治壬戌，[⑧] 苏城克复，丙收集难童，为谋安全，甲子二月二十四日，杭城克复，左文襄公进城，召丙谋画善后，开办振抚局，设立难民局，掩埋局，施材局，重建崇义祠，开浚城河。十二月初二

---

① 民国改钱塘、仁和，为杭县。

② 年二十三。

③ 年二十四。

④ 年二十五。

⑤ 年二十八。

⑥ 年二十九。

⑦ 年三十。

⑧ 年三十一。

日，奉旨以知县发往江苏补用，此乃左文襄公奏保也。乙丑，[1] 监造崇文书院，诂经精舍，及正气先觉遗爱祠，为蒋方伯重铸岳墓铁人，设立正蒙义塾，丙寅，[2] 开办育婴堂。是年十二月二十二日，生长子立中。[3] 丁卯，[4] 举办栖流所。戊辰，[5] 并办理救生局，及各善举。光绪辛巳，[6] 李文忠公为丙父母，奏建乐善好施坊，得旨俞允，辛卯，[7] 藏书焦山，己亥三月丙辰，卒于里第，年六十八。除校刊古籍数百种外，著有善本《书室藏书志》、《庚辛泣杭录》、《北隅赘录》、《续东河权歌》、《三塘渔唱》等书。

清宣宗道光十二年七月二十日卯时生。[8]
清德宗光绪二十五年三月初九日戌时卒。

壬辰	命	八岁 十八	己酉 庚戌
戊申	宫	二八 三八	辛亥 壬子
甲子	丙	四八 五八	癸丑 甲寅
丁卯	午	六八 七八	乙卯 丙辰

丁松生先生之造，壬辰、戊申、甲子、丁卯，与邵康节先生之造，辛亥、辛丑、甲子、甲戌，似同实异。松生造，日元甲子，枝会辰申子，水多木湿；康节造，日元甲子，支会亥丑子，亦水多木湿，此似同也。松生造，取时干丁火，及命宫丙火午火，为暖木之用；康节造，取时支戌藏丁火，及命宫巳藏丙火，为暖木之用，此又似同也。松生造，诞生孟秋，暑热犹存，产生南方，火气较扬，且多一午火，故出身富余；康节造，诞生暮冬，天气严寒，产生北方，且少一午火，故出身儒素，此实异也。松生

① 年三十四。
② 年三十五。
③ 辛卯科举人。
④ 年三十六。
⑤ 年三十七。
⑥ 年五十。
⑦ 年六十。
⑧ 生卒见《年谱》。

造，运喜土火，而偏逢金水，虽涵今茹古，连夜惜阴，仅博得青衿一领，未能桂杏联辉；康节造，运喜火土，而火土连环，虽家徒四壁，艰苦备尝，竟得司马光等，为之市园宅，置行窝，此又实异也。总之，松生、康节二造，日主同为进神，松生甲壬互刃，乐善好施；康节甲辛双排，移风易俗，同为芳流百世，名著千秋之人，无甚轩轾也。康节之造，详见前篇，兹再按照松生经历，略述如下：

二十一岁庚运壬子，凌夫人卒，二十四岁戌运乙卯，洛耆公弃养，二十六岁仍行戌运丁巳，姚太夫人亦弃养，五十三岁癸运甲申，陆夫人卒，五十六岁丑运丁亥，胞兄竹舟公卒，六十一岁甲运壬辰，三子立亢殇。

凡此种种，有为戌冲生年之辰者，有为亥会子丑为水者，有为逢水而又克火者，是以忧丧不免，烦恼频遭也。至于二十三岁庚运甲寅，考取杭州府学，三十三岁辛运甲子，奉旨以知县补用，三十五岁亥运丙寅，长子立中生，五十岁癸运辛巳，为父母建筑乐善好施坊，得旨俞允。长子立中入泮，五十八岁丑运己丑。次子立方生，六十岁甲运辛卯，小限丁未。长子立中，乡试中式举人，又藏书一千册于焦山。此皆岁限忽逢火土，资助用神，有以致之，非大运金水之功也。六十八岁偶染微疴，遽捐馆舍者，此乃寅运遥冲申月，太岁己亥，与小限己亥，互相犯刑，助纣为虐之故，非无因也。

附　录

追忆钱夫子

师讳光泰，字菊人，杭郡生，侨寓明州，馆吾乡黄氏，伯兄先受业焉。小子入学之日，师喜程课早毕，赠以枣栗饼饵，似寓奖勖之意。翼日，师即感疾，旋归，殁于家，同学诸子皆散去，七八年来，无音耗可得，而师弟一日之缘，殆有宿契者欤。

请业钱门下，依依七岁儿。神童诗学诵，夫子眼青垂。一夕瓣香堕，四明山色悲。镫前怀杖履，何以慰相期。

赠卢儒医①

我爱卢夫子，高风不可攀。药求灵异水，家住最深山。

---

① 彤。

偶作吾杭寓，姑苏母病孱。当归归志切，风雪送君还。

八千卷楼书

弟兄兀兀抱书痴，谏果回甘味独知。未必祖龙都毁尽，尚期得者宝藏之。

一

杨师母徐孺人，咸丰十一年十二月朔，投四眼井中死。

哀哉杨烈妇，足以配吾师。辨义千寻井，从亡一岁儿。

青山虚骨葬，白水此心知。故土如收复，终当立祀祠。

二

歇浦一丐，沿门诵《滕王阁序》，于“关山萍水”一联，尤声泪俱下，诗以纪之。

世鲜平原座孰延，羹残炙冷散华筵。苦吟阁序滕王句，似听箫声吴市边。沪上斯文愁扫地，马当济运待呼天。他乡失路同牵恨，肠断西湖病柳烟。

三

蒋芗泉方伯[1]既葺岳忠武祠墓，复属监铸四佞像，纪之以诗。

脚长头重屈难伸，四体翻成不壤身。奸亦何缘称铁汉，死偏如愿附金人。六州大错空教铸，三字奇冤竟未沦。输与墓门双石兽，摩挲有客剔烟榛。

感怀书事

陆宜人自奉俭约，不吝施与，每散米帖，辄手记户口，岁以为常，去腊力疾勉为，告女恒曰：“来岁恐未必为此，姑付汝收藏，或踵行之。”今岁恒出遗笺，既为散米，因题此诗。

风雪啼饥逼岁除，敢言仁粟慰乡闾。沾沾细以斗升计，某某亲将姓氏书。自说明年知在否，且教弱女好藏诸。今朝苦践君遗意，珠泪潺湲米不如。

记老人担米

解衣推食古之义，谁谓今人不能继。特怜继者世不多，童子何知知此

---

① 益沣。

意。光绪乙未岁将除，馈贫年米施普济。千石万斗十万升，先分米帖为成例。武林茕独寡且孤，往往藉之卒残岁。于橐于橐负更担，中有衰翁挑两器。三斗未满二斗逾，一竹纤纤两绳系。谁知道经中正桥，一桶底脱米散地。纵留一器不能容，仓皇莫措但流涕。衰翁居隔偏遥遥，家无别器易非易。邻妪更比翁力衰，待之举火米难弃。过者驻足空旁观，相对踌躇无一计。忽来一童眉为攒，急解里衣权作替。包之裹之足一囊，余粒收罗靡遗细。途人啧啧交叹嗟，不信此童不自利。童年约略二十强，不似攻书似习艺。衰翁担米得得归，惜未将童姓名记。

服西药多不效人仍趋之偶作

瓶水津津露有光，粉研绛雪捣元霜。重楼蜃市万千象，秘箧龙宫三十方。在昔监梅羹自美，于今甘草味为良。从无康子遥相馈，慎守中医未敢尝。

三月初一日病危口占

六十八年有此身，时和岁稔亦艰辛。分应独善心兼善，家守清贫书不贫。是以真诚对知己，从无仰面一求人。何如早返初为路，愿被罡风化作尘。[1]

---

① 以上《松梦寮诗稿》。

张之洞　六十一

清，姓张氏，名之洞，字孝达，一字香涛，号壶公，又号无竞居士，晚号抱冰，直隶南皮县人。咸丰壬子，[1] 顺天乡试第一，同治癸亥，[2] 会试登进士，廷对擢一甲三名，授编修，丁卯，[3] 充浙江乡试副考官，旋命提督湖北学政，所至提倡经史实学，外任督抚，垂三十年，在两湖最久。京汉铁路，汉阳铁厂，萍乡煤厂，皆其所创办。光绪末，为军机大臣，官至体仁阁大学士，军机大臣，实录馆总裁官。宣统己酉，八月丁酉卒，年七十三，谥文襄。有《劝学篇》、《輶轩语》、《书目答问》、《广雅堂集》等。

清宣宗道光十七年八月初三日午时生。[4]
清宣统元年八月二十一日□时卒。[5]

丁酉	**命**	九岁 十九	丁未 丙午
戊申	**宫**	二九 三九	乙巳 甲辰
戊申	**壬**	四九 五九	癸卯 壬寅
戊午	**寅**	六九 七九	辛丑 庚子

---

① 年十六。
② 年二十七。
③ 年三十一。
④ 见《五续疑年录》及《名人生日表》。
⑤ 见《碑传补》。

《明通赋》云："拱贵拱禄为将相，忌刑冲填实之凶。"《三车一览》云："命中若逢天赦，一生处事无忧。"

珊谨按：张文襄公之造，丁酉、戊申、戊申、戊午，日支之申，时支之午，虚拱未字，既无冲申冲午之嫌，又无填实未贵之弊。且日值戊申，为秋月之天赦，宜其早捷巍科，晚膺相位，逢凶化吉，多子大年。[①] 然此犹言其表，实则命占六土，厚之至矣。得年干丁火及时支午火，与夫二申藏水，从而暄之润之，是以生机蓬勃，而收地大物博之效。再益以命宫寅木，疏通土脉，其妙更不可言矣。或谓逢寅冲申，奈何，曰不忌，盖二申不冲一寅也。观其十六岁未运壬子，顺天乡试发解，二十七岁午运癸亥，春闱登第，擢一甲三名，而授编修，吾固知其水火二者，均裨益厚土也。自三十岁至四十四岁，经过乙巳甲三运，既充浙江、四川乡试副考官，又任湖北、四川学政，又晋翰林侍讲，授山西巡抚，吾更知其木能疏土，火能暄土，均为土厚之命，所最喜也。四十五至七十三岁，擢两广，调两湖，权两江，加太子少保，入赞枢机兼筦学部，寻为体仁阁大学士，充经筵讲官，三十年间，鹏飞鲲化，虎变龙翔，此皆辰癸卯壬寅辛等运，水木连环，有以致之。七十三岁仍行辛运，忧劳成疾，遽薨于位，适在己酉年、癸酉月、丁酉日，会生年之酉，四酉自刑，物极则反，无可避免。假使运不逢辛，亦未必若是也。

附　录

闵　仆

峻坂摧轮雨雪雱，萧奴从我在他乡。乾糇冷店同朝暮，此亦贫交不可忘。[②]

劝学篇序

昔楚庄王之霸也，以民生在勤箴其民，以日讨军实儆其军，以祸至无日训其国人，夫楚当春秋鲁文宣之际，土方辟，兵方强，国势方张，齐晋秦宋无敢抗颜行，谁能祸楚者，何为而急迫震惧如是之皇皇耶？君子曰："不知其祸，则辱至矣；知其祸，则福至矣。"今日之世变，岂特春秋所未

① 公有三妻六子。

② 《张文襄诗集》。

有，抑秦汉以至元明所未有也！语其祸，则其共工之狂，辛有之痛，不足喻也。庙堂旰食，乾惕震厉，方将改弦以调琴瑟，异等以储将相，学堂建，特科设，海内志士，发愤扼腕，于是图救时者言新学，虑害道者守旧学，莫衷于一。旧者因噎而食废，新者歧多而羊亡。旧者不知通，新者不知本。不知通，则无应敌制变之术；不知本，则有非薄名教之心。夫如是，则旧者愈病新，新者愈厌旧，交相为愈，而恢诡倾危，乱名改作之流，遂杂出其说，以荡众心，学者摇摇。中无所主，邪说暴行，横流天下。敌既至，无与战；敌未至，无与安。吾恐中国之祸，不在四海之外，而在九州之内矣。窃惟古来世运之明晦，人才之盛衰，其表在政，其里在学，不佞承乏两湖，与有教士化民之责，夙夜兢兢，思有所以裨助之者，乃规时势，综本末，著论《二十四篇》，以告两湖之士。海内君子，与我同志，亦所不隐。内篇务本，以正人心；外篇务通，以开风气。

《内篇》九：曰同心，明保国保教保种为一义，手足利则头目康，血气盛则心志刚，贤才众多，国势自昌也。曰教忠，陈述本朝德泽深厚，使薄海臣民，咸怀忠良，以保国也。曰明纲，三纲为中国神圣相传之至教，礼政之原本，人禽之大防，以保教也。曰知类，闵神明之胄裔，无沦胥以亡，以保种也。曰宗经，周秦诸子，瑜不掩瑕，取节则可，破道勿听，必折衷于圣也。曰正权，办上下，定民志，斥民权之乱政也。曰循序，先入者为主，讲西学必先通中学，乃不忘其祖也。曰守约，喜新者甘，好古者苦，欲存中学，宜治要而约取也。曰去毒，洋药涤染，我民斯活，绝之使无萌枿也。①

《外篇》十五：曰益智，昧者来攻，迷者有凶也。曰游学，明时势，长志气，扩见闻，增才智，非游历外国不为功也。曰设学，广立学堂，储为时用，为习帖括者击蒙也。曰学制，西国之强，强以学校，师有定程，弟有适从，授方任能，皆出其中，我宜择善而从也。曰广译，从西师之益有限，译西书之益无方也。曰阅报，眉睫难见，苦药难尝，知内弊而速去，知外患而豫防也。曰变法，专已袭常，不能自存也。曰变科举，所习所用，事必相因也。曰农工商学，保民在养，养民在教，教农工商，利乃可兴也。曰兵学，教士卒不如教将领，教兵易练，教将难成也。曰矿学，兴地利也。曰铁路，通血气也。曰会通，知西学之精意，通于中学，以晓

① 枿与糵同。槎卉，伐木余也。斜曰槎，斩而复生曰枿。

固蔽也。曰非弭兵，恶教逸欲而自毙也。曰非攻教，恶逞小忿而败大计也。

《二十四篇》之义，括之以五知：

一知耻，耻不如日本，耻不如土耳其，耻不如暹罗，耻不如古巴。二知惧，惧为印度，惧为越南、缅甸、朝鲜，惧为埃及，惧为波兰。三知变，不变其习，不能变法；不变其法，不能变器。四知要，中学考古非要，致用为要，西学亦有别，西艺非要，西政为要。五知本，在海外不忘国，见异俗不忘亲，多智巧不忘圣，凡此所说，窃尝考诸《中庸》而有合焉。鲁，弱国也。哀公问政，而孔子告之曰："好学近乎知，力行近乎仁，知耻近乎勇。"终之曰："果能此道矣，虽愚必明，虽柔必强。"兹《内篇》所言，皆求仁之事也；《外篇》所言，皆求智求勇之事也。夫《中庸》之书，岂特原心杪忽，校理分寸而已哉！孔子以鲁秉礼而积弱，齐、邾、吴、越，皆得以兵侮之，故为此言以破鲁国臣民之聋聩，起鲁国诸儒之废疾，望鲁国幡然有为，以复文武之盛。然则无学、无力、无耻，则愚且柔；有学、有力、有耻，则明且强。在鲁且然，况以七十万方里之广，四百兆人民之众者哉！吾恐海内士大夫狃于晏安，而不知祸之将及也，故举楚事；吾又恐甘于暴弃，而不复求强也，故举鲁事。《易》曰："其亡其亡，系于苞桑。"[①] 惟知亡，则知强矣。光绪二十四年三月，南皮张之洞书。

致儿子书[②]

吾儿知悉，汝出门去国，已半月余矣。为父未尝一日忘汝，父母爱子，无微不至，其实恨不一日离汝，然必令汝出门者，盖欲汝用功上进，为后日国家干城之器，有用之才耳。方今国是扰攘，外寇纷来，边境屡失，腹地亦危，振兴之道，第一即在治国，治国之道不一，而练兵实为首端。汝自幼即好弄在书房中，一遇先生外出，即跳掷嬉笑，无所不为，今幸科举早废，否则汝亦终以一秀才老其身，决不能折桂探杏，为金马玉堂中人物也。故学校肇开，即送汝入校，当时诸前辈，犹多不谓然，然余固深知汝之性情，知决非科甲中人，故排万难以送汝入校，果也除体操外，绝无寸进。余少年登科，自负清流，而汝若此，真令余愤愧欲死。然世事

---

① 苞，本也。凡物系于桑之苞本则牢固也。

② 训诫用功。

多艰，习武亦佳，因送汝东渡，入日本士官学校肄业，不与汝之性情相违。汝今既入此，应努力上进，尽得其奥，勿惮劳，勿恃贵，勇猛刚毅，务必养成一军人资格。汝之前途，正亦未有限量，国家正在用武之秋，汝纵患不能自立，勿患人之不已知，志之志之，勿忘勿忘！抑余又有诫汝者，汝随余在两湖，固总督大人之贵介子也，无人不恭待汝，今则去国万里矣，汝平日所挟以傲人者，将不复可挟，万一不幸肇祸，反足贻堂上以忧，汝此后当自视为贫民，为贱卒，苦身戮力，以从事于所学，不特得学问上之益，且可藉是磨炼身心。即后日得余之庇，毕业而后，得一官一职，亦可深知在下者之苦，而不致予智自雄。余五旬外之人也，服官一品，名满天下，然犹兢兢也，常自恐惧，不敢放恣。汝随余久，当必亲炙之，勿自以为贵介子弟，而漫不经心，此则非余之所望于尔也。汝其慎之，寒暖更宜自己留意，尤戒有狭邪赌博等行为，即幸不被人知悉，亦耗费精神，抛荒学业，万一被人发觉，甚或为日本官吏拘捕，则余之面目，将何所在？汝固不足惜，而余则何如？更宜力除，至嘱至嘱！余身体甚佳，家中大小，亦均平安，不必系念，汝尽心求学，勿妄外骛，汝苟竿头日上，余亦心广体胖矣。父涛示，五月十九日。

致儿子书[①]

吾儿知悉，汝去国后，日与老成相远，而中国古圣贤之大经大法，益茫然不复记忆，孝弟为人之本，本之不存，学也何用？此甚为悬悬者也。国内学校子弟，有父兄之诫，师长之教，而尚流于邪僻，不克自检其身心，况去国已远，无父兄，无师长，苟无克己工夫者，必不能以自存。余窃忧之，因将余近日所著《劝学录》一篇寄汝，汝可作格言读，悬于座右，日诵一遍，苟为《劝学录》中所可者，必有益于汝，汝尽行之，苟不许者，必于汝有害，汝力戒之。余著此书，本以开导国内青年子弟，并以告一班为父兄师长者，印行万本，散发各校，虽所言或有不尽适合者，然大体必无误。今人束圣贤书不读，几不知君父之尊，师长之重，甚有读书数年，而全不知其所学为何事者，上无道揆，下无法守，禽兽食人，狂澜遍地，此正顾炎武所谓亡天下之象。余惄焉忧之，因择数事以诫学生，而著为是书。凡立身安命，待人处世，以及事父事君之道，靡不详载引申，反复叮咛告诫，使学子而能体会及此者。推而充之，虽为圣贤亦何难，小

① 《寄示格言》。

亦不失为谨饬端行之士，足以保其身家，无父无君之事，必不敢为，而灭门杀身之祸，亦可不至，此诚青年之一服良剂也。汝于正课之暇，应身体而力行之，如对严师，如对严父，朝而省焉，暮而察焉，庶几邪说可以不至，害事可以不做，而余亦放怀宽心，不复忧虑汝累及老父矣。即同学中，汝亦可以此示之，多得一人体会，中国留学中，即可多一操行可守之人，慎勿以为老生常谈，而忽视之也。汝迩来身体如何，务须时时留心，余身体甚佳，家中亦均平安，汝不必忧虑，一切家务，自有余一人操心，汝可安心求学，不必挂念，且勿亡根本，寄汝《劝学录》一本，汝当尽心读之，久而久之，必可得其益也。父涛白，十一月初五日。[1]

① 以上《家书》。

武 训 六十二

清，姓武氏，本名武七，山东堂邑县人。人以其励志苦行，可为世训，乃以训名之。训三岁，父宗禹殁，随母崔氏，求食，每得食，必先奉母。七岁母又殁，日持缺盎盛湻糜，[①] 哀号行乞，自恨不识字，常随群儿挟书往村塾就学，群儿颇厌辱之，训大愤，誓必集资教人。昼行乞，夜绩麻，或为人磨米麦，得一钱，必谨守，与饼饵，食其残，市其全者。由是积渐夥，日负以行，力或不胜，思收赢利，乃为黠者所绐。顾训志益坚，行益苦，行乞，绩麻，磨米麦，不少休。数岁，积钱六千。一日踵富人某门，长跪求见。问其故，曰："丐者有求于贵人也，贵人许我，乃敢言。"富人疑其强索，拒之，训曰："非乞钱也。丐所蓄，曩为人所绐，今所积，将贮诸贵人，得倍其息，以偿吾所为，乃所愿也。"闻者复怂恿之，富人诺其请，训拜谢去。自此乞钱盈千，辄持往。阅二十余年，子母相权，数且盈万。训大喜，语人曰："今可以行吾志矣。"即于柳林置地，设义塾焉。初就学者无多，乃僦古庙为学堂，招窭人子弟来学，聘邑之文学士为主讲，岁奉修脯有加。或不就，则长跪涕泣，必得请乃已。释菜日，治盛馔饷师，以邑之有闻望者，陪宴焉，或却不往，则又长跪涕泣，必得请乃已。人多审其愿，而怜其意焉，所给每日多于往日，而训悉寄于富家，以权子母，嗣之馆陶县，见僧人了证，在杨二庄设塾，助钱三百千，以赞其成。至临清

---

① 湻音闹，效韵，和也。仪礼，嘉荐普湻。

州，又于城之史巷，出资建塾，州人感其义，名曰：武训义塾。训积铢累寸，设学三州县，校舍经费皆备。倩知教育者董理之，每朔望前往省视，遇教师之勤者，必跪而拜谢，学生有辍业嬉戏者，又必跪以衰告之，以故教师莫不畏敬，学生皆相戒勿敢怠。甫十余年，塾中子弟，辍高第者日众，而训敝衣恶食，行乞如故，学生相约，环跪其前，乞无自苦，而训泊如也。光绪二十二年四月，以病殁，年五十有九。训形短肥，未尝一饭费一钱，或劝其娶，辄蹙然曰："有妻有子，耗吾财矣。"竟终身不娶。既殁，鲁抚张曜胪陈事迹，请付史馆以传之。[①]

清宣宗道光十八年九月初八日辰时生。[②]

清德宗光绪二十二年四月□日□时卒。

戊戌	命	五岁 十五	癸亥 甲子
壬戌	宫	二五 三五	乙丑 丙寅
丙午	甲	四五 五五	丁卯 戊辰
壬辰	寅	六五 七五	己巳 庚午

曩有山东僧，名澄源者，善子平术，来京口访珊，彼尝示以当代名人，及武训等造，俾可共同研究，乃知训为清道光十八年九月初八日辰时生，光绪二十二年四月卒。其八字为戊戌，壬戌、丙午、壬辰，观其火土交加，偏枯特甚，固当幼失恃怙，阳刃冲合互见，驳杂异常，更应艰于妻子。五十九岁，运行戊字，岁值丙申，火愈炎，土愈燥，是以寿终学舍。按诸事实，似颇吻合，然犹疑信参半。及读《清史稿·武训列传》，载明光绪二十二年，殁于临清义塾庑下，年五十九，而《清代名人传》，又载三岁父宗禹殁，七岁母崔氏又殁，又载光绪二十二年四月以病殁，年五十有九，并云训形短肥，以此证之，始信澄源所说，为不虚也。

珊兹再按之：袁天罡云："羊刃虽为凶恶神，只宜君子掌权人。"《巫咸撮要》云："人命若还逢月德，百事所求多利益。"珊尝云："君子小人

① 《清代名人传》。

② 澄源僧述，参考《清史稿》。

之别，不在富贵贫贱，而在尚义与好利两途之判耳。”尚义者，虽贫贱不失为君子；好利者，虽富贵终为小人。至于名位二字，更非专指官爵言，凡忠臣孝子，义士节妇，各有名位。武训，乞者也，节资兴学，与富贵骄人，唯利是图者迥异，岂非君子乎？武训得钱必市甘旨奉母，武训又予田助养孝媳张陈氏，不仅义士，且是孝子。呜呼！孝子义士之名位，吾不知较之贪官降将，为何如也？武训造，壬水两排，乃是七杀，午火会合乃是阳刃，日元丙火，乃是两德，是以为君子而兴学，是以为孝子义士，名位大显，卒至列传、国史，镌像奉祀，岂非所求多利益，原来大吉昌乎？珊曾在故里，与宗兄旭江，从弟子高，协办卧雪学校，敬题“不如武训”四字，署之厅事，非惟自警，盖纪实也。

附　录

武训，堂邑人，乞者也。初无名，以其第曰武七，七孤贫，从母乞于市，得钱必市甘旨奉母，母既丧，稍长，且佣且乞，自恨不识字，誓积资设义学，以所得钱，寄富家，权子母，积三十年，得田二百三十亩有奇，乞如故。褴褛蔽骭，[①] 昼乞而夜绩，或劝其娶，七谢之。又数年，设义塾柳林庄，筑塾费钱，四千余缗，画出所积田以资塾，塾为二级，曰蒙学，曰经学。开塾日，七先拜塾师，次遍拜诸生，具盛馔响师，七屏立门外，俟宴罢，啜其余，曰：“我乞者，不敢与师抗礼也。”常往来塾中，值师昼寝，默跪榻前，师觉惊起，遇学生游戏，亦如之，师生相戒勉于学。有不谨者，七闻之，泣且劝，有司旌其勤，名之曰训，尝至馆陶，僧了证设塾鸦庄，赀不足，出钱数百缗，助其成，复积金千余，建义塾临清，皆以其姓名名焉。县有嫠，[②] 张陈氏家贫，刲肉以奉姑，训予田十亩助其养，遇孤寒，辄假以钱，终身不娶，亦不以告人。光绪二十二年，殁临清义塾庑下，年五十九。病革，闻诸生诵读声，犹张目而笑，县人感其义，镌像于石，归田四十亩，以其从子奉祀。山东巡抚张曜、袁树勋，先后疏请旌，祀孝义祠。[③]

---

① 骭音干，胁也，胫骨也。

② 音釐，妇无夫也。

③ 《清史稿》。

康有为　六十三

清，姓康氏，名有为，字广厦，号长素，广东南海县人。生于南海西樵之银塘乡，光绪癸巳，[1]领乡荐，乙未[2]成进士，戊戌政变，易号更生，丁巳蒙难，更号更甡，晚号天游化人。民国丁卯，二月甲子，卒于青岛寓舍。有《大学注》、《中庸注》、《孟子注》、《春秋邮》、《政见书》、《官制考》、《物质救国论》、《日本书目考》、《广艺舟双楫》、《南海诗文集》等书。

清文宗咸丰八年二月初五日未时生。[3]
民国十六年二月二十八日卯时卒。

戊午	**命**	六岁 十六	丙辰 丁巳
乙卯	**宫**	二六 三六	戊午 己未
辛亥	**己**	四六 五六	庚申 辛酉
乙未	**未**	六六 七六	壬戌 癸亥

文子云："金之势胜木，一刃不能残一林。"盖金能胜木，木畏金戕，然少数之金，断不能胜多数之木，不独不能胜木，且恐为木所伤，故《子平》又有"木强金折"之说。

珊谨按：南海康先生造，戊午、乙卯、辛亥、乙未，日主之辛，在五

---

① 年三十六。
② 年三十八。
③ 生卒见《南海先生传》。

行属金，诞生于春分节后，木正当令，金本无权，金弱木强，显然易见。月时二干，乙木交拱，月时卯未二支，乙木中藏，日支之亥，又复中藏甲木，木计有五矣。一木曰木，二木曰林，三木曰森，今命占五木，望而知为一大森林，仅凭单独辛金，岂能胜林林总总之木，而况又值木强金弱时乎？所幸年干之戊，在五行属土，巍然特立，具有资生辛金之能力，虽木局如林，而辛金之本质未伤，《琴堂指金歌》云："一贵当权众煞伏，将相威风肃。"此之谓也。惜戊土为乙木间隔，收效未减，所以才虽可以大用，功每败于垂成。若戊居月干，或居时干，则辛金得直接资生之益，而戊土亦无扞格之虞，有不旋乾转坤，扶危定倾者乎？李商隐有句云："管乐有才原不忝，关张无命欲何如。"古今一辙，夫复何言！十一岁丙运戊辰，植谋公作古，五十六岁，申运癸丑，劳大夫人仙游，足证春金怕火。盖大运之丙属火，岁干之癸，合戊化火，岁支之丑，与未遥冲，是以忧丧靡已也。四十一岁己运戊戌，四月二十八日，德宗召见，先生昌言变政，至七月二十九日，奉密诏，命迅速出外，先生维新事业，至此结束，凡九十日，虽曰万死一生，备尝艰苦，然先生大名垂宇宙矣。此无他，运逢己土，岁值戊戌，干枝又俱属土，是以一飞翀天，一鸣惊人，以视三十六岁午运癸巳，领乡荐，三十八岁己运乙未，成进士，其荣誉轻重，大有霄壤之判，六十□岁辛运丁巳，各省督军，公推张勋为盟主，六月三十夜，仓猝宣布复辟，先生授为弼德院副院长，赏给头品顶带，着加恩在紫禁城内，赏坐二人肩舆，其时先生主张虚君共和，张勋主张君主立宪，政见各异，遂受排挤。七月初八日，段祺瑞马厂誓师，大势一变，张军败衄，[①]张勋逃东交民巷荷兰兵营，先生亦避居美使馆之美森院。是年十二月，美公使芮恩施，备专车，派兵护先生出都。此一幕，不满旬日，卒致瓦解，而稍留印象者，乃辛金大运之关系，其所以毫无结果者，岁值丁巳，与日主辛亥，干克支冲也。至往来欧美，不宁厥居者十余年，往来苏浙讲学著书者，又十余年，均能逢凶化吉，到处欢腾，盖由未庚申辛等运，土金连环，与辛金日主，均有相当感情也。七十岁壬运丁卯，二月二十八日卯时，卒于青岛寓舍者，丁壬化木，卯未会木，助纣肆虐，故君子道消也。

① 衄音忸，屋韵，挫也。

附　录

辛亥重九日闻党禁开

千秋伤党锢，禁网至今开。自是旻天大，宁因兵变来。流涕苏马赦，伤旧滂膺哀。感叹乌头白，艰难归去来。十四年于外，流离万死间。子卿伤白发，披老指青山。国事亦多变，神州竟未还。惜哉迟岁月，念乱泪潸潸。

孔教会序

仆缘于大地之上，古今立国以万数，语人曰："国不严军兵，不设辨护士，民老死熙熙，不知律例，不识长吏，而能长治久安数千祀，统一方里数千万，孚衍种族数万万，则横览欧美，竖穷历史，未之有也。"闻者则窃窃笑之，疑其诬也。虽然，吾中国数千年之为治，实有然也。未尝无法律，而实极阔疏；未尝无长上，而皆不逮下。上虽专制，而下实自由，狱讼鲜少，赋敛极薄，但使人知礼义忠信之纲，家知慈孝廉节之化而已，嗟乎！何由而致是哉！昧昧我思之，岂非半部《论语》治之耶？夫《论语》何氏之书也？

其非然耶？或者慕欧思美，偏知政治之为国也。夫人有耳目心思之用，则有情欲好恶之感，若无教道以范之，幽无天鬼之畏，明无礼纪之防，则暴乱恣睢，何所不至？专以法律为治，则民作奸于法律之中；专以政治为治，则民腐败于政治之内，率苟免无耻，暴乱恣睢之民以为国，犹雕朽木以抗大厦，泛胶舟以渡远海，岂待风雨波浪之浩淘涌哉！若能以立国也，则世可无圣人，可无教主矣。

今之谬慕欧美者，亦知欧美今所以盛强，不徒在其政治，而有物质为之耶！欧美所以为人心风俗之本，则更有教化为之耶！政治教化之与物质，如鼎之足峙而并立；教化之与政治，如车之双轮而并驰，缺一不可者也。或者以法革命之废教也，岂知法废旧教而已，而尊天与基督无异也。万国自小蛮夷，莫不有教，嗟乎！天下岂有无教而可为国者哉！教宜何从，审其历史风俗之宜，人心之安者，其道至顺则从之；非其历史风俗之宜，人心之安者则可以致乱，若是则置之。

举中国万里之土壤，历二千四百年之绵曖[①]，合数万后王卿士绅缨民

---

① 曖，于盖切哀，去声，隐也。

庶妇孺之礼俗，所信受奉行，诵读尊敬者，岂非先圣孔子之遗教耶？夫孔子之道本于天，人之性出于天，故因人性以为道，若男女食味，被服别声，人之性也。但品而节之，而不绝之，故至易至简，而人不可须臾离其道也。苟非若婆罗门之去肉出家，墨子之非乐不歌，则普大地万国之人，虽欲离孔教须臾而不能也。非惟中国也，凡人之为人，有生我者，有与我并生而配合同游者，有同职事而上下者，则因而立孝慈友弟义顺忠信笃敬之伦行，苟非生于空桑，长于孤岛无人之地，则是道也。凡普大地万国之人，虽欲离孔教须臾而不能也，非惟中国为然也，恻隐羞恶，谋虑进取，人之性也。扩而充之，以为仁义智勇之德，虽禽兽亦有是一二焉，但不能合而扩充耳，则是道也。凡普大地万国之人，虽欲离孔教须臾而不能也。

孔子尚虑后世之泥于一端，而不能尽于事变，故曰："书不尽言，言不尽意。"又曰："观其会通以行其典礼，穷则变，变则通。"故为运世之道，近则设三统，远则张三世，以及其变通之宜。三统则有忠质文之异，亲亲尚功明鬼，时为重轻，子丑寅之三正，赤白黑之三色，时为建尚。乃至立明堂，则三十六牖，七二十户，或高圆侈，或椭圆衡方，或卑污方，为衣服，或长前衽，或长后衽，或前后长。而今各国正朔宫室衣服之制，皆在焉，今非衣长后衽，而玄冠缁衣耶？其春秋明三世之义，则发据乱升平太平之异，据乱内其国而刺大夫，升平内诸夏而贬诸侯，太平则内外大小若一，而去天子，其三世之中，各自为三世，亲亲仁民爱物，迟衍远于无穷，故于《诗》首文王以明立宪，《书》称尧舜以明民主，《易》称见群龙无首，为天下之至治。于《礼运》尤大畅其微旨，以公天下为大同，以正君臣为小康，故子思述祖德，以为万物并育而不相害，道并行而不相悖，如四时之错行，日月之代明，善乎庄生尊孔子为神明圣王也。曰配天地，本神明，育万物，六通四辟，本末精粗，其运无乎不在，嗟乎？此孔子之道所以为大也。夫大医王者，药笼中无不备，其于瘳民之疾，岂有挟一独步单方，而可以为圣医者乎？

自汉时行孔子拨乱之治，风化至美，廉让大行。宋明儒学，仅割据其一体，或有偏矫，然气节犹可观焉。若夫春秋讥世卿，故汉时已去世爵，而布衣徒步可为公卿，诸经之义，人民平等而无奴，故光武大行免奴，先于林肯二千年。孔子法律尚平，其有讼狱，则亲王宰相，受法同罪，未以伪周礼议亲议贵为然也。经尤言薄税敛，故轻减税率，今天津亩田税仅十三钱。汉时学校已遍全国，人民皆得入学，工商惟人民所习无限制，聚会著书，言论皆自由，孔子敷教在宽，其有从佛道教者皆听。凡此皆法革命时，流血百万而后得之者，而吾中国以奉孔子教，诸儒日以经义，争而得之于二千年前，遍校万国，皆未得有，此吾中国之美化，岂非孔教之盛德大功欤？吾人何幸而受之。

顷年学士不通道教之原，立学官之经传，已有选择，大道沦坠，几付烧薪，用致廉耻扫地，礼化荡夷，及至晚清之季，而大道丧矣。自共和来，礼乐并废，典章皆易，道揆法守，扫地无余，遂至教育之有司，议废孔子之祀典。小则去拜跪而行鞠躬，重则废经传而裁俎豆，黉序鞠茂草之场，庙堂歇丝竹之声。呜呼，曾不意数千年文明之中华，一旦沦胥，至为无教之国也，岂不哀哉！夫印度虽亡，而婆罗门教二万万人，守教之严毅如故；则印度人之政权虽亡，而教化未亡，他日印度即可从此而兴焉。犹太虽亡，而犹太教不亡，虽流离异国，奉之不移，乃至于今，犹太耆旧男女，当日之午，犹抚其太辟所罗门之城石而哭焉；则犹太人之政权虽亡，而教化未亡，他日犹太人，即可由教而兴焉。呜呼，耗矣哀哉！灭绝无余者，墨西哥也，为班所灭，至古文字图画而灭之。今墨人面目，谁为墨之遗黎哉！而所述之圣哲豪杰，往训遗徽，皆班人之贤哲豪杰也，则是全灭也，故灭国不足计，若灭教乎，则举其国数千年之圣哲豪杰，遗训往行尽灭之，所祖述者，皆谓他人父也，是与灭种同其惨祸焉。何其今之人，不自爱国，乃并数千年文明之教化，与其无量数圣哲之心肝，豪杰之骨血，而先灭之欤！彼以孔教为可弃，岂知中国一切文明，皆与孔教相系相因，若孔教可弃也，则一切文明，随之而尽也；即一切种族，随之而灭也。嗟乎？中国人而有此也，是何心哉！

或谓教不待传，优者自存，劣者自汰，天演之自然也。虽然，吾尝游遍五印度矣。奄万里之境，无一香火之寺，无一印人之僧，驱车于舍衙，止宿于王舍城，问以鹫岭一佛迹，博物院之人曰："佛乃在中国，此地无之。"呜呼，以佛教之精微广大也。至于历劫不能不坏，故曰人能弘道，非道弘人，岂得谓教不待传而自行哉！

或谓儒家大义，最重伦纲，今政改共和，君臣道息，则遗经垂教，窒碍难行，此沟犹瞀儒，未通古义之论也。夫君臣之本义，但指职事之上下言之，非为一帝者言之，《传》曰："王臣公，公臣大夫，大夫臣士，士臣皂，早臣舆，舆臣隶。"由斯而言，士对于大夫为臣，而对于早则为君矣。舆对于早为臣，而对于隶亦为君。故大夫有家臣，而家主得称君，礼丧服妾为君，为女君，家人则父母为严君，至汉时人相呼以君臣，而为郡将死节，犹尽君臣之义焉。自梁时改称下官，禁称君臣，于是千年来，但对帝者为君臣，而宋儒益厉天泽之分，遂使今人有专制之忿，而波怒误及于孔子焉。然求以孔子古义，则一切之主伯亚旅，无在不有君臣之义存焉。譬若一肆之中，肆主不以礼待其肆伙，肆伙不以忠事其肆主，而望其肆之兴也，其可得乎？然则君臣之道，不能须臾离，而孔子之教，无可毫厘疑也。况孔子复有天下为公，选贤与能之大同道，群龙无首之太平世哉！执一端以疑先圣，是飞沙眯目，而责日月之失明也，岂不大愚哉！或谓各国宗教，皆主神道，孔子既不语神，则非教主也。愚儒一孔，遂敢妄议孔子，只为哲学、政治、教育之名家，仅侪之于希腊苏格拉底、柏拉图之列。此自日人不知孔教之谬论，而吾国东学，或为所蔽惑，误祖师其说，而自弃其教，尤愚谬之甚者也。中国数千年之言儒释，只曰教而已矣，无神人之别也。夫今人之称宗教者，名从日本，而日本译自英文之厘离尽Religion耳，在日人习用二文，故以佛教诸宗，加叠成词，其意实曰神教云尔。然厘离尽之义，实不能以神教尽之，但久为耶教形式所囿，几若非神无教云尔。然教而加宗，义已不妥，若因佛耶回皆言神道而谓为神教可也。遂以孔子不言神道，即不得为教，则知二五而不知十者也。夫凡为圆首方足之人，身外之交际，身内之云为，持循何方，节文何若，必有教焉以为之导，太古草昧尚鬼，则神教为尊。近世文明重人，则人道为重，故人道之教，实从神道而更进焉。要无论神道人道，而其为教则一也。譬如君主有专制立宪之异，神道之教主独尊，如专制之君主焉。人道之教主不尊，如立宪之君主焉，不能谓专制之君主为君主，而立宪之君主非君主也。然则谓言神道者为教，谓言认道者非教，谓佛耶回为教，谓孔子非教，岂不妄哉！况孔子尊天事帝，无贰尔心，明命鬼神，为黔首则，原始反终，而知死生之说，精气为物，游魂为变，而知鬼神社之情状，孔道何所不有，乃执不语神之单文，以概孔教之大道，是犹南洋人不知北地之有冰雪，而疑其无也。岂知孔子改制立法，弟子传道四方，实为中国之教主，岂与夫苏格拉底，仅明哲学者，等量齐观哉！

善乎吾友英名卿勃拉士之言曰：兴和国以道德物质为尚，尤过于政治也。国无道德，则法律无能为，今观国者，视政治过重，然政治非有巧妙，在宜其民之风气事势，养其性情，形以法律，然则今中国之所以为教，宜知所从矣。佛回久入中国，既以信教自由之故，民久安之，而相忘相混矣。然佛在蒙藏，久明罪福，其教宜行，夫佛说虽妙澶漫，然多出世之言，如全施于中国，未见其周于民用也。基督尊天养魂，戒恶劝善，行之欧美，成效久彰矣。然孔子之道，以人为天所生，故尊天以明万物，皆一体之仁，又以人为父母所生，故敬祖以祠墓著传体之孝。若基督只明尊天，而敬祖阙焉，今岂能举中国四万万人之祠墓，而一旦尽废之，若今不尊孔，则何从焉？将为逸居无教之民欤，暴戾恣睢，以快嗜欲，而近于禽兽乎？则非待烹灭绝种而何！

嗟乎，皮之不存，毛将焉傅，今欲存中国，先救人心，善风俗，拒诐行，放淫辞。存道揆法守者，舍孔教末由已。美人杜威告吾曰：吾美之患，有国而无家，信如父不父，子不子，夫不夫，妇不妇，虽有粟，其得而食诸，凡我同人，将恐将惧。夫教为天下，不为一国而设，日本近者，广厉儒学，崇祀孔子，况吾宗邦而自弃之。且吾国人人，本皆覆帱于孔教中，不待立会，犹吾国人人皆为中国民，不待注籍也。惟今列国交逼，必有国籍，诸教并立，亦必有教籍，则教会之立，不可已也。大夫君子，邦人诸友，莫肯念乱乎？谁无良知，谁无责任，服教有牟年，弘道是务守，死善道之士，血气含识之伦，同扬泗水之波澜，共奏壁中之丝竹，其不致于洪水滔天，猛兽满野耶？其诸邦人咸乐从于是会欤，吾中国犹有望也。孔子二千四百六十三年，秋八月壬子，南海康有为撰。[①]

《古今图书集成》题记

《古今图书集成》，为清朝第一大书，将以轶宋之《册府元龟》，《太平御览》，《文苑英华》，而与明之《永乐大典》，竞宏富者。浙扬苏诸阁毁后，流传日少。闻刘忠诚督两江，将翻印时，查问只有湖南及广东共三本。近经革乱，海内传本益寥寥。京师经庚子破后，存本亦稀。此本自吾邑叶氏领运，自京而来粤，费万金。后归吾邑孔氏。昔先师朱九江先生语我，尝假读，馆孔氏三月焉，今归于我，一万卷皆完好，诚中国之环宝也。愿为中国之文明，保存之。自叹久为亡人，流离异国之日多，绝少定居，安能以暇读此秘笈，而藏此巨册？抑亦思古幽情，不能自已者耶！癸丑冬十二月，南海康有为记。

① 《南海诗文集》。

端　方　六十四

清，姓托和洛氏，名端方，字午桥，号匋斋，满洲正白旗人。荫生用主事，迁工部员外郎中，光绪壬午[①]举人，戊戌[②]简直隶霸昌道，未几，简陕西按察使，己亥[③]护陕抚，补陕藩，调河南布政使。未之任，拳匪乱作，晋豫绎骚，端方察几先，多为文告，反复晓譬，俾士民毋惑，境内晏然。两宫西巡，驻跸几一年，而匕鬯不惊者，预防之力也。辛丑[④]授湖北巡抚，壬寅[⑤]署湖广总督，甲辰[⑥]调苏抚，署江督，移抚湖南，锐意新政，所至以新学为急。在湘，遣出洋游学生尤众，宾礼耆硕，调和新旧，湘人士多颂之。乙巳[⑦]诏赴东西洋各国，考察政治，时所称"五大臣"者也。擢浙总督，未之官，与诸大臣分道浮海，周历各国，八阅月而归，成书奏进之，是为中国议改立宪政体之始。宣统己酉[⑧]，调直督，以事为言者劾罢。辛亥，命以侯补侍郎，督办川汉、粤汉铁路事宜，邮传部议以铁路，归国有，而收路章条，蜀与湘异，蜀人大哗，莠民乘之作乱。端方至汉口，诏率师入川，查办，寻又命署川督，八月至重庆，而鄂变作，九月进次资州，经郡县辄召父老，宣朝廷德意，解散资境匪徒数万人，蜀人颇感动，而所部鄂军，阴怀反侧。十月初七日晡时，兵官刘怡凤，率军队持械入室，语不逊，端方严词呵之，遂被迫拘系旁屋

① 年二十二。
② 年三十八。
③ 年三十九。
④ 年四十一。
⑤ 年四十二。
⑥ 年四十四。
⑦ 年四十五。
⑧ 年四十九。

中，因不屈，被戕。蜀督以端方死事状闻，上震悼，加恩赠太子太保，寻谥忠敏，有《匋斋吉金录》、《藏石记》。

清文宗咸丰十一年三月十一日申时生。
清宣统三年十月初七日申时卒。[1]

辛酉	**命**	五岁 十五	辛卯 庚寅
壬辰	**宫**	二五 三五	己丑 戊子
己亥	**壬**	四五 五五	丁亥 丙戌
壬申	**辰**	六五 七五	乙酉 甲申

光绪丁未，端忠敏公，时督两江，因公莅镇，驻节金山，曾蒙其以命造见示，知为辛酉、壬辰、己亥、壬申，当时曾以生时劫煞为可虑，及亥运自刑为可危，然断无此学识，决其为国捐躯，而况天演贵胄，即小有挂误，亦何伤耶？昨非今是，愧恧异常，[2] 兹再就管见所及者，略述如下：

查得日元之己，在五行属土，诞临谷雨节后，黄帝司权，土力充足，再益以辰藏戊土，申藏戊土，左右交拱之，其为沃野千里，更属显然。惟细按之，月时二干，并列壬水，日时亥申，各藏壬水，月支之辰，又藏癸水，水多若此，土湿堪虞。如果命宫得一丙字午字，久雨忽晴，阳光乍放，则土之生产能力，依然保存无缺，今命宫壬辰，非惟无火，补四柱之缺点，复又增水，为己土之仇仇，所以勋名虽卓越，福寿未全归。善夫《命学新义》云："偏枯之造，有一二气独盛者，每能为人之所不敢为，言人之所不敢言，因此竟享大名。"斯言诚不谬也。至于劫煞犯凶之说，古人言之凿凿，就珊经验所得，大概劫煞如为忌神则忌，如为喜神则不忌。即为忌神矣，尤必须岁运再逢忌神，小人道长，君子道消，始以凶论。今忠敏之造，生时值申，诚为劫煞，假使不逢亥运，其劫煞亦不为祸；即逢亥运，而不逢亥年，其劫煞仍不能为祸。忠敏公五十一岁适行亥运，而又岁逢辛亥，月逢己亥，日逢辛丑，时逢丙申，是以所部反侧，公因不屈，

① 见《碑传补》。

② 恧读如浓，入声，屋韵，惭也。

遂被戕，时为十月初七日晡时。或曰忠敏殉难，劫煞与亥亥自刑之为害，吾闻之矣。忠敏之陈臬开藩，一跃而为疆吏，亦有故乎？曰有之，观其二十二岁寅运壬午，乡试中式，二十六岁己运丙戌，由张口监督，擢工部郎中，固可知火土裨益于日主也。三十八岁戊运戊戌，记名御史，简直隶霸昌道，及陕西按察使，三十九岁仍行戊运。己亥，护陕西巡抚，补布政使，四十岁仍行戊运，庚子，拳匪乱作，晋豫绎骚，公察机先，多为文告，反复晓譬，俾士民毋惑，境内晏然。[①] 阅时未逾三载，而晋迁如是之速，岂非土能益土之明证乎？四十一岁辛丑，至四十九岁己酉，授湖北巡抚，署湖广总督，调苏抚，署江督，出洋考察，复督两江，又调督直隶，凡此种种，皆丁火生土之功，即子运之水，得戊土盖头，亦复附首帖耳，故不为害也。五十岁仍在丁运，忽赋闲居者，盖岁值庚戌，天干属金，地支会金，泄土元气也。

附　录

游莫愁湖

五月湖楼趁夕凉，重来祠树饫新霜。秋风莫续箜篌引，[②] 春梦谁寻玳瑁梁。孙楚酒楼余蔓草，丽华宫井腥枯杨。佳人底事生南国，家事分明系洛阳。[③]

旧史氏曰：公性豪迈，不拘小节，笃嗜金石书画，海内孤本精拓，宋元明以来名迹，闻风潨[④]萃，悉归储藏，丰碑断碣，辇至京邸，庋，[⑤] 廊庑，[⑥] 几满，尤好客，建节江鄂，开阁延宾，文酒之会无虚日，遭时承平，亦阮太傅毕尚书之流风也。晚丁杌，[⑦] 陧[⑧]兵威不扬，肘腋之间，皆为寇仇，慷慨捐躯，有弟同殉，赫赫双忠，遂与颜平原兄弟千古争烈矣。[⑨]

---

① 按此即“为人所不敢为，言人所不敢言”也。

② 箜篌，乐器名，释名谓为师延所作，空国之侯所存也，故亦作空侯。或谓汉武帝使乐人侯晖为之，其声坎坎，故又作坎侯。其器今已失传。旧说谓似瑟而小用木拨弹之，今日本所称箜篌，谓传自百济者，故亦谓之百济琴，有直奏横奏两种。

③ 《近人诗录》。

④ 音从，水会也。

⑤ 音剞，纸韵。庋，阁也。

⑥ 音武，庆韵，堂下周屋。

⑦ 音兀，月韵。

⑧ 音臬，屑韵，危也。

⑨ 《碑传补》。

跋　一

先伯父与先君子，皆精于医，伯兄树珊，仲兄桂生，亦精于医。先伯父著有《养生三要》，仲兄著有《丛桂草堂医草》，均刊行于世。伯兄亦曾著有《万方撷英》待刊。观于此编所载，不独详论命理，而且详论医学，其旨趣可见矣。伯兄尝言，达则兼善，穷则独善，卫国惠民，从政治军，此为兼善所必需；事亲持身，治家涉世，此为独善所必需。至于耕田读书，习诗文，学书画，种种学术，伯兄常于家庭谈话时，津津乐道之，今亦悉见于此编，其他说仙说佛，劝忠劝孝，莫不具有深意。愿吾后昆，其世宝之，果能知所抉择，其获益不已多乎？若但云知命俟命，则犹未免浅之乎视此编矣。

己卯端阳弟桐子高氏谨跋于镇江师范学校时客海上

袁跋

树珊袁君，吾乡好道力学士也。其为人和，其学博，其名远播，宜也。余旧与之识，而过从甚罕，盖以糊口四方，里居时少也。昔以家有婚丧，请其选青，悉其学说高明，不同凡俗，可佩哉！兹承雅属，属题所著《命谱》，余虽幼读《诗》、《书》，粗知文艺，惜为衣食所累，于题跋咏事，手生荆棘矣。惟器其人力学，益重其书精博，敢赘数语于纸尾，窃以为此书之鸿硕，合圣贤先佛，将相乞儿为一炉，熔经铸史以成之，推戡详番，所费心血，何止斗许，其书之奇伟，为今所无，古所未有巨作也。此岂寻常山人术士之末技哉！真堪补天人之补矣。

己卯冬同里左良袁象保谨跋

孙　跋

镇江袁树珊先生，博雅能文，夙以擅日者之术，有声江淮间。丁丑国难，先生避地淞滨，始获谒风。窃窥先生，虽以方技问世，而著作等身，接物以和，因事讽托，谈言微中，有严君平与父言慈、与子言孝遗风，诚足为后学矜式。顷承以大著《袁氏命谱》稿本见示，义理严正，择言信征，劝善规恶性，合订造命与立言，其于今日世道人心之维系，岂曰小补？谨术数语，用示钦崇。

己卯岁暮后学孙抱存拜识

李 跋

曩读《史记·日者传》，引贾谊有云："古之圣人，不居朝廷，必在卜医之中，良以卜可决疑，医能疗疾，同为生民所必需者。"雷不揣谫陋，是以毅然弃其所业，而从袁师桂生，讲习医学，时树珊师亦垂帘京口，大江南北，莫不知名，且又与桂生师同居共食，朝夕切磋，怡然一室，雷尤钦其力行孝友，迥异寻常，昔贤谓经师易得，人师难求，《书》云："德无常师，主善为师。"雷当亦竭诚请业，又蒙吾师多方指授，频年以来，对于卜医二学，犹愧未涉藩篱，间尝辑有《国医文选》、《命学异同》二书，未敢率尔问世也。兹读吾师所撰《命谱》八卷，不禁饮仰吾师之用心良苦，寓意宏深矣。论儒，则推崇至圣，而以释之佛印，道之吕岩寓焉。论帝，则推崇东汉世祖，明太祖，而以前清圣祖，高宗寓焉。论忠，则推崇关壮缪，诸葛忠武，岳忠武，张睢阳，而以陆忠烈，文信国，杨忠愍，卢忠烈等寓焉。论政治，则推崇欧阳文忠，王荆公，[①] 而以张文贞，阮文达等寓焉。论武功，则推崇范文正，王文成，戚少保，而以曾文正，胡文忠，左文襄等寓焉。至于文学之苏文忠，黄文节，纪文达，毕弇山等，理学之朱文公，真文忠，朱柏庐等，莫不具载。言书画，则有赵松雪，董香光，及罗两峰。言卜医，则有邵康节，谢文节，刘青田，王念西。言孝子烈女，则有沈理存，周络馨。言仁人义士，则有丁松生，武训。他如张邦昌，秦桧，严嵩等之神奸巨憝，可以引为炯戒者，亦备录焉。此诚劝善惩恶，易俗移风之大著，岂独发明五行物理，扫除旧有官杀财印之名词，为命学别开生面已哉！世有知音，读吾师书者，当可鉴别之，雷不学无文，实未能远测其高深也。

己卯薄节后一日受业李雷雨田甫拜识

① 文忠、荆公，政见不同。